正道

民建聯三十年

正道：民建聯三十年

齊禧慶著
責任編輯：黎耀強
印務：劉漢舉

出版

中華書局（香港）有限公司
香港北角英皇道499號北角工業大廈1樓B
電話：(852) 2137 2338
傳真：(852) 2713 8202
電子郵件：info@chunghwabook.com.hk
網址：http://www.chunghwabook.com.hk

發行

香港聯合書刊物流有限公司
香港新界荃灣德士古道220 - 248號
荃灣工業中心16樓
電話：(852) 2150 2100
傳真：(852) 2407 3062
電子郵件：info@suplogistics.com.hk

印刷

美雅印刷製本有限公司
香港觀塘榮業街6號海濱工業大廈4樓A室

版次

2022年7月初版
©2022 中華書局（香港）有限公司

規格

16開（230mm × 170mm）

ISBN

978 - 988 - 8807 - 85 - 7

本書編輯委員會

主席：譚耀宗

成員：曾鈺成、葉國謙、黃建源、簡志豪、
　　　劉江華、程介南、陳勇、葉傲冬

著者：齊禧慶

封面題字：曾鈺成

圖文編輯：戚寶瑩、張家麗

封面設計及排版：鮑諾琪、陳祐希、羅舜林

目錄

李家超序

　　民建聯是一個有三十年歷史的政團，自成立以來，一直堅持愛國愛港理念，支持落實「一國兩制」，建設香港的繁榮穩定。民建聯不斷發展壯大，在支持特區政府依法施政方面發揮了重要作用。這書記錄了民建聯的成長歷程，也從側面反映了香港回歸前後的歷史，對愛國愛港力量總結經驗，很有參考價值。

　　回歸以來，「一國兩制」的成功實踐不斷深化。在中央的支持下，香港特別行政區政府一直嚴格按照《基本法》全面貫徹準確落實「一國兩制」、「港人治港」、高度自治方針。隨著《香港國安法》的實施及完善選舉制度的落實，「愛國者治港」原則得到實踐，「一國兩制」的發展已進入一個新的階段。

　　今年是香港回歸祖國二十五周年，承前啟後，意義重大。香港必須把握好機遇，邁上新發展台階。未來五年是香港由治及興的關鍵時刻，我和我的團隊會積極與社會各界互動，制定有效解決問題的政策措施，讓市民得到實惠，分享發展紅利。民建聯作為香港愛國愛港政團的其中一個主要骨幹，可在多方面協助特區政府施政。首先，愛國愛港政團可以協助特區政府了解社會問題和市民對政府的期望。其次，可以集思廣益，反映民間智慧，協助特區政府制定好的政策。第三，可以協助特區政府宣傳政策，以及為市民提供服務。第四，可以協助特區政府動員民間力量，更好地解決問題，應對危機。最後，愛國愛港政團可以協助特區政府培養有政治歷練的管治人才。

香港將迎來更好的未來，更好的生活，更好的發展。我期望與民建聯共同建立在愛國者治港原則下良政善治的利民合作關係，一起努力把香港建設得更加美好，為國家作出貢獻。

最後，在民建聯三十周年紀念的日子，我祝願民建聯繼往開來，百尺竿頭，更進一步。

李家超

行政長官李家超

李慧琼序

　　30年前，民建聯成立，當時只有56名成員。我們從零開始，扎根地區，服務市民，投入社會民生建設，促進香港順利回歸。民建聯的工作得到愈來愈多市民認同，在選舉中站穩陣腳，不斷發展。

　　回歸後，民建聯積極參與「一國兩制」的實踐。我們不斷擴大服務市民的網絡，並向跨階層方向發展。我們通過參與各級選舉，維護香港繁榮穩定，協助特區政府改善施政。民建聯不斷壯大，成為立法會內擁有最多議席的政團，成員人數至今已經超過4萬。

　　回歸25年，「一國兩制」的實踐取得巨大成就，也遇到不少挑戰。民建聯的發展同樣經歷起伏曲折。2003年，民建聯在選舉中遇到挫折。2019年，由於修例風波和黑暴肆虐，民建聯的發展再受嚴重衝擊。然而，面對嚴峻挑戰，包括暴力攻擊，我們每一次都沒有退縮，在哪裏跌倒，就在哪裏站起，堅定前行。

　　如果說民建聯這30年取得一些成績，最重要的原因是我們不忘初心，堅持走愛國愛港的路。這不是一條平坦的路，尤其是在香港回歸前的政治環境，民建聯作為參政團體，率先舉起「愛國愛港」的鮮明旗幟，當時很多人並不看好她的發展前景。然而，我們堅信走這條路是對的，能夠為國家和香港施展抱負，作出貢獻。一路走來，民建聯經受了考驗，同道者愈來愈多。

其次是因為我們堅持扎根地區，真誠服務市民。無論參選勝負，也無論特區政治制度如何發展，我們始終勤勤懇懇，堅持地區工作，不斷提高服務市民的水平。我們時刻提醒自己，地區工作是民建聯生存發展的根基，我們必須從市民中來，到市民中去。這不僅是為了爭取支持，更重要的是讓民建聯不脫離社情民意，保持政治組織的生命力。

這本書以時為序，詳細記錄了民建聯在回歸前後不同階段的足跡，並在各章節加插一些由親歷者提供的歷史小故事，以增閱讀趣味。我感謝行政長官李家超先生為本書題寫序言。我也感謝作者齊禧慶先生，以及編輯委員會的各位前輩和同事。雖然籌備時間緊迫，當中還經歷了香港第五波新冠疫情爆發，很多史料搜集和訪問的工作被打亂，但大家共同努力，這本書終於按計劃出版了。

三十而立，回顧和總結成長歷程，對民建聯的發展十分重要。我希望這本書能幫助每一代民建聯人，以史為師，傳承過去，開拓未來。我也希望這本書能為關心香港回歸前後歷史以及一國兩制實踐的讀者，提供有價值的參考。

民建聯主席李慧琼

率先舉起
愛國愛港旗幟

民主建港聯盟（簡稱民建聯）於 1992 年 7 月 10 日正式宣布成立。
民建聯在《成立宣言》中明確表示：「我們是愛國愛港的組織」、「我們
是民主參政的組織」、「我們是建設香港的組織」。這三句話針對性高，
具有鮮明的時代意義，如今讀起來依然擲地有聲。

我們愛國，殷切希望中國穩定、繁榮、民主、進步，主張
香港與內地加強合作溝通和相互促進，反對隔絕、疏離和對抗。
一切有利於實現一國兩制、促進香港與內地全面發展的事，
我們均全力以赴。

我們愛港，以維護香港整體利益，維護社會穩定、進步、
發展為行動的指南，一切對香港有利的事我們都爭取去做。我們
相信，致力實踐一國兩制，促進香港繁榮進步和與內地聯繫，
是對中國積極和實際的貢獻。

我們參政，是為了實踐我們的政治理想。我們將為維持
香港社會多元化的發展而努力，將為維護香港穩定有效的管治
而努力。

香港市民從來就是香港的建設者，我們作為市民的一分子，
決心共創穩定、繁榮、民主、進步的香港。

香港的政治穩定是香港發展的基礎。我們將致力完善香港
現有的社會制度，致力建立香港市民對掌握前途的自信，使香
港市民進取、勤奮、靈活的傳統精神得以發揚光大。

民建聯在當年率先高舉愛國愛港的旗幟參政，惹來不少議論，很多
人不以為然。無庸諱言，自中華人民共和國成立以來，有一段相當長的
時間內，「愛國」一詞在香港似乎成為禁忌。

　　香港與內地緊密相連，在中國共產黨領導的革命事業中，香港一直發揮重要作用。解放戰爭期間，香港有不少團體、學校就企盼著新中國的到來。中華人民共和國宣告成立，他們升起五星紅旗，唱起《義勇軍進行曲》，與在港的國民黨勢力抗衡，社會上開始以左派、右派來劃分。

　　港英政府對心向祖國、與中國內地聯繫緊密的社會團體和民眾，採取各種手段打擊壓制，將愛國力量邊緣化，排斥在主流社會之外。每年 10 月 1 日國慶節，公開懸掛升起五星紅旗成了愛國的重要標誌。

　　1970 年代中以前，由於內地政治運動不斷，經濟民生發展緩慢，使許多港人對內地失去信心，連帶對愛國力量也敬而遠之。

　　傳統愛國力量置身於主流社會之外，長期的分化與對立對香港沒有好處。1970 年代末，內地推行改革開放，九七問題受到廣泛關注，這種狀態逐步改變。不知不覺之間，社會上不少人對傳統愛國力量的標籤從「左派」轉變為「親中」。隨著香港前途問題解決，大局底定，愈來愈多人擁護回歸祖國，愛國就更加理直氣壯。

　　可是，1989 年北京發生震驚中外的「六四事件」，對香港社會產生很大衝擊，人心激烈波動。在《基本法》頒布後，香港進入後過渡期，「一國兩制」快將實施，傳統愛國力量組成政團，通過選舉參政，積極融入主流社會，支持平穩過渡，共同為香港維護的穩定繁榮，促進市民的福祉而奮鬥，也是順理成章的事情。民建聯成立以來，愛國愛港的理念及工作得到愈來愈多市民認同，在選舉中站穩陣腳，不斷發展壯大。

　　特區成立以來，香港經歷了不少狂風暴雨，「一國兩制」的實施受到反中亂港勢力諸多阻撓，「親中」的標籤又被這些人改為「建制派」、「保皇黨」。在相繼發生「佔中」、「黑暴」之後，隨著《港區國安法》

頒布和完善選舉制度，香港由亂轉治，「愛國者治港」原則得以落實。在邁進新時代下，民建聯作為「愛國愛港」、「民主參政」、「建設香港」的政團初心不變，將繼續堅持「堅定的愛國者」、「一國兩制的捍衛者」、「良政善治的建設者」、「社會變革的推動者」四個信念。

反觀回歸前後，香港成立了不少政團，經過多年的演變，有的解散，有的合併，有的由盛轉衰，有的一時得意終走上絕路，而民建聯至今依然屹立香港政壇，絕非僥倖。

民建聯成立時擔任國務院港澳辦公室主任的魯平在民建聯15周年的賀詞中指出：

> 回想起1992年，那時香港烏雲滾滾，風欲止而樹不停。你們頂著港英的壓力和港人的不理解，勇敢地站出來，旗幟鮮明地支持香港回歸祖國，支持平穩過渡，支持「一國兩制」在香港順利實現。你們團結了廣大的香港市民，共同為香港的繁榮穩定作出了不懈的努力，成為舉足輕重的第一大黨。

15年後重讀這則賀詞，不禁令人浮想聯翩，深感民建聯走到今天，來之不易。

本書介紹的就是民建聯堅持初心，始終走正路，以傳統愛國力量為基礎，不斷擴大團結面，吸引愈來愈多愛國愛港人士加入，朝向跨階層政團方向邁進的30年征程。

第 一 章

民建聯人參政前傳

一、回歸祖國進入過渡期

中英簽署聯合聲明

1984年9月26日，中英兩國政府代表團團長在北京草簽《關於香港問題的聯合聲明》，至此雙方歷時兩年的談判圓滿結束。《中英聯合聲明》訂明：「中華人民共和國政府決定於1997年7月1日對香港恢復行使主權」，「聯合王國政府於1997年7月1日將香港交還給中華人民共和國」。中國政府在聯合聲明中更闡述了對香港的基本方針政策。

1984年12月19日，《中英聯合聲明》在北京正式簽署，次年5月27日，在北京互換批准書，《中英聯合聲明》正式生效，香港進入回歸過渡期。

在此之前，中國內地已走出「文化大革命」的陰霾，撥亂返正，推行改革開放，一心一意搞建設，全國民心大振，香港同胞對內地的新氣象亦感到高興。與此同時，隨著新界租約將於1997年6月30日到期，前景不明朗成了困擾香港未來發展的關鍵問題。

　　1979年3月，港督麥理浩官式訪問北京，就香港前途問題試探中方態度。3月29日，鄧小平會見麥理浩，明確表示1997年中國收回香港後，香港還可以搞資本主義。麥理浩返港後只公開轉述鄧小平的一句話：「請投資者放心。」

　　麥理浩此行，使香港前途問題成為各方關注的焦點，而身處其中的550萬港人，心情當然很複雜，各有不同的盤算。

　　1982年9月23日，英國首相戴卓爾夫人首次訪華，中英兩國關於香港前途問題的談判正式展開。談判期間各式各樣的傳言滿天飛，香港人心不穩，樓市股市大跌，經濟相當波動，1983年9月24日更發生「黑色星期六」事件，港元匯率急挫至1美元兌9.6港元的新低，市民爭相搶購生活必需品，市面一片恐慌。如今中英簽訂協議，香港前途塵埃落定，是扎根香港，還是移居外地，不少人都心裏有數。

新時期理應有所作為

　　傳統愛國力量[01]對香港在經歷英國百多年殖民統治後，終能回歸祖國，當然感到歡欣鼓舞，同時亦明白到要保持香港繁榮穩定，實現人心回歸，並非易事，過渡期間更不會一帆風順。因此，大家都感到有責任在不同崗位上為平穩過渡貢獻力量。這也是民建聯一眾創會會員的心聲。

　　1984年，日後相繼擔任民建聯主席的三人正值盛年，他們出生於戰後嬰兒潮，是本土成長起來的一代，與香港同呼吸，共命運，在新的歷史時期理應有所作為。

一、回歸祖國進入過渡期

01　有學者這樣概括傳統愛國力量：「以前 (粗略地指 1950 至 1978 期間)『左派』差不多是一個完全自成一體、自給自足的社會系統，裏面有它的學校、活躍於不同行業的企業單位、報刊、文化機構及團體、街坊組織、工會、商會、體育團體等等，基本上可以完全獨立於殖民政府所建構的主流制度而運作。」(呂大樂、趙永佳、容世誠：《胸懷祖國：香港「愛國左派」運動》，香港：牛津大學出版社，2014 年版，第 6 頁)。

1975年曾鈺成（中排右三）參加香港教育工作者聯會訪京團

譚耀宗（左一）參與基本法諮詢委員會籌劃小組於1985年
舉行的首次會議

　　首位主席曾鈺成，時年**37**歲，任培僑中學副校長。他在廣州出
生，兩歲隨家人來港，中學就讀聖保羅書院，在香港大學數學系以一
級榮譽畢業，留校任助教。其後到培僑中學這家愛國學校任教，在港
大內外引起不少議論。

　　這一年，他獲邀赴京參加三十五周年國慶活動，觀看閱兵，更有機會聆聽鄧小平接見港澳同胞國慶觀禮團時的談話。鄧小平這次重要談話對如何保持香港的繁榮和穩定作出精闢講述，強調管理1997年以後的香港，「參與者的條件只有一個，就是愛國者，也就是愛祖國、愛香港的人」，至今更顯其指導意義。

　　第二位主席馬力，時年32歲，在嘉諾撒聖方濟各書院任教，有學生後來當上政府高官。他與曾鈺成一樣也是在廣州出生，10歲隨家人來港，就讀於香港培僑中學，上過曾鈺成的課，是該校首兩名考入香港中文大學的畢業生，在中大聯合書院中文系畢業，對《紅樓夢》和《金瓶梅》研究頗有心得，日後卻走上議政參政之路。

　　第三位主席譚耀宗，時年34歲，任香港工會聯合會副理事長。他在香港土生土長，年輕時投身櫥窗設計行業，擔任港九百貨商店職工會副理事長，後來加入工聯會出任工人俱樂部主任，主力推動開辦業餘進修中心等革新工作。這一年，他獲邀赴京參加《中英聯合聲明》簽署儀式，見證這個重要歷史時刻的到來。

活　動　日　程

十二月十八日（星期二）
下午：6:30 李先念主席會見
　　　6:40 國務委員、國務院港澳辦公室主任姬鵬飛宴請
　　　（开车时间：下午5:50）
十二月十九日（星期三）
早：7:30 早餐
　　9:00 參加歡迎英國首相撒切爾夫人歡迎仪式
　　　（开车时间：早8:00）
上午：10:00 —下午：4:00 另行通知
下午：5:30 出席中、英兩國政府關于香港聯合聲明正式簽署仪式現礼
　　　（开车时间：4:40）
　　　7:30 出席赵紫阳总理欢迎撒切尔首相宴会
　　　（睡前交行李）
十二月二十日（星期四）
早：6:30 早餐
　　8:30 乘CA　包机离京飞香港
　　　（开车时间：7:00）

1984年12月18日至20日《中英聯合聲明》正式簽署儀式的活動日程

香港特別行政區基本法起草委員會全體合照

參與草委會諮委會

進入過渡期之後，中國政府的首要工作就是根據在《中英聯合聲明》中闡明的對香港的方針政策，著手制定《基本法》，將在香港實行「一國兩制」的構想以法律定下來。

1985年4月10日六屆全國人大第三次會議決定成立基本法起草委員會（草委會）。同年6月18日，六屆全國人大常委會第十一次會議審議通過草委會名單，在59名委員中，來自香港的有23名，譚耀宗就是其中之一，而且是最年輕的一位。

1985年7月1日至5日，草委會第一次全體會議決定委託香港委員共同發起和籌組基本法諮詢委員會（諮委會）。諮委會於同年12月18日宣告成立，由180人組成。馬力亦由教育界轉到諮委會秘書處任副秘書長，並以筆名「辛維思」在《明報》撰寫政論文章，引起各方重視。

1984年9月26日《大公報》號外

民建聯其他創會成員，如文漢明、吳康民、屈超、程介南等也是諮委會委員，各人以不同方式參與到支持回歸、平穩過渡的工作中去。

二、英國偷步推行代議政制

埋下政治爭拗禍根

在《基本法》頒布之前的前過渡期，英國大體上採取與中方合作的態度，可是在香港政治體制上卻急於作出大變動。

自第二次世界大戰結束以後，英國每當從海外殖民地退出，總會留下一堆爛攤子。香港是英國佔領的中國領土，並非殖民地，絕不可能獨立，英國結束其管治，理應「還政於中」。然而，在中英談判開始之前，英國已為撤離香港作出部署，一反過往不願在港發展民主的態度，開始推行代議政制，大搞「還政於民」、「還政於港」，目的是最終把香港變成一個獨立或半獨立的政治實體。

政制翻天覆地改變

在 1980 年代之前，港英政府實行兩層諮詢架構，行政和立法兩局議員除官守議員外，全部由港督委任。由 1983 年起，市政局[02]由委任非官守議員和民選議員各 12 人組成，民選議員以港九市區為單一選區產生，而且選民資格限制多，須符合學歷及物業業權等方面的規定，80% 的成年人被排除在選民之外，1973 年登記選民僅超過 3 萬。

1984 年 7 月，港英政府在《代議政制綠皮書——代議政制在香港的進一步發展》中對當時的政制有這樣的概括：本港現行政制最重要的特色，是徵詢民意和以民意大致所歸，作為施政的基礎，而不是一個以

02　市政局於 1935 年成立，取代 1883 年設立的衛生局，並於 1973 年改組，確立在港九市區承擔食物安全、環境衛生、康樂體育和藝術文化服務等職能，後來在 1999 年解散。

政黨、派別和反對派系構成的政制。……這個制度最可貴之處，就是能夠使香港長期以來，經濟得以繁榮，社會得以安定。

可是，英方在麥理浩訪京，弄清楚中國將收回香港的立場後，便下定決心，以區議會為切入點，將香港的政制來個翻天覆地的改變。

匆匆成立區議會

1980年6月，港英政府公布《香港地方行政的模式》綠皮書，次年1月發表《地方行政白皮書》，主要內容是在港九和新界分別成立18個地區管理委員會和18個區議會。區議會由民選議員、委任議員和當然議員組成，任期3年。同時，選民資格大為放寬，凡21歲以上的本港居民，在港住滿7年，就有資格登記為選民。

第一屆區議會選舉於1982年3月和9月分別在港九市區及新界舉行，共有490個議席，其中民選議員和委任非官守議員的人數大致相等，分別為132席及134席，官守議員167席，再加上新界的區議會由各鄉事委員會主席為當然議員的27席，而市區的區議會則有市政局議員30席。

民選議席方面，全港劃分為122個選區，選舉採取「簡單多數制」，大部分為單議席選區，而雙議席選區有10個，都是在新界，採取雙票制，由獲得最高票的兩名候選人當選。

市政局的組成和選舉制度也於1983年相應作出修改，委任議員和民選議員同時增加至15名。民選議席改由15個選區選舉產生，均為單議席選區，採取「簡單多數制」計票。

港英政府偷步推行地方行政計劃時，中英談判尚未開始，市民對此一突然而來的舉措不明所以，傳統愛國力量也是一樣，一時之間看不出港英政府的背後意圖，只得靜觀其變，沒有鼓勵選民登記或派人參選。

三、傳統愛國力量開始站出來

立法局引入間接選舉

1984年7月，在中英談判即將達成協議之際，港英政府發表《代議政制在香港的進一步發展綠皮書》，並趕在《中英聯合聲明》正式簽署之前於同年11月發表白皮書。

綠皮書在引言表示，其主要目標是：「逐步建立一個政制，使其權力穩固地立根於香港，有充份權威代表香港人的意見，同時更能較直接向港人負責。」英國《經濟學人》評論說：「政府顯然希望通過加快香港民主化，到1997年能給中國造成一種既成事實。」

這次最重要的決定是改變百多年來立法局議員全部由港督委任的做法，引入間接選舉，選舉團和功能組別各選出12個議席。由全港區議會議員分別組成10個選舉團，市政局議員和當年4月宣布將成立的區域議局(後稱區域市政[03])議員各為一個選舉團。按社會功能劃分的選民組別共有9個，其中商界、工業界和勞工界各有兩席。當然官守議員仍有3席，委任官守議員和委任非官守議員分別減至7席和22席。

第二屆區議會選舉、立法局首次間接選舉，以及市政局和區域市政局選舉隨後於1985年3月和9月、1986年3月舉行，香港的三級議會架構在短短幾年間至此形成。

隨著代議政制的推行，社會上原有的壓力團體紛紛派員參選，同時亦湧現出一些論政和參政團體，香港社會迅速政治化起來。

03　臨時區域議局在1985年成立，而區域市政局則於1986年正式成立，在新界承擔與市政局相若的職責，其後在1999年解散。

工聯會率先參與區選

面對政治環境的急劇轉變，況且香港回歸祖國後確定實行高度自治，傳統愛國力量就不能故步自封，有需要打破長期以來被邊緣化的局面，走入港英政府建制，參與社會政治。

香港工會聯合會（工聯會）於1981年率先踏出第一步，參加勞工顧問委員會勞方代表選舉，首次進入港府諮詢架構。1984年8月，工聯會首次鼓勵會員登記做選民，而參與政治最具象徵性的是參與選舉，從1985年起各屆區議會選舉均有工聯會會員參選。

譚耀宗（前左一）參與1985年的勞工顧問委員會

第二屆區議會的民選議席大幅增加，由132席增至237席，而委任議席則為132席，減少兩席。工聯會一直服務勞工及基層，在地區扎根多年，有一定基礎。這一屆，工聯會屬會正式派出代表參選。民建聯創會會員、第一屆中委葉國忠，時任工聯會屬會海港運輸工會聯合會秘書長，在油尖區渡船角選區勝出，連任多屆民選區議員直到2003年，並擔任市政局副主席。

第三屆區議會選舉於1988年3月10日舉行。民選議席略增至264席，委任議席增至141席，兩者大致仍保持二與一之比。民建聯創會會員、第一屆常委陳婉嫻以百貨商業僱員總會副理事長身份首度參選，在東區北角北選區勝出。

第四屆區議會選舉於1991年3月3日舉行。民選議席有274席，另有委任議席140席及當然議員27席，並取消全部由市政局及區域市政局議員出任的30個當然議席。民選議席與委任議席比例為六比四。這一屆以工聯會名義首次參選的有民建聯創會會員、第一屆中委王國興。他接替陳婉嫻出選東區北角北選區，順利勝出。

1986年、1989年和1991年連續三屆市政局和區域市政局選舉，工聯會都沒有派人參選。

多位創會會員參選

除了以工聯會名義參選的民建聯創會會員外，也有一些服務社區，從事基層工作的會員在民建聯成立前以個人或其他團體的名義參加區議會和兩個市政局的選舉。

民建聯創會會員、第一屆常委葉國謙是漢華中學老師。漢華位於西半山，與地區關係密切，1991年，葉國謙以西環街坊福利會名義出選中西區堅尼地城西及摩星嶺選區，順利當選，其後連任多屆民選區議員直到2003年。

創會會員、第一屆常委簡志豪是航空技術員，當年機場在啟德，1986年他加入東九龍居民委員會，開始為社區服務。1988年，他以東九龍居民委員會秘書身份在黃大仙區慈雲山西選區參選勝出，以後六屆連續當選區議員。

（圖左上）簡志豪自1988年在黃大仙區
當選區議員，及後連續六屆連任

（圖左下）1985年文漢明參選區域市政局
在南區華富區勝出

（圖右上）孫啟昌自九十年代便參與
灣仔區選舉

（圖右下）黃立誠由1991年至1999年
為東區區議員

創會會員、第一屆中委陳鑑林、孫啟昌、黃立誠、顏錦全亦有參與區議會或區域市政局選舉。

陳鑑林早年做海員時，曾為家人與牛頭角公屋其他商戶一起爭取權益。1985年，陳鑑林以船務經理身份在觀塘區牛頭角西選區參選落敗，他事後總結原因是單打獨鬥很難取勝，1988年終於順利當選。1991年他與侯瑞培以觀塘民眾聯誼會名義參選，兩人均成功連任。陳鑑林連任民選區議員直到2007年。

孫啟昌是出版社經理，大學畢業後在灣仔一間圖書公司當編輯，在灣仔開始服務社區。1991年，他以港人論壇名義在灣仔區銅鑼灣中選區參選勝出，連任民選區議員直到2003年。

黃立誠是保險公司經理、筲箕灣柴灣坊眾會理事長，1991年在東區柴灣西選區參選勝出，連任民選區議員直到1999年。

競逐區域市政局

創會會員、第一屆中委顏錦全在廣東省銀行任經理，服務元朗區多年，1985年區選時在元朗西郊選區參選，不敵屬原居民的候選人。1989年3月區域市政局選舉，顏錦全在元朗區參選。由於選區較大，並得到農牧工會等地區社團支持，順利當選，並於1991年5月成功連任。

創會會員文漢明是的士商人，於1967年入行做的士司機，後做車主，並加入香港的士商會，見證的士行業的發展。1985年，文漢明在南區華富選區參選勝出，並連任兩屆到1994年。

另一方面，在民建聯成立初期加入的張學明，1985年以商人身份在大埔區大埔北選區參選勝出，次屆連任失敗。1986年3月的區域市政局選舉，張學明在大埔區參選落敗。

三、傳統愛國力量開始站出來

在民建聯早期加入的張漢忠，1985年以商人身份在北區雙魚河選區參選勝出，次屆成功連任區議員。1989年區域市政局選舉，他以香港勵進會名義在北區參選勝出。1991年，以香港自由民主聯會（自民聯）名義自動當選連任。

1997年9月加入民建聯，後任副主席的劉江華，1985年以獨立人士身份在沙田曾大屋選區參選勝出，其後三屆均在沙田區自動當選連任民選區議員。

譚耀宗進入立法局

1985年的立法局首次間接選舉，傳統愛國力量也有派人參選。

功能組別方面，勞工界有兩個議席，參選者有工聯會副理事長譚耀宗與親國民黨的港九工團聯合總會會長彭震海，兩人均自動當選。譚耀宗其後連任兩屆勞工界立法局議員，致力為基層發聲。

商界第二分組議席專為香港中華總商會而設，由何世柱自動當選。

選舉團方面，葉國忠以工聯會社會事務委員會副主任身份在南九龍選舉團參選落敗。

1991至1995年立法局議員合照

四、總結九一直選經驗再出發

八八直選爭議很大

　　1991年9月立法局首次舉行地區直接選舉，這是港英政府在政制上作出的一次關鍵性改動，對日後香港的政治生態影響至深。傳統愛國力量應否參選，如何參選，是一次重大考驗。

　　港英政府原來的盤算是於1985年立法局引入間接選舉之後，隨即在下一屆實行地區直接選舉。1986年10月8日，港督尤德在施政報告中提出，在1987年進行政制檢討，以確定是否應在1988年進行部分立法局議員的直接選舉。此議一出，「八八直選」問題在社會上引起很大爭議。馬力於10月30日以筆名「辛維思」在《明報》發表文章，直指「八八直選缺乏法律依據」。

民建聯第二位主席馬力，於1985年任基本法諮詢委員會副秘書長，並經常以「辛維思」在報章撰寫政論文章。1988年就政制檢討發表了「八八年直選缺乏法律依據」的文章

這時《基本法》的起草工作僅開始一年多，最複雜的政治體制部分還有待草委會政制專題小組展開討論。按計劃，《基本法》(草案)徵求意見稿須在1988年初提出，到年底或1989年初公布《基本法》(草案)，經反覆諮詢和修改後，於1990年上半年送全國人大審議通過。

港英政府推行政制改革，理應與《基本法》規定的政治體制相銜接，即所謂開通政制「直通車」，若貿然推行「八八直選」，就是造成既成事實，強加於人，因而受到中方反對。

1987年5月，港英政府發表《一九八七年代議政制發展檢討綠皮書》，收集市民意見。接著於次年2月發表《代議政制今後的發展白皮書》，以社會人士「有十分明顯的分歧」為由，不實行「八八直選」，並決定「在1991年採用直接選舉選出若干名立法局議員」。地區直選有10個議席，取消按地區選舉團組別選出議員，保留市政局及區域市政局各選出一席。這樣就避免了在《基本法》頒布前推行直選，可能出現與《基本法》不銜接的局面。

政制直通車本可開通

可是，1989年北京發生震驚中外的「六四事件」，對香港社會產生很大衝擊，民心激烈波動。英國在香港過渡安排上一改以前的合作態度，轉而與中方對抗。

首先是加快直選進程，企圖在香港搞「民主抗中」。當年7月，由行政立法兩局非官守議員提出「兩局共識方案」，建議1991年直選議席為20席，1995年佔半數，2003年全部議席直選。次年1月，港督衞奕信訪問北京時提出，1991年直選議席由原定的10席增至20席，1995年增至24席。中方對此當然不能同意，但仍願意與英方溝通。

1990年1月至2月，中英兩國互換7封外交函件，就直選安排達成協議。英方同意1991年直選議席為18席，1995年為20席。中方亦同意在《基本法》和全國人大決定中規定，1997年特區立法會直選為20席，1999年為24席，2003年為30席。

其後，港英政府於3月宣布1991年立法局直選議席增至18席，採用「雙議席雙票制」，功能組別議席由14席增至21席，委任議席由20席減至17席，取消所有委任官守議員。議員任期改為4年。

由此可見，北京對直選並非持懷疑或阻撓態度，關鍵是港英政府推行的政制發展必須與《基本法》的規定銜接，以便「直通車」順利開過，香港能夠平穩過渡。

對傳統愛國力量來說，《基本法》及其附件對香港回歸後前十年的選舉安排已作出明確規定，按循序漸進的原則推進民主，而為支持香港回歸，實現平穩過渡，「九一直選」是必須參與的。可是如何參與，卻是一個費煞思量的問題。

兩份宣言涇渭分明

「六四事件」發生後，不少人對九七回歸持懷疑態度，考慮移民。這時，報章上先後出現兩份聯署宣言廣告，受到各界關注。

第一份宣言廣告於1989年6月23日見報，由一貫以「民主派」自居的司徒華、李柱銘帶頭，打出「港人救港」的口號，要求英國給予全部港人居留權、盡速推行政制民主化、制訂人權法案。

1990年4月，李柱銘等人成立香港民主同盟（港同盟），推行「民主抗中」路線，積極為1991年的三級議會選舉作準備。港同盟以1984年2月成立的論政團體太平山學會為基礎，加入1986年10月成立的香

港民主民生協進會(民協)部分成員,在過去多屆區議會和兩個市政局的直選中都有派人參選,積累了不少選舉經驗。港同盟其後在1994年10月與1983年1月成立的論政團體匯點合併成為民主黨。

另一份宣言廣告則在1989年7月21日見報,呼籲「港人建港,積極進取、緊守崗位、同心同德」。聯署者大多是被認為屬中間派的專業人士,譚耀宗、曾鈺成,以及香港教育工作者聯會(教聯會)副會長何景安、理事長程介南等也有參加。

「留港建港」口號一提出,對穩定人心起到一定的作用。同年9月,在聯署者中有34人一起發表《推動十大建設,支持港人建港》建議書。其後以這批人為基礎於次年2月成立建港協會,其中11名成員日後成為民建聯的創會成員,除程介南外,他們都不是執委會成員。然而,該會的定位是重視政策研究的論政團體,無意成為選舉機器。

參與直選各自為戰

　　當時，港人對日後能否落實「一國兩制」信心不大，社會上流傳「『親中』是選舉的『票房毒藥』」的說法，以致傳統愛國力量對聯合起來，打正愛國愛港的旗幟參加直選裹足不前，只能以各自為戰，單打獨鬥的方式，迎接九一直選的到來。

　　立法局首次地區直選於 1991 年 9 月 15 日舉行，傳統愛國力量只有 3 人參選。陳婉嫻以工聯會常委、香港百貨商業僱員總會理事長的身份在九龍中選區出選，程介南以港人論壇主席的身份在港島東選區出選，而侯瑞培則以觀塘民眾聯誼會會長身份在九龍東選區出選。

1991年首次的立法局直選，3名傳統愛國力量參選人陳婉嫻、程介南、侯瑞培均告敗北，社會上流傳「親中是票房毒藥」的說法

港人論壇於當年1月才宣布成立，創會會員只有13人，主要是專業人士，選舉資源有限。觀塘民眾聯誼會以參與1972年6月18日觀塘雞寮安置區嚴重山泥傾瀉事件救災的義工為基礎，於1974年成立，是成立較早的愛國地區團體，植根於觀塘區，動員能力難以遍及整個九龍東選區。

在競選過程中，競爭對手根本不關注民生議題，在「六四事件」及民主發展步伐上大做文章，逼人表態。雖然3名候選人獲得一些地區組織的支持，但由於政治形勢欠佳，沒有對手所在的政團擁有的全港知名度，選舉工程落後於人，加上選舉制度對己方不利，在逆境下全部鎩羽而歸。

聯票效應影響投票結果

首次立法局地區直選，投票人數有750,467人，投票率為39.1%。選舉採用「雙議席雙票制」，全港分成9個選區，每區兩個議席，合共18席，選民最多可選擇兩名候選人。

傳統愛國力量3位候選人的表現其實不算差，陳婉嫻得票數為44,894，得票率為22.4%；程介南得票數為29,902，得票率為15.6%；侯瑞培得票數為21,225，得票率為13.9%。3人得票數均排第3位，所屬選區都是由港同盟/匯點的兩名候選人當選。

港英政府之所以採用「雙議席雙票制」，所持理由是在以往區議會選舉中，有的選區屬雙議席，部份選民會把票分別投給理念相左的兩名候選人，選舉結果會較均衡，可是1991年立法局選舉結果卻完全相反。港同盟與匯點聯手，在地區直選取得14個議席，在9個選區中有6個全取兩席。

當時有評論分析，出現這樣的結果是因為出現聯票效應。即是一名知名度高的候選人呼籲支持者把第二張票投給較弱的競選拍檔，令他們成功當選。是次選舉中，部份當選的「民主派」選票大部份是較強拍檔的聯票。例如九龍中的林鉅成，得票82%為與劉千石的聯票；港島東的文世昌，得票95%為與李柱銘的聯票；九龍東的李華明，得票85%是與司徒華的聯票。若採用「雙議席單票制」，傳統愛國力量候選人應有機會當選。

不過，有屬「民主派」的學者認為：「1991年的『聯票效應』事實上是『政黨效應』的顯現，選民投聯合參選的人的全票，代表他們支持這個政團的全部候選人；知名度較遜的候選人縱使沒有政治明星的『提攜』，只要背上政黨或政治明星推薦的標籤，仍然可吸引到相當的選票[04]。」

選舉機器有待發動

曾鈺成當時的想法是，說親中是票房毒藥是不對的，在選舉制度不利於我們的情況下，我們3個候選人得到差不多10萬票，選民不是別人，正正是跟我們有共同理念的市民。況且，贊同我們理念的人還沒有充分動員起來（很多還沒有登記成選民），只要想出辦法把他們動員起來，當可扭轉局勢。

他認為，「民主派」的目標明確，以爭取直選為目標的同時，也在積極準備直選，早就開始研究競選的策略，他們的選舉工程、宣傳手法比我們高明。而我們幾個候選人幾乎是各自為政，互相沒有協調和統籌。所以，只要我們也把選舉機器發動起來，情況一定有所改善。這就是民建聯成立的契機和動機[05]。

04　馬嶽、蔡子強：《選舉制度的政治效果——港式比例代表制的經驗》第20頁，香港城市大學出版社。
05　阮紀宏《民建聯20年史》第33-34頁，中華書局。

第 二 章
支持回歸平穩過渡

一、應運而生乘時而起

五人小組先行商議

「民主建港聯盟」這六個字第一次在香港各大報章上出現是 1992 年 5 月 11 日的事。譚耀宗在前一天參加香港電台「城市論壇」時放出風聲，傳統愛國力量正在籌組的政治組織命名為「民主建港聯盟」，他本人不會成為這個組織的主席，並預告將舉行記者招待會介紹籌組情況。這時傳媒已自動把這個日後在香港政治發展上扮演重要角色的組織簡稱為「民建聯」。

在此之前，不少人估計，傳統愛國力量總結九一直選的經驗教訓後，組織政治團體／政黨勢在必行。

1991 年底，譚耀宗與教聯會兩位副會長曾鈺成和何景安、浙江興業銀行（後併入中國銀行（香港））副總經理兼香港東區各界協會副會長黃建源，以及《香港商報》總編輯馬力聚在一起，組成五人小組，研究成立愛國政治團體的可行性。

各人的共識是時不我予，必須盡快組織起來，擴大傳統愛國陣營的力量，發揮統籌協調作用，爭取廣大市民支持，為香港回歸祖國，平穩過渡作貢獻。

時任國務院港澳辦公室二司司長的王鳳超在回顧香港政制發展，談到民建聯成立的背景時說：

> 1991 年立法局首次直選議席爭奪戰，最早顯示了直選中的政團效應。港同盟的示範性和可觀性帶動議政團體急劇向參政

團體轉變，各自尋求在港英三級架構和特區政制發展中謀求更多的席位。……親中力量痛定思痛，吸取教訓，迅速效法，於1992年7月10日成立民主建港聯盟[06]。

事實上，早在「九一直選」之前，有關人等曾討論籌組愛國政團一事。五人小組成員何景安回憶說：

> 在香港進入過渡期間，議政團體陸續組成。1990年初，我們開始探索籌組政治團體的可行性問題，但由於對政黨政治的認識和對香港當時形勢的評估不足，對「組黨」還沒有迫在眉睫的意識，因而一拖便是一年多。

籌委會召開會議

招攬志同道合者加入

五人小組成立後，擬訂組織名稱、起草章程和成立宣言、物色會址、招聘職員等工作都要加緊進行。隨後陳婉嫻、簡志豪、程介南和葉國謙加入籌組工作。四人都有選舉經驗，簡志豪和葉國謙當時更是民選區議員。葉國謙的孿生弟弟葉國忠也是民選區議員，後來也成為創會會員之一。

籌組政團最重要的一環是四出招攬志同道合者加入，這樣一來事情不可能秘而不宣。1992年2月，《星島日報》爆出「譚耀宗組黨」的消息，其他報章爭相跟進，有些甚至連部分籌組成員的名單也能準確報導出來。

06　王鳳超：《香港政制發展歷程 (1843—2015)》第148頁，中華書局。

　　譚耀宗身兼立法局議員，自然成為報章追訪的目標，於是藉著這些機會為將成立的組織多作宣傳。1992年3月，《經濟日報》刊登他的長篇專訪，標題是「發揮港人治港精神就必須要參政議政　譚耀宗要籌組民主左派親中政團」，頗能概括民建聯成立的初衷。4月，他接受《信報》訪問：

> 　　我們要向人弄清楚，越親中的人對香港越有承擔感，對維持「一國兩制」堅定不移，對香港、中國最有利。……組政團可培養參政、議政人才。因為要落實港人治港，首先要引發港人整體培養出治港精神；其次是培養有承擔感的有心人，現時是缺乏這些人的。

譚耀宗1992年3月在專訪中表示，一群愛國愛港人士正籌組政治組織，路線方面傾向代表中下階層的意見，其宗旨是支持「一國兩制」、港人治港及維護《基本法》等。圖為分別於1992年3月12日刊於《香港經濟日報》及4月21日刊於《信報》的譚耀宗專訪

覓地開會避「狗仔隊」

「左派組黨」的消息傳出，引起傳媒密切關注，幾位籌組成員更成為追訪對象。籌組成員起初人數不多，通常在中銀俱樂部或培僑中學開會。到1992年5月，發起人已超過50人，召開籌備大會時如何擺脫傳媒「狗仔隊」，避免消息滿天亂飛，就費煞思量。

據何景安憶述，5月5日晚的首次籌備大會是借用上環中旅集團培訓中心舉行。5月17日，第二次籌備大會開了一整天，地點是在堅尼地城招商局碼頭側的倉庫，大家都不懂得怎麼去，只能依靠預先繪好的路線圖，按圖索驥才能抵達會場。

宣布籌組民建聯的記者招待會舉行過後，5月24日再舉行一整天的第三次籌備大會，開會地點更遠至青衣島的友聯船廠會議室。各人先在九龍塘登上旅遊大巴，仿似參加新界一日遊，兜兜轉轉，看看後面有否「可疑」車輛跟隨，才轉入友聯船廠廠區開會，有點像偵探電影的橋段。

就算是後來為民建聯成立典禮作場地布置等工作的公關公司，也被傳媒追訪，冀求從蛛絲馬跡中取得獨家新聞。

如何命名花費心思

在民建聯籌組過程中，新的政治組織應如何命名，花了很多心思。九十年代初，社會上對政黨政治比較避忌，港英政府過去並不願意看到政黨出現，以免影響其管治，受其扶持的「民主派」論政團體或參政團體，也沒有擺明是政黨。北京對回歸後是否發展政黨，似乎亦持消極態度。民建聯創會會員梁愛詩的理解是：

當時中央政府也不希望有政黨的發展，香港的目標應該繼續成為一個發展經濟的城市，香港一直都是這樣，香港的成功經驗就是這樣來的，中央政府不希望香港搞政治，怕搞出很多紛爭[07]。

在這種情況下，籌組成員就決定不以黨來命名，仍叫政治團體，既要議政，還要參政[08]。

當時香港有政團打著「民主」旗號，推行「反共抗中」路線，不過籌組成員認為，我們是民主、愛國、進步、建設香港，貫徹港人治港精神的組織，理念與他們截然不同，民主這一面大旗必須高舉，在名稱上要有民主這兩個字。最後綜合出3個候選名稱供創會會員選擇：「香港進步聯盟」、「香港民主進步聯盟」和「民主建港聯盟」。

結果「民主建港聯盟」，簡稱「民建聯」，獲得大多數票。英文譯名 Democratic Alliance for Betterment of Hong Kong 則是由梁愛詩提出的。

「民主建港聯盟」含意包括三重意思：
- 民主：以民為本、民主開放、求同存異
- 建港：有決心和承擔，也有信心和能力，建設更美好的香港
- 聯盟，成員來自不同階層，要組織起來

籌組成員初次亮相

由於傳媒追訪不斷，籌備委員會認為有必要公開回應，於是5月19日在香港會議展覽中心608室舉行記者招待會，正式宣布組織民主建港聯盟。籌委會18名成員集體亮相，他們主要是來自傳統愛國陣營的背景，引起傳媒關注。

---

07 阮紀宏：《建港心路 與民建聯的緣與份》第27頁，中華書局。
08 直到1993年6月自由黨成立、1994年10月民主黨成立，香港才陸續出現帶有黨這個字的組織。

這18人是曾鈺成、譚耀宗、陳婉嫻、何景安、黃建源、程介南、陳鑑林、葉國謙、簡志豪、陳立志、葉國忠、盧志強、潘國華、鄒燦基、梁愛詩、梁煜林、顏錦全、王國興。

1992年5月20日《文匯報》

記者會由籌委會召集人曾鈺成主持。籌委會成員譚耀宗介紹籌組的緣起與過程，他說，56名創會成員志同道合，宗旨是支持香港回歸祖國，支持「一國兩制」、港人治港、高度自治，對香港前途充滿信心。憑著他們對香港的承擔和與中央政府溝通合作的誠意，堅信可以對香港和祖國有所貢獻，使香港在九七前後維持繁榮穩定，保持平穩過渡，並且在九七後發展得更好，建設得更好。

另一位籌委會成員鄒燦基介紹民建聯的5點宗旨：支持《中英聯合聲明》和特區《基本法》；對港人治港作積極承擔；發展香港經濟的優勢；關注香港民生；維護獨立的司法制度。

翌日香港各大報章都以顯著版面報道民建聯籌組的消息，《明報》的大標題是「親中人士組成民建聯 雄心勃勃進軍95選舉」，副題是「答記者問八面玲瓏，曾鈺成具大將風度」；《東方日報》的引題是「曾鈺成等四人發起 魯平遙祝成功」，大標題是「民建聯籌委會成立 不避親中不做傀儡」。

民建聯成立備受各方傳媒關注，
圖為1992年5月20日《明報》報道

當時身處澳門的港澳辦主任魯平在接受記者追訪時表示，民建聯成立是件好事，但認為用「親中」一詞並不適合；香港憲制事務司施祖祥表示，親中人士組政治團體，顯示他們對香港選舉制度的認同，亦決定積極參與，相信對香港的繁榮安定有正面影響。

民建聯有沒有共產黨員？

　　1992年5月19日，民建聯籌備委員會18位成員，舉行記者招待會，宣布籌組政團。

　　這宗大新聞，新聞界自然出席者眾，作為籌委會召集人的曾鈺成，亦成為焦點人物。台下記者發問非常熱烈，而且都盯著他不放。

　　話說當日有一位記者舉手發問：「曾先生，請問你們座上各位之中，有沒有共產黨員？」

　　曾鈺成回頭四顧，並問道：「記者問在座有沒有共產黨員，誰是共產黨員的請舉手。」當時全場沉靜，台上亦無人舉手。過了一會，另一位記者舉手要求發問，曾鈺成指著他說：「噢，這裏有一個。」全場呆了一秒鐘後哄堂大笑。

　　事後《明報》用「答記者問八面玲瓏，曾鈺成具大將風度」做報道的副題，可說是如實報道。

與北京關係受關注

民建聯的成立與北京有何關係，是傳媒關注的焦點之一。曾鈺成在記者會上就透露在記者會前曾會見新華社香港分社副社長鄭國雄，向他介紹民建聯的宗旨、組織和未來發展，鄭國雄表示歡迎民建聯成立，指出凡是擁護《中英聯合聲明》和《基本法》的政團，只要有利香港順利過渡，中方都會歡迎和祝它成功。

1992年5月15日曾鈺成接受《信報》專訪指出91年立法局選舉，來自傳統左派人士全軍盡墨，雖是沉重打擊，但復元後，這股力量又再次凝聚起來

其實新華社香港分社作為中央政府派駐香港的機構，關注香港政團的發展是很自然的事。在此之前，分社社長周南、顧問容康（前港澳辦二司司長）曾與五人小組會面。中山大學粵港澳發展研究院教授陳麗君在分析民建聯成立的背景時認為是在新華社香港分社的推動下，由傳統親中社團工聯會與教聯會的主要成員組織成立民建聯[09]，這種說法可算合情合理。其實，除工聯會和教聯會外，民建聯的創會會員還有來自招商局、中旅社、中資銀行等機構，以及新界社團聯會等地區組織。

09　陳麗君：《香港民主制度發展研究》第86頁，中華書局。

香港有些傳媒則從傳統愛國力量的心路歷程來看民建聯成立的背景。《信報》政治評論版編輯文灼非發表的曾鈺成「焦點人物」專訪中寫道：

> 這次有份發起這個親中政黨的人，可說是多來自傳統的左派人士，有人稱他們是老左派，幾十年來一直對國家有一份熱情與投入。隨著中國大陸的政治動蕩，這批人曾經失落過、失望過，但理想仍沒有幻滅，很多人仍堅守自己的崗位，努力做好本份工作，像左派學校、工會、地區組織，仍有很多默默耕耘的人。六四事件後親中成為有色標籤，更令參選者在九一立法局直選中全軍潰敗，對於這批親中人士來說，的確是一個沉重的打擊。創傷復元後，這股傳統實力又再次凝聚起來，志在九五，並計劃與最大敵人港同盟爭一日之長短。汲取了九一直選的教訓，左派人士看到政黨的力量非同小可，因此必須重整力量。加上中方對政治文化開始接受，對他們組黨開綠燈，這說明中方的態度已轉變。

如今看來，這一評述亦屬持平。

會徽蘊含深意

記者會後，籌組工作就得全速推進，成立宣言、組織結構等均要早日確定。6月10日，創會會員在新租用的辦事處舉行全體會議，結束過去借用外間場地開會的狀態。

民建聯的首個辦事處設在灣仔軒尼詩道
139號中國海外大廈

辦事處設在灣仔軒尼詩道139號中國海外大廈24樓E及F室，佔地2,200平方英尺。首任總幹事由創會成員之一，建港協會委員、曾在香港中華文化促進中心任職總經理的鄭艾倫出任。辦事處啟用後，方便記者採訪聯絡，傳媒亦不時邀請民建聯派代表出席政黨論壇。

成立宣言和會徽要到6月23日創會會員全體會議才定下來。在會徽的最後設計方案中，D字原來是密封的，陳鑑林提出，這樣容易給人一個在死胡同走不出來的印象，建議將內環的D字修飾成B字，又暗藏D和B兩個，而且更有穿透效果，生動活潑。會徽設計最後獲得通過。

民建聯的會徽隱含了D(Democracy)和B(Betterment of our society)兩個字母

會徽在成立大會上公布時原來是有直排和橫排的中英文名稱，後來是圖案與橫排的中文名稱共用，到15周年時再修改為現行式樣。

會徽的意義是：會徽中隱含D(Democracy)及B(Betterment of our society)兩個英文字。大輪廓象徵中國，表達民主回歸的意思；小輪廓象徵香港，表達民主建港的意思。大小輪廓聯成一線，代表內地與香港一體、息息相關、互相依存的密切關係。

成立大會簡單隆重

　　民建聯成立大會原計劃在7月3日舉行，但由於註冊手續還未辦妥，不得不延後一個星期舉行，註冊文件到當天才趕及發出來。場地也只能租到尖沙咀香港文化中心音樂廳後台的休息室(7字樓CR2室)，面積不到1,000平方英尺。由於場地所限，只能邀請傳媒到場，慣常團體成立時舉行的酒會亦欠奉。

　　7月10日天朗氣清，是民建聯成立大會的好日子。當天全港街頭不少地方掛起民建聯的宣傳板，向市民宣告一個愛國愛港，力爭「平穩過渡、繁榮創富、安居樂業」，支持擁護「一國兩制」、港人治港的政治組織誕生。

　　成立大會首先宣讀中央委員會和常務委員會名單。籌委會早前於6月30日舉行會議，選出22名中委，再在中委會會議上選出7名常委。除吳康民、孫啟昌、陳瑞霖、黃立誠外，其他人都有在首次記者會上亮相。

　　馬力雖然是五人小組成員，參與籌組工作的全過程，許多重要文件出自其手筆，但是當時他在《香港商報》任總編輯，身份較特殊，所以一直在幕後，沒有走到台前，首次記者會和成立大會均沒有參加。

宗旨

1. 擁護中英聯合聲明和基本法，擁護中國政府於一九九七年恢復香港行使主權，實行一國兩制、港人治港方針。

2. 致力促進香港與中國內地的相互溝通和交往，促進兩地之間的合作關係，為中國繁榮富強作貢獻。

3. 團結愛國愛港人士，積極參與建制事務，致力建設和平、民主、進步的新香港。

4. 以香港整體利益為前提，關注社會民生，維持公眾利益，均衡照顧和發展各行業、各階層和各地區的利益。

5. 關注香港的前途和發展，監察政府運作，促進香港社會長期政治穩定、經濟繁榮，保障順利過渡。

民建聯第二位主席馬力，是籌組五人小組成員，但一直在幕後參與全過程，許多重要文件包括民建聯成立宗旨和綱領，都出自其手筆

強調是愛國愛港派

接著由主席曾鈺成致詞，宣布民建聯正式成立，扼要介紹籌組經過，強調「既親中，又親港」，「是愛國愛港派」：

> 我們熱愛祖國，維護國家主權，維護民族尊嚴，擁護中國對香港的政策，這是我們一貫的、鮮明的立場。這個立場絕不會妨礙我們為香港利益服務。恰恰相反，只有從這個立場出發，才能真正維護和實現一國兩制，維持香港的穩定繁榮。我們要通過我們的努力，使香港市民認同我們的立場，接受我們，支持我們。說我們「親中」，我們不否認，但這只說了一半。我們既親中，又親港，我們是愛國愛港派，這將由我們的實踐來證明。

> 我們相信，作為支持中英聯合聲明和《基本法》，決心留港建港的政治團體，我們在香港的政治舞台上有著廣闊的天地。我們將在這廣闊的天地裡翱翔、馳騁。

> 現在距離九七年的政權移交剩下僅僅五年了，我們的聯盟今後要對九七前的平穩過渡和九七後的港人治港發揮應有的作用，要靠我們全體成員真誠的投入和不懈的努力。

副主席譚耀宗宣讀《民主建港聯盟宣言》。宣言強調：「我們是愛國愛港的組織」、「我們是民主參政的組織」、「我們是建設香港的組織」。「真誠為香港」的口號在宣言中首次出現。

其後，由常委葉國謙介紹會徽的含意。常委陳婉嫻介紹民建聯的近期工作計劃。首先是深入研究各方面的政策問題，而組織建設方面，一是完善組織內各級組織架構，二是會員招募及培訓，研究及開展地區支部工作。還有經費籌募，接受社會各階層，包括個人、團體和機構的捐款。

一、應運而生乘時而起

拼圖決志留港建港

　　成立大會的高潮是別開生面的「決志留港建港」儀式，55名創會會員（一人因故缺席）在一塊特製的膠版上，依次以木製拼圖塊拼出香港地圖。曾鈺成最後手持會徽，高呼「為香港、為祖國、獻出萬分真誠，建設美好明天」口號，在香港地圖上砌上民建聯的會徽。儀式象徵各人決心植根香港，作為市民一份子，以雙手共同建設香港。

　　成立大會結束後，創會會員前往尖沙咀碼頭鐘樓旁的階梯上站好，以港島為背景，舉起V字手勢，拍攝第一張大合照。

　　「雄關漫道真如鐵，如今邁步從頭越」，曾鈺成在成立大會致詞的結語中引用了毛澤東這一膾炙人口的詩句。從這一天起，民建聯開啟不斷克服艱難險阻，發展壯大的征程。

民建聯成立時在社會上的知名度並不高，只有1名立法局議員(譚耀宗)、1名市政局議員(葉國忠)、1名區域市政局議員(顏錦全)和8名區議員(葉國謙、葉國忠、王國興、簡志豪、陳鑑林、文漢明、孫啟昌、黃立誠)。

圖為當時指示各人拼上地圖的資料

56位創會會員，來自社會不同的階層，當中有教師、律師、會計師、醫生、商人、工程師、銀行家、企業高管、工會工作者，以中層和基層人士為主，沒有大商家。令他們凝聚起來的，除了支持香港回歸祖國，平穩過渡，以及建設香港未來外，正是各人秉持的愛國愛港信念。

一、應運而生乘時而起

第一屆中央委員會及常務委員會(1992年7月－12月)

主席：曾鈺成

副主席：譚耀宗

秘書長：程介南

司庫：黃建源

常務委員：陳婉嫻　葉國謙　簡志豪

中央委員：王國興　何景安　吳康民　孫啟昌　梁愛詩　梁煜林
　　　　　陳立志　陳瑞霖　陳鑑林　黃立誠　葉國忠　鄒燦基
　　　　　潘國華　盧志強　顏錦全

「真誠為香港」書法出自何人手筆？

民建聯的口號「真誠為香港」這一瀟灑的書法，原來出自香島中學關德權老師手筆。

關老師非常關心並支持民建聯的成立，他以鋼筆揮灑地書寫了多張「真誠為香港」橫條，讓創會會員挑選。

其後，每年農曆新年前一個月，他都當上民建聯義工，參加地區支部贈寫揮春的活動。他不僅自己積極參與，還帶動不少生力軍參加。他在學校裏組成書法活動小組，鼓勵學生為街坊書寫揮春，既是服務，又可作書法練習，一舉兩得。

在他的辛勤努力下，學校每年都舉辦校際書法比賽，大禮堂擠滿各校的書法愛好者和參賽者，頗具號召力。他的女兒和兒子，在其薰陶和教導之下，也是書法出眾。

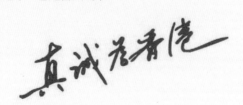

民建聯56位創會會員名單

01	文漢明	的士商人、南區區議會民選議員
02	方和	律師、香港加拿大華人協會前任主席
03	王國興	工聯會社會事務委員會副主任、理事、東區區議會民選議員、香港東區各界協會常董兼秘書長
04	何景安 *	教聯會前會長、現任副會長、教師中心諮管會常委、九龍西區各界協會副會長、新機場及有關工程諮委會委員、香島中學主任
05	吳兆華	電子工程經理、三方學會會長
06	吳康民	全國人大代表、港事顧問、教聯會名譽會長、培僑中學校監
07	吳國榮	律師
08	李念慈	銀行董事、助理總經理
09	李述龍 *	香島中學校監、曾任全國政協委員
10	李祖澤	聯合出版集團總裁
11	李博恩	工程副經理
12	李鐵輝	律師、觀塘區議會環境委員會增選委員
13	屈超 *	港九小商販聯誼會理事長
14	洪清源	貿易商人、福建省政協委員、香港東區協會會長、香港福建同鄉會第一副理事長、北角街坊福利會理事會主席
15	胡樹焯	輪機工程師、香港船務職員協會名譽顧問
16	孫啟昌	出版社經理、灣仔區區議會民選議員
17	梁愛詩	律師、國際法律婦女協會地區主席、社會福利諮委會委員、稅務上訴委員會委員
18	梁煜林 *	新界社團聯會理事長、港九花卉職工會理事長、穩定香港協會執委
19	陳立志	中旅集團副總經理、香港中國旅遊協會理事長
20	陳旭輝	工程公司董事、英國電機工程師會香港分會委員與評審委員、香港科技協進會委員、澳洲留學生同學會委員
21	陳協平	貿易公司經理、九龍城寨街坊福利事業延續促進會副理事長、華革會副主席、九龍東區各界聯會會董
22	陳思誦	貿易公司東主、南區各界常設委員會秘書長、香港仔居民聯合會副主席、香港南區商會首席副理事長

23	陳建威	工業董事總經理、港九塑膠製造商聯合會會長、中華總商會會董
24	陳婉嫻	工聯會常委、香港百貨商業僱員總會理事長
25	陳崇煒	貿易公司董事
26	陳瑞霖	律師、中西區區議會環境及工務委員會委員
27	陳樹標*	銀行董事副總經理、中銀集團康樂委員會副會長
28	陳鑑林	船務經理、觀塘區區議會民選議員、觀塘民聯會理事、東九龍各界聯會常委
29	麥宜全	執業會計師、觀塘區區議會增選委員
30	陸聯芬*	銀行助理總經理、香港銀行華員會理事、九龍西區各界協會副秘書長、新界工商業總會會董
31	曾鈺成	培僑中學校長、教聯會副會長、廣東省政協委員
32	程介南	教聯會理事長、港事顧問、港人論壇主席、香港東區各界協會副會長、培僑中學老師
33	馮培漳*	執業會計師、建港協會委員
34	黃永剛*	勞工子弟學校校監、廣東省人大代表
35	黃立誠	保險公司經理、東區區議會民選議員、筲箕灣柴灣坊眾會理事長
36	黃建立*	漢華中學校監、廣東省政協委員、教聯會名譽會長、曾任全國人大代表
37	黃建源	浙江興業銀行副總經理、香港東區各界協會副會長
38	葉建鑣	律師、香港東區各界協會法律顧問、建港協會會員
39	葉國忠*	運輸業經理、市政局議員、油尖旺區區議會民選議員、工聯會社會事務委員會副主任
40	葉國謙	漢華中學老師、中西區區議會民選議員、西環街坊福利會青年主任
41	葉順興	新界社團聯會副理事長及婦女中心主任、屯門區婦女會主席、屯門東北分區委員會委員
42	鄒燦基	大律師、廣東省政協委員、華革會執委及顧問、中國法學會香港法律研究會顧問
43	楊耀邦	塑膠公司總經理
44	劉慶祺	運輸業副總經理、廣東省人大代表

45	潘國華	工程公司董事、現代化協會委員、建港協會委員
46	蔡煒亨 (渭衡)*	銀行高級顧問、廣東省政協委員、華革會主席、 中華總商會會董
47	盧志強	醫生、暴力及執法傷亡賠償委員會委員、 色情物品審裁處審裁員、九龍西區各界協會副會長
48	鄭艾倫	建港協會委員、粵港科技產業促進會執委
49	駱健華	律師、工聯會法律顧問
50	簡永基	大學講師、教聯會常務理事
51	簡志豪	航空技術員、黃大仙區區議會民選議員、 港九新界公共屋邨居民及商戶聯會秘書長、 香港航空業總工會主席、東九龍居民委員會秘書
52	顏錦全*	銀行經理、區域市政局議員、新界工商業總會會董、 元朗體育會會董、元朗大會堂管委會董事
53	譚尚滔*	電機工程師、建造業訓練局委員、香港科技協進會委員 香港電器工程商會副主席
54	譚國雄	勞工子弟學校校長、教聯會常務理事、香港私校聯會執委、 九龍城區校長聯絡委員會執委
55	譚耀宗	工聯會副理事長、立法局議員（勞工界功能組別）
56	關毅	貿易公司副總經理、港九罐頭洋酒伙食行商會理事、 港九糧食雜貨總商會理事

* 已故

民建聯成立大會結束後，一眾創會會員包了一艘船出海，前往長洲食海鮮慶祝。回程時，大家難掩興奮心情，引吭高歌，唱到後來就唱了《歌唱祖國》一直唱到船隻泊岸

公布首份政綱

民建聯第一屆中委會的任期僅有半年。到1992年12月中，民建聯已有253位會員。為使中委會更具代表性，於是在12月11日改選中委會，並在同月17日第一次周年會員大會上就職。

第二屆中委會共有23人，新當選者是洪清源，而常委則增至9人，除上屆7位連任外，梁煜林和盧志強由中委升任常委。

周年會員大會的重頭戲是公布民建聯第一份政綱。政綱草擬工作是群策群力進行的，先由9個政策小組擬定初稿，經政策委員會綜合，五易其稿，再經中委會審議通過。

民主建港聯盟
一九九二年周年會員大會
中央委員會工作報告

曾鈺成
一九九二年十二月十七日

各位會員：

民主建港聯盟自今年七月十日正式成立，至今已五個多月。我們已按照章程規定，選出了新一屆的中央委會。現在我代表第一屆的中央委員會，向會員大會報告成立以來的工作。

訪問北京
─────

2. 民建聯成立後不久，中央委員會即於七月十九日赴北京訪問四天，先後會見了中共總書記江澤民和國務院港澳辦公室主任魯平，就香港市民最關心的問題和他們進行了開放、坦誠和具實質的討論，內容包括中英兩國政府的合作關係、香港的政制發展、新機場的財務安排、放寬對港澳記者到內地探訪限制、公務員的憂慮、打擊走私活動、內地來港單程通行證配額、港人在內地置業的權益、學歷及專業資格承認問題等。

3. 訪京團並訪問了公安部，了解內地與香港合作打擊犯罪活動的情況；又和國家經濟體制改革委員會副主任座談中國開放改革近況。回港後，民建聯在報章上刊登訪京工作簡報，向香港市民交代，獲得公眾的好評。

會見港督
─────

4. 緊隨著訪京之行後，常務委員會到港督府會見港督彭定康，向他表達了民建聯對香港一系列問題的看法，並聽取了他的立場和觀點。九月初，民建聯又去面港督，對其即將發表的施政報告提出十一項建議。除了就機場和焚制問題一再申明民建聯的立場外，同時敦促港督重視民生問題，包括解決夾心階層住屋問題、提高公援金額、改善醫療服務、改善失業工人再培訓計劃及為培訓完畢工人提供生活津貼等。九月下旬，常委再次和港督會面，就我們建議書的內容和他作進一步的意見交換。

政綱提出到九七前對香港主要問題的基本看法和建議，以「平穩過渡、繁榮創富、安居樂業」來概括。

在政治方面，提出要敦促中英雙方恪守聯合聲明和《基本法》。還談到對特區成立後立法會直選和行政長官的普選期望。

在經濟方面，強調要限制公營部門和公用事業加價，壓抑通脹；港人應繼續在公平競爭原則下享有高度自由去創業，發揮企業精神及創造財富；支持低稅率及簡單稅制，拉近貧富差距；鼓勵投資人力資本，改善及增辦第三產業及高科技工業課程，培訓人才。

在民生方面，提出重視教育投資，提高教育質素；檢討公屋租金政策，出售公屋價格不應與市場掛鈎；設立全民性社會保障制度，使人人老有所養；制訂市民健康指標，以便整體評估市民健康情況；推行廢物回收，鼓勵廢物回收工業。

民建聯成立是香港政治發展上的重要里程碑，傳統愛國力量終於匯聚起來，以此為基礎，團結面不斷擴大，在日後各級議會選舉中扮演愈來愈重要的角色。

二、反對末代港督
破壞「直通車」

首度訪京反映港人心聲

　　民建聯成立之際，港人普遍關注的一大問題是九七能否平穩過渡，會否出現震盪。這時，《基本法》已經頒布，中央政府對香港的方針政策已以法律形式確定下來。可是，1991年，蘇聯解體，東歐變天，英國重新評估國際形勢，扭轉在香港過渡期事務上與中方磋商合作的態度。特別是中英雙方在新機場的財務安排方案上爭拗不斷，引起香港社會不安。

　　有見及中英關係陷入僵局，中英兩國以至港英政府與內地之間的溝通都不太暢通，民建聯成立之初便借重其會員長期以來與內地的良好關係，扮演香港與內地的橋樑角色，向中央反映港人心聲。

民建聯在成立第十天就能訪京並獲高規格接待，引起傳媒轟動

1992年7月19日，民建聯中委一行22人在新華社香港分社安排下首次訪問北京。在此之前，香港另一政團啟聯資源中心[10]也於6月底訪京，獲領導人接見。不過，民建聯在成立第十天就獲此待遇，自然引起傳媒轟動。

民建聯首次訪京獲中共中央總書記江澤民接見，並會見港澳辦主任魯平和公安部副部長田期玉，向他們反映港人最關心的議題，其中包括1995年立法局選舉方案。民建聯提出九點意見和建議，大致如下：

- 中央政府應以實際行動讓香港市民看到維持香港繁榮的決心和努力，加強市民信心
- 新機場預算應設上限，以防加劇通脹
- 公務員長俸、福利和晉升條件應有延續性，九七年以前參與執行政治敏感或中央政府不同意的政策的官員，九七年以後無須為此負責
- 選民年齡應降為18歲，選舉制度改為比例代表制
- 檢討單程證來港人士政策，應立足於香港社會的承受能力和以家庭團聚為目的
- 粵港加強聯合緝私行動，打擊偷車活動
- 建議修改香港記者到內地採訪的七條限制規定
- 內地有關部門健全規章制度，保障香港市民在內地置業的利益
- 妥善處理香港與內地學歷專業評審承認問題

由此可見，民建聯此行並非只尋求中央政府的「祝福」，更重要是就新機場財務安排、公務員過渡等當時香港需要迫切解決的問題反映港人心聲。其他如跨境犯罪、單程證人士等問題也受社會廣泛關注。

二、反對末代港督破壞「直通車」

10　啟聯資源中心於1991年12月12日成立，是以立法局委任議員和功能組別議員組成的政團，其後於1993年6月改組為自由黨。

民建聯首次訪京獲中共中央總書記江澤民接見

英國只謀「光榮撤退」

民建聯正式成立的前一天，末代香港總督彭定康就以異於以往總督的官服，身穿西裝，在中環皇后碼頭登岸，到港履新。

就在上一年12月底，英國突然宣布被視為對華態度不夠強硬的衛奕信在次年4月不再留任。到了1992年4月，英國一反過去三任港督都是由外交官出任的做法，委派在大選中落敗的保守黨主席彭定康擔任此職。

由在政壇打滾多年的政客來負責英國從香港撤退的工作，預示著英國在改變對華政策之後，將採取更強硬態度，為香港平穩過渡增添障礙。

民建聯成立之初，在立法局只有1名議員，彭定康卻很快便邀請民建聯負責人於7月23日會面。民建聯是當時唯一高舉愛國愛港旗幟的政團，又剛訪京歸來，彭定康希望能夠通過這次會面了解中方對他的態度。

早於1992年6月底民建聯籌委會已致函未上任的彭定康，就1995年立法局選舉、機場計劃等事項約見，香港總督府亦回函會安排8至9月會見民建聯

彭定康在會面開始時表明，他是要向英國殖民統治的最後一章負責——光榮撤退。民建聯就新機場和政制兩大熱門議題提出意見。新機場方面，開支應設上限，應設獨立機構進行監察，公開有關會談內容。政制方面，九五選舉應與《基本法》銜接，體現不同階層及不同政見的意願，並轉達魯平希望加強中英合作，早日與他會面的訊息。

彭定康要以其方式辦事

此時，彭定康已開始閉門草擬日後掀翻政制「直通車」的政改方案。不過，民建聯對港英政府在最後五年的施政仍抱有期望，在綜合各政策研究小組的討論後，於9月3日率先就彭定康的首份施政報告表達意見，除強調政制方面應以能體現本港不同階層和不同政見的意見為原則，必須與《基本法》銜接外，主要敦促他重視民生問題，確保居屋售價和公屋租金加幅符合市民承擔能力、反對醫療服務「用者自付」原則、提高傷殘津貼及公共援助金額，改善失業工人再培訓計劃等。

在發表施政報告前，彭定康於9月25日會見了曾鈺成和譚耀宗。在談話中，譚耀宗對彭定康指出：「你既要和中國政府合作，便應該多了解中國政府的辦事方式。」彭定康傲慢地回應說：「我有很多人告訴我中國政府的辦事方式；中國政府也應該了解一下我的辦事方式。」果然，他的首份施政報告就對政制銜接問題實行突然襲擊。

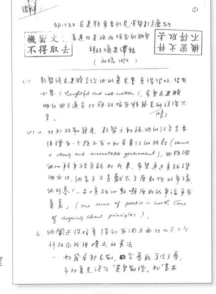

1992年9月25日民建聯常委就施政報告的期望會見彭定康，圖為會議摘要手稿

1992年9月26日《香港商報》

首次同彭定康會面

1992年7月10日民建聯成立，在此前一天，彭定康抵港，上任末代港督。兩者相隔一天，純屬歷史巧合。

7月23日，彭定康邀請民建聯負責人到港督府會晤。民建聯常委應邀出席，港督副官梁寶榮在門口迎迓。

會晤中彭定康的第一句和最後一句，令人記憶猶新。

彭定康與各人在他辦公室圍桌坐定，他自己卻又隨即起身，走到旁邊的寫字檯旁，拿了一張紙，用鉛筆在上面寫了寫，然後過來舉起了紙張給大家看。

紙上面只有一句話：「Honorable withdrawal」（光榮撤退），然後他對大家說：這就是我就任最後一任港督的職責和任務……

會晤結束了，彭定康起身送客之前，對大家說：「外面有很多記者在等候，請你們只引述你們講過的話，我講過的話由我自己引述，我也不會引述你們講過的話。」

彭定康的第一句，開門見山，交代使命；最後的一句，敦促大家要遵守君子協定。政客果然是政客。

政改方案引起重大爭議

1992年10月7日，彭定康發表施政報告，提出對當時香港政制作出重大改變的政改方案，僅在事前知會中方。

政改方案提出，行政局與立法局徹底分家，兩局議員不重疊，而立法局主席由議員互選產生，港督不再兼任，表面上仍維持行政主導，但強調立法局要發展成為一個「制衡政府的獨立組織」。

選舉方面，施政報告提出：投票年齡降至18歲；原有功能組別的法團投票改為個人投票，新增的九個功能組別擴大至270萬工作人口中所有符合資格的選民；除新界的區議會的當然議席外，所有區議員由直選產生，取消區議會和兩個市政局的委任議席；由直選區議員組成選舉委員會，產生10個立法局議席。

政改方案明明背離與《基本法》銜接的原則，實際上要在1995年變相推行全面直選，可是彭定康卻聲稱其整體目標「就是擴大民主，同時要在《基本法》範圍內進行」，理所當然受到中方反對。

1992年彭定康發表施政報告，提出對香港政制重大改變的政改方案，民建聯則不願見到「直通車」被破壞，影響平穩過渡

其後，彭定康於 10 月 21 日訪問北京，與魯平會談，想以既成事實要中方提出反建議，結果不歡而散。魯平在記者招待會上批評政改方案是「三違反」，即違反《中英聯合聲明》，違反《基本法》，違反兩國外長達成的協議，破壞平穩過渡，破壞「直通車」，彭定康「要成為香港的千古罪人」。

魯平多年後說：

　　現在我都不後悔，他的確是千古罪人 …… 如果不是彭定康的話，香港過渡的情況更平穩，影響香港的不止是政治體制，還有香港整個香港人的信心和經濟[11]。

政改方案在香港引起很大的爭議，打著「民主抗中」旗幟的政團當然大表歡迎，揚言政制不能銜接無所謂，民建聯則不願見到「直通車」被破壞，影響平穩過渡。

在彭定康訪京之前，民建聯常委第三次與他會面，表明擔心政改建議有違《基本法》，不利中英合作及香港平穩過渡。

其後，民建聯舉辦「基本法與政制改革方案研討會」，邀請原基本法草委出席，並於 11 月 2 日去函彭定康，詳列政改方案不能與《基本法》銜接的地方，並希望中英雙方能繼續就有關問題進行磋商。

1992年10月25日民建聯舉辦「基本法與政制改革方案研討會」

11　魯平口述、錢亦蕉整理：《魯平口述香港回歸》，第86頁。

再度訪京更加轟動

　　中英關係因政改方案而陷入低潮，香港市民普遍感到不安，擔心會影響平穩過渡。為此，民建聯致力在多方面溝通，向中央政府反映港人普遍希望中英雙方通過會談，解決九四、九五選舉安排問題。

　　1992年12月21日，民建聯中委22人第二次訪京，在此之前在報章刊登廣告，公告設立熱線電話傳真，徵集市民對政改問題的意見。

　　在京期間，民建聯一行會見魯平、外交部部長錢其琛，以及其他部門負責人，遞交在港徵集意見的原稿副本，並討論政改、新機場、海關邊防出入境效率、美國給予最惠國待遇、兩地學歷互認、單雙程證入境措施等問題，提出希望中央政府在制訂和推行過渡期有關措施時，注意穩定港人信心，廣泛聽取香港各方面人士的意見。

　　這次訪京比上次轟動，大批隨團記者對此詳細報道。回港之後，民建聯印發13萬份單張，在全港多處地點派發，又在港島西支部、九龍中支部、新界北支部和新界西支部舉行居民大會，簡報北京之行。民建聯認為，此行應達到「反映憂慮、表達意見、澄清問題」的目的。

民建聯設熱線徵集市民對政改問題的意見

彭定康「報三家」

彭定康1992年到港上任，隨即上演親民秀，食蛋撻、飲涼茶、抱BB，進而開先河在大會堂音樂廳開居民大會，電視直播，搞到未見識過的人神魂顛倒。

不過他卻對民建聯「另眼相看」、「情有獨鍾」。某一天，英國來了兩位國會議員，專誠拜訪民建聯負責人。甫見面就表明，是彭定康建議他們來的，彭定康說：「來到香港訪問，不能不去民建聯，否則，你此行是不完整的。」

然而，這兩位英國議員，卻老實不客氣地講彭定康的壞話：「你們有所不知，彭定康初出茅廬的時候，非常投機。沒有人想像到他居然同時填好了三大政黨，保守黨、工黨和自由黨的入黨登記表，實行謀定而後動。」

在英國，大學生畢業後填表入政黨，原本是平常事，不過如彭定康般「報三家」，就確是罕見，難怪會成了人家的話柄。

七個月內四會彭定康

訪京歸來後，民建聯常委於1993年1月7日第四次應邀與彭定康會面，並指出在中英雙方未恢復接觸和磋商的情況下，立法局無論通過任何形式的政改方案，都不能解決中英的爭論和恢復合作關係。

彭定康詢問是否同意中方的反應是過分強烈，對此曾鈺成反問：「你沒有估計到嗎？你不是說過你有很多熟悉中國的顧問嗎？」彭定康回應說，他估計到中方對政改反應的範圍，但中方去到了這範圍的極端。

民建聯成立僅7個月，彭定康就四次與民建聯負責人會面，可謂相當「禮遇」。可是他對民建聯反覆提出政改應與《基本法》銜接，挽救「直通車」的意見一點也聽不入耳。就在中英雙方快將同意重開談判之前，彭定康於3月12日突然將政改方案以條例草案形式刊登憲報，並提交立法局討論。

中英政制談判破裂

鑑於局面嚴峻，民建聯於3月31日舉行記者招待會，呼籲中英雙方就政制問題重開談判恢復磋商。不論中英能否就政制問題達成協議，都應以港人利益為重，保證民生、治安及經濟等事項。這項呼籲應該說是代表了香港的主流民意。

在香港民意力促之下，中英雙方於4月21日就香港九四、九五的選舉安排展開談判。在此之前，民建聯於4月16日發表意見書，分別送交中英兩國政府，希望雙方在重開談判時能作考慮。

意見書內容包括三級議會的選舉安排和九七立法局議員的過渡問題，其中率先建議地區直選採用比例代表制。所持理由是香港立法局的選舉並非是選執政黨，應是容許社會中不同聲音獲得反映的場所。其後，又提議談判採取「先易後難」的辦法，對爭議較小的問題先達成協議。

在談判陷於膠著狀態之際，民建聯代表於9月22日會見彭定康，向他提交對其第二份施政報告的期望，進一步建議先就有關九四區議會選舉的問題達成協議，以便有更充裕時間討論立法局選舉問題。

這個建議在社會上獲得廣泛支持，可惜英方拒不接受。一直拖到11月27日第17輪談判，英方單方面宣告中斷談判，正式破裂。至此，政制「直通車」開通不成，中方另起爐灶已成定局。

二、反對末代港督破壞「直通車」

民建聯於1993年3月31日舉行記者招待會，促中英雙方重開談判
（1993年4月1日《文匯報》）

1993年9月22日民建聯領導會晤彭定康，反映港人對會談的期望
（1993年9月23日《經濟日報》）

　　民建聯在政改方案引起重大爭議期間，既向彭定康，也向北京反映港人心聲，力促中英雙方談判解決問題，雖然最後未能達成協議，不過民建聯一年多來在這方面作出的努力，社會各界有目共睹，使許多人對這個新生政團留下深刻印象。

　　曾鈺成在18年後評價彭定康在政改問題上的搞作時說：

　　　　破壞了「直通車」，即使不叫倒退，無論如何對香港的民主進程造成阻滯，亦種下回歸後一次又一次政改的障礙。歷史就是這樣，有些人自以為聰明，以為可以加速香港民主發展，結果適得其反[12]。

魯平一度以為談得成

　　彭定康堅持其政改方案，1995年選出的立法局就不可能過渡九七，成為回歸後的立法會。中方於1993年4月與英方展開談判，希望能挽救「直通車」。

　　同年10月，曾鈺成赴京參加特區籌委會預備工作委員會會議。一天，魯平來到曾鈺成在北京港澳中心的房間，滿臉興奮地說：「看來談得成；現在只剩下兩個問題未解決，但這兩個問題我們都有讓步空間。」

　　豈料一個月後，談判便告破裂。彭定康方案獲立法局通過，「直通車」沒有了。

12　曾鈺成：《時不再來　主席八年》下冊第297頁，信報出版社。

三、參選三級議會壯大聲勢

區局補選初受考驗

在彭定康弄得中英爭拗不斷之際，當時有評論認為，既然民建聯對政改方案有異議，九七前在港英管治下就會抵制選舉，這種說法只不過是想當然而已。

民建聯作為參政團體，參加各級議會選舉，出任公職，監督港府運作，是自然不過的事。況且，民建聯過去沒有參選經驗，即使政改方案設計的選舉制度對他人有利，也只能通過實戰，爭取市民支持，積累經驗，才能更好地在特區成立後的政治舞台上發揮重要作用。因此，儘管中方決定另起爐灶，立法機關和區域組織在九七將會重組，民建聯仍要積極參與九四/九五的三級議會選舉。

民建聯第一次參與直選的試煉是 1993 年 8 月 8 日舉行的區域市政局西貢選區補選。原民選議員被控賄選，罪名成立，喪失議員資格，故進行補選。民建聯派出剛於 8 月底成立的新界東支部司庫張漢田參選。

張漢田在將軍澳翠林邨任職銀行經理，出任翠林邨商戶互助委員會主席、西貢區滅罪委員會委員、西貢區議會聯絡及發展委員會委員，長期參與觀塘及將軍澳社區服務工作。西貢選區由西貢及將軍澳組成，前者是傳統鄉郊地帶，後者則屬新發展區，屋邨林立，張漢田在將軍澳有一定人脈，應對競選較有利。

西貢選區在上年選舉時只有兩人參選，此次補選共有7人角逐，包括港同盟、民協、匯點及鄉事派。由於競爭激烈，有效票數比上一次多六成，達16,772人，投票率更扯高到35.5%。

區局補選規模雖然不大，但可為次年的區議會選舉練兵，民建聯全力以赴，除譚耀宗、陳婉嫻、程介南等知名度較高者助選外，更動員各方友好社團來支持，有一個晚上在將軍澳各屋邨「洗樓」，派發宣傳單張，就有近400人參與，而選前誓師大會也有700人到場。

結果張漢田獲得4,016票 (得票率24.1%)，排列次席而落敗，比港同盟林咏然的4,670票 (得票率28.0%) 相差654票，但比民協、匯點和鄉事派候選人多得多。林咏然勝出，輿論認為與港同盟頭面人物盡出拉票助選，發揮政黨效應及明星效應有很大關係。

《明報》在翌日的社論說：

> 親中陣營在拉票過程中充分顯示出高強的組織能力。……民建聯即使最終不能贏得議席，但在擴展影響力、推廣政團形象乃至加強內聚力方面，都可謂「超額」完成使命。

區議會選舉成前哨戰

1994年9月18日舉行的區議會選舉，比過往歷屆選舉重要得多。這是由於彭定康的政改方案，擴大了這個本屬諮詢性質的區域組織的職責、功能和財政預算。

選舉制度方面首先是取消所有委任議席，保留新界各鄉事委員會主席出任的27個當然議席，民選議席增至346席，比上屆多72席。選舉方法採用「單議席單票制」，上屆逾三分之一選區所用的「雙議席雙票制」成為絕響。旺角及油尖兩區合併為油尖旺區，區議會總數由原來的19個減為18個。

更重要的是所有民選區議員組成一個選舉委員會，推選 10 人出任立法局議員。加上立法局是大選區，由區議會多個選區組成，政團當選的區議員愈多，「樁腳」就愈多，對其立法局候選人在該選區取勝大有幫助。因此，九四區選可說是九五立法局選舉一部分，是其前哨戰。

成為區議會第二大黨

此次區選是民建聯首次參加全港性選舉，不能掉以輕心，從年初便開始部署，3 月初由曾鈺成、譚耀宗、陳婉嫻，以及秘書處總幹事和三個部門主管組成的指揮中心開始運作。經中委會通過，共派出 83 人參選，即在接近四分之一的選區競逐。

選舉日有 693,215 人投票，投票率為 33.1%。民建聯取得 37 個議席，其中 4 人自動當選，當選率為 44.6%，比上年底時的 26 席增加 11 席[13]，在全港區議會成為僅次於民主黨的第二大黨，可謂一鳴驚人。以全部需要投票的參選選區計，共得票 81,522 張，得票率為 43.5%，僅次於民主黨的 49.3%。民主黨派出 133 人參選，取得 75 個議席。

13　民建聯成立時有區議員8人，後來陸續有現任區議員加入為會員，到1993年12月共有區議員26人。

1994年7月30日民建聯在遮打花園舉行區議會選舉誓師大會

民建聯1994區議會選舉結果

選區	姓名	得票	得票率	選區	姓名	得票	得票率
中西區				灣仔			
堅摩	楊位款*	1,113	51.4%	愛群	鄭琴淵*	(自動當選)	
觀龍	葉國謙*	2,011	52.3%	鵝頸	孫啓昌*	809	54.2%
西營盤	陳耀強	603	25.3%	大坑	陳德明	720	41.1%
上環	黃哲民	612	29.2%	司徒拔道	何煜榮	317	22.6%
東華	關衍華	562	30.0%	大佛口	盧天送*	1,021	54.3%
水街	鍾蔭祥	391	18.1%	南區			
東區				漁香	陳思誦	657	47.1%
筲箕灣	盧鍱珍*	732	50.1%	鴨利洲邨	梁柏洪	425	12.1%
阿公岩	張葵歡	725	27.3%	利東二	曾錫明	678	28.6%
杏花邨	趙承基	1,611	46.5%	華富一	陳富松	1,254	38.9%
翠灣	鄧禮明*	1,706	65.0%	華富二	胡樹焯	824	26.5%
小西灣	陳靄群*	946	52.2%	油尖旺			
富景	林偉光	705	30.6%	尖沙咀西	鍾懿芳	458	31.0%
環翠	龔柏祥*	1,488	54.5%	渡船角	葉國忠*	1,035	52.6%
翡翠	鄧錫清	863	34.1%	旺角西	黃瑞文	474	29.0%
維園	阮鎮泉	400	21.9%	深水埗			
和富	王國興*	1,527	86.3%	元州	羅淑慧	1,067	40.6%
堡壘	朱漢華*	835	59.3%	九龍城			
北角邨	顏尊廉*	(自動當選)		馬坑涌	尹才榜*	1,053	59.0%
興民	黃立誠*	1,475	72.2%	土瓜灣	徐紅英	783	46.2%
漁灣	鍾樹根*	1,736	72.3%	紅磡	葉志堅*	981	63.8%
曉翠	周志剑	708	31.6%	愛谷	陳志鯤	1,600	49.0%
黃大仙				觀塘			
黃大仙上邨	林文輝*	1,765	51.4%	觀塘中心	麥宜全	412	39.0%
鳳德	簡志豪	1,695	43.9%	佐敦谷	簡永基	1,338	43.4%
竹園中	魏立志	982	40.5%	順天西	郭必錚*	1,950	75.0%
竹園北	馮梁貴平*	2,173	60.1%	興田	姚卓雄	1,171	39.9%
彩灣	何賢輝*	1,172	57.5%	景田	吳兆華*	885	44.5%
翠竹及鵬程	李德康*	1,672	50.8%	中牛頭角	陳鑑林*	(自動當選)	

*當選

選區	姓名	得票	得票率
荃灣			
德華	歐陽寶珍	855	47.0%
楊屋道	陳育文 *	800	53.0%
屯門			
大興南	陳有海 *	1,235	51.8%
大興北	陳文華 *	1,002	53.9%
樂翠	張國偉	783	42.0%
北區			
祥華	黃燦鴻	1,278	39.8%
華明	溫忠平 *	1,557	52.3%
上水鄉郊	侯金林 *	1,608	76.1%
石湖墟	黃志華 *	1,463	51.3%
沙打	蘇滿長	1,718	45.9%
皇后山	鄧根年 *	(自動當選)	
西貢			
翠林	張漢田	1,091	35.8%
寶林	袁雨田	740	24.9%
欣英	黃吉良	810	34.6%
景林	呂麗冰	675	21.4%
離島			
愉景灣	葉祖賢 *	372	48.8%
長洲南	李桂珍	1,718	48.5%
長洲北	林潔聲 *	1,330	41.4%

選區	姓名	得票	得票率
觀塘			
下牛頭角	陳國華 *	1,310	50.0%
葵青			
麗華	葉柏明	758	27.8%
元朗			
大橋	盧旭芬 *	1,260	51.6%
鳳翔	鄧川雲	793	33.1%
嘉湖	李月民	449	33.1%
大埔			
富亨	霍志英	762	29.7%
宏福	陳建誠	810	27.9%
林村谷	張學明 *	1,504	83.9%
寶雅	黃容根 *	1,833	72.7%
舊墟及太湖	任枝明	347	28.1%
沙田			
何東樓	關榮享	410	21.3%
烏溪沙	董惠明	501	30.8%
顯嘉	陳小珠	702	22.4%

* 當選

三、參選三級議會壯大聲勢

選舉工程初見成效

　　民建聯取得如此成績絕非僥倖。首先是重視組織建設，在區選前共設立9個地區支部。支部提供的服務，有助於建立堅實的選民基礎。大部分候選人比較早便開始在選區內工作，在各支部的支援下，候選人不用單打獨鬥，可以集中精力拉票。由於區議會選區的選民人數較少，對重視地區服務的政團應較為有利。

在1994年區選之前，民建聯共設立9個地區支部服務市民，圖為慶祝一周年活動時介紹9個支部

1994年3月底在長洲舉行兩日一夜的選舉研討營

　　與此同時，民建聯配合參選，展開選舉培訓計劃。3月底在長洲舉行兩日一夜的選舉研討營，常委、候選人和助選經理等近70人參加。接著為首次參選者舉行培訓系列，分別就社區層面的居住環境、房屋政策、交通政策舉行三次講座，然後是以「如何在100天內讓10,000人認識您」及「形象大檢閱」為題，舉行兩次座談會。選舉手冊亦一早完成。

　　另外是充分發揮政團作為選舉機器的作用，統籌制訂選舉政綱、口號，以至宣傳品的內容及設計等，形成統一的政團形象，有助加深游離選民對候選人的認識。

　　在競選期間提出市民關心的民生議題，也是這次選舉工程的新嘗試，在區選前幾天公布第三次超級市場售賣過期食品調查結果，同時還公布學童書包磅重結果，引起話題，成功建立民建聯重視民生的形象。

　　另一方面，在彭定康的政改方案推動下，原本屬諮詢性質的區議會開始變得政治化，選舉議題逐漸偏離傳統的區內民生事務，以致一些空喊口號，不做地區服務的空降「民主派」大有市場，對民建聯候選人造成相當大壓力。

民建聯首次參與全港性選舉，遭人抹黑是避不了的，然而想不到的是被攻擊的竟然是主席曾鈺成。在投票日前兩個星期，《信報》爆出消息謂在「六四事件」後，曾鈺成舉家曾申請移民加拿大。於是競選對手大做文章，希望藉此打擊民建聯的誠信。曾鈺成立即向該報說明箇中情況，在他決定留港後，家人選擇繼續辦理移民手續，並非什麼蓄意隱瞞。由於應對得快，此事對選情的影響較小[14]。

曾鈺成家人申請移民加拿大，被對手大做文章，希望藉此打擊民建聯的誠信，曾鈺成迅速回應及坦誠交代，令對民建聯選情傷害減低（1994年9月12日《信報》）

14　2011年7月，曾鈺成在接受亞洲電視專訪，回顧從政經歷時說對不起家人，也得不到家人支持。他後來於2008年再婚。

地區發展不平衡

不過，從各區的選舉結果來說，民建聯的影響力及號召力並不均衡。在18個區議會中，有7個的議席增加，其中港島東由4席增至9席，而在北區、屯門、灣仔、黃大仙和觀塘有三分之二的候選人當選，屯門更取得「零的突破」。可是在南區、深水埗、葵青、西貢及沙田卻一席未取，成為空白區。對翌年兩個市政局和立法局選舉的部署，不能不有一定的影響。

輿論對選舉結果從不同角度解讀。《星島日報》說：

　　民建聯貼上親中的標籤而取得佳績，說明了本港的政治生態環境起了微妙的變化，親中已有了一定政治市場，這個市場相信越是臨近九七，越是更加擴大。

《明報》社評說：

　　親中政團享有一些主要來自勞工階層的鐵票，他們能不能在未來的選舉中更上一層樓，那就要視乎中產市民對他們的抗拒程度了。九四區選的選民取向還不能打破這個悶局。

民建聯取得37席，曾鈺成在記者會上表示達到預期指標，對成績滿意（1994年9月20日《文匯報》）

三、參選三級議會壯大聲勢

在新一屆區議會任期內,民建聯還參與4次補選,其中1996年3月在屯門田景選區和1997年2月在大埔船灣選區兩次贏取議席。連同1994區選後加入者在內,民建聯在回歸前共有51名區議員。

民建聯回歸前區議會補選結果

	選區	參選人	得票	得票率
1995.03.05	油尖旺油麻地選區	黃瑞文	440	23.1%
1995.03.05	觀塘下牛頭角選區	陳國華	1,481	48.4%
1996.03.03	屯門田景選區	李洪森*	1,579	51.4%
1997.02.23	大埔船灣選區	陳美德*	702	49.8%

* 當選

兩個市政局選舉成績不俗

1994區選過後,市政局和區域市政局選舉接著於1995年3月5日舉行。對半年後的立法局選舉來說,又是一次完善選舉機器運作,積累實戰經驗的難得機會,各政團無不悉力以赴。

這次選舉安排跟上一屆大有不同。根據彭定康的政改方案,委任議席全部取消。市政局民選議席由15個增至32個,還有市區9個區議會推選的代表。區域市政局則由民選議席12個增至27個,加上新界9個區議會推選的代表,以及新界鄉議局主席和兩名副主席3位當然議員。兩個市政局的選區不大不小,不可能在全部59個選區都派人參選。如何與友好團體和人士協調好,挑選出勝算較高的選區集中力量出擊,是民建聯首次遇到的挑戰。這次民建聯派出17人參選,以市政局選區佔多,區域市政局只有5人參選。

選舉日共有561,943名選民投票,投票率為25.8%。結果民建聯取得8個議席,當選率為47.1%,比選前增加6席。以全部需要投票的

參選選區計，民建聯共得票90,548張，得票率為48.2%，而候選人得票佔全港總票數的16.1%。

　　加上葉國忠、孫啟昌也在市政局間接選舉勝出，民建聯在兩個市政局共有10名議員，也成為第二大黨，整體表現可說相當不俗，其後葉國忠獲互選為市政局副主席。不過，三位地區支部主席葉國謙、簡志豪和陳鑑林均落敗，葉簡兩人更是常委，挫折頗大。

　　在競選中，民建聯以「凝聚市民力量，推動市政興革」為口號，強調與市民一起改善市政，並對7項市政課題進行調查研究，包括街市及公廁衛生、自修室開放時間等，公布結果後引起社會關注，加強市民對民建聯為民生做實事的印象，可以說發揮了對候選人有利的政黨效應。對手的競選活動則一如既往，十分政治化，避開市政問題，只顧攻擊民建聯「親中」，可是在黃大仙和柴灣東兩選區，民建聯候選人終能以相當多票數勝出。

　　在民建聯與民主黨或民協對壘的12個選區中，民建聯候選人合共取得總票數的45.5%，但只贏得3個議席，僅佔四分之一。由此可見，選區越大，採用「單議席單票制」就越對民建聯不利，此一效應在其後立法局選舉亦表露無遺。

民建聯成立至今不到四年，已發展成一個擁有62個各級議員及超過1100個會員的政治組織。民建聯堅持愛國愛港立場，在九四至九五的三次大型選舉中得到越來越多市民的支持和認同，在香港政壇發揮越來越重要的作用。

踏進九六年，香港的不少政治組織先後調整它們的定位方向，有的傳出合併的消息，有的準備升格為政黨，有的亦提出愛港必須同時愛國的方向，有的顧慮被中方親共化中傷處，但仍強調自己愛國，無梳恐打開與中方溝通的缺口。不少關心民建聯的朋友和民建聯的會員也提出，民建聯有沒有需要調整自己的發展方向？

我們認為有見到愛國愛港已成為香港政壇一個潮流，這證明我們的定位是正確的。但這並不表明我們一切正確，相反，過去四年的實踐，特別是九五年立法局選舉後，暴露了我們不少不成熟的地方，值得我們檢討。

有人認為我們只注重發展基層會員，是個基層政黨，這指出我們在發展會員過程中出現了偏差。事實上我們希望民建聯能夠發展成為一個同階層的愛國愛港政治組織。在過去幾年，由於通過選舉，民建聯和不少地區團體密切合作，不少地區團體的成員因此加入了民建聯，成了民建聯的活躍分子。但我們也歡迎其他階層的愛國人士加入，使我們更能代表愛國愛港的力量，在後過渡期所餘不足五百天的日子裏，發揮更大作用。

有人認為我們在民生問題上的立場和一些只知投選民眼前所好的政黨沒有甚麼不同。這個批評並不正確。我們一向認為，要為基層市民爭取權益，同時也要兼顧各階層的利益，即以香港社會整體利益為依歸。在針對油麻地小輪加價、監管傳媒等問題上，我們的表態說明了這一點。

有人認為我們在立法局內的表現不像一個政黨，經常出錯，內部矛盾重重，這其實反映了我們的議政水平仍有待提高，未能熟悉掌握議會的運作規律，以

致出現差錯。如何提高民建聯各級議員在議會內外的參政水平，是民建聯目前最重要的工作之一，我們歡迎大家提出批評和建議。

有人認為我們內部組織不嚴密，以致在報紙經常看到有關民建聯的「內幕」消息，這說明我們的各級議員，我們的中央及支部委員中，有部分人的組織紀律觀念仍然不強，不自覺地破壞了民建聯的聲譽，我們希望大家都能夠提高責任感，共同維護民建聯的形象。

有人認為我們雖然是親中政治團體，但政治上其少為中方政策辯護，有時甚至和一些連中必反的政策差不多。這其實是對我們的一個誤解。我們從來不以反中而為爭取選民的手段。相反，我們一直爭取更多市民認識了解一個親中。我們曾經某些中國政府那門的一些不符合一個國兩制政策的做法，這不等於遇中必反。我們認識真總結經驗，提高水平，避免出現這種誤解。

總的來說，民建聯現用階段對的不是要不要調整路向的問題，而是如何緊固內部組織架構和提高策略水平的問題。過去民建聯是從無到有，市民大眾用民建聯心態看待我們的比較多。但現在在民建聯要從小到大、市民大眾的要求也嚴格了，上述的批評反映了這種從要求水心態。如果我們不設法做好緊固和提高的工作，會發發就會受阻。九六年將是民建聯發展關鍵的一年，希望各會員為中取民建聯成為穩定香港的一股政治力量繼續努力。

編者的話

會訊在鼠年第一次和各位見面，先祝大家新年進步。我心常刊專欄的此排委員會主席馬力致謝，分析聯盟的發展及一些外與批評；請繼道閱讀下了各個述動站。另請大家特別留意藝術部舉辦的各色，如有中各會訊有任何意見，請傳真給秘書處葉小姐收（2528 4339）。

民建聯1995兩個市政局直選結果

地區	選區	參選人	得票	得票率
中西區	西區	葉國謙	7,371	47.7%
東區	北角東	王國興 *	6,718	82.2%
	柴灣東	鍾樹根 *	7,477	60.0%
	柴灣西	趙承基	4,417	46.7%
九龍城	九龍城東	尹才榜 *	3,607	53.7%
黃大仙	黃大仙及竹園	林文輝 *	9,088	56.1%
	慈雲山及新蒲崗	簡志豪	4,402	34.1%
觀塘	觀塘南	吳兆華	4,161	38.0%
	觀塘中	簡永基	3,462	37.0%
	觀塘西	陳鑑林	7,204	47.2%
	順秀	郭必錚 *	8,725	59.1%
	藍田	姚卓雄	4,058	41.2%
荃灣	荃灣中	歐陽寶珍	3,031	33.5%
屯門	屯門中	陳有海	5,062	34.5%
元朗	元朗市中心	顏錦全 *	6,345	56.5%
沙田	沙田北	彭長緯 *	5,420	47.5%
離島	李桂珍 *		自動當選	

*當選

立法局選舉制度大變

　　1995年9月17日舉行的立法局選舉，是港英管治下最後一次重要選舉。由於沒有「直通車」，這一屆議員不能過渡九七。儘管如此，從鍛煉隊伍，積聚力量，為特區成立後港人治港作好準備，民建聯必須全力以赴。

三、參選三級議會壯大聲勢

　　按照彭定康的政改方案，港英政府對這場選舉的安排作出精心設計，加大力度扶持「民主抗中」力量，希望通過他們延續英國對香港的影響。

　　首先地區直選從「雙議席雙票制」改為「單議席單票制」，拒絕採納較能使立法局反映不同政見，實現均衡參與的「多議席單票制」或「比例代表制」。由於直選議席由18席增至20席，全港要由9個選區重新劃分20個選區，直選經驗較淺的政團為選舉作準備的難度大大提高。

　　另外，由民選區議員組成選舉委員會，產生10個議席。新增9個功能組別(俗稱新九組)全部以工作人口為基礎，實行變相直選，而原有功能組別的法團投票則改為個人投票。

「四大天王」參與直選

　　如此複雜的選舉安排，對成立僅3年的民建聯來說，難度不小。選舉的主要戰場是地區直選，民建聯在評估各區實力並在與其他愛國團體和人士溝通後，在較有條件參加直選的地區都派人參選，一共推出7名候選人。

　　被傳媒稱為民建聯「四大天王」的曾鈺成、譚耀宗、程介南和陳婉嫻都落場參選。曾鈺成身為主席，原本可穩妥地從選舉委員會晉身立法局，而譚耀宗擔任勞工界立法局議員多屆，亦會順利連任，他們兩人參與直選，體現了民建聯對發展民主政治的承擔。

　　民建聯候選人大多已及早確定在服務多年的選區出選，結合前兩次選舉的競選活動，在選區開展工作。個別選區由於特殊原因，工作開展較遲。

　　曾鈺成原打算在新界東北出選，後為避開與自由黨主席李鵬飛對壘，移師九龍中。

　　譚耀宗在九龍東南出選，九一直選時在九龍東選區出選的侯瑞培，因年事已高不再參選，由譚耀宗接棒。

　　程介南上屆在港島東出選，這次則是港島南，由於選區重劃，需要在南區加大競選活動。陳婉嫻上屆在九龍中出選，這次則是九龍東北，選區範圍包括九龍城區和黃大仙區。

　　不過，他們四人在前兩次區選和兩局選舉時負責全面策劃工作，這次都各自落區參選，對統籌工作不無影響。

曾鈺成、譚耀宗及程介南均高票落敗

在新界出選的是張學明、張漢忠和溫漢璋三人，都有鄉事背景。張學明時任大埔區議會主席，在新界東北出選。張漢忠剛在區域市政局粉嶺及沙打選區勝出，已連任三屆議員，在新界北出選。溫漢璋是大埔仔原居民，曾在中大負責學生及校友事務，時任西貢區議會主席，在新界東南出選。

民建聯參選的7個選區，譚耀宗、程介南、陳婉嫻和張漢忠都是與民主黨候選人直接對決，而曾鈺成則與民協對手競逐。

三、參選三級議會壯大聲勢

陳婉嫻和張漢忠在地區直選勝出

民建聯參選的7個選區，譚耀宗、程介南、陳婉嫻和張漢忠都是與民主黨候選人直接對決，而曾鈺成則與民協對手競逐
（1995年9月14日《星島日報》）

　　民建聯根據「平穩過渡、繁榮創富、安居樂業」的目標和立場，制訂18項參選政綱，以致力改善民生工作及與北京溝通為港人爭取利益為重點。選舉對手則利用選民對回歸和「一國兩制」的實施不理解，大打民主牌、打反中牌，宣傳是回歸前最後一次行使民主權利，又攻擊愛國愛港候選人親中，不會維護港人利益，競選活動相當火爆。民建聯則大力宣揚香港回歸中國，作為中國的一部份，自當唇齒相依，利害一致的看法，得到不少市民大眾的支持，正好說明「親中」並非票房毒藥。

成為立法局第三大黨

　　選舉日有920,567名選民投票，投票率為35.8%。民建聯在各參選選區中，共得票142,801，得票率為42.4%。陳婉嫻得票率為52.8%，以較大比數當選，而張漢忠則比對手多出48票險勝。陳婉嫻能夠當選，除在上次選舉時已打下一定基礎外，有評論認為與她在選戰中不回避敏感政治問題有一定關係。

　　在落選5人中，曾鈺成、譚耀宗和程介南的得票率分別為42.9%、47.4%及47.6%，與對手相當接近。

民建聯1995立法局選舉結果

		參選人	得票	得票率
地區直選	港島南	程介南	29,910	47.6%
	九龍東南	譚耀宗	29,009	47.4%
	九龍中	曾鈺成	16,691	42.9%
	九龍東北	陳婉嫻 *	25,922	52.8%
	新界東南	温漢璋	11,987	24.2%
	新界東北	張學明	12,256	28.0%
	新界北	張漢忠 *	17,026	50.1%
功能組別	漁業礦產、能源及製造界	潘杜泉	7,493	26.5%
	批發及零售界	王國興	10,965	32.0%
	酒店及飲食界	陳榮燦 *	5,614	30.9%
	金融、保險、地產及商業服務界	馮志堅	18,674	28.9%
	區域市政局	顏錦全 *		
選舉委員會		葉國謙 *		
		陳鑑林 *		

* 當選

選舉結果證明，「單議席單票制」對本已佔優的民主黨最為有利，造就其一黨獨大的局面。初次參選的民建聯，在出戰的7個地區直選選區裏雖然一共取得逾四成選票，但只贏得7席中的兩席。

中大香港亞太研究所研究統籌員王家英評論說：

> 民建聯之敗，可以說只是山頭與時間而已。論山頭，民建聯候選人所面對的對手幾乎都是在過去十數年議會政治中早據一方的重量級人物；而論時間，民建聯也是近兩、三年才匆促成事，與經長時間自壓力團體演變出來的民主派政團很難相提並論。……平情而論，在未來中港政治關係的發展中，具有深厚中國關係而又同時能堅持民主選舉的民建聯，絕對可以擔當一重要的角色[15]。

在功能組別選舉方面，民建聯派出4人參加「新九組」選舉，只有時任飲食業職工總會主席的陳榮燦勝出，而顏錦全則出選原有的區域市政局界別，順利當選。葉國謙、陳鑑林也在選舉委員會界別當選。

民建聯在最後一屆立法局選舉共派出14人參選，取得6個議席，成為居民主黨和自由黨之後的第三大黨，雖然成績不太理想，但比起選前只有一個議席有長足進步。儘管如此，民建聯在直選選區內成功凝聚力量，建立聯繫網絡，為日後在區內的工作打下基礎，可以說是贏了士氣。

曾鈺成在當年12月中委會工作報告中總結這次選舉時說：

> 在民建聯參加分區直選的七個選區裏，民建聯的候選人得到42.4%的選票。所以，根本不能說民建聯得不到市民的支持。我們當然相信有部份選民因為不認同民建聯的政治立場和主張而不支持我們的候選人，但同樣也有不少選民是因為我們的政治立場和主張而支持我們的。

---

15 王家英：《九五立法局選舉與香港政治勢力的變化》，珠海書院亞洲研究中心《亞洲研究》第十七期。

　　我們參選，不但為了要在議會裏爭取議席，而且更為了讓市民了解、認同和支持我們的政綱。我們相信，我們的「路線」，是符合港人的最大利益的。我們要使選民因為支持我們的路線而投我們的票，而不是為了爭取選票而改變我們的路線。如果為了選票而放棄了我們的原則，那就失去了我們參選的意義，甚至失去了成立民建聯的意義。我們要以堅定的信念，鮮明的旗幟，加倍努力，爭取更多市民的支持，在以後的選舉裏取得更好的成績。

（上左起）顏錦全、葉國謙和
陳鑑林順利當選

四、過渡期不能忽視經濟民生

不是港英政府反對黨

民建聯是以傳統愛國力量為基礎發展壯大起來的。在港英政府管治期間，傳統愛國力量受到打壓，被邊緣化，在六七事件時達到高峰，這種情況到香港前途問題解決時才逐漸改變。

有些人以為，民建聯成立後，會成為反對黨。其實，民建聯的宗旨是支持平穩過渡，沒有必要對港府施政諸多阻撓。況且民建聯在立法局的力量相當薄弱，頂多是在局內外對港府提出的法案及政策提出意見。每次施政報告及財政預算案發表之前，民建聯都擬備具體建議，並在會見彭定康或其他官員時遞交。

在九七前，民建聯除就政改方案和籌組特區的重大問題提出意見和建議外，還會主動針對涉及市民切身利益的經濟民生問題提出政策倡議，供港英政府參考。然而，彭定康已化身「單一議題」港督，只顧使英國從香港「光榮撤退」，不願花精神在經濟民生問題上，民建聯的政策倡議大多沒有得到回應，有些要在回歸後才獲特區政府採納。

就新機場計劃財務建言

在政制方案出籠之前，新機場財務安排方案是中英爭拗一大焦點。1989年10月，衞奕信在施政報告中單方面宣布推行以興建新機場為核心的「玫瑰園」計劃，這項跨越九七的工程或會耗盡香港的財政儲備，而且有可能為特區政府留下龐大的財政負擔，事先卻沒有跟中方商量。

由於融資遇到困難，英方不得已與中方磋商，經過多輪會談，終在1991年6月3日在北京草簽《中英兩國政府關於香港新機場建設及有關問題的諒解備忘錄》，隨後於9月3日英國首相馬卓安訪華時正式簽署生效。然而新機場的財務安排方案一直未有解決，中英談判陷入僵局，對香港經濟沒有好處，影響市民對香港前途的信心。

有鑑於此，民建聯在正式成立之前，機場小組與憲制小組是最先啟動的政策研究小組。機場小組集中研究新機場計劃的財務安排等問題，並且諮詢專家學者的意見，希望能夠建言獻策，供中英雙方參考。

1992年8月，民建聯發表聲明，認為新機場造價應訂下一個合理上限，工程設計仍有待改善，並須提高透明度。隨後首次在全港各地派發單張，數量達19萬份，介紹有關新機場工程的爭議，以引發公眾關注。

1994年1月26日，民建聯率先發表「降低成本、增加注資、減少借貸」的方案，通過不同渠道向中英雙方推薦，希望有助打破談判僵局，當時被港府官員批評為「狗屁不通」。中英雙方最終在同年11月4日簽署會議紀要，就新機場建設的財務安排達成共識，內容與民建聯方案大致相同。

另外，港府於1994年初以白紙條例草案的形式公布《機場公司條例草案》，進行諮詢。民建聯土地規劃小組於次月提交意見，其中指出根據機場諒解備忘錄要求，加上新機場由政府全資擁有，因此，應稱為機場管理局，而非機場公司。這一意見後來獲得接納。

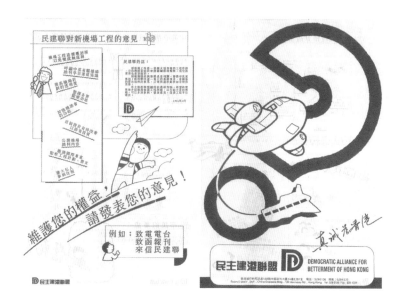

要求解決越南船民問題

此外，民建聯還要求英國在撤離香港前應該解決越南船民問題。

在越南戰爭結束，南北越統一之後，1978 年 12 月開始有載著越南難民的船隻抵港。次年 7 月，英國政府將香港列為「第一收容港」，自此之後越南船民問題漸漸為香港帶來沉重的經濟及社會負擔。

1996 年初，民建聯趁英國首相馬卓安訪港的機會，致函促請英國政府履行責任，在九七年前解決滯港船民問題。同年 5 月，沙田白石船民羈留中心爆發嚴重騷動，民建聯立即發表聲明及發動全港簽名運動，並致函港督要求港府取消第一收容港政策，同時立即關閉接近民居的船民中心。

九七回歸當月，民建聯即要求特區政府取消第一收容港政策，最終特區政府在次年 1 月宣布取消這項政策。

民生問題多出主意

民建聯成立時的政綱是「平穩過渡、繁榮創富、安居樂業」，政策取態顯然是以基層利益為重，但不應只是著眼於短期利益，而是以基層為主的市民的長遠利益和整體利益。因此，回歸前，雖然對經濟民生所提出的政策倡議不多，但都期望香港持續繁榮創富的同時，社會各階層都能分享當中的成果。其中較受關注的民生政策倡議如下：

1993年12月，民建聯與工聯會發起遊行，有逾4,000名市民參加，爭取設立一個由政府監管、統籌，並由政府參與供款的退休保障制度，此是民建聯爭取設立全民退休保障的開始。次年7月，港府就老年退休金計劃進行諮詢，民建聯原則上支持。其後港府以社會上意見過於分歧，放棄推行，改為提出私營公積金計劃，並於1995年7月通過《強制性公積金計劃條例》，強積金制度於2000年12月1日實施。

1995年5月，民建聯提出「雙層社會保障方案」，要求在實施強積金制度的同時，實行「社會保險金計劃」，使所有年滿65歲而又合資格的老人家都可領取社會保險金，此項建議不獲港府接納。

回歸後，民建聯在這方面持續爭取，2011年10月，在原有社會保險金的基礎上，建議一套全新的三級制「退休保障養老金方案」。2017年施政報告宣布在「長者生活津貼」之上增加一層「高額長者生活津貼」，與上述倡議已較接近。

率先揭發過期食品問題

1994年初某一天，民建聯在小西灣的辦事處，來了一位老伯，他手裏拿著一排朱古力，開口就問職員：「為什麼這排朱古力有蟲的？」職員問他是從哪裏得來的，老伯說是剛剛在超級市場買的。

職員隨即把這件「小事」在電話中告訴了總部，並提到包裝紙上顯示，朱古力已經過期一年。

一塊朱古力，可能是民生大事。於是港島支部馬上請幾位辦事處職員到小西灣兩間超級市場走一圈，如果發現有過期食品，就花錢買回來。到黃昏時候職員回報說：買回來一大堆，也花了不少錢，是否要繼續買。

進一步的指示是，通知其他區的辦事處，同樣進行一次「過期食品搜購行動」，結果是如小西灣一樣「滿載而歸」。

民建聯總部判斷這是件民生大事，我們做了民間的消費者委員會。很快民建聯就舉行了一次別開生面的新聞發布會，程介南與陳鑑林、歐陽寶珍主持，並邀請了消費者委員會總幹事陳黃穗出席。發布會在民建聯總部會議室進行，大圓桌上堆了小山似的過期食品。

陳黃穗應邀出席，不過神色有點尷尬，因為監管過期食品應是她的本職，這差事讓民建聯做了。

事關當時的市政局管制食品標籤存在漏洞，罐頭食品有效期是出廠後三年，而罐頭上顯示的是出廠日期；而其他食品標籤又分兩類：失效日期（expiry date）和最佳日期（best before）。失效日期如果過期自然要下架，但不下架是如何處罰並不明確，而最佳日期就連過期是否要下架也無明確規定。

過期食品登上了報章頭條，驚動了當時的市政局和超市財團。兩天後，民建聯收到香港最大超市的邀請，到他們設在新界的總部，由外國專家現場展示解釋，他們如何安排處理食品標籤的程序和標準。顯然，事件影響到他們的營銷形象，必須搶在同行之前「拯救危機」。

民建聯在一年內先後進行三輪的過期食品檢測行動，而市政局及市政總署，最後亦決定修訂相關條例，尤其是將售賣失效日期過期的食品列為刑事罪責。

四、過渡期不能忽視經濟民生

關注安老扶貧

　　民建聯成立時，高齡津貼（俗稱生果金）是兩級制，即普通高齡津貼及高額高齡津貼，兩者金額不同並設有離港限制。民建聯認為上述規定並不合理，於1995年4月要求將金額劃一，爭取撤銷離港限制，並就此發起全港簽名運動，獲得三萬多人支持。這項倡議要到回歸後10多年才能逐步落實。

　　民建聯於1996年10月發表「扶貧策略白皮書」，提出20多項建議，要求政府採取由就業帶動，以社會政策為重心的脫貧政策，以消除絕對貧窮。同年8月，又提出以「不歧視、不優惠」為本的新移民政策建議，要求港府積極協助新移民盡快適應本港生活，融入社會。次年3月，提出「全面照顧老人政策」，包括協助老人到內地定居。其後更走訪廣東省及港府官員，爭取減少本港對領取綜援老人的離境限制。

五、充當香港與內地橋樑

六次訪京反映港人心聲

民建聯在成立時就主張香港與內地加強合作溝通和相互促進，反對隔絕、疏離和對抗。在當時的社會環境下，市民大眾對這一主張可能不大理解，認同者並不普遍。

在後過渡期，中英雙方在新機場計劃、政改方案等問題上爭議不斷，以致港英政府與內地之間就其他事宜的溝通會商都不大暢通，民間許多涉及內地的訴求也沒有渠道反映，這種情況對香港的發展沒有好處。

民建聯擁有當時其他政團沒有的優勢，就是與內地的良好關係，即所謂「親中」，可以積極擔當香港與內地的橋樑角色，向中央及地方政府反映港人的意願及訴求。

回歸後「一國兩制」能否落實，平穩過渡至為關鍵，因此民建聯在回歸前的5年間共6次訪京，因應港人的期望及社會關心的議題，向中央領導人反映；同時，將中央政府對香港事務的看法及回應，透過傳媒、報章廣告或工作報告，向港人匯報。

成功叫停口岸測愛滋

如上文所述，民建聯成立半年內就兩次訪京，當時社會關注的是政制發展銜接問題。第三次訪京是於1993年2月18日至19日，討論的是單一議題。

雪中闖入衛生部大院

1993年1月，廣州衛生檢疫局突然宣布，在深圳口岸實行對愛滋病檢測，並將包括所有來往深圳的香港居民。

消息來得突然，引起港人恐慌，主要是對檢測缺乏信心，擔憂「驗愛滋」變成「染愛滋」。

民建聯經過研究，決定派出陳婉嫻、程介南和盧志強醫生3人前往北京，就事件向中央政府反映，爭取暫緩檢測措施，令港人放心。

當年京港交往溝通並不頻密，上訪中央政府部門更屬少見，故此吸引大批記者北上隨團採訪。

民建聯在代表團行前並沒有太詳細的準備，除與港澳辦取得聯繫安排會面之外，一切都是未知數。

抵達北京，3人獲安排在港澳辦與副主任陳滋英會面，其間獲知可以到衛生部進行會面交流，表達意見。3人隨即驅車前往衛生部，而坐滿記者的多輛小巴亦緊緊跟隨。

當天氣候寒冷，整個上午都在下雪。大隊人馬到達衛生部門口，只見水靜鵝飛，並無任何人員接待。3人下車，在門口等了超過一小時，仍然無動靜。其後發現圍牆大門並無上鎖，於是推門進到四合院中庭空地，三邊都是單層平房。3人逐一察看，其中只有一間有幾個人，於是大膽從門窗縫察看是在開會。再在雪中站等良久，幾個人終於開門讓3人進屋。

屋內空間狹窄，一張長方桌兩邊各三張椅子，所有椅背幾乎都貼著牆壁。3人道明身份和來意，而對方其中一位自我介紹姓毛是官員。其後就相當戒備，只聽不講，經過半小時表達意見後，屋內氣氛

才稍稍放鬆。毛同志開口說話，表示聽到了香港同胞的意見，會匯報研究。

　　沒有即時答覆是意料之中，但總算詳細表達了意見也有點欣喜。只是可憐一大班記者千里迢迢，卻在雪中等了幾個小時。

　　代表團回到香港，沒幾天，民建聯很高興收到消息，衛生部決定暫停在深圳口岸對港人的愛滋病檢測，並會與港英政府商討跟進問題。

　　民建聯代表團不枉此行，向北京反映港人意見，「成功爭取」開了先河。而「成功爭取」四個字，在後來的20幾年，逐漸成了香港政治的流行潮語。

當年1月，廣州衛生檢疫局突然宣布將口岸實行愛滋病測試的對象擴大到所有港人。這個消息立即鬧得滿城風雨，民建聯對此迅速回應，收集市民意見，並約見港府官員，了解本港預防愛滋病的情況。在京期間，民建聯3名代表先與港澳辦副主任陳滋英見面，再到衛生部大院向官員陳情。其後，民建聯在港舉行「愛滋病引起的社會問題」研討會，澄清大眾對愛滋病的誤解。不到一周，衛生部宣布內地口岸已暫時停止愛滋病測試措施，這次可以說是民建聯在內地成功維護港人利益的第一次。

關注回歸前後安排

在1993年11月中英關於選舉安排的談判破裂後，民建聯其後3次訪京，議題大多是過渡期和回歸後攸關港人切身利益的各種安排。

1993年12月1日，民建聯常委連同秘書處職員一行20人第四次訪京，先後會見公安部、最高人民檢察院、港澳辦和勞動部負責人，

除政改問題外，主要涉及特區護照簽發、內地打擊黑社會活動及反貪污，以及珠江三角洲三資企業生產安全情況等問題。

　　一年之後，民建聯於1994年12月五度訪京，獲國務院副總理朱鎔基、副總理兼外長錢其琛接見，並會見港澳辦主任魯平、副總參謀長徐惠滋和公安部負責人等。魯平在會見時更破例應民建聯請求，容許記者在場旁聽，因為談到的都是港人關心的問題，包括特區護照簽發、九號貨櫃碼頭興建爭議、退休保障制度銜接、策略性污水排放計劃等。

　　回歸前最後一次北京行是在1996年2月，中委和立法局議員一行共26人，獲總理李鵬接見，並會見港澳辦主任魯平，以及國家計劃委員會、對外貿易經濟部、公安部和中國科學院等負責人，討論提高單程證簽發透明度、九七後回鄉證形式、特區駐軍法制訂、香港回流移民身份、特區護照簽發等問題。李鵬表示，民建聯自成立以來，一直堅持愛國愛港的原則，在團結港人特別是在組織基層群眾參與香港後過渡期的有關事務上，做了不少工作，亦起了積極作用。這番談話顯示中央政府對民建聯的肯定。

訪京不夜天

民建聯成立以後，在回歸前多次訪問北京。每次都成為新聞熱點，引來大批媒體跟進報道。而民建聯亦從中運作出一套傳媒交往應對的獨有模式。

每次訪京都會獲北京安排重要會見及拜訪參觀。每場會見都有不少重要的訊息，尤其是國家領導人接見。準確並及時整理會議記錄的職責落在秘書長身上。

由於當時尚未有智能手機，加上部分成員未必聽得懂普通話，會議記錄既要有完整版本供成員人手一份，亦要用作撰寫新聞發布的依據。故此必須有人第一步在現場做詳細手寫速記筆錄。

會晤之後出門見記者「扑咪」，短短幾分鐘，主席與其他幾位負責人簡短商量對外講些什麼，不講什麼，斟酌具體措詞等。

一天終了到晚飯後，是與記者們吹風聚會的時段，由於半夜12點報館要截稿，所以11點半必散。經過幾次經驗後，記者們8、9點會不約而同到秘書長房間「開會」，大家席地而坐，一次二三十人「閒閒地」。

11點半左右記者「散會」，但經常有個別人一頭拜拜晚安，10分鐘轉頭又來敲門想取「獨家消息」。總之要應付一段時間，才能第二步「開工」。

第二步「開工」就是坐下來將白天的速記手稿，整理成詳細會議記錄。90年代仍只能是手寫版本。通常一場會見的紀錄，要花3、4個小時整理成8到10頁，包括順帶還要寫一份（又是手寫）出得街的「潔本」供新聞發布用。寫完一切天亮了，真箇是「不夜天」。

工作還未最後完成。一等早上7點，酒店商務中心開門，衝進去，將會議紀錄影印幾十份，釘好準備趕在8點早餐或出車時，派給成員人手一份。與此同時，將備用的「潔本」新聞發布稿，傳真到香港民建聯總部，再由總部散發全港媒體，用作雙重保險，以防昨晚的駐京記者「亂作嘢」，有個「官方版本」。

一眾民建聯成員匆匆吃完早餐上車，到了另一場活動，上述全過程再重演一遍。

九七民生十件事

除6度訪京外，民建聯還會密切留意民情社情，以不同方式向中央政府反映市民心聲，其中反響較大的有兩次。

在中英關係因政改爭議而陷入低潮，其他領域的合作也出現問題之際，民建聯於1994年4月29日公布「九七民生十件事」意見書，希望中央政府能辦好這十件事。《經濟日報》一篇評論文章認為：「民建聯這十項建議，確實捉到九七後過渡期的關鍵問題——民心。」這十件大事要點如下：

- 盡量減少政制不銜接的震盪
- 促使新機場早日建成
- 為解決港人住屋問題提供條件
- 以積極態度支持香港早日設立社會保障制度
- 盡早為港人簽發特區護照
- 中國盡早成為《公民權利和政治權利國際公約》及《經濟、社會與文化權利的國際公約》成員
- 對香港新聞界到內地採訪提供實際可行的指引
- 就公務員過渡問題充分聽取公務員的意見
- 加強內地與香港政府在各個層面的接觸
- 港澳辦和新華社香港分社加強公關工作

1995年6月23日，譚耀宗赴北京出席香港特別行政區籌備委員會預備工作委員會(預委會)會議時，代表民建聯向身兼主任的錢其琛遞交信函，提出解決過渡問題十大建議，包括：提早簽發特區護照；保障居留權可延續；討論公務員過渡問題；加快本地法律適應化工作；及早籌

（本報專訊）民主建港聯盟對即將來港訪問的港澳辦公室主任魯平未能與港督彭定康見面，感到失望和可惜。該會希望魯、彭二人能盡早恢復定期會面。此外，民建聯已向中國政府作出十項建議，包括促請中國政府盡早公布首屆立法會的選舉辦法，以及盡早發訂國際人權公約。

民建聯主席曾鈺成昨日在記者會上表示，再過三年零兩個月，中國將在香港恢復行使主權，而自中英兩國會談破裂後，造成港人憂慮，他認為，在餘下的過渡期內是關鍵時刻，中港兩地應加強溝通及加深兩地相信賴，故該會向中國提出十項建議，望中國能有積極回應解決港人憂慮，以及聆聽港人意見。

親中政團催促魯、彭會面
列十項「民心大事」盼中方速處理

他表示，期望原定在魯平訪港期間親身遞交建議書，但因魯平訪港行程緊密無暇接見，故已將建議書以傳真方式轉交新華社，該會日後會作出跟進工作，而在魯平會見港事顧問時，他亦會作出反映。

被問該會建議中港兩地政府在各個層面能有正常接觸，但即將訪港的魯平卻未能與港督會面，望在過渡期能有密切和務實的交流，但即感到失望和可惜，因魯平訪港是恢復定期會面的好時機，他希望魯、彭二人能盡早恢復定期會面。

該會又認為，為盡量減少政制不銜接所造成的震盪，建議首屆立法會按基本法規定選舉產生，而中方應及早擬定及公布選舉辦法。至於區議局和兩個市政局的議員可通過辦理確認手續進行重選，曾鈺成認為，為落實對基本法第卅九條的保障，詳細確認手續仍留待日後特區籌委會定出。

該會亦認為，為落實對基本法第卅九條的保障，建議中國盡早訂「公民權利和政治權利國際公約」及「經濟、社會與文化權利的國際公約」。曾鈺成表示，作出此項建議不是因其他國家對中國人權問題所作出的抨擊，主要是考慮此兩項公約已在本港適用。譚耀宗不諱言，此項爭取有所困難，該會建議，港澳辦及新華社應設立處理市民申訴的電話專線，來處理港人對內地的申訴及聽取意見。

民建聯向中國政府所作出的「九七民心十件事」的建議內容，包括（一）盡快公布首屆立法會選舉辦法；（二）促使新機場能早日建成，（三）中資應確認手續，而毋須進行重選；（四）支持本港早日設立社會退休保障制度；（五）早日為港人簽發特區護照；（六）聽取公務員對過渡期的意見；（七）制定本港新聞界對過渡期的接引；（八）在港澳辦和新華社香港分社，設立主任及社長專線電話，處理港人對內地的申訴及聽取意見。

1994年4月民建聯發表「九七民生十件事」
圖為1994年4月30日《星島日報》報導

備第一屆立法會選舉；盡快達成新機場全部協議；著手興建九號貨櫃碼頭；制訂退休保障方案；制訂完善的污水排放計劃；盡快安排港澳辦主任與港督會面。

加強溝通符合港人利益

民建聯積極向北京反映港人心聲，自然惹起堅持「民主抗中」者的攻擊，有些人指民建聯在溝通時「叩頭」多過「搖頭」。彭定康在最後一份施政報告更攻擊說：「過去幾年來，一直有人暗中上告北京，要求推翻一些由香港政府真心誠意作出的決定。」

曾鈺成在1996年4月在《會訊》發表題為《民主不必媚眾 親中並非盲從》的文章重申民建聯的立場：

> 民建聯並不是對每一件事的立場都和「中方」完全一致。跟其他一些政府團體相比，可能和中國政府有較好的溝通途徑，可能較了解中方的政策和這些政策背後的道理。但是，作為港人，我們看問題總離不開港人的立場、觀點和方法。我們有的看法和中方不盡一致，毫不奇怪。這恰好說明溝通的必要。我們認為是正確的、符合港人利益的，我們一定堅持。

多次訪粵屢獲成果

粵港兩地緊密相連，人員及經貿往來頻繁。回歸前民建聯先後10次前往廣州，5次到深圳，主動提出商討一些涉及兩地的經濟社會民生問題。其中一些事項，港府官員可能不會關注到，或者不願談、不能談，民建聯正好在這方面發揮作用。

單在1993年，民建聯5次到廣東省及深圳市，其中兩次頗受關注。6月28日，民建聯代表團一行20人到廣州會見廣東省省長朱森林，以及口岸辦公室、公安廳、檢察院反貪局、法院、環保局、國土廳和廣州鐵路(集團)公司等部門負責人，討論問題相當廣泛，包括反貪污走私、大亞灣核電廠應變計劃、民事糾紛、出入境安排、東江水質、內地人員執法方式和內地房地產投資等方面。

　　10月15日訪問深圳之行則較緊迫，因為早前新界西部和北部發生罕見嚴重水浸，成因與深圳河整治有關。民建聯代表會見深圳市副市長李廣鎮和相關部門負責人，以了解治河工程進度，及早解決河汛之患。

1993年10月15日民建聯代表會見深圳市副市長李廣鎮和相關部門負責人，反映新界西、北部嚴重水浸問題

其後多次訪粵也取得一些具體成果。1995年4月24日，民建聯常委一行10人前往廣州，會見省長朱森林、副省長盧瑞華等官員，並提出一些港人關心的問題，如爛尾樓、申請親屬來港、港人在內地「包二奶」等。此行促成省政府信訪辦公室設立港澳科，專責處理港澳人士的投訴及求助，隨後民建聯開始轉介涉及內地的投訴個案。

促成港人意外保險

1996年5月，民建聯中委及立法局議員10多人再到廣州拜會省長盧瑞華等官員，就兩地經濟合作、港人在內地遇意外的治療安排、單程證審批程序和兩地基建協調等問題交換意見，特別是落實本港長者在內地領取綜援金事宜，受到傳媒廣泛報道。

就港人在內地意外受傷的救治問題，民建聯建議當局積極研究推動民間醫療保險制度。經過多番努力，香港保險公司終在11月與省衛生廳達成協議，在省內推行意外醫療保險計劃。

在粵港合作方面，交通配合問題一直是民建聯關注的焦點。民建聯自成立以來，便提出兩地應設置機構，磋商解決兩地基建發展問

1996年5月，民建聯中委及立法局議員到廣州拜會省長盧瑞華等官員

題，其後走訪省政府、羅湖海關和深圳邊防檢查站，提出改善兩地鐵路配合、解決陸路口岸客貨運過關問題、打擊車匪路霸和改進旅客過關安排等建議。

1994年5月，民建聯專程走訪省政府主管交通和運輸規劃的部門，商討內地承認香港駕駛執照、皇崗口岸早日24小時通關等事宜。這些建議有一部分已取得成果，但不少要到回歸後才能實現。

愛國精神化為行動

香港同胞與內地血濃於水，休戚與共，每當內地一些地方發生天災，人民遭遇不幸時，都會迅速伸出援手。1994年6月，華南地區發生連場暴雨，多個省份遭受到特大水災影響。民建聯鼓勵市民發揚愛國精神，舉行街頭募捐活動、設立捐款熱線和舉辦粵曲大匯演，集腋成裘，籌得賑災款項超過港幣200萬元。

此後，1996年地震、1998年河北地震及長江水災均發起賑災籌款活動。

2008年汶川大地震後，民建聯負責人兩次往災區了解災情，並與四川省婦聯合作推行「戶對戶家庭援助計劃」，發動一戶香港家庭每月捐出港幣333元，為期一年，支援一戶四川受災嚴重地區的單親家庭。主席譚耀宗等親赴災區，將首批援助金交至受助家庭手中。在該項計劃下，地震重災區四川彭州小魚洞鎮的1千戶特困家庭，每戶全年合共得到港幣3,996元的愛心扶助。

次年4月，民建聯組織20多名捐助者親身前往彭州市和映秀鎮探訪，與受助家庭成員會面，了解他們的生活情況，並向3間小學致送課外讀本及設立圖書館。

1994年民建聯為華南水災籌得200萬元

1996年民建聯透過新華社香港分社賑災辦公室捐款予地震災民

1998年民建聯為長江水災發起街頭籌款

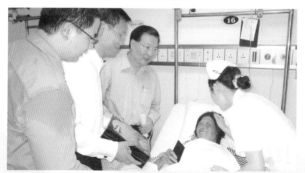

2008年5月往深圳探訪四川地震受傷災民

　　民建聯作為愛國愛港的政團，對捍衛國家主權，維護民族尊嚴都義不容辭。1996年，日本政府將中國領土釣魚島劃入其經濟海域，派出軍艦在附近遊弋，並縱容右翼份子在島上設置燈塔等，粗暴侵犯中國主權。

　　為此，民建聯在9月與逾600個團體組成香港各界保釣聯委會，舉行多次示威遊行及聲討大會，並發起全港保衛釣魚島簽名大行動，收集到逾76萬市民簽名。

　　其後，民建聯持續關注釣魚島的局勢，包括2010年日本政府計劃將釣魚島在內的25個離島「國有財產化」，於同年8月到日本總領事館抗議，要求停止一切侵犯中國主權的挑釁行為。

五、充當香港與內地橋樑

六、發展會務重視地區工作

發展會員量質並重

　　民建聯成立短短3年，已發展為立法局第三大黨、區議會第二大黨，在發展會員方面亦不遑多讓，人數穩定增長。截至1997年6月回歸前夕，會員人數從成立時的56人增至1,371人，拋離其他政團。

　　會員人數不斷增長，主要是通過三級議會選舉，使不少市民從選舉中認識民建聯，認同民建聯，進而加入民建聯。舉例來說，在九五立選前，民建聯提出在三周年前「發展會員過一千」的口號，截至當年12月，會員人數為1,086人，比上年同期增加51%，這個目標順利完成。

一號會員是誰？

　　編號第一的會員證並非屬創會主席曾鈺成所有。創會會員的會員證編號是按姓氏筆劃排序。

　　按當時查閱的字典，姓氏筆劃最少的是丁、刁、卜(兩劃)，于、千(三劃)，仇、孔、尹、文、方、毛、牛、王(四劃)，因此，會員證號碼VM 001是文漢明(VM即選舉會員)，其次是方和與王國興。

　　馬力是最早籌組民建聯的五人小組成員，但因時任《香港商報》，作為傳媒人，不適合走到台前，故不在56名創會會員之列，其會員證編號排57。

　　民建聯成立後不斷有人加入，會員證編號不可能繼續以姓名筆劃排序，於是便以入會的先後次序排下去。

作為一個政團，民建聯有別於一般社團，要求加入者認同宗旨、有志建港，而不是講求個人福利和特權，發展會員既重視會員人數增長，更重視會員質素提高。

申請加入者必須有兩位選舉會員推薦，若沒有推薦人，須由組織建設委員會負責人親自約見，互相了解。所有入會申請者須經審批，才能成為贊助會員。經過一段時間，按規定程序才可轉為選舉會員，享有選舉權及被選舉權。入會程序的細節不時會有調整，然而發展會員採取積極而慎重的方針不變。擔任組織建設委員會主席多年的簡志豪說，2003年前入會者，他都親自會見過。

加快設立地區支部

民建聯要植根於香港，特別作為參政團體，必須在全港範圍參與三級議會選舉，因此極為重視地區網絡的開拓，成立之初已決定在條件成熟的地區成立支部，以聯繫區內會員，為市民提供服務和開展各項社區活動。

為開展地區工作，民建聯成立後，曾鈺成與譚耀宗用了大半年時間，拜訪了20多個全港及地區性團體，包括新界社團聯會、港九小商販聯誼會、荃灣葵青坊眾會、荃灣居民聯誼會、九龍西區各界協會、官塘民眾聯誼會、香港東區各界協會、南區各界常設委員會、九龍東區各界聯會、東九龍居民委員會、東區協進會等，並分別邀約5個地區的區議員共60多人交流。這些活動對民建聯開展地區工作提供極具參考價值的意見。

1992年民建聯成立不久後，曾鈺成和譚耀宗分別拜訪多個友好團體，與社團交流開展地區工作

1995立選時，曾鈺成最後決定由新界東北移師九龍中出選，離投票日只有3個月時間，可謂人生路不熟。最後雖然落敗，可是在深水埗卻有不俗的表現，主要是得到深水埗居民聯會大力支持。

地區支部工作起初由行動委員會負責，其後於1993年2月改組為地區事務委員會，專注地區民生事務和協調地區支部的工作，包括關注民生、收集意見、發展會員、積極參選。1995年10月，該委員會由支部管理委員會取代，負責統籌各地區支部工作。如此重視地區工作，其他政團亦沒有能力做到。

1992年12月率先成立的4個支部是港島西、九龍中、新界北和新界西，首任主席分別是葉國謙、簡志豪、梁煜林和顏錦全。1993年增加港島東、九龍東、新界東及九龍西4個支部。1994年5月，在區選前建立新界南支部。1995年成立港島南和北區支部，原新界北支部改稱大埔支部，原新界東支部改稱沙田支部。1996年，成立西貢將軍澳支部。在回歸前，支部數目增至12個。從成立支部的推進過程，亦可了解民建聯在全港各地的發展態勢。

1999年6月舉辦多場支部辯論擂台

民建聯各地區支部首任主席

1992 年 12 月	港島西支部	葉國謙
	九龍中支部	簡志豪
	新界北支部	梁煜林
	新界西支部	顏錦全
1993 年	港島東支部	黃建源
	九龍東支部	陳鑑林
	新界東支部	盧志強
	九龍西支部	葉國忠
1994 年 5 月	新界南支部	曾恩發
1995 年	港島南支部(後改稱為南區支部)	文漢明
	北區支部 (由原新界北支部分拆)	蘇滿長
	大埔支部 (原新界北支部)	張學明
	沙田支部 (原新界東支部)	梁煜林
1996 年	西貢將軍澳支部	溫悅球
1998 年	葵青支部 (原新界南支部)	羅競成
	荃灣支部 (由原新界南支部分拆)	張浩明
	屯門支部 (由原新界西支部分拆)	李明海
	元朗支部 (由原新界西支部分拆)	顏錦全
	九龍城支部 (由原九龍中支部分拆)	尹才榜
	油尖旺支部 (由原九龍西支部分拆)	葉國忠
	深水埗支部 (由原九龍西支部分拆)	曾鈺成
2004 年	離島支部	周轉香
	東區支部 (由原港島東支部分拆)	鍾樹根
	灣仔支部 (由原港島東支部分拆)	孫啟昌

六、發展會務重視地區工作

通過委員會開展會務

在組織結構上，民建聯採用委員會制。由會員大會選出中央委員會，由中委會選出常務委員會，再由常委會選出主席、副主席、秘書長、司庫等領導層。

中委會及常委會任期兩年。第3屆中委會和常委會1994年12月選出，中委會人數由上屆的23人增至30人，常委會人數由9人增至11人。新加入常委者為從一直在幕後工作的馬力，加上顏錦全。第4屆，中委會及常委會的人數不變，但由陳鑑林取代梁煜林為常委。

常委會下設多個委員會，其中支部委員會、政策委員會、組織建設委員會、宣傳及公關委員會和培訓委員會，對推動會務發展扮演重要角色。各委員會以舉辦活動為主，聯繫會員的工作則由各地區支部負責。

民建聯設有紀律委員會，負責監察工作。1995年11月，中委會通過紀律委員會草擬的會員紀律守則及紀律程序，其後首次根據守則及程序就張漢忠擅自參加其他政治性遊行事件作出處分。

隨著會務發展，民建聯總部於1996年4月初遷到自置物業北角聯合出版大廈12樓，2007年12月遷至15及16樓，至今仍在此處辦公。

九五立選後，民建聯議員由1人增至6人，因而建立黨團制度，由葉國謙任召集人。各議員分工參加立法局的事務委員會，由政策委員會和研究部提供支援。

民建聯歷屆黨團召集人

立法局 (1995 - 1997)	葉國謙
臨時立法會 (1996 - 1998)	葉國謙
首屆立法會 (1998 - 2000)	程介南
第二屆 (2000-2004)	葉國謙
第三屆 (2004-2008)	劉江華
第四屆 (2008-2012)	葉國謙
第五屆 (2012-2016)	葉國謙
第六屆 (2016-2021)	陳克勤
第七屆 (2022-2025)	陳克勤

六、發展會務重視地區工作

初期政策研究較被動

　　作為政團，民建聯要參政議政，前者通過選舉體現，後者則要做好政策研究工作。民建聯在成立大會上即公布在政策委員會下擬設立17個工作小組，已成立8個小組專注機場、憲制、房屋、保安、稅務金融、貿易工業、福利和教育等方面。

　　研究小組的設置，時有變動，特別是立法局選舉後，基本上跟立法局的事務委員會對口，以支援議員議政。回歸時已設立經濟金融、房屋政策、保安政策、教育政策、公民及人權政策、交通政策、人力資源及勞工、社會及醫療福利、資訊及文化、環境政策、工業政策、土地規劃、青年政策等13個小組。由於成立初期，資源有限，政策研究較為被動，能主動提出的政策倡議不多。

第 三 章

回歸前後
積極參政議政

一、加入臨立會協助特區成立

大力支持預委會工作

在彭定康拋出「三違反」的政改方案後,「直通車」勢難實現,中方隨即作出「以我為主,兩手準備」的方針來應對,另起爐灶。

所謂「直通車」是指1990年4月七屆全國人大三次會議通過的《全國人民代表大會關於香港特別行政區第一屆政府和立法會產生辦法的決定》的相關規定。該決定訂明,在1996年內設立香港特別行政區籌備委員會(籌委會)。原香港最後一屆立法局的組成如符合本決定和《基本法》的有關規定,其議員擁護《基本法》、願意效忠香港特別行政區並符合《基本法》規定條件者,經籌委會確認,即可成為特區第一屆立法會議員。

由於英方不合作,與政權交接及平穩過渡的眾多事宜必須及早籌劃。為此,在1996年成立籌委會前,八屆全國人大一次會議於1993年3月通過決定,授權全國人大常委會設立特區籌委會預備工作機構。同年7月,全國人大常委會通過設立特區籌委會預備工作委員會(預委會)。

預委會由副總理錢其琛任主任，副主任有7人，其中3人來自香港。委員經次年增補後，共有67人，其中香港委員37名，包括民建聯的曾鈺成和譚耀宗，而創會會員吳康民是全國人大代表、李祖澤是全國政協委員，兩人應是以此身份獲委任。

民建聯對預委會屬下各專題小組商討的議題提出不少意見及建議。如上節所述，譚耀宗赴京開會時曾向錢其琛遞交信函，提出解決過渡問題十大建議。

在預委會開展工作一段時間後，曾譚兩人在預委會大會的聯合發言中直言預委會工作的不足之處，建議預委會要盡量增加透明度，並指出中英雖然難合作，但為了香港利益，也應爭取合作。爭取合作，就是爭取民心。

1994年10月，民建聯就九七「立法真空期」問題發表《對應否設置臨時立法會的意見》，在比較分析臨時立法機制的四個方案後，認為可以考慮設立臨時立法會（臨立會）的構想，但職能應有限制，最後一屆立法局全部議員均可成為候選人。這些意見有些被預委會接納。

在預委會成立前後，港澳辦和新華社香港分社於1992年3月至1995年4月先後共同聘任四批合共187人為香港事務顧問，其中35人為民建聯成員。

四成員加入特區籌委會

預委會運作兩年半後，籌委會於1996年1月26日，即155年前英軍入侵香港島的同一月日成立，標誌著特區籌建進入實質階段，主要任務是組建特區第一屆政府推選委員會（推委會）、選舉產生第一任行政長官和臨立會議員。

全國人大常委會委任150名籌委，其中香港籌委94名，民建聯曾任預委的4人亦獲委任。此事竟引起傳媒議論，認為籌委會人數更多，而民建聯只得4人，人數沒有增加，「江湖地位」不如從前，顯示「失寵了」，推測跟九五直選時的競選表現和選舉結果有關。

曾鈺成於1996年2月《會訊》著文對此回應說：「我們一笑置之」，並強調「民建聯的榮辱，在乎我們能否為香港多做實事，不在乎有多少成員獲委任進入籌委會或任何別的機構」。

次月，民建聯對籌備成立特區有關事宜，包括推選委員會、第一任行政長官推選辦法、臨立會產生辦法、第一屆立法會選舉辦法和區域組織重組辦法提出整套意見，這些意見有不少地方與日後確定的做法相若。

推委會成員佔逾一成

1996年3月，籌委會通過成立臨立會，取代不能直通的最後一屆立法局，作為回歸後立法機關的臨時安排，在第一屆立法會產生前，處理必不可少的立法工作。同年10月，籌委會通過第一任行政長官人選產生辦法和臨立會產生辦法。臨立會由60名議員組成，由第一屆政府推選委員會選舉產生。

早在1990年4月全國人大的決定已訂明，推委會由400人組成，比例為工商、金融界，專業界，勞工、基層、宗教等界，以及原政界人士、港區全國人大代表、港區全國政協委員的代表各佔四分之一。

1996年8月，籌委會通過推委會的具體產生辦法，並於11月2日選出340名推委會委員，連同26名港區全國人大代表和34名港區全國政協委員的代表，組成推委會。在推委會委員中，屬民建聯會員的有64人，所佔比例超過十分之一。

十人當選臨立會議員

在選出第一任行政長官後，推委會於12月21日舉行臨立會選舉，共399名推委出席，候選人有130名。最後一屆立法局議員，有34人參選臨立會，除一人外其餘均當選。

民建聯有17名會員參選，10人勝出[16]，所獲議席與自由黨相同。其中譚耀宗和陳婉嫻分別獲得345票及322票，成為票王及票后。

1992年12月2日一眾民建聯成員遞交臨時立法會報名表

民建聯1996臨立會選舉結果

候選人	票數	得票率	候選人	票數	得票率
譚耀宗*	345	86.3%	陳榮燦*	231	57.8%
陳婉嫻*	322	80.5%	馮志堅	154	38.5%
曾鈺成*	314	78.5%	張學明	138	34.5%
葉國謙*	297	74.3%	王國興	117	29.3%
程介南*	290	72.5%	盧志強	104	26.0%
陳鑑林*	273	68.3%	任枝明	68	17.0%
顏錦全*	247	61.8%	潘杜泉	64	16.0%
張漢忠*	238	59.5%	簡志豪	48	12.0%
楊耀忠*	236	59.0%			

* 當選

16　1997年9月，劉江華加入民建聯，臨立會議員增至11人。

1997年6月21日臨時立法會議員在深圳的合照

　　英方一直反對成立臨立會，1996年10月彭定康在最後一份施政報告中用了一節來攻擊，表明港英政府不會協助其成立和運作。因此臨立會選舉和臨立會回歸前的工作只能在深圳進行。

　　在回歸前，臨立會審議並通過13條必須在7月1日立即生效的法例；通過1997至98年度財政預算；通過了使法官的任命生效所需的議案；以及議事程序。

　　民建聯大力支持預委會、籌委會及臨立會的工作，認為要順利籌組特區，有必要成立上述機構。尤其是，為避免特區成立時出現法律真空的問題，必須有立法機關審議通過維持特區正常運作所必不可少的重要法例，才能確保香港平穩過渡。這一取態與支持彭定康政改方案，發起行動反對並抵制臨立會的「民主派」形成鮮明對照。

迎接回歸推廣《基本法》

　　臨近九七，民建聯除加入籌委會、推委會和臨立會外，還大力參與推廣「一國兩制」及《基本法》的工作。

　　回歸前一周年，民建聯在舉行過三場選舉誓師大會的中環遮打花園啟動「六百萬人 六百萬事 我為回歸做件事」大型活動。一位五歲小朋友上台說出她會為回歸做的事是：「一二三四五六七，學好普通話迎九七」，博得全場掌聲。

各支部亦派發12萬張「我為回歸做件事」宣傳咭，號召市民以主人翁心態記下自己的心聲。同時，設立「九七信箱」，收集和回答市民有關九七問題的查詢，並向會員募捐，支持印製八萬本「基本法小冊子」，免費向市民派送。

與此同時，臨近回歸，公眾十分關注有關港人的身份、國籍問題。籌委會於8月就香港居民國籍問題，向全國人大常委會提出靈活寬鬆的處理方案，並對永久性居民問題提供意見，供日後特區制定實施細則時參照。為了讓市民及時掌握有關資料，民建聯舉辦連串講座和集會，還製作十多萬份「港人身份睇真D」單張廣泛派發。

曾鈺成、程介南更分別前往紐約、多倫多、三藩市和溫哥華，向在海外的港人介紹九七後香港居民身份問題的最新發展。在香港和外地，民建聯收到不少查詢，有些問題需要進一步澄清的，都會轉交有關部門跟進。

二、不是政府黨不當反對黨

如何定位議論紛紛

　　九七前五年間，民建聯經過三次大型選舉的歷練，在香港政壇發揮的作用愈來愈大。在此期間，民建聯的使命是力保香港平穩過渡。回歸後，民建聯應扮演甚麼角色，這個問題在 1995 立選過後就提上議事日程。

　　踏進 1996 年，香港不少政團先後調整定位，有的傳出合併，有的準備打正政黨旗號，有的亦提出愛港必須同時愛國的方向，有的想打開與中方溝通的缺口。在這種情況下，民建聯作為率先高舉愛國愛港旗幟的政團，又該承擔什麼新的使命呢？

　　與此同時，社會上對民建聯的定位亦有些不理解或批評。馬力在 1996 年 3 月《會訊》中對這些批評有這樣的概括：只注重發展基層會員，是個基層政黨；在民生問題上的立場和一些只知投選民眼前所好的政黨沒有甚麼不同；立法局內的表現不像一個政黨，經常出錯，內部矛盾重重；內部組織不嚴密，以致在報紙經常看到有關民建聯的「內幕」消息；雖然是親中政治團體，但政治上甚少為中方政策辯護，有時甚至和一些逢中必反的政黨差不多。他回應說：「我們會質疑某些中國政府部門的一些不符合『一國兩制』政策的做法，這不等於逢中必反」，並強調「民建聯現階段面對的不是要不要調整路向的問題，而是如何鞏固內部組織架構和提高策略水平的問題」。

　　另一方面，香港學者盧兆興當時就認為民建聯是「政治力量在增加中的新興政黨」，並指出「民建聯在未來的發展中面臨兩個重大問題。第一，民建聯的中下層形象和親社會福利傾向與香港資本家利

益構成衝突。雖然中國正在促成一個資本家與民建聯的聯盟以便管治九七後的香港，但是，這個聯盟本身卻有著內在的矛盾。……民建聯面臨的另一個問題是它缺乏批判性的相對『親中』態度。……很清楚，至少有一部分中產階級選民很在乎民建聯的形象，覺得它的領導層有時在中國對香港政策缺乏批判性認識[17]」。這一評價可以說反映了中產人士對民建聯的觀感。

民建聯內部對未來路向也是意見紛紜，在1996年時討論得十分熱烈。有些人認為，回歸後民建聯與特區政府屬同一陣線，應予大力支持。那時甚至爭拗過，回歸後民建聯還應否針對政府，發起示威遊行。

2018年6月，曾鈺成在參加民主黨前主席劉慧卿主持的網台節目時憶述：「我們想，既然我們的目標是平穩過渡，到真的平穩過渡了，特區成立了，我們便退出舞台。當時我真的這樣想，所以沒有長遠（計劃）。」

深入研討回歸後路向

回歸後，民建聯應如何定位，應如何發揮作用，這些重大議題絕非開幾次會就能解決。領導層想來想去，決定把核心成員集中起來，離開香港到內地「閉關」兩日一夜，就特定議題深入研討，務求達成比較一致的看法，於是路向營便應運而生。

首屆路向營於1997年3月在深圳觀瀾舉行，民建聯中委和各級議會議員參加，研討主題為「民建聯在特區成立後有何角色？對特區政府持甚麼態度？」

17　鄭宇碩、盧兆興編：《九七過渡：香港的挑戰》，香港中文大學出版社，1997年11月版，第72頁。

　　同年 12 月，曾鈺成在中委會向周年會員大會提交的工作報告中這樣概括路向營的共識：

　　經過熱烈的討論，我們對若干重要問題達成了比較一致的看法。我們都同意，民建聯在特別行政區裏有廣闊的發展空間。《基本法》規定，特別行政區的立法機關由選舉產生，並且循序漸進地發展至最終通過普選產生全部議員。實踐證明，在立法機關的選舉裏，特別是在地區直選中，政黨發揮很重要的作用。隨著特別行政區立法會直選議席的增加，政黨的影響力將不斷擴大。

　　我們都同意，在特別行政區成立後，隨著《基本法》有關特區和中央關係的規定、有關香港政制發展的規定全面落實，政治問題在港人眼中的重要性將會下降，民生問題將上升為社會關注的重點。

　　我們都同意，在特別行政區裏，民建聯既不是政府黨，也不當反對黨。我們和市民保持密切的聯繫，了解市民的心聲，凡事站在市民的立場。特別行政區政府的政策和決定，符合香港市民利益的，我們便支持；違反市民利益的，我們就反對。我們採取各種有效的方式和途徑，向特區政府反映民意，督促特區政府在制訂政策時以市民利益為依歸。

　　我們都同意，民建聯對社會政策的取態，應一如既往，以基層利益為重。我們是負責任的參政組織，以維持香港長期穩定繁榮為目標。我們放在首位的，是以基層為主的香港市民的長遠利益和整體利益。我們不會走一切著眼於選民眼前利益的媚眾路線，我們要堅持原則，爭取最廣泛的認同和支持。

從日後特區的發展來看，「政治問題在港人眼中的重要性將會下降，民生問題將上升為社會關注的重點」這一判斷就不準確。「既不是政府黨，也不當反對黨」，站在市民的立場，支持甚麼，反對甚麼，如何拿捏得準，取得平衡，更是長期困擾民建聯的問題。

1997年2月16日民建聯首次舉辦「路向研討會」（以後改稱為「路向營」），邀請了時任新華社香港分社副社長張浚生和劉兆佳教授與成員分享

舉辦路向營成為傳統

民建聯在急速發展的同時，面對的政治環境也在不斷變化。首次路向營取得很好效果，有助於對重大議題統一認識，加強內部整固。自此之後，民建聯差不多每兩年就會到內地舉行路向營，成為一大傳統。

每屆路向營的參加者都有一兩百人，包括中委會成員、監委會成員、支部主席和各級議會議員等。每次都是按照當時的政治形勢提出討論主題，力求為民建聯的未來發展理順出工作重點。

從第三次起，更邀請特區政府官員、內地官員、學者、政界、商界和傳媒界人士擔任演講嘉賓，從旁觀者角度對涉及民建聯發展的重大議題提出意見及建議。

歷次路向營主題

日期	地點	主題	嘉賓 / 講者
1997.02.16	深圳觀瀾	民建聯在特區成立後有何角色？對特區政府持甚麼態度？	張浚生　劉兆佳
1999.04.17 - 18	番禺賓館	如何對普選進行部署？聯盟有否條件扮演「影子政府」	邵善波 美國競選顧問 Vincent Baglio
2001.03.31 - 04.01	中山溫泉	優質參政 自我提昇	許仕仁　曾德成 劉迺強　劉兆佳
2004.03.20 - 21	深圳海景酒店	團結振奮 迎接未來	胡應湘　翁以登 劉進圖　劉迺強 曾鈺成　馬力
2004.12.04 - 05	深圳海景酒店	抓機遇 敢創新 開拓未來	邵善波　蔡子強 曾鈺成　譚耀宗 葉國謙　簡志豪
2006.04.08 - 09	東莞銀城酒店	建設一個有前景的政黨	許仕仁　林瑞麟 盧永雄　張志剛 陳建民
2008.03.29 - 30	深圳海景酒店	繼續打拼為香港	喬曉陽　陳德霖 蘇澤光　周融 曾鈺成　譚耀宗
2009.05.30 - 31	深圳麒麟山莊貴賓樓	薪火相傳建未來	劉遵義　鄭經瀚 胡定旭　唐英年 曾鈺成
2010.06.12 - 13	深圳麒麟山莊貴賓樓	發展壯大 迎接未來	彭清華　黎廷瑤 王紹光　曾鈺成
2012.04.14 - 15	深圳麒麟山莊貴賓樓	新形勢　新發展	梁振英　曾鈺成 蕭展正　譚耀宗
2014.10.11 - 12	深圳麒麟山莊貴賓樓	迎難而上	譚耀宗　黃偉豪 張曉明
2016.04.09 - 10	深圳麒麟山莊貴賓樓	承先啟後闖新篇	曾鈺成　林鄭月娥 王振民　葉健民

出席者除與嘉賓／講者交流外，亦會進行分組討論，結合各自的工作發表意見，最後在大會上匯報各分組討論的成果。路向營結束後，領導層都會通過傳媒訪問，向公眾交代民建聯內部形成的共識。可以說，每屆路向營對民建聯的建設及長遠發展發揮了很大作用。

制訂回歸後政綱

在研討未來路向時，民建聯亦著手修訂政綱。民建聯成立時的政綱，口號是「平穩過渡、繁榮創富、安居樂業」，以支持順利回歸為目標。隨著社會環境的轉變，特區成立後當然要有一份新政綱。

1997年元旦，民建聯在沙田大會堂廣場舉行「邁進97新里程」活動，提出「建設特區、繁榮創富、安居樂業」的新政綱口號，隨後在12月通過新政綱。新政綱指出當時香港面對的一些問題至今仍然未獲妥善解決：

香港特別行政區必須循序漸進地發展民主政治。特區政府必須維持有效管治，確保社會各方面運作良好，並且按《基本法》的規定，維護「一國兩制」、港人治港、高度自治。

香港面對土地昂貴、人力成本較高及工業發展受到忽略的問題。九七回歸，為香港經濟帶來更多機遇，香港必須保持過去賴以成功的因素，與中國（內地）互相配合，發揮各自優勢，促進兩地繁榮。

特區政府應制訂整體策略，面對當前社會民生的種種挑戰，妥善解決貧富懸殊現象不斷惡化、人口日趨老化、房屋供應嚴重短缺、工作及居住環境質素與社會發展不相稱等問題。

新政綱亦主張「在2007年前檢討香港政制發展，爭取隨後一任行政長官由普選產生，立法會全部議席由普選產生」。

四年後，曾鈺成在《會訊》文章中就指出新政綱的不足：

我們在政綱裏提出的「建設特區、繁榮創富、安居樂業」的綱領，不能成為我們評核公共政策的準則；而作為政黨的口號，這幾句話對公眾特別是中產階層並不能產生強大的感召力。當我們要爭取中產階層和青年學生的支持，這個問題就會更為突出。

三、共創特區新紀元

沒有推薦選誰當首任特首

籌組香港特別行政區，重頭戲是選出第一任行政長官(通稱特首)。按照籌委會通過的產生辦法，首任特首人選採取協商後提名選舉的方式，分為提名、確定候選人、選舉三個階段。

報名參選首任特首者有31人，籌委會主任會議經資格審查後確定8位參選人，其中知名度高者有4位：前最高法院上訴庭副庭長、籌委會副主任李福善，前九龍倉和會德豐集團主席、醫院管理局主席吳光正，前東方海外集團主席、籌委會副主任董建華，前首席大法官楊鐵樑。

過去，英國派誰來香港做總督，港人根本沒有發言權。回歸後公開推選特首，競選活動自必甚受市民關注。在負責推舉產生首任特首的推委會中，民建聯會員佔十分之一以上，當然受到有意參選者重視。

民建聯先後邀請4位熱門參選人與中委、各級議員和推委會面，了解其政綱，並向他們提出「治港十問」。同時，在各區舉行居民諮詢大會，並設立「特首點至夠份量網上諮詢」，讓市民發表對特首選舉的意見。網上諮詢顯示，市民認為特首最需具備的5大條件：有領導及決斷能力；廉潔奉公；能夠和不同政見的人溝通和對話；有政治智慧；公正正直。

11月15日，推委會進行第一任行政長官候選人提名程序。在8位合乎資格的參選人中，董建華有206個提名，楊鐵樑有82個提名，吳光正有54個提名，3人都獲得超過50名推委提名，成為候選人。李福善只得43個提名。

正式選舉接著於12月11日舉行，在398張有效票中，董建華獲320票當選第一任特首。楊鐵樑和吳光正分別獲得42票和36票。

1996年1月，時任中共中央總書記江澤民在接見籌委會時主動找董建華握手，社會上一度流傳「欽點」之說。民建聯雖然有不少推委，卻沒有向黨內推委推薦應支持哪一位候選人，這是在歷次特首選舉中唯一的一次。

25年後曾鈺成在回顧這場選舉時認為是真正的競爭。他說：「民建聯內部有不同意見，程介南替董建華拉票，馬力則是楊鐵樑的軍師，有份撰寫楊官的參選政綱[18]。」

18　曾鈺成：《時不再來 主席八年》下冊第298頁，信報出版社。

首屆特首候選人「口試」

負責選出首屆行政長官的推選委員會由400人組成，其中有40多人是民建聯成員，所以4位候選人都積極爭取民建聯的支持。他們分別應邀到民建聯總部，與民建聯的推委們會面，介紹自己的政綱，回答推委們的提問。

4名候選人中，吳光正的表現最為進取。他提早來到民建聯總部，與主席曾鈺成單獨談話，表明參選心跡，展現了很大的決心和誠意。與推委們會面時，吳也顯得有備而來，充滿自信。

董建華的表現反而不見突出。對於推委們提出的問題，董只是不斷回應「這問題十分重要」，卻說不出他對解決問題有什麼想法。不過，董那和藹可親的態度，給推委們留下正面的印象。

1996年10月30日民建聯成員會見楊鐵樑及董建華。其後於11月6日和9日會見吳光正及李福善

董建華願多聽意見

回歸前後，民建聯領導層多次與董建華會晤，廣泛而深入討論香港的政治、經濟和民生問題。

1997年1月16日，民建聯中委22人在首次會見候任特首董建華時對特區施政提交書面建議，要點包括確立行政主導，穩定政局；加強香港與內地交流，互利發展；檢討土地政策，配合發展；改善教育質素，培育人才；制訂扶貧政策，改善民生；製造有利條件，共創財富；正視經濟轉型，輔助工業。

值得注意的是，民建聯在回歸前已建議特區政府應考慮成立一個香港與內地的經濟合作委員會，處理特區與內地在經濟事務上的交流。這點與一向主張與內地區隔的「民主派」大相徑庭，而日後負責此方面工作的首任政務司司長陳方安生亦對此持消極態度。

在這次會面中，民建聯也建議特首「應定期與各政黨代表舉行會議，解釋及討論政府的政策部署，徵詢政黨意見」，當時的主觀願望是回歸後能夠邁進政黨與政府緊密合作的嶄新紀元。

　　董建華長期從事航運業，只是回歸前於1992年至1996年任行政局議員，沒有管治經驗，當然希望在施政上能集思廣益。他在會上約定民建聯每兩個月定期會面，在當年10月發表題為《共創香港新紀元》的首份施政報告之前確曾三次會見民建聯代表，民建聯提出的一些建議，也獲納入施政報告之中。

　　民建聯在後續會面中也建議設立「長者生活質素基金」、盡快在北京設立特區政府辦事處，並就《公安條例》及《社團條例》提出意見。

譚耀宗加入行政會議

1997年1月譚耀宗獲委任為行政會議成員

　　1997年1月24日，董建華公布第一屆行政會議（行會）成員名單，共15人。除他本人和政務司司長、財政司司長、律政司司長外，另外11名非官方成員有兩人有政團背景，分別是民建聯的譚耀宗和自由黨的唐英年。

民建聯歷屆行政會議成員

董建華任內委任	
譚耀宗	1997.07.01 - 2002.06.30
曾鈺成	2002.07.01 - 2007.06.30
曾蔭權任內委任	
曾鈺成	2007.07.01 - 2008.10.14
劉江華	2008.10.14 - 2012.06.30
梁振英任內委任	
李慧琼	2012.07.01 - 2016.03.17
葉國謙	2016.03.17 - 2017.06.30
張學明	2012.07.01 - 2017.06.30
林鄭月娥任內委任	
葉國謙	2017.07.01 - 2022.06.30
張國鈞	2017.07.01 - 2022.06.30

董建華起初邀請曾鈺成加入行會，但曾鈺成可能要辭任民建聯主席，最後是邀請譚耀宗加入，其後還委任他為安老事務委員會主席。譚耀宗出任行會成員須辭去民建聯內的職務。同年2月，民建聯常委會進行補選，副主席一職由程介南接替，而程介南的秘書長一職則由馬力接替，方和填補為常委。

2月20日，董建華公布獲中央政府任命的第一屆政府主要官員名單。在23位主要官員中，17位港府司級官員及4位部門首長原職過渡，只有廉政專員和律政司司長是新任。

民建聯創黨成員梁愛詩於1997
年出任律政司司長

民建聯的創會會員兼義務法律顧問梁愛詩出任律政司司長，是唯一一位在原港英政府以外獲邀成為主要官員者。她上任後按政府規定退出民建聯。

6月16日，董建華宣布設立臨時市政局、臨時區域市政局和臨時區議會，任期不遲於1999年12月31日結束，回歸前所有在任議員均可全部過渡。兩個市政局的議席均增至50個，換言之，臨時市政局有9名新委任議員，臨時區域市政局有11名新委任議員。18個區議會的議席增至468席，其中95席，即約兩成為新委任。

回歸前，民建聯共有市政局議員7名、區域市政局議員5名、區議員51名。此次新獲委任的有臨時市政局議員1名、臨時區域市政局議員兩名、臨時區議會議員16名。加上臨立會議員11名，到1997年底民建聯共有三級議會議員87名。

路祥安嘆民建聯沒人才

任董建華行政長官辦公室高級特別助理的路祥安，經常代表董與民建聯負責人聯絡。董與民建聯會面時，路經常也會陪同，並且事後會向民建聯中人進一步解釋董的說話。

有一次，路祥安與民建聯主席曾鈺成談政府跟民建聯的合作。他說：「董先生其實很想從民建聯中多找一些人幫政府做事，無奈民建聯的人多是『地區阿叔』，不像自由黨有許多專業人士、高學歷人才。」曾鈺成即時指出，民建聯也有不少法律界、會計界、醫學界、教育界的人才。路沒聽進去，轉談其他。

與特區政府關係不易把握

　　特區成立後不久，民建聯舉行成立五周年酒會，董建華連同外交部駐港特派專員馬毓真、新華社香港分社副社長鄭國雄到賀，可見他十分重視與民建聯的關係。曾鈺成回憶說，董建華在與各政團負責人見面時，對其他人往往親切地直呼其英文名字，唯獨叫他「曾主席」。這一方面顯示其尊重，另一方面也可見親疏有別。

　　民建聯參與各級議會選舉，參政議政，影響特區政府決策當然是一大期望。曾鈺成在1997年4月《會訊》發表題為《積極投入一國兩制、港人治港、高度自治的實踐》一文，對民建聯與政府的關係有這樣的論述：

　　　　雖然政府不是由政黨組織，但是，由於政黨在立法機關擁有議席，而且對民意也有不同程度的影響力，所以，政黨不但可以監督政府政策的執行，而且在政策制訂過程中也有一定的角色。政府政策要順利通過和推行，需要政黨的支持。這就要在政策制訂的過程中充分徵詢政黨的意見，爭取與政黨達成共識。

因此，特別行政區政府必須吸納政黨成員進入政府的各個諮詢組織以至行政會議，參與制訂政策。

然而在實踐過程中，民建聯在多大程度能影響或參與政府政策的制訂，卻是另一回事，好像只有支持特區政府的義務，沒有參與制訂政策的權利，然而由此被人視為「建制派」、「保皇黨」，卻是免不了的事。

官員抱怨民建聯不合作

第一屆特區政府的主要官員，大部分是回歸前的高官留任，他們跟在港英年代已有多人在建制內的自由黨和民主黨十分熟絡，但對在回歸前長期被排擠在建制外的「傳統愛國人士」了解不多，甚至格格不入。例如當董建華要給愛國教育界元老、民建聯創黨成員吳康民頒授特區最高榮譽大紫荊勳章時，陳方安生便力表反對。

董建華常向民建聯表示，他很希望政府官員和民建聯建立互信合作的關係。他有沒有要求官員尊重民建聯的意見，外人不得而知；但每當有官員向他投訴民建聯不合作時，他便會找民建聯的負責人，一臉失望、唉聲嘆氣地說：「我不斷努力去改善政府官員和你們的關係，剛有一點進展，你們又搞砸了。」

一位高官對民建聯議員這樣說：「我們為你們抬轎，你們好應『坐定定』；你們『郁來郁去』，我們怎麼抬！」到底是誰給誰抬轎？民建聯的感受跟官員可恰恰相反。

四、改變香港政壇格局

直選採比例代表制

從1998年起的3年內，民建聯每年都要面對選舉的挑戰，目標當然是全力以赴，爭取最多議席。首場硬仗是1998年5月24日舉行的第一屆立法會選舉。

1990年4月全國人大已對第一屆立法會的產生辦法作出決定。首屆立法會由60人組成，其中地區直選產生議員20人，選舉委員會選舉產生議員10人，功能團體選舉產生議員30人，議員的任期為兩年。當年由於中英兩國對「直通車」安排有共識，末屆立法局議員經籌委會確認都可順利過渡，故無需另訂首屆立法會的選舉辦法，然而這個良好願望最終因彭定康推出的政改方案而落空。因此，籌委會後期工作的焦點之一就是研究首屆立法會的選舉辦法。

1997年3月23日民建聯向籌委會提出《對第一屆立法會選舉辦法的建議》，主要是地區直選採用比例代表制，並建議全港分為5個選區，每區4個議席。同時，還認為中選區多議席單票制亦屬可行，全港分為9區。此外，亦對選舉委員會的組成和新增9個功能組別提出意見。

其實，早在1993年4月19日，民建聯發表《關於九四、九五年選舉安排問題的意見》，已建議採用比例代表制，候選人組成4人一組參選，自行商定組內排列次序，選民可選擇其中一組，並對整組投票，參選者得票率按4人在組內排列次序，以1、1/2、1/3、1/4折算。澳門回歸前的立法會選舉已採用這種辦法。

其後籌委會通過決議，認為地區直選可在多議席單票制與比例代表制中二擇其一，前者可分為4至9個選區，後者可分為3至5個選區，留待特區自行作出選擇。

1997年7月8日，董建華召開首次行政會議，通過第一屆立法會選舉辦法，地區直選採用比例代表制的最大餘額法，全港分為5個選區，具體內容與民建聯的建議大致相同。其後，有關法案由臨時立法會通過，而選舉管理委員會公布的選區劃界和議席分配是：香港島4席、九龍東和九龍西各3席、新界東和新界西各5席。

每個選區都參選

從1997年底開始，民建聯就為這場重要選舉進行部署，決定每個選區都有參選名單，希望藉著選舉，在全港各區較均衡地發展力量，填補過去的空白點。

在舉行首屆立法會選舉之前，先要組成選舉委員會，負責選出立法會10名議員。根據《基本法》附件一規定，選委會共800人，由工商、金融界，專業界，勞工、社會服務、宗教等界，以及立法會議員、區域性組織代表、港區全國人大代表、港區全國政協委員的代表4個界別各佔200人。

這4個界別再分為38個界別分組，其中全國人大代表、立法會及宗教界等三個界別分組毋須舉行選舉。其餘35個界別分組選舉於1998年4月2日舉行，選出664名選委。民建聯共有29名成員出任選委。

金融風暴下迎來選舉

　　首屆立法會選舉是在香港受到亞洲金融風暴衝擊的背景下舉行的。特區成立後翌日，亞洲金融風暴在泰國爆發，泰銖大幅貶值。1997年10月8日，董建華發表首份施政報告，12天後國際炒家首次狙擊港元，本港金融體系受到嚴重衝擊，致使利率急升，股市大跌，物業市道轉弱，市民消費意慾低沉，企業倒閉及失業率趨升等問題亦開始浮現。

　　為此，民建聯於12月4日會見董建華，提出停止擴大輸入外地勞工計劃；遏止加風；削減差餉四成；提高個人免稅額及改善邊際稅率；減輕公屋居民租金負擔；完善出售公屋計劃；改善聯繫匯率機制運作；推行退休保障制度等8項要求。

　　接著民建聯在1998元旦提出「98十大願望」為市民打氣，這些願望是：醫療事故絕跡；禽流病毒消滅；環保措施加強；旅遊事業興旺；金融風暴遠離；稅務收費寬減；退休保障落實；就業機會充足；居者早有其屋；民主選舉順利。其後進一步發起「一停二減三凍結」行動，要求停止輸入外勞、減稅減差餉、凍結公屋租金、政府及公共事業收費，以紓解民困，獲20萬市民簽名支持。

1998年5月，民建聯提出「紓解民困四大要求」，要求政府增加11萬個新職位、公屋商舖減租三成等。這些行動凸顯了民建聯重視民生，維護基層利益的形象，但亦反映對財經金融方面關注不夠，未能提出較有見地的意見。特區政府其後在6月公布一套紓緩困境及振興香港經濟的方案，而方案部份的內容如退回差餉、調低柴油稅，正面回應了民建聯的訴求。

協助正達客戶維護權益

1998年1月20日，證券及期貨事務監察委員會飭令正達證券清盤，是亞洲金融風暴爆發以來最受社會關注的事件。起因是正達證券把孖展客戶和現金客戶的股票抵押給銀行，以取得貸款，投資樓市。由於樓市大跌，銀行向正達證券追收最低保證金不果，就將正達證券抵押的客戶股份出售，以致正達證券未能結算及交收。

此次事件反映出政府的監管漏洞，現金客戶無端成為犧牲品，各政團紛紛跟進，被媒體譏為要攞選票，普通市民也不理解。在其他政團避免介入之際，民建聯依然協助「正達客戶索償會」成立，爭取權益，並約見證監會主席梁定邦，指出根據條例，證監會可提出賠償方案。此事最終獲得較合理的解決。

直選名單費煞思量

　　從1998年第一屆到2016年的第六屆立法會地區直選都是採用比例代表制的最大餘額法。候選人須以名單參選,各選區把有效選票除以該選區議席數目得出一個數額,一份名單若取得與此數額相等的票數,可得一個議席。每份名單候選人按順序當選。若餘額比上述數額低,則議席按最大餘額順序分配。因此,各政團如何排列參選名單順序,攸關各候選人的當選機會。

　　民建聯在選舉日之前三個月便公布地區直選名單:香港島由程介南領軍,九龍東是陳婉嫻,九龍西是曾鈺成,新界東是劉江華,新界西是譚耀宗。

1998年4月4日九八選舉群英會中,民建聯劉江華團隊

　　這份參選名單公布後,有些傳媒便大做文章,謂民建聯厚愛「新人」,企圖挑起一些支持民建聯的選民不滿。新界東名單由劉江華和張漢忠排首二位,兩人都是臨立會議員,各有地區支持。末屆立法局選舉時張漢忠在新界北以48票之微險勝民主黨的黃成智。新界東名單如何排序,當然費煞思量,當年遠遠沒有分拆名單參選的條件,只能綜合考量作出判斷。

馬力就此於1998年3月的《會訊》回應說:

> 其實所謂「新人」,是一些過去一直在地區工作上,與我們
> 合作無間,在很多地區事務上,給予我們寶貴意見的朋友。他們
> 除了有豐富的地區工作經驗外,更獲得當區居民的支持,知名
> 度頗高,因此,他們加入民建聯大家庭,實在是我們的榮幸,
> 亦證明我們「民主建港」的參選使命,得到各界的支持和認同。

劉江華長期扎根沙田區,1985年以獨立身份當選區議員,1990年
參加港同盟,兩年半後因理念不同退出。其後他和一些地區人士成立
「公民力量」,在區議會選舉中獲佳績。劉江華曾兩度在立法局新界東
選區參選落敗。他不想再單打獨鬥,在與曾鈺成、彭長緯商議並徵詢
地區支持者的意見後,於1997年9月加入民建聯。他的加入,顯示民
建聯海納百川的襟懷,愛國愛港的理念愈來愈得到支持。

進軍立法會成績理想

民建聯共派出27人參選首屆立法會,其中地區直選有5張名單共
20人、功能組別3人和選舉委員會4人。地區直選各選區名單都用盡允
許派出的候選人數目,既要壯大聲勢,又是練兵。

曾參選末屆立法局的曾鈺成、程介南和陳婉嫻分別在包含原選區
範圍的九龍西、香港島和九龍東出選,已打好基礎。唯獨譚耀宗從原
九龍東南選區移師新界西,是民建聯上次沒有派人參選的地區,可謂
人生路不熟,不過民建聯在新界西有多名區議員,又得到地區組織和
人士支持,因此競選活動能順利展開。

誓師大會於4月13日在中環遮打花園舉行，有逾千人參加，台上背景板寫上「勇於承擔、真誠不變」的參選口號。競選活動突出「民主有理性，監察有成效，爭取見成績」的理念。

民建聯參選政綱的主要內容有：政治上主張2007年前檢討政制發展，爭取行政長官及立法會全部議席直選產生；經濟上支持聯繫匯率制度，成立種子基金，直接贊助新興行業，全面協助新興科技公司及中小型企業；房屋政策方面主張成立市區重建局，制定全港重建策略；教育方面支持初中推行強制性母語教學，制定全面資訊科技教育措施；勞工方面反對擴大輸入外勞，爭取以立法形式，確立工人集體談判權等。

票站調查指曾鈺成敗選

特區第一屆立法會選舉（1998年），曾鈺成以民建聯主席的身份在九龍西參選，他能否當選成為該次選舉的焦點：民建聯其他重點人物譚耀宗、程介南和陳婉嫻都有較高勝算，但曾鈺成的選情十分吃緊。

選舉日，投票結束後，鍾庭耀發表票站調查，宣布曾鈺成「落選機會很大」。當晚，各候選人回到民建聯總部，大家都悶悶不樂，「財爺」黃建源給大家準備了雞粥，大家都沒心情吃。馬力對曾鈺成說：「你要回應傳媒，要準備好一篇落選談話。」

立法會選舉結束後，曾鈺成與民建聯其他成員接受傳媒訪問

曾在地區上的助選團更是心情惡劣，有人垂頭喪氣，有人破口大罵，有人把手提電話摔到地上。為要避開對手助選人員的囂張嘴臉，義工們收拾街站後只敢走橫街窄巷，先前約好的宵夜也取消了。

點票通宵進行。翌日清晨，點票結果是曾鈺成勝出。助選團收到消息的興奮心情，無可比擬。

凌晨時候，曾鈺成的助選團知悉獲勝後，心情十分興奮

　　第一屆立法會選舉於 1998 年 5 月 24 日舉行，投票人數達到 1,489,705 人，投票率達到空前的 53.3%。選舉結果顯示民建聯在地區直選的得票率大幅上升，全港 5 個選區共得 37.3 萬票，得票率為 25.2%，而上次在 20 個選區中只參選 7 個選區，共得 14.2 萬票，得票率為 15.5%，而議席數目由兩席增至 5 席，各名單排首位的候選人均當選。在此之前，有人認為比例代表制是為民建聯「度身訂造」，其實這次選舉靠餘額取得議席都非民建聯。

支持者冒紅雨投票

回歸後首次立法會選舉,投票日上午,暴雨襲港,天文台發出紅色暴雨警告,但無阻民建聯支持者的投票熱情。

新界北區受深圳水庫排洪影響嚴重水浸,石湖墟一位村民早上冒大雨到票站投民建聯一票,回家後水已浸到家居床邊,不良於行的女兒更要由消防員協助撤離。也有支持者因冒雨投票而跌倒受傷。

彩虹邨一位老伯病重臨終前不忘囑咐家人投票支持民建聯,並要求女兒代寫遺言預祝陳婉嫻當選。

選前有些民調顯示,曾鈺成選情不妙,投票日當晚更有票站調查預告他會落敗,有一位支持者聞訊暈倒。結果曾鈺成名單得到票數比民協主席馮檢基名單多逾5,000票,壓倒後者,順利當選。

類似故事令參選人和助選團隊深深感動。

民建聯1998立法會選舉結果

		參選人	得票	得票率
分區直選	香港島	程介南*、葉國謙、孫啓昌、鍾樹根	90,182	29.3%
	九龍西	曾鈺成*、葉國忠、尹才榜	44,632	21.7%
	九龍東	陳婉嫻*、郭必錚、林文輝	109,296	41.8%
	新界東	劉江華*、張漢忠、陳平、溫悅球、黃戊娣	72,587	19.4%
	新界西	譚耀宗*、梁志祥、周轉香、陳雲生、許昭暉	56,731	17.2%
功能界別	漁農界	黃容根*	81	65.3
	勞工界	陳榮燦*	212	-
	區域市政局	顏錦全	12#	24.2
選舉委員會		楊耀忠*	441	55.8
		陳鑑林*	432	54.7
		張學明	273	34.6
		彭長緯	226	28.6

*當選　　#第一輪投票之得票

(右起)陳鑑林、楊耀忠和彭長緯在選委會界別參選

功能界別方面，民建聯獲得兩席。陳榮燦從酒店及飲食界轉戰勞工界，以民建聯及工聯會名義參選，在該界別三個議席中奪得其一，而黃容根則在新增的漁農界勝出。

在立法會選委會選舉中，陳鑑林順利連任，而楊耀忠則屬新當選。楊耀忠在選後表示，競選時參加過20多個論壇，深深體會到絕大多數選委是持平、理性、務實和互相尊重的，並且能交流意見，擦出新知，這確是一場有益有建設性的選舉，值得肯定。可惜，由選委會選出立法會議員只實行兩屆。

這次選舉，抵制臨立會的民主黨打著「重返立法會」的旗號，取得13個議席，其中地區直選為9席，得票率為42.9%，功能界別4席。自由黨取得10個議席，其中功能界別9席，選委會1席，而地區直選在4個選區出選，全軍盡墨，得票率為3.4%，李鵬飛在新界東落敗後更辭去黨主席一職。

民建聯取得9個議席，一躍成為香港第三大黨，而且在地區直選的得票率大增，奠定了在立法機關的位置，香港政治版圖的格局從此改變。

第 四 章

千禧年經受考驗

一、堅守定位議事論政

維護市民根本利益

在1998年立法會選舉結束後不久，民建聯獲身兼工聯會常務理事的勞工界功能界別議員陳國強加入，立法會議員增至10人，聲勢進一步壯大。

為了令政策研究及回應更加快速，更貼近社會事態的發展，民建聯對組織架構作出調整。立法會黨團改由程介南作召集人、葉國謙作秘書，議員分工負責不同政策範疇。同年底，民建聯舉行換屆選舉，第五屆中委會增加一名副主席，由葉國謙出任，而常委亦新增彭長緯和黃定光兩人。

在彭定康年代大力支持其施政的「民主派」，沒有參加臨立會，回歸後從建制派搖身一變成為反對派，既針對政府，也針對議會中最大的愛國力量民建聯。在新階段如何在議事堂內把握好「既不是政府黨，也不當反對黨」的定位，民建聯面對更大的考驗。

首屆立法會的第一年，香港就發生兩件國際關注的大事，民建聯堅守維護市民根本利益的立場。

首先是特區政府入市打「大鱷」。自亞洲金融風暴爆發以來，國際投機者狙擊港元的行動愈演愈烈，到1998年8月，更從貨幣和股票市場兩面夾擊。從8月14日至27日，香港金融管理局史無前例地動用1,181億元介入股票和期貨市場，終於擊退炒家。民建聯對政府的行動表示支持，並提出維持市場秩序的建議，而民主黨卻反對政府的行動。

支持就居留權釋法

另一件大事是全國人大常委會就香港永久性居民在香港以外所生中國籍子女等的居留權問題對《基本法》條文作出解釋。事緣1999年1月29日，終審法院作出的判決，沒有按照特區籌委會於1996年3月根據《基本法》立法原意就有關問題通過的意見，在執行上會有很大困難。其後政府估計因終審法院判決而享有居留權的內地人士可達167.5萬人，他們隨時可以來港定居，對香港的社會經濟會造成難以承受的壓力。

民建聯於4月底至5月中旬，進行民意調查，以了解市民的看法，成功收回5,100份問卷，並於5月13日建議政府應盡快尋求人大常委會解釋《基本法》。5月20日，特區政府決定提請人大釋法。6月26日，人大常委會通過關於《基本法》居留權條款的解釋，糾正終審法院的判決。民主黨對此大力抨擊，聲稱損害本港的司法獨立和終審權。

1999年民建聯就居留權議題請來雷鼎鳴和劉兆佳舉行講座，以及進行民意調查

曾鈺成被吳榮奎熊抱

1999年3月，時任財政司司長曾蔭權發表財政預算案時，宣布了一系列增加政府收入的措施，以減少財政赤字。其中最受爭議的一項加費，是把路邊泊車錶（即「咪錶」或「老虎機」）每15分鐘的收費由2元提高至4元。大部分地區直選議員，包括民建聯和民主黨的議員，都反對這項加費。

要調整政府收費，必須修改法例。政府把對多項有關法例的修改歸納成《1999年收入條例草案》，交立法會審議通過。草案中第43條修改《道路交通（泊車）規例》，把泊車錶每15分鐘收費由2元改為4元。民建聯和民主黨的議員分別提出修正案，目的都是令2元收費維持不變。

議員提出的修正案表決時要「分組點票」。由於功能團體議員大多數支持政府的加費建議，修正案是不可能獲得通過的。但反對加費的議員仍要參加表決，向公眾表明立場。

1999年7月8日，立法會審議有關加費的法案，時任運輸局局長吳榮奎在立法會前廳向曾鈺成游說，勸他支持政府，曾不同意。當催促議員返回會議廳投票的表決鐘響起時，吳榮奎鬧著玩地拉著曾鈺成，不讓他離開前廳。當時的曾鈺成議會經驗尚淺，心想不論自己投票與否，民建聯的修正案也不會獲得通過；為了不想跟局長反臉，沒有掙脫吳的糾纏，於是缺席了表決，急壞了坐在會議廳裏的程介南和其他民建聯議員。

表決結果出乎意料：民建聯和民主黨的修正案一如意料被否決；但當議員表決是否把規定加費的第43條納入條例案時，由於支持政府的議員有4人缺席，結果是54人出席、27人贊成、26人反對

（立法會主席不投票）。贊成雖比反對多一票，但未達到「在席議員過半數贊成」的要求，所以議案被否決，加費計劃泡湯。路邊泊車錶收費至今仍維持每15分鐘2元。

　　曾鈺成被吳榮奎「熊抱」而缺席投票，被經過的民主黨議員看到，告知傳媒，引起了一場風波。幸虧加費不成，否則曾鈺成便成為促成泊車錶加費的罪人。

紅隧加費取態遭誤解

　　立法會有許多法案審議、動議辯論和口頭質詢，1999年下半年，在表決兩項法案時，民建聯的表現受到不少人議論。

　　前者是表決紅磡海底隧道加費，發生在7月9日民建聯舉行7周年酒會當天。在1999至2000年財政預算案公布後，政府提出《一九九九年收入條例草案》，以實施預算案中需要修訂法例方可實行的收入建議，其中包括紅隧專營權於當年8月31日屆滿後由翌日起將私家車收費倍增至20元。

　　民建聯認為在經濟不景時不宜助長加風，對此表示反對。其後，政府聲言加費若遭否決，會出現法律真空，紅隧收費缺乏法律基礎，於是民建聯為顧全大局，表態會支持，傳媒稱是受到董建華游說影響。

　　後來立法會法律顧問澄清，政府仍有其他法律手段，解決法律真空問題，於是民建聯在表決時投反對票，結果加費建議獲31票贊成，26票反對通過。民建聯因而被部分傳媒批評為三天內兩次轉軌，立場左搖右擺。

「殺局」二讀表決受質疑

第二宗是表決「殺局」。1998年6月，政府公布《區域組織檢討諮詢文件》，就兩個市政局的存廢或改革提出幾個方案諮詢市民意見。民建聯有8名臨時市政局議員、7名臨時區域市政局議員，對諮詢文件的回應是維持三層議會架構，合併兩個市政局為一個全港性的市政局，統一市政服務職權。

當年10月，董建華在施政報告中表示，過去一年，多宗公眾衞生事故，尤其是禽流感事件，打擊了市民對食物安全和環境衞生服務的信心，決定解散兩個市政局。其後，政府向立法會提出廢除兩個臨時市政局的《提供市政服務(重組)條例草案》(俗稱「殺局」)。

1999區選結束後不久，條例草案於1999年12月1日恢復二讀辯論。當時有多名支持草案的議員身在外地，恢復二讀辯論一旦被否決，「殺局」就會胎死腹中。

曾鈺成在發言時重申，民建聯6位議員會對條例草案投反對票。不過，他表示，立法會草案委員會用了大半年時間進行審議，無理由不讓政府及議員提出修正案，因此支持草案二讀。此舉被人批評為民建聯受到政府游說，表面反對，實質支持「殺局」。

到次日，多名支持「殺局」的議員趕及回港，草案三讀時終以31票贊成、27票反對通過。民建聯議員黃容根如同上次紅隧加費一樣缺席投票，而陳婉嫻等屬於工聯會會員的民建聯議員則投贊成票，此事也為多年後民建聯與工聯會分旗出選立法會埋下伏筆。

「殺局」法案二讀投贊成票

民建聯在市政局和區域市政局有多名議員，他們都強烈反對「殺局」。民建聯早就告知董建華，立法會審議「殺局」法案時，民建聯議員都要投反對票。政府認為自己已拿到足夠的支持票，即使民建聯反對，也無礙法案通過。

民建聯一心以為，「殺局」已成定局，政府既穩操勝券，民建聯在立法會自可義無反顧地對法案投反對票，好向兩個市政局的兄弟們交代。

誰知政府「箍票」不力，法案二讀時，竟有多名承諾了支持法案的議員缺席。反對「殺局」的泛民議員看到有機可乘，決定二讀辯論少發言，縮短辯論，提早表決，令支持政府的議員趕不及回來投票。如果二讀表決不獲通過，法案即被腰斬。

政府見狀大驚，負責法案的政制事務局局長孫明揚在二讀辯論作長篇發言「拉布」，同時多名官員，包括準備在「殺局」後成立的環境食物局出任局長的任關佩英，把曾鈺成拉到前廳，哀求民建聯在二讀投贊成票。任關更聲淚俱下地表示，政府為重組架構已做了大量工作，不能讓法案被否決而功虧一簣。曾鈺成抵不住官員的懇求，返回會議廳發言表示民建聯將對二讀投贊成票，並解釋說：民建聯堅持反對「殺局」，在三讀時會投反對票；只是不忍見到議員審議法案所做的大量工作變成白費，所以支持通過二讀，讓審議的程序可以繼續至完成。

這牽強的解釋，當然無法掩蓋民建聯「轉軚」的窘態。

一、堅守定位議事論政

公眾形象有待改善

　　這兩次表決顯示民建聯處於政府游說與民意及內部意見的夾縫之間，不易做到兩面討好。曾鈺成於 2000 年 1 月在第八屆會員大會工作報告中承認在紅隧加費和「殺局」問題上，在立法會的表現受到部分輿論的嚴厲批評，損害了民建聯的公眾形象，並表示要提高政治敏感度、預見能力和議會工作水平。

　　另外，同年上半年亦發生一宗因會員個人行為而使民建聯形象受損的事件。3 月 24 日出版的《東周刊》報道，臨時市政局 20 多名議員應番禺體育局邀請以個人名義北上與當地球隊交流，行程兩日一夜，晚上部分議員到卡拉 OK 消遣，包括擔任臨市局議員的民建聯常委、元朗支部主席顏錦全和大埔支部主席陳平。此事隨即被傳媒大肆渲染。

1999 年 12 月 3 日《星島日報》有關殺局的報道

　　民建聯紀律委員會當晚召開特別會議，顏陳兩人承認行為不檢，並辭去民建聯內所有職務。紀委會對二人作出譴責，並將提交常委會決定是否採取其他處分。民建聯為該兩成員的錯誤行為向市民道歉。其後中委會召開特別會議，決定保留顏錦全及陳平的會籍，並鼓勵兩人繼續在社區工作服務市民。後來陳平退出民建聯，以獨立身份參加區議會選舉，成功連任。

二、1999區選成大贏家

增設四支部備戰

1999年區議會選舉是回歸後民建聯面對的第二場選戰。由於特區政府決定「殺局」，臨時市政局和臨時區域市政局議員任期屆滿時兩個市政局即時解散，毋須舉行選舉。

這屆區議會的直選議席達390席，比1994年多44席，每個選區人口約17,000人，另設恢復1994年取消的委任議席，共102席，目的是讓一些熱心地區工作，經驗較豐富者有服務市民的機會。另外，27個當然議席由各鄉事委員會主席出任。區議會英文名稱「District Boards」改為「District Councils」，以凸顯區議會在地方行政所擔當的重要角色。

民建聯的備選策略一向是「早開工，勤力做」。為適應地區直選的需要和更密切聯繫各地區基層市民，在1998立法會選舉結束後，便成立4個新的地區支部。成立荃灣支部，原新界南支部範圍包括葵青區；原新界西支部改組，成立屯門支部及元朗支部；原九龍西支部亦調整範圍，油尖旺區仍稱九龍西支部，深水埗區則成立新的深水埗支部；九龍中支部範圍重新定為黃大仙區，九龍城區則新成立九龍城支部。

至此，民建聯在全港共建立16個地區支部。除離島和灣仔區外，支部數目幾乎與地方行政區一致。

凸顯重視社會民生

1998年，香港經濟受到亞洲金融風暴很大衝擊，本地生產總值 (GDP) 實質下跌5.1%、物業價格下跌五成、股市價格和成交額大幅下挫、失業率飆升逾一倍至5.7%，因而經濟民生問題倍受市民關注。元旦日，民建聯舉行「同心協力、走出谷底」大行動，從山腳競跑上山，鼓勵市民共同努力，推動經濟復甦，同時向傳媒透露，會派出超過一百人參加年底區選，開始為競選造勢。

1999年1月1日舉行「同心協力 走出谷底」大行動

進入1999年，亞洲金融風暴逐漸消退，但本港經濟依然低迷，可是政府卻先後提出多項加費、加稅建議，而民建聯亦迅速作出回應，發起簽名行動及請願，最終成功令政府撤回三千多項加費建議。

1999年3月政府建議開徵陸路離境稅，民建聯亦發起多次簽名行動，並於11月在立法會會議上動議「反對政府開徵陸路離境稅」。議案需要分組點票，雖然在地方選區及選舉委員會組別獲得通過，可是在功能團體組別，25名參加投票的議員中，有12票贊成，6票反對，

1999年6月10日發起「反對政府妄加收費」請願行動

7票棄權，以一票之差未過半數而遭否決。政府其後宣布在次年3月決定不會在2000/2001年度開徵陸路離境稅。這一連串行動凸顯民建聯對社會民生的重視，並非事事支持政府。

參選者逾半是新人

當時民建聯在全港各區設有124個辦事處，共有75位臨時區議會議員。經多方商議及協調，並結合次年的立法會選舉作出部署後，民建聯於9月29日公布初步決定派出171位成員參選區議會，其中24人為女性，67人為現任區議員，91人為首次參選。

參選人的平均年齡為44.6歲，最年輕者為21歲。此外，陳鑑林、劉江華及黃容根3位現任立法會議員也參選，另有15人為民建聯支部

1999年10月18日在中環遮打花園舉行1999區議會選舉的誓師大會

職員或議員助理。不過，雖然有逾半參選者是新人，但年輕化的步伐較慢，整體而言，40歲以下僅及兩成，51%的教育程度是中學。其後參選人數增加到176人。

「多快醒、創造好環境」

民建聯中央成立選舉小組，從選舉策略、口號，以至宣傳品設計，都一一作出統籌，而且在選舉經費資助方面亦有所增加，由以往候選人自資、民建聯資助及無息貸款各佔三分一，改為候選人與民建聯各負擔半數。

參選口號是「多快醒、創造好環境，選議員、要選民建聯」，其中「多快醒」代表過去數年在社區服務上所堅持的目標，即是關注

多、跟進快、服務醒,「創造好環境」則是參選承諾,就著居民關心的就業、環境、居住、交通、青少年等方面的課題,作出重點的關注及改善行動。

此次區選的特點是民建聯與民主黨初次全面對壘,民建聯的候選人數目只比民主黨多4人,兩者參選人數約佔總數四成,而且有95個選區是短兵相接,例如中西區15個選區中有8個對撼。

當選率達四成五

投票在1999年11月28日舉行,除76個議席自動當選外,其餘選區的投票人數為81.6萬,投票率為35.8%,比1994區選多2.7個百分點。

民建聯取得83個議席,其中18人自動當選,當選率為47.2%。在需要投票的選區中,共獲得190,773票,得票率為45.3%。民建聯當選人數比上次增加逾倍,直追民主黨的86席,打破過往民主黨一黨獨大的局面,因而被傳媒形容為區選的最大贏家。

除荃灣減少一席,灣仔、南區、黃大仙和離島保持不變外,民建聯在其餘各區的議席數目均有增加,特別是在深水埗及葵青這兩個長期由香港民主民生協進會(民協)和民主黨主導的地區分別取得3個及兩個議席。

　　曾鈺成在總結選舉結果時表示，回歸後，選民已不再單憑聽一些「反對什麼，推翻什麼」的口號，來決定支持哪個候選人。在許多選區都是民建聯長期服務地區做實事的人贏了「超級明星」，單靠明星效應而無工作實績不行。

兩陣對壘互有勝負

　　民建聯在95個與民主黨直接對壘的選區中有45個獲勝，其中，以民主黨立法會議員李華明落選最為矚目。李華明越區挑戰在觀塘順天西選區的上屆當選者郭必錚，只得1,650票，相差196票落選。

　　民建聯常委陳鑑林從觀塘中牛頭角選區轉到坪石選區，以48票之微壓倒上屆勝出的民主黨對手林森成；在競爭激烈的中西區，副主席葉國謙在觀龍選區以1,552票對1,141票，擊敗民主黨對手；上屆勝出的鍾樹根在東區漁灣選區以2,360高票大勝民主黨對手；常委簡志豪在黃大仙區鳳德選區所得票數，比上屆當選的民主黨區議員和另一對手加起來還要多。

新人參選表現出色

　　同時，民建聯一批首次參選的年輕人有相當出色的表現。

　　陳達強在東區樂康選區獲得1,271票，比曾任立法局議員、時屬民主黨的「街頭戰士」曾健成多229票。

　　1997年畢業於香港中文大學政治與行政學系的陳克勤，在沙田錦豐選區以1,875票比1,648票擊敗民主黨對手。

　　1996年從香港浸會大學畢業的黎榮浩，在黃大仙橫頭磡選區以

293票之差擊敗民協前立法局議員廖成利，為在九五直選中遇挫的曾鈺成報了一箭之仇；民建聯九龍西統籌主任陳偉明，也在深水埗蘇屋選區擊敗民主黨及民協對手。

　　值得一提的是，此次民建聯有一對「母子檔」在沙田區參選。張瑞鋒年僅22歲，剛從香港科技大學工程系畢業，在沙田駿馬選區擊敗民主黨對手勝出，是當屆最年輕的區議員，其母陳小珠則落敗。另外，「夫妻檔」陳雲生與龍瑞卿在屯門區順利當選。在當年5月加入民建聯的前亞洲電視藝員劉志榮在油尖旺佐敦選區也以大比數勝出。

　　區選過後，政府公布102名委任區議員名單，民建聯成員佔11席，連同直選議席共94席，在各政團中居首位。

沙田區中的「母子檔」張瑞鋒首次參選便在駿馬選區擊敗對手，母親陳小珠（右）則落敗

屯門「夫妻檔」陳雲生（右）與龍瑞卿（中）在屯門區雙雙順利當選

二、1999區選成大贏家

陳勇首創社區「電台」

民建聯副主席陳勇，在香港城市大學社工系學習期間，接觸到來校演講的譚耀宗。陳勇尚未畢業，在1993年便加入民建聯，協助籌建新界南支部，1998立選時為譚耀宗助選。

1999區選，陳勇主動請纓在葵青區葵芳選區參選，挑戰街坊工友服務處的梁耀忠。這位對手是立法會議員，而且多年來地區工作十分扎實。

陳勇明白，民建聯難以在資源上比拼，只能用土辦法狙擊。梁耀忠收到政府相關資訊的速度比較快，於是陳勇時刻關注他的海報，一見有與街坊相關的資訊，就拿著「大聲公」到屋邨樓下通知街坊。

「當時的大聲公聲音很大，我能喊到三四十層樓都能聽到」。這種民建聯專屬的社區「電台」，後來甚至成為民建聯地區工作的模式。

可是，這種方式有人不理解，甚至樓上丟玻璃樽等。陳勇僅是找來地盤工人頭盔，繼續為居民講解。陳勇也逐漸總結出兩點經驗：「首先，每次不要超過一分半鐘。其次，只大聲宣布與民生相關的事情。」例如房屋署通知六點鐘停水，四點鐘就朝著屋邨大聲宣傳。

「用汗水灌溉社區」是當年民建聯的口號，這句話對於陳勇而言，是這些年來社區工作的真實寫照。儘管陳勇首次參選落敗，但對手的技巧與方法，讓他受益匪淺，並笑言梁耀忠是自己的半個師傅。

民建聯1999區議會選舉結果

二、1999區選成大贏家

選區	姓名	得票	得票率	選區	姓名	得票	得票率
中西區				灣仔			
中環	李萬權	546	31.7%	愛群	鄭琴淵 *	(自動當選)	
衛城	蘇麗仙	402	28.4%	鵝頸	孫啓昌 *	(自動當選)	
堅摩	楊位款 *	1,217	53.0%	銅鑼灣	李均頤	630	37.0%
觀龍	葉國謙 *	1,552	57.6%	大坑	阮鎮泉	801	47.7%
寶翠	黃哲民 *	1,262	52.2%	大佛口	盧天送 *	1,275	70.2%
石塘咀	李躍進	632	23.4%	南區			
西營盤	陳耀強	1,243	49.9%	華富二	麥志仁	1,003	38.3%
上環	袁照興	688	31.9%	田灣	苗華振 *	(自動當選)	
東華	鄭志強	487	35.2%	香漁	陳思誦 *	1,067	36.9%
正街	唐偉源	739	41.0%	海灣	陳景豪	488	49.0%
東區				油尖旺			
太古城東	陳航	711	26.3%	尖沙咀西	麥宜全	675	42.9%
筲箕灣	勞鍱珍 *	(自動當選)		渡船角	葉國忠 *	(自動當選)	
阿公岩	張葵歡	901	30.4%	佐敦	劉志榮 *	1,142	64.6%
杏花邨	謝智勇	1,433	40.9%	富榮	鍾港武	934	32.0%
翠灣	鄧禮明 *	2,054	60.7%	旺角西	黃瑞文	638	46.8%
欣怡	關光	968	39.5%	深水埗			
小西灣	陳霞群 *	1,824	66.7%	寶麗	容海	287	17.3%
富景	林偉光	1,507	46.6%	南昌北	游明泰	645	38.5%
環翠	龔柏祥 *	2,782	76.3%	南昌中	高家廣	294	21.5%
翡翠	馬德成	1,446	46.9%	下南昌	趙錫明	335	23.8%
柏架山	黃建彬 *	1,065	49.0%	南昌西	李思洪	564	24.4%
和富	王國興 *	(自動當選)		元州	魏浩然	516	17.1%
堡壘	朱漢華 *	(自動當選)		荔枝角	劉志明	509	37.7%
北角邨	顏尊廉 *	1,677	73.9%	美孚	曾有發 *	1,048	50.8%
南豐	施天賜	1,075	34.1%	蘇屋	陳偉明	1,595	47.7%
興東	黎永華	1,323	37.0%	李鄭屋	符樹雲 *	1,834	43.2%
下耀東	許嘉灝 *	1,281	61.4%	白田	黃尉聰	965	26.4%
上耀東	趙資強 *	1,355	57.6%	大坑東及又一城	梁錦培	660	33.8%

* 當選

選區	姓名	得票	得票率
東區			
興民	趙承基*	1,652	61.2%
樂康	陳達強*	1,271	55.0%
漁灣	鍾樹根*	2,360	65.3%
曉翠	黎鴻光	638	20.5%
九龍城			
馬坑涌	尹才榜*	1,175	70.9%
啟德	許清波	729	42.4%
土瓜灣南	柯穎基	341	25.4%
黃埔東	徐紅英	908	40.3%
紅磡灣	郭錦明	897	39.0%
紅磡	葉志堅*	969	67.1%
愛谷	劉達初*	1,515	52.3%
愛俊	曹紹強	976	29.9%
觀塘			
九龍灣	陳再綱	753	40.8%
啟業	譚偉良	958	31.7%
坪石	陳鑑林*	2,128	50.6%
佐敦谷	陳美娟	1,476	45.3%
順天西	郭必錚*	1,846	52.8%
順天東	林亨利	1,411	40.5%
秀茂坪北	麥富寧*	2,107	62.9%
德田	陳君銘	1,009	34.1%
藍田	陳德明*	1,580	61.8%
廣德	柯創盛*	2,597	80.8%
平田	姚卓雄	1,235	39.4%
康栢	馬麗瓊	1,261	42.4%
麗港	陳啟榮	1,152	45.6%
景田	吳兆華	851	46.1%
下牛頭角	陳國華*	2,050	62.7%

*當選

選區	姓名	得票	得票率
深水埗			
南山	朱嘉鳴	718	27.3%
黃大仙			
龍啟	郭嘉炎	1,273	34.0%
龍上	林文輝*	2,190	72.1%
鳳凰	陳靜霞	596	37.8%
鳳德	簡志豪	2,573	52.0%
橫頭磡	黎榮浩*	2,122	53.7%
天強	何耀南	1,560	41.3%
翠竹及鵬程	李德康*	（自動當選）	
竹園南	梁社榮	866	24.3%
竹園北	馮梁貴平	1,126	32.7%
瓊富	陳秋帆	1,419	35.3%
池彩	何賢輝*	1,911	64.6%
荃灣			
德華	吳功芳	555	33.7%
楊屋道	陳育文*	954	56.4%
福來	陸偉成	927	32.8%
荃灣中心	雷德鴻	359	24.8%
象山	許昭暉	1,350	42.2%
屯門			
兆置	黃燦發	623	31.0%
安定	曾燕玲	988	38.6%
友愛北	陳雲生*	（自動當選）	
大興南	陳有海*	2,043	60.8%
興澤	徐帆*	2,022	52.7%
恒順	陳劍華	468	27.2%
翠福	張國偉	1,069	48.7%
兆新	施明龍	856	31.9%
湖景	梁健文*	2,458	75.6%
蝴蝶	蘇愛群*	（自動當選）	

選區	姓名	得票	得票率	選區	姓名	得票	得票率
元朗				**屯門**			
豐年	杜家慶	468	18.8%	龍門	龍瑞卿 *	1,421	67.9%
南屏	伍偉德	853	28.6%	新景	藍坤銳	954	24.6%
北朗	陳兆基 *	（自動當選）		良景	陳秀雲	1,124	40.4%
大橋	盧旭芬	1,483	59.4%	田景	李洪森 *	2,635	76.4%
鳳翔	李日波	749	30.7%	建生	鄧玉蘭	1,090	32.4%
耀祐	梁志祥 *	（自動當選）		兆康	唐錫平	773	25.6%
天耀	黃祥光 *	（自動當選）		**北區**			
瑞愛	郭強 *	2,793	89.9%	聯和墟	陳發康 *	1,467	49.0%
嘉湖北	李月民	1,072	57.1%	祥華	黃燦鴻 *	1,972	60.4%
天慈	李錦文	726	42.2%	華心	朱愛平	641	24.0%
大埔				華明	溫忠平	1,757	47.4%
大埔墟	李國英	1,285	67.2%	欣都	李桶芳	1,155	49.1%
富亨	江國平	1,341	35.6%	嘉福	黃來娣	1,105	38.5%
宏福	譚儉榮	1,033	36.9%	上水鄉郊	侯金林 *	1,901	63.3%
大埔墟	李國英	1,285	67.2%	彩旭太	陳偉浚	767	24.7%
運頭塘	李自雄	635	17.7%	彩園	蘇西智 *	1,580	51.8%
林村谷	鍾偉強 *	（自動當選）		石湖墟	黃志華	933	48.1%
寶雅	黃容根	1,886	57.3%	天平西	盧耀昌	593	23.7%
舊墟及太湖	黃世平	409	19.1%	沙打	溫和輝 *	1,974	54.0%
船灣	陳美德 *	827	58.6%	皇后山	鄧根年 *	1,281	52.5%
沙田				**西貢**			
沙田市中心	江活潮 *	1,532	63.8%	西貢離島	溫悅球 *	753	67.1%
禾輋邨	余倩雯	2,035	47.1%	尚德	陸惠民	570	65.5%
秦金	劉江華 *	（自動當選）		坑口西	邱志雲 *	（自動當選）	
美城	袁貴才	1,247	62.7%	欣英	黃耀榮	638	27.9%
穗禾	彭長緯 *	（自動當選）		運亨	梁志剛	679	30.1%
駿馬	張瑞鋒 *	573	53.3%	景林	祁麗媚	1,055	31.6%
恆濤	楊祥利 *	1,793	58.3%	富裕	陳國旗 *	1,670	75.3%
錦豐	陳克勤 *	1,875	53.2%	廣明	黃慶華 *	1,079	36.9%
錦英	董惠明	1,373	49.7%				

*當選

選區	姓名	得票	得票率
	沙田		
耀安	黃戊娣 *	2,551	71.0%
廣康	鄭楚光 *	1,320	51.9%
廣源	李有成	852	32.4%
顯嘉	陳小珠	1,679	42.9%
	離島		
東涌新市鎮	周轉香 *	1,331	52.7%
長洲北	李桂珍 *	(自動當選)	

* 當選

選區	姓名	得票	得票率
	葵青		
上大窩口	何良	1,173	40.9%
下大窩口	黃錦輝	1,662	46.4%
葵涌邨	甘浩階	763	34.8%
安蔭	歐陽寶珍	2,464	48.3%
葵芳	陳勇	1,785	38.2%
興芳	張彼得 (張帆)	634	45.4%
青衣邨	黎德成	556	17.7%
翠怡	羅競成 *	611	61.0%
盛康	梁偉文 *	2,183	65.1%

在特區成立後第一屆區議會期間，共舉行5次重選或補選，民建聯均有成員參選，其中以身兼立法會議員的楊耀忠首次參加直選最為矚目。

深水埗美孚選區民建聯區議員曾有發疑因財務問題失蹤，無故缺席4次會議，被褫奪議席，遂於2003年4月6日補選。楊耀忠臨危受命出選，獲840票，得票率為43.5%，僅以9票之差負於民主黨對手。另外，在七一遊行後，深水埗麗閣選區補選，范國輝獲1,606票敗於民協候選人，得票率為34.4%。

民建聯第一屆區議會補選結果

	選區	姓名	得票	得票率
2000.07.23	北區鳳翠選區	廖超華 *	1,470	61.7%
2002.11.03	九龍城啟德選區	許清波	516	27.3%
2003.02.09	九龍城海心選區	潘國華 *	1,012	39.6%
2003.04.06	深水埗美孚選區	楊耀忠	840	43.5%
2003.08.03	深水埗麗閣選區	范國輝	1,606	34.4%

* 當選

三、加強團結參選立會

千禧宣言強調有承擔

踏進2000年，香港經濟已見好轉，1999年GDP實質增長率為2.9%，失業率在第四季回落至6%。民建聯於元旦日舉行「邁進新紀元」活動，發表《千禧宣言》，中委、立法會議員和區議員特地在尖沙咀文化中心外拍大合照，作為1992年在此舉行成立大會後的另一具紀念意義的記錄。

《千禧宣言》強調「民建聯是穩定香港的政治力量，是對香港有承擔、以建設香港為己任的參政團體」，其中闡述的立場可以說為同年舉行的立法會選舉打下基調：

「一國兩制」的方針在香港特別行政區經歷了兩年半的考驗，一方面證明了中央政府貫徹這個方針的誠意和決心，另一方面給港人提出了不少富挑戰性的問題，需要在實踐中去解決。

香港的政治制度，一定要朝《基本法》規定的目標發展。民建聯將積極參與這個發展，致力建立民主而高效率的政府，確保港人治港、高度自治的成功。

經歷了世紀末金融風暴的香港經濟，經過鞏固調整，應在更穩健的基礎上建立新的優勢，與時並進，再闖高峰。

在繁榮創富的同時，社會整體的生活質素必須有所改善，尤其弱勢社群必須得到合理的照顧。只有當社會各階層都能分享繁榮的成果，人人安居樂業，才有穩定的社會，才可以為進一步繁榮創富營造有利的環境。……民建聯將繼續因應市民的訴求，密切監察特區政府的施政，敦促政府制訂和推行最符合市民福祉的政策和措施。

曾鈺成主席簽署「千禧宣言」

60成員出任選委

第二屆立法會選舉於9月10日舉行。按照《基本法》附件二規定，地區直選的議員由20人增至24人，選委會選舉的議員由10人減至6人。據此，在地區直選議席中，香港島由4席增至5席，九龍東和九龍西各由3席增至4席，新界東仍為5席，新界西由5席增至6席。隨著兩個市政局被解散，原來的功能界別議席分別由飲食界和區議會界別取代。

在此之前，選委會界別分組選舉於7月9日舉行，以選出664名選委，加上當然選委，組成800人的選委會，負責選出第二屆立法會6名議員，並在2002年選舉第二任行政長官。民建聯共有60名成員出任選委。

民建聯很早就成立選舉小組，為第二屆立法會選舉作出部署，諸如撰寫參選政綱、制訂競選策略和口號等，這次更短期聘請一位來自美國、曾為列根助選的政治公關顧問提供意見。這位顧問建議民建聯「與董建華對著幹」(Take a fight with Tung)，當然沒有被接納。

蔡素玉加入參與直選

在商定地區直選參選名單上，民建聯跟相關團體協調所花的時間和精力卻比九八直選多得多。

由於選委會選出的議席減少4席，兩個市政局的功能界別議席取消，同屬愛國愛港政團的香港協進聯盟 (港進聯)，上屆在選委會及區域市政局界別當選議員的蔡素玉及鄧兆棠，打算分別參加香港島及新界西直選。

九五直選時，蔡素玉獲福建同鄉支持，代表港進聯在港島東與民主黨的李柱銘對撼，以14,119票對37,459落敗。今屆直選，香港島增

加一個議席，對上屆民建聯名單排第二位的葉國謙有利，若蔡素玉加入競逐，可能出現鷸蚌相爭的局面。為此，一向支持蔡素玉的福建社團聯會等團體推動她與民建聯合作。

在徵詢一些有合作關係，有相同理念的團體意見後，民建聯中委會於4月11日決定，原則上支持蔡素玉加入，並參加港島區地區直選，仍保留港進聯會籍，而葉國謙則循區議會功能界別參選。

曾鈺成表示，這個決定除著眼於取得議席外，亦考慮到對在地區發展是否有利，選舉過後，是增加了志同道合的朋友，還是製造了一些「牙齒印」。他希望這件事為民建聯與港進聯的合作開一個頭，大家理念與目標並無太大分歧，應該有更好的合作空間。蔡素玉隨即接受邀請加入民建聯，認為是一個三贏方案。

與港進聯擴大合作

鄧兆棠的情況與蔡素玉相似，他擁有鄉事背景，九五直選時以獨立身份在新界西北選區與民主黨黃偉賢競逐，以21,470票對21,527票落敗。在鄉議局主席劉皇發等人斡旋下，6月6日，民建聯中常委同意鄧兆棠加入譚耀宗名單，以鄉事派身份建立聯盟，參加新界西直選，毋須加入民建聯。

7月3日，民建聯公布參選名單和參選政綱。地區直選有24人參選，香港島名單由程介南和蔡素玉排頭兩位，九龍東是陳婉嫻和陳鑑林，九龍西是曾鈺成和鍾港武，新界東是劉江華和溫悅球，新界西是譚耀宗和鄧兆棠，1人競逐選舉委員會，6人參選功能界別，其中區議會、航運交通界、批發及零售界和飲食界是首次派人參選的界別。

2000年7月19日民建聯一眾立法會參選人舉行聯合報名活動

「改善施政，重建信心」

當時香港經濟正在好轉，第一及第二季GDP實質增長率均超過雙位數，可是市民對政府施政存在不滿，怨氣不斷聚積，各項公共政策改革遇到很大阻力。

針對這種情況，民建聯提出「改善施政，重建信心」的競選口號，而參選政綱「人人受惠新經濟，與時並進新教育，安居樂業新生活」，則在市民最關切的三大範疇提出短期目標和有效措施，以及長期目標和具體建議。民建聯原來擬定的競選口號是「憑實力，敢承擔，再創好環境」，其後社會上對董建華施政不滿的情緒日益高漲，才改用「改善施政，重建信心」的口號。

參選政綱指出：

> 人們的怨氣，不能全歸咎於特區政府的施政失誤。本港經濟在金融風暴衝擊下暴露出來的問題，大部分不是特區成立後才形成的。……不過，經濟逆轉時，人們受著生活問題的困擾，不可能同時承受多項社會改革。特區政府未有審時度勢，因應民情調整改革的範圍、次序和步伐，而是讓多項改革一齊上馬，於是在各方面引起了抵觸，不但改革受阻，也增加了施政的困難。要改善施政，必須認真總結經驗，廣納民意，並且及時回應社會的訴求。

這種對政府小罵大幫忙的取態，當時不大易吸引游離選民的支持。

此外，民建聯還對宣傳單張和海報下大功夫，務求設計新穎，意念清晰，如藍色的會徽，橙色底的「改善施政，重建信心」，要求各選區競選團隊保持一致。趁上網熱興起，在5月底又重新建立入門網站，斥資十萬元，有互動功能，希望能做到「香港政治，睇民建聯網頁」的效果，而曾鈺成、譚耀宗及程介南亦各花二萬元設立個人網頁，各具特色。

2000年5月28日舉行民建聯及曾鈺成、譚耀宗、程介南個人網頁的開幕禮

三、加強團結參選立會

爆出程介南負面新聞

跟以往一樣，民建聯選舉誓師大會於7月23日在中環遮打花園舉行，有2,500人參加。就在競選活動順利推進，有些民意調查估計民建聯在香港島可奪得兩個議席之際，《蘋果日報》於8月23日以兩版篇幅報道涉及程介南的負面新聞，頭版頭條的標題是：「偷設顧問公司 洩立法會機密 程介南與財團不道德交易」。

這時距投票日只有兩個多星期，對民建聯的選情影響極大。接著兩天，該報繼續「爆料」，加上其他傳媒爭相跟進報道，使民建聯的形象大受打擊，各區的競選活動也亂作一團。

由於選舉條例規定，參選人在報名後不能退選，在比例代表制下，程介南名單奪得香港島一個議席沒有問題，反而是排第二位的蔡素玉當選機會可能大打折扣，而且其他選區的選情亦會受到拖累。

民建聯在新聞見報當天發出聲明，沒有即時與程介南劃清界線，只是講述上午召開特別常委會的內容，表示：

> 經聽取程介南的說明，並對有關事實背景進行研究，對於程介南未有向立法會及民建聯申報持有富亞顧問公司股份的錯失，民建聯常委會決定交紀律委員會處理。至於《蘋果日報》報導對程介南的其他多項指責，......常委會認為並無事實根據。常委會確認，程介南從未有在立法會及民建聯為其客戶或任何財團進行游說，在以往所有立法會議案上的表決，程介南均依從民建聯的立場，從沒有要求豁免。

穩住陣腳挽回影響

隨著事態一發不可收拾，程介南於25日舉行記者會，宣布辭去民建聯副主席的職務，並結束兩間顧問公司業務。民建聯紀委會研究後決定向中委會推薦接納其呈辭。

29日，中委會召開會議，認為程介南在利益申報問題上犯了嚴重錯誤，對民建聯造成重大傷害，中委會予以強烈譴責，並接受程介南辭退副主席一職。不過，會議沒有要求程介南宣布當選後要立刻辭職，曾鈺成並表示，程介南是否適合當議員，應由選民作出全面的評價，然後自行決定是否投票給他。

面對前所未有的困難和考驗，民建聯必須穩住陣腳，尤其是競選團隊切勿氣餒。

2000年9月2日晚，民建聯在維園舉行「萬眾同心 勇戰風雲」大會

9月2日，民建聯在維多利亞公園舉行「萬眾同心 勇戰風雲」萬人大會，希望所有支持者團結一致，繼續支持民建聯。程介南則含淚聲明「錯在我，不在民建聯」，承認自己的錯失之餘，呼籲選民不要因為他個人的過錯而離棄民建聯。各區排在參選名單首位的候選人亦上台發言，激勵士氣。這次大會對扭轉劣勢，鼓勵助選團和義工的士氣起了很大作用。

到選舉後期，民建聯轉守為攻，批評民主黨反對人大釋法、反對政府入市是罔顧民生，不理性地反對特區政府的反對派，宣傳民建聯是「穩定社會的建設力量」。在選前採取的策略頗為成功，有效鞏固基本支持票。

整體得票率提高

投票結果表明，民建聯應對程介南事件的態度和策略大體上得到認同，扎根地區服務市民見到成效，選舉機器日臻成熟，因而支持者流失不多。原先最惡劣的估計是香港島和新界西名單排第二的候選人會落選，結果有驚無險。香港島有 11 張名單參選，民建聯的得票率為 27.9%，共獲 72,617 票，保住蔡素玉的議席，不過得票率比上屆低 1.4 個百分點，也少了 17,565 票。

曾鈺成在程介南事件發生後需要代表民建聯講述立場，有些人覺得他護短，因而九龍西名單受到拖累，比上屆減少 2,690 票。新界東的得票同樣減少。

新界西方面有 8 張名單參選，譚耀宗名單共獲 101,629 票，得票率為 29.6%，成為「票王」，比上屆增加 44,898 票，取得兩個議席，證明民建聯與鄧兆棠合組名單的策略是對的。反而民主黨分拆三張出選，以致李永達競選連任失敗。

九龍東方面有 4 張名單參選，陳婉嫻名單共獲 108,587 票，得票率為 47.4%，成為「票后」，比民主黨司徒華名單還多 4,724 票，陳婉嫻與陳鑑林雙雙當選。

整體而言，民建聯在地區直選的得票總數為 391,718 票，得票率為 29.7%，比上屆的 25.2% 有所提高。不計鄧兆棠，共取得 7 個議席，比上屆增加兩席。在選舉工程擔任總指揮的秘書長馬力以「及格」兩字來形容選舉結果，整體得票率則比最初預期的少幾個百分點。

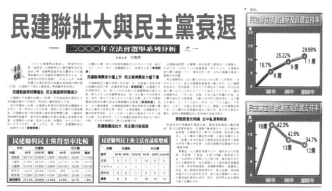

2000年9月12日《文匯報》報道

民建聯 2000 立法會選舉結果

		參選人	得票	得票率
分區直選	香港島	程介南*、蔡素玉*、孫啟昌、鍾樹根、楊位款	72,617	27.9%
	九龍西	曾鈺成*、鍾港武、潘國華、黃尉聰	41,942	23.5%
	九龍東	陳婉嫻*、陳鑑林*、林文輝、陳再綱	108,587	47.4%
	新界東	劉江華*、溫悅球、黃戊娣、溫忠平、李國英	66,943	21.8%
	新界西	譚耀宗*、鄧兆棠*、梁志祥、周轉香、陳有海、歐陽寶珍	101,629	29.6%
功能界別	區議會	葉國謙*	198	57.4%
	漁農界	黃容根*	自動當選	
	航運交通界	彭長緯	33	23.7%
	批發及零售界	劉志榮	476	24.6%
	飲食界	伍德良	560	20.3%
	勞工界	陳國強*	226	25.8%
選舉委員會		楊耀忠	490	65.5%

*當選

2000年9月11日會見傳媒，交代立法會選舉結果

　　另外，葉國謙在區議會功能界別順利當選，而黃容根、陳國強和楊耀忠亦成功連任。民建聯在第二屆立法會共有11個議席，比選前增加一席，成為第二大黨。

　　由於傳媒爭相報道程介南事件，民主黨攻擊政府施政的策略不再成為焦點，在地區直選得不到多少便宜，只取得9席，與上屆一樣，連同功能界別3席共有12席，減少1席，依然是立法會第一大黨。可是地區直選的得票率為34.7%，下跌超過8個百分點，而所得票數減少17萬多張。自由黨取得的8席全部來自功能界別，議席數目排第三位。

程介南辭去立法會議席

　　選舉過後，民建聯高層向傳媒談及程介南應否辭去議員一事的看法並不一致。9月18日，紀律委員會提交《對程介南事件的綜合意見及處分建議》，建議中委會撤銷程介南在民建聯的所有職務，但鑑於他誠懇承認錯誤，並要求留在民建聯為市民服務，建議保留其會籍。

次日，中委會舉行會議，討論對程介南事件的處理。會前收到程介南的信函，請辭所有職務，並在信中表示已去函立法會秘書處請辭新一屆立法會議席，以及辭去特區政府的所有公職。中委會在會上作出以下決議：

- 接納紀委會提交調查報告及處分建議，撤銷程介南在民建聯的所有職務，保留會籍
- 議員是社會的重要公職，除要竭誠服務社會，本身言行亦應為社會榜樣，必須律己以嚴，操守高尚。程所犯的錯失有違公眾對議員的期望
- 程請辭立法會議席，是合適的做法
- 須從事件汲取教訓，加強對成員的監督，嚴格執行黨內紀律，確保民建聯成為紀律嚴明、敢於負責的政黨，貢獻社會，不辜負市民對民建聯的支持
- 民建聯就程介南所犯的錯失向全港市民道歉

程介南的議席空缺於12月10日補選，有6人參選，投票率為33.3%。民建聯派出鍾樹根與民主黨大力支持的大律師公會前主席余若薇對撼落敗，不過仍取得78,282票，得票率為37.6%，均較9月時為佳。14日，盧志強獲選為民建聯副主席，填補程介南留下的空缺。

鍾樹根參加立法會香港島選區補選

第五章
首遇重挫迅速復原

一、探討高官問責制下路向

政府急須改善施政

回歸後首年，香港受到亞洲金融風暴衝擊，股市樓市大跌，經濟陷入衰退，董建華上任特首之初提出的各項改革大計和推動經濟轉型的構想遇到諸多阻滯。特別是因物業市值跌至低過原先的按揭貸款而淪為負資產的數目超過十萬宗，董建華在1997年施政報告提出擬每年興建85,000個房屋單位的政策，成為眾矢之的。

加上接連發生禽流感爆發、居屋揭發短樁、港大被指干預民意研究計劃、數碼港未經公開招標批出等備受爭議及批評的事件，影響特區政府的形象和管治威信，社會上對特區政府施政的不滿情緒日增，要求對官員問責之聲四起，一些「民主派」人士亦趁機大做「反董」文章。

特區政府成立最初幾年，港英時代遺留下來的管治架構，高官只懂執行、不懂政治的弊端開始暴露出來。董建華隻身進入政府體系，感到公務員系統對管治起了很大阻力，於是在2000年施政報告中提出應研究引入一套新的主要官員問責制度(通稱高官問責制)，並表示在適當時候加強行政會議的組成。

其後，政府放出消息，主要官員未必會委任政黨成員，不過行政會議會邀請政黨負責人加入。這樣一來，民建聯與政府的關係可能又要調整。

優質參政，自我提昇

就在特區政府管治架構準備作出重大改革的背景下，迎來民建聯第三屆路向營。

這次兩日一夜的路向營於 2001 年 3 月 31 日在中山舉行，有 150 人參加，主題是「優質參政，自我提昇」，還首次邀請外界嘉賓參加論壇，受邀者是強制性公積金計劃管理局行政總監許仕仁、中央政策組顧問曾德成、全國港區政協委員劉迺強及中大亞太研究所副所長劉兆佳。

路向營經討論後提出未來的工作及發展任務是：「鞏固優勢、把握機遇、開拓票源、培訓人才及修訂政綱」。鞏固優勢是要鞏固與中央及特區政府的良好關係。把握機遇是要把握中國加入世界貿易組織為香港經濟帶來的機遇。開拓票源是要在鞏固現有票源外，還要開拓中間游離票。培訓人才是開設黨校，為民建聯成員提供優質培訓計劃，並會繼續現時的地區義工培訓課程。修訂政綱則是會對現時的黨綱作出檢討，並會在適當時候作出修訂。

由於高官問責制的出現，政府官員已開始親自落區參與諮詢會，直接爭取市民的支持。葉國謙在路向營後對記者表示：

> 究竟政黨是否仍只滿足於擔當市民與政府之間的中介角色？若不醒覺，便不能把握機遇。

民建聯和特區政府的「良好合作關係」，到底是資產還是「負資產」的問題，曾鈺成在2001年4月至5月《會訊》一篇總結路向營的文章中表示：

> 香港的政治環境在演變中；我們要善於在其中擴展我們的空間，使我們和政府的關係成為我們真正的優勢。近年來香港的經濟處於低潮及轉型階段，市民對政府的訴求及不滿的聲音不斷增加；而政府在施政上出現問題，市民自然會嚴厲批評，甚而對行政主導、高官問責等提出質疑。市民的意見及訴求必須尋找回應，政黨便更有其可發揮的角色了。

董建華連任曾鈺成入行會

2001年10月，董建華發表施政報告具體地講述高官問責制的基本框架，陳方安生因不同意改制而辭去政務司司長一職，後來由曾蔭權接任。次年2月28日，第二屆特首選舉提名期結束，董建華獲得714名選委提名，自動當選並連任，並在7月1日第二屆任期開始時推行高官問責制，3位司長和11位局長不再屬公務員編制，改以合約制聘任，負責制定、解釋和推介政策，為政策的成敗直接向行政長官負責。

同時，行政會議改組，除所有問責制官員加入外，其餘5位非官守成員是梁振英、田北俊、曾鈺成、鄭耀棠及廖長城。田北俊、曾鈺成和鄭耀棠是分別以自由黨主席、民建聯主席和工聯會會長的身份加入。

　　曾鈺成後來承認，董建華在2002年推行問責制，曾邀請他擔任民政事務局局長，但考慮到任職後不能繼續出任民建聯主席，與民建聯核心成員商量後，推卻邀請。譚耀宗不再擔任行政會議成員後，於年底重新擔任民建聯副主席，使副主席數目增至3人。

　　曾鈺成當時向傳媒表示，董建華邀請他加入行會，沒有要求他保證將來民建聯10名立法會議員必須投票支持政府的決定，他也沒有作出這種承諾。他希望避免日後政府決定與民建聯主張有矛盾的問題成為普遍現象，甚至避免再發生這些問題。

　　可是日後事態的發展，加上曾鈺成作為行會議員不時要為政府政策辯護，卻使民建聯承受政府施政失誤而造成的負面影響，使市民把民建聯與政府綑綁在一起，因而在2003年區選中遭受重挫。

一、探討高官問責制下路向

董建華邀曾鈺成任局長

　　董建華在2002年推行「主要官員問責制」，在政府以外邀請一批人士進入政府擔任司局長，曾鈺成是其中一名獲邀人選。

　　董建華成功連任第二屆行政長官後，在2002年3月初約見曾鈺成，邀請他在第二屆特區政府出任局長。曾鈺成出身教育界，曾任中學校長；但董有意請曾擔任的並不是教育局局長。他帶著神秘而信任的微笑對曾說：「教育局局長我已找到合適人選；我想你做民政事務局局長。」接著他詳細說明了民政事務局的職權，強調該局對政府管治十分重要，又解釋為什麼他認為曾是出掌該局的合適人選，認為這項任職對民建聯的發展很有好處。

　　兩人會面後，董建華到北京接受國務院總理朱鎔基的任命，並列席第九屆全國人大第五次會議開幕式。曾鈺成也到北京出席全國政協會議。

　　北京歸來後，曾鈺成找董建華，婉拒了他的「入閣」邀請。

二、民怨爆發區選大敗

「沙士」期間協助市民抗疫

2003年春節過後，一場突如其來的非典型肺炎(SARS，俗稱「沙士」)肆虐香港。短短4個月間，共有1,755人確診，奪去299人的寶貴生命，包括6名公立醫院前線醫護人員及兩名私家醫生，死亡率高達17.0%，直到6月23日世界衛生組織才將香港從「沙士」疫區中除名。

領導層積極參與2003年4月18日舉行的「全民清潔大行動」

「沙士」對香港經濟造成沉重打擊，公眾地方人流稀少，遊客望而卻步，商店食肆生意慘淡，物業價格下跌，失業率一度升到8.7%的新高。政府在疫情初期反應不夠迅速，採取措施不力，進一步加深市民對政府不滿的情緒。

民建聯在疫情期間，大力協助市民抗疫，在各區派發30萬個口罩及大批清潔用品，並向前線醫護人員送上慰問卡、保護衣等以作支持。同時，亦籌辦多項活動，包括抗疫專題講座、全城清潔日、運動抗炎健康日及「愛在瘟疫蔓延時」徵文比賽等，以團結社會，共同抗疫。

此外，又通過議會平台及社會行動，向政府、房屋委員會、房屋協會、兩間鐵路公司及各大發展商提出多項紓緩商戶及市民負擔的建議，包括減租、減稅及減收政府費用等。民建聯的抗疫工作雖然受到市民讚賞，可惜未能平息部分人士對政府的怨氣。

二十三條立法引起爭議

在「沙士」爆發之前，《基本法》第二十三條立法問題在社會上已引起很大爭議。根據《基本法》第二十三條規定，香港應自行立法以禁止危害國家安全的行為。2002年9月24日，特區政府發表《實施基本法第二十三條諮詢文件》。

民建聯隨即表示支持立法，並呼籲市民積極表達意見，確保有關立法能符合規定，在履行特區對國家義務的同時，又不會影響市民享有的權利、自由和生活方式。其後，民建聯與26個團體發起成立「支持立法保障國家安全大聯盟」，於12月22日在維多利亞公園舉行有4萬多市民參加的大集會，24日再將支持立法的聲明及收集的12萬多個簽名遞交政府。

2002年12月22日舉行「支持立法保障國家安全」集會

　　民主黨和余若薇連同多位大律師成立的二十三條關注組（公民黨前身）對此則大力抨擊，挑起公眾的猜疑和恐懼。一個始終沒有註冊為公司或社團的民間人權陣線也於12月24日發起有6萬人參加的遊行。

　　次年2月26日，特區政府提交的《國家安全（立法條文）條例草案》在立法會首讀。民建聯議員在審議草案時提出多項修訂建議，包括在非法披露國家機密罪中加入「公眾利益」作抗辯。然而，在「沙士」疫情逐漸平伏後，反對二十三條立法的行動卻轉趨激烈。

　　在此之前，財政司司長梁錦松在2002/2003年度預算案，建議公務員及資助機構員工減薪4.75%，已使不少人不滿。其後，梁錦松被指在2003年1月財政預算案公布調高汽車首次登記稅前偷步買車，更引起輿論批評。

七一遊行後擱置立法

7月1日，民陣發起反對二十三條立法的大規模遊行，連帶引爆市民對政府施政的怨氣。就在兩天前，在訪港的國務院總理溫家寶見證下，《內地與香港關於建立更緊密經貿關係的安排》(簡稱 CEPA) 正式簽署，內容包括實施內地居民赴香港「個人遊」政策 (俗稱自由行)，這些國家支持香港經濟復原的重大舉措也引不起應有的關注。

民陣聲稱七一遊行人數達 50 萬人，警方估計為 35 萬人。遊行人士的訴求甚多，來自廣泛的社會階層，計有負資產業主、綜援受助人士、「沙士」受害者家屬、對二十三條立法感到不安的中產人士等。民建聯支持二十三條立法的立場難免也成為眾矢之的。

7月5日，特區政府作出讓步，對條例草案提出三項重大修訂。次日，田北俊宣布自由黨不支持草案，並辭去行政會議成員職務，令草案無法取得足夠票數通過，被迫押後恢復二讀。15日，保安局局長葉劉淑儀和梁錦松請辭獲准。9月5日，特區政府宣布擱置立法，以便集中精力推動經濟復甦並改善民生。此後直到2021年，二十三條立法工作再無提上議事日程。

回歸後首度訪京

七一遊行後，中央重新評估香港的形勢，認為不能對香港放手不管，於是成立港澳工作協調小組，由政治局常委、國家副主席曾慶紅任組長，接連接見香港多個團體訪京團。

二、民怨爆發區選大敗

2003年9月5日民建聯訪京3天，獲國家副主席曾慶紅接見

　　應港澳辦邀請，民建聯訪京團一行21人於9月5日赴京訪問3天，是曾慶紅接見的首個香港政團。這是回歸後民建聯第一次訪京。在此之前，中央的考慮是特區政府成立後，不宜將特區本身的問題帶到北京去，因此沒有邀請政團訪京。

　　9月6日，曾慶紅在接見民建聯一行高度評價民建聯過往的工作，指出民建聯是香港人數最多、影響力最大的政團，在回歸前後為平穩過渡、繁榮穩定和廣大香港同胞的利益作了大量工作，是愛國愛港的一面旗幟。

他特別指出，要克服當前的困難，保持香港的繁榮穩定，要做到四個「始終堅持」：始終堅持「一國兩制」、港人治港、高度自治的方針；始終堅持相信和倚靠香港同胞，做好自己的事，振興經濟；始終堅持維護行政長官董建華領導的特區政府的權威；始終堅持相信祖國內地是香港繁榮穩定的堅強後盾。

他還對民建聯工作提出三點希望，一是希望大家繼續高舉愛國愛港的大旗；二是加強團結，要進一步加強自身團結，同時要最廣泛、最充分地團結各階層、廣大愛國同胞，團結一切可以團結的力量，為香港民眾做實事；三是要努力工作，並期望民建聯在區議會及立法會選舉中創出佳績。

「愛國愛港的一面旗幟」

在接見開始時，曾慶紅清楚地講出民建聯成立日期、當時提出的綱領，並說香港平穩過渡了，現在要建設特區，「還是要繁榮創富，還是要安居樂業」，「我覺得這也是與時俱進」。

民建聯向曾慶紅提出三方面的問題和建議。一是加強港滬合作，建立類似粵港高層間的聯席會議。二是加快金融合作，包括盡快落實合格境內機構投資者 (QDII)、人民幣自由兌換業務及令香港成為人民幣離岸結算中心等。三是內地各省市應為處理港澳同胞投訴，設立專責部門。代表團還分別與商務部、港澳辦、公安部等中央部門負責人會晤，就多項港人關心的問題提出建議，例如個人遊的擴展、降低東江水價格等。

這次接見有不少香港傳媒採訪，曾慶紅讚揚民建聯是「愛國愛港的一面旗幟」引起他們重視，更將此行與兩個月後舉行的區選聯繫起來。《明報》刊出標題為「獲中央盛讚 葉國謙：未改民建聯選舉形勢」

的報道說：「曾鈺成昨表示，11月區議會選舉中，民建聯將派出逾200人參選，若所得議席較上屆『差很遠』，身為黨主席，他會考慮引咎辭職。」《信報》的標題是「中央力挺民建聯」。

兩天後，曾慶紅接見港進聯訪京團，指出港進聯堅持愛國愛港的政治立場，團結了一大批的香港工商、專業人士，在香港回歸前後，為香港的穩定繁榮做了很多有益的工作。稍後訪京的自由黨，曾慶紅只是於25日與田北俊等4位核心成員見面。傳媒有評論認為，三個政團訪京，受到的待遇有所分別。

「勇於承擔　服務社群」

「七一效應」對第二屆區議會選舉有很大的影響。這次區選於11月23日舉行，議席增至529個，除民選議員增加10人外，當然和委任議席數目不變。

民建聯早在年初就展開選舉工程，為有意參選者策劃多項培訓活動，並商定參選口號為「勇於承擔 服務社群」。「勇於承擔」表達民建聯自成立以來，致力參政議政，為體現「港人治港」作出積極承擔的精神，而「服務社群」是反映民建聯踏實為居民服務、建設社區的長期努力，並希望以此贏取市民的支持和認同。

9月29日，民建聯高層採取新方式，連同20多名年輕參選人在灣仔金紫荊廣場舉行誓師，公布參選口號和參選名單。

本屆共有206人參選，比上屆多30人，其中88人為現任區議員，是派出最多人參選的政團，比民主黨多7人。參選人平均年齡為44.9歲，最年輕者22歲，其中30歲以下者由上屆的11人增至32人，反映參選隊伍年輕化有所推進，而大學或大專程度者亦佔55.6%。

此外，葉國謙、劉江華、楊耀忠、陳鑑林、蔡素玉和黃容根6名現任立法會議員亦參與區選。在區選前，民建聯共有105位區議員，在全港各區設有128個議員及支部辦事處。

對選情變化估計不足

民建聯高層顯然對區選受七一遊行影響變得更政治化的情況估計不足。曾鈺成當天對傳媒說：

> 過去兩個月，我透過地區幹事了解地區的反應，很高興見到參選人、助選人員、地區義工均士氣如虹，他們在地區開展工作時，市民的反應亦很好。

他還表示，在區選中，選民主要以候選人的地區工作表現作投票考慮。在最後衝刺階段，民建聯於11月15日在九龍公園舉行助選團造勢大會，有二千多人參加，曾鈺成在發言中提醒市民要「識破空降幫、提防博亂黨」，不要讓這些人士將區議會變成「做秀」舞台、變成「搞事」場所。

馬力於投票日當天在《明報》刊出的專欄文章談到民建聯的選舉策略時說：

> 我們堅持區選非政治化，你打你的政治牌，我打我的民生牌，強調長期扎根社區，強調地區服務政績。我們的候選人也不

在街頭和民主派唱對台戲，不怕抹黑，不花時間和他們上論壇辯論，而是爭取時間上樓家訪，直接接觸選民。

民主黨等「民主派」則大力將區選政治化，政綱完全不涉民生問題，並引述民建聯支持二十三條立法的言論，抹黑民建聯是「保皇黨」，把人們對政府施政的不滿，轉移到民建聯的身上，甚至大叫「踢走保皇黨」的口號，揚言要把民主訴求帶入區議會。

民建聯候選人及助選團擺街站時，經常被人辱罵，拿到宣傳單張當面撕掉，甚至發生肢體衝突。投票日前不久，爆出政府為在「沙士」後振興旅遊業，撥款一億元資助的「維港巨星匯」入場人次欠佳，亂花公帑的醜聞，進一步加深市民對政府的怨氣。

民建聯的會員人數，也由2002年的2,012人跌至2004年的1,800人，跌了一成，應該與當時的政治環境有一定關係。

區選當選率僅三成

在「七一效應」下，這次區選投票人數達106.6萬，創下歷史新高，比上屆多25萬，投票率為44.1%，比上屆高出8個百分點，顯然有很多中間游離選民及新選民走出來投票，對左右選舉結果起很大作用。

選舉結果表明，民建聯遇到重大挫折，共取得24.6萬票，比上屆多逾5萬票，但得票率只得38.7%，比上屆低逾6個百分點。當選人數為62人，其中16人自動當選，當選率為30.1%，在五個參選政團中排榜末，比上屆大跌17個百分點。雖然民建聯的得票比民主黨多近3萬，可是議席卻比民主黨的95個為少，後者的當選率達79.8%。

民建聯2003區議會選舉結果

選區	姓名	得票	得票率	選區	姓名	得票	得票率
中西區				灣仔			
中環	李偉強	650	30.5%	軒尼詩	李元剛	699	39.6%
堅摩	楊位款 *	1,241	50.1%	愛群	鄭琴淵 *	1,248	54.0%
觀龍	葉國謙	1,805	49.1%	鵝頸	孫啟昌	952	46.0%
寶翠	黃哲民	1,497	35.0%	銅鑼灣	李均頤	974	45.0%
西營盤	陳耀強	1,529	46.7%	大坑	阮鎮泉	830	36.1%
上環	趙華娟	729	29.3%	司徒拔道	張國鈞	338	24.6%
東華	李永輝	448	24.9%	修頓	劉珮珊	590	39.3%
正街	劉揚勳	750	29.2%	大佛口	盧天送	1,048	46.8%
東區				南區			
太古城東	黃球標	871	23.5%	鴨脷洲北	周錦強	320	11.2%
筲箕灣	勞鍱珍 *	(自動當選)		華貴	麥謝巧玲	1,309	23.8%
愛秩序灣	顏尊廉	2,211	46.1%	華富二	麥志仁	1,550	42.3%
翠灣	鄧禮明 *	1,827	52.0%	田灣	苗華振 *	2,179	56.8%
小西灣	陳靄群 *	1,997	69.6%	香漁	陳思誦	1,049	26.8%
景怡	唐偉源	1,231	29.8%	海灣	鄭俏游	600	34.9%
環翠	龔栢祥 *	(自動當選)		油尖旺			
翡翠	馬德成	1,080	35.9%	尖沙咀西	李景華	962	49.3%
柏架山	黃建彬 *	1,549	55.9%	尖沙咀北	陳少棠 *	1,140	39.3%
維園	王志鍾	678	27.5%	佐敦	劉志榮 *	931	45.7%
和富	王國興 *	2,665	71.8%	油麻地	楊子熙	1,253	44.2%
堡壘	朱漢華	943	50.0%	富榮	鍾港武	1,961	43.3%
錦屏	蔡素玉 *	1,433	44.5%	旺角西	黃瑞文	834	36.7%
丹拿	鄭志成	1,133	29.9%	富柏	嚴國強	573	21.2%
鰂魚涌	江子榮 *	(自動當選)		大角咀	陳國明	878	37.3%
南豐	洪連杉	1,167	30.4%	深水埗			
興東	蕭麗娜	1,870	40.3%	寶麗	馬耀真	402	23.4%
下耀東	許嘉灝 *	1,305	50.1%	南昌北	李永昌	537	28.4%
上耀東	趙資強 *	(自動當選)		南昌東	莫偉樑	495	22.4%
興民	趙承基	2,357	60.3%	南昌中	張文韜	778	37.4%

* 當選

選區	姓名	得票	得票率
東區			
漁灣	鍾樹根 *	（自動當選）	
九龍城			
馬頭圍	梁定濤	1,027	28.5%
馬坑涌	尹才榜 *	1,265	56.7%
龍城	吳寶強	1,016	37.1%
啟德	許清波	715	31.7%
海心	潘國華	1,672	48.6%
土瓜灣南	蕭培友	684	35.0%
紅磡	葉志堅 *	689	36.4%
家維	陳浩榮	1,054	26.9%
愛民	劉達初	1,728	45.0%
黃大仙			
龍啟	郭嘉炎	1,538	29.9%
龍上	林文輝 *	2,478	62.2%
鳳凰	林永聰	482	20.2%
鳳德	簡志豪 *	2,977	65.4%
橫頭磡	黎榮浩 *	3,163	64.9%
竹園北	何漢文	2,243	39.5%
慈雲西	盧懿行	1,290	27.2%
正愛	陳曼琪 *	2,190	51.2%
瓊富	李德康	1,466	24.7%
彩雲東	盧兆華	1,324	41.3%
池彩	何賢輝 *	1,657	58.9%
荃灣			
德華	劉永寧	628	33.5%
楊屋道	陳恒鑌 *	1,620	65.7%
福來	陸偉成	1,088	33.3%
愉景	謝浪	783	25.4%
荃灣中心	雷德鴻	955	41.5%
象石	許昭暉	1,350	43.6%

選區	姓名	得票	得票率
深水埗			
南昌西	陳小冰	481	20.1%
富昌	盧永康	548	19.3%
麗閣	范國輝	1,337	29.0%
元州	譚釗怡	705	15.0%
荔枝角	劉志明	437	28.5%
美孚南	楊耀忠	1,324	40.6%
蘇屋	陳偉明 *	2,524	62.2%
李鄭屋	符樹雲	1,764	41.2%
大坑東及又一村	梁錦培	532	23.6%
南山	廖俊權	522	20.4%
觀塘			
九龍灣	陳再綱	567	20.8%
啟業	施能熊	1,596	44.0%
坪石	陳鑑林 *	2,284	50.3%
佐敦谷	陳鑑波	1,404	33.7%
順天	郭必錚	2,524	45.3%
雙順	林亨利	1,593	42.5%
寶達	洪錦鉉	1,448	48.4%
秀茂坪南	麥富寧 *	2,159	54.5%
興田	陳君銘	1,208	36.4%
藍田	陳德明	1,519	46.9%
廣德	柯創盛 *	3,393	79.0%
康栢	周志威	1,560	43.1%
月華	徐海山	1,041	37.8%
牛頭角	陳國華 *	（自動當選）	
屯門			
兆翠	余秀琼	1,105	29.1%
安定	陳笑玲	1,234	29.7%
友愛北	陳雲生 *	（自動當選）	
景興	陳有海 *	2,512	64.6%

* 當選

選區	姓名	得票	得票率
元朗			
北朗	陳兆基 *	（自動當選）	
大橋	盧旭芬	1,015	40.5%
鳳翔	蘇潤林	648	24.3%
瑞愛	郭強 *	（自動當選）	
頌華	蕭浪鳴	1,108	37.3%
逸澤	翁黛華	781	30.0%
天恒	陸頌雄 *	1,571	50.2%
宏逸	羅文	579	39.2%
天耀	梁志祥 *	2,350	61.4%
慈祐	黃祥光	1,813	44.6%
北區			
聯和墟	陳發康 *	（自動當選）	
祥華	黃燦鴻	2,155	49.2%
華明	溫忠平	1,427	35.5%
欣盛	劉國勳	1,930	46.6%
嘉福	溫和達	1,176	25.0%
上水鄉郊	侯金林	1,933	66.5%
彩旭太	邱美光	1,023	27.8%
彩園	蘇西智 *	1,986	51.3%
天平西	馮瑞媚	806	28.2%
鳳翠	廖超華 *	1,504	59.8%
沙打	溫和輝	（自動當選）	
天平東	黃海雄	865	36.0%
皇后山	鄧根年	1,740	42.4%
運頭塘	李自雄	823	20.4%
新富	溫官球	528	17.5%
林村谷	鍾偉強	1,362	42.4%
寶雅	黃容根 *	2,054	49.3%
太和	譚麗霞	1,190	24.3%
舊墟及太湖	徐桂方	729	25.7%

選區	姓名	得票	得票率
屯門			
興澤	徐帆 *	2,814	64.3%
兆新	陳偉程	635	14.7%
悅湖	張恒輝	1,516	45.0%
湖景	梁健文 *	（自動當選）	
蝴蝶	蘇愛群 *	1,508	61.0%
樂翠	江志雄	469	17.7%
龍門	龍瑞卿 *	2,045	55.8%
新景	黃文浩	793	23.2%
良景	馮時裕	1,091	30.9%
田景	李洪森 *	2,577	61.4%
寶田	陳秀雲 *	507	54.8%
建生	陳文華 *	2,550	62.7%
兆康	梁子穎	916	26.5%
景峰	陳明	729	24.9%
富泰	陳文偉	1,656	39.7%
大埔			
大埔墟	李國英 *	1,068	62.8%
大埔中	譚榮勳	971	29.6%
大元	羅錦輝	1,362	40.0%
富亨	王秋北	1,462	38.3%
富明新	李愛群	1,215	28.8%
宏福	黃碧嬌 *	2,062	52.8%
西貢			
西貢離島	溫悅球 *	（自動當選）	
坑口西	邱志雲 *	（自動當選）	
環保	吳奮金	317	7.3%
將軍澳市中心	陳博智	896	24.9%
欣英	張民傑	1,322	30.6%
運亨	陳永雄	604	16.4%
景林	祁麗媚	1,224	26.3%

* 當選

選區	姓名	得票	得票率
北區			
船灣	陳美德	891	44.1%
沙田			
沙田市中心	江活潮	1,330	44.6%
禾輋邨	余倩雯	2,547	49.1%
顯嘉	陳小珠	1,605	38.6%
大圍	袁貴才	1,590	36.1%
穗禾	彭長緯 *	2,048	61.7%
駿馬	何炳羲	217	12.0%
頌安	陳克勤	1,887	49.2%
錦濤	劉江華	1,885	46.6%
錦英	曾憲緯	962	21.8%
耀安	黃戊娣	1,950	47.3%
恒安	朱志權	1,162	23.6%
鞍泰	楊祥利	1,890	47.3%
廣康	鄭楚光 *	1,597	57.0%
離島			
逸東	老廣成 *	1,959	59.4%
東涌新市鎮	周轉香 *	1,667	42.4%
南丫及蒲台	余麗芬 *	794	68.7%
長洲北	李桂珍 *	（自動當選）	

*當選

選區	姓名	得票	得票率
西貢			
富裕	陳國旗 *	（自動當選）	
尚德	陸惠民 *	1,782	59.9%
廣明	黃慶華	1,517	38.9%
葵青			
葵興	李滿潮	887	25.2%
葵盛東邨	賴芬芳	1,349	32.9%
上大窩口	何良	1,044	32.9%
下大窩口	孫滿根	594	15.4%
葵涌邨	陳志光	809	32.7%
安蔭	譚漢新	1,232	27.2%
新石籬	蔡鳳生	707	18.5%
石籬	譚全	425	14.5%
大白田	鄧志超	1,298	40.9%
葵芳	吳勝雄	615	11.4%
荔華	陳振中	772	20.9%
興芳	張彼得	913	40.3%
葵盛西邨	姚玉顏	548	13.6%
安灝	葉桂冰	1,261	31.9%
翠怡	羅競成	979	27.6%
盛康	梁偉文 *	2,474	66.1%
青衣南	潘志成	1,269	31.2%
長安	黃錦輝	1,642	45.8%

二、民怨爆發區選大敗

立法會議員參選半數落敗

不僅當選率偏低，民建聯6位現任立法會議員參選，竟然有半數落敗，引起很大的震動。

葉國謙在中西服務20年，當區議員也有12年，在觀龍選區競選連任，遭前綫立法會議員何秀蘭「空降」挑戰，以1,805票對1,869票，僅差64票落選。

劉江華長期扎根沙田區，在錦濤選區出選，取得1,885票，得票率46.6%，差278票不敵上屆遭陳克勤擊敗的民主黨對手。

在深水埗美孚南選區，楊耀忠再遇半年前補選的民主黨對手，雖然得票1,324張，比補選多近500票，可是得票率卻降至40.6%，再度落敗。

陳鑑林在坪石選區險勝

蔡素玉和陳鑑林也僅是險勝。蔡素玉在東區錦屏選區出選，獲福建同鄉支持，示威常客「長毛」梁國雄空降挑戰。在3名參選人中，梁國雄竟然取得1,149票，得票率為35.71%，蔡素玉只多284票勝出。

陳鑑林在觀塘坪石選區競逐連任，要經過4輪點票，終於以2,284對2,259票，再次擊敗老對手、前綫的林森成。

東區支部主席孫啟昌，自1994年便是東區鵝頸選區區議員，原本勝算甚高，也以165票之差敗於空降參選者。

郭必錚上屆區選擊敗民主黨立法會議員李華明，這次在觀塘順西選區競選連任，以2,524票對3,052票敗於獲李華明大力支持的民主黨何偉途。

最戲劇性的是在北角堡壘選區，朱漢華以一票之差敗於對手[19]。

灣仔、中西區、葵青和深水埗均只得1人成功當選。30歲以下的參選人，只有4人當選。

陳恒鑌勝出2003年區選

雖然如此，參選的舊人和新人，有些也有不俗的表現。常委簡志豪在黃大仙區鳳德選區競選連任，得票2,977張，而對手只得1,575票。黎榮浩在黃大仙橫頭磡選區競選連任，贏對手1,454票。香港科技大學機械工程系畢業的新人陳恒鑌，在荃灣楊屋道選區出選，以1,620票對847票大勝對手。香港大學法律系畢業的陳曼琪，在黃大仙正愛選區以51.2%的得票率險勝民主黨對手。

19　朱漢華其後入稟高等法院，法庭裁決一張問題選票作廢，於2005年3月重選。民建聯轉而支持福建中學老師洪連杉參選。為此，朱漢華退出民建聯以獨立身份參選，在競選活動時中風後去世。補選最後由洪連杉勝出。

曾鈺成請辭馬力接任

11月24日凌晨，民建聯召開中委會特別會議，認為選舉結果對民建聯是重大挫折，將認真總結，深刻反省。曾鈺成在會上提出承擔選舉失利責任，辭去主席職務。中委會討論後認為，辭職一事須認真考慮，慎重處理。

11月29日，民建聯召開選舉總結會，總結區選的經驗及檢討結果。有上台發言的人士表現得相當激動，更一度落淚，場面相當之感人。由於大會由譚耀宗主持，傳媒一度盛傳他將接任主席。

曾鈺成當時說，區議會選舉中遭遇挫折，個人需要負上很大責任。他認為，自己過去的言行，令市民對民建聯有負面的印象，因此自己需要作出深刻的檢討。

2003年12月2日曾鈺成辭任民建聯主席一職

「榮辱與共」與「有辱無榮」

　　曾鈺成宣布辭任民建聯主席後的第二天與記者聚會，有記者問，民建聯會否覺得選舉失利是被政府拖累，今後會否由保皇黨變為反對黨。

　　曾鈺成說：「反對黨靠政府失誤得分；民建聯支持政府施政，不會做反對黨。作為支持政府的政黨，民建聯自然是與特區政府榮辱與共。」他接著自嘲說：「這段期間『辱』有不少，『榮』就似乎沒有。」

　　翌日有報章以「曾鈺成：支持政府『有辱無榮』」為標題，於是「有辱無榮」便被傳媒用來形容民建聯與特區政府的關係。

　　記者希望曾鈺成為自己出任民建聯主席11年的工作評分。一貫不喜給任何人評分的曾鈺成，這次故意開玩笑說：「如果一定要評，那就53.68754分吧！」接著補上一句：「但合格分未定！」

　　曾鈺成在請辭主席後心情如何？他說：「我對傳媒說出會辭職後一日，兩位地區支部的同事打電話來對我說，曾生我們支持你，支持民建聯。掛上電話，眼淚禁不住奪眶而出。」這是他唯一一次控制不了情緒。

2003年12月9日馬力接任民建聯主席

對政府應「是其是，非其非」

12月2日，中委會會議接納曾鈺成請辭主席一職，對他創建民建聯及成功帶領民建聯發展壯大所作的貢獻，表示衷心感謝。9日，常委會召開會議，選出馬力繼任新主席，秘書長一職由簡志豪接任，曾鈺成仍任常委。

馬力在會後對記者重申，民建聯未來最重要的任務為「以民為本、開門建黨」，希望各界提出更多意見，使民建聯更加貼近民意，能夠更有效地監察特區政府施政。民建聯並非「保皇黨」，而是以民為本、建設香港的政團，他們會支持政府合理、合法地施政，對政府「是其是，非其非」，對與市民利益不一致的政府政策採取批評態度。

鍛煉鬥志捲土再來

民建聯這次大敗，主要是低估了「七一效應」，市民將對政府施政的不滿，轉化為對「保皇黨」的不滿，民建聯就成為受害者。同時，「民主派」成功將區選的議題轉移到政治層面，以抗衡民建聯候選人的民生議題。另外，選舉策略方面也有考慮不周之處，例如派出逾200人參選，未能集中力量，以致大大拖低當選率。不過，選舉失利也鍛煉了不少成員的鬥志，更加努力做好地區，為來年的立法會選舉作好準備，捲土再來。

12月27日，政府公布委任區議員名單，民建聯成員由上屆的13人減至6人。

陳學鋒難忘觀龍樓謝票

民建聯副主席陳學鋒在漢華中學就讀時，葉國謙是他的老師。他在嶺南大學畢業後，適逢科網股爆破，機緣巧合下當上葉國謙的議員助理。2003區選為葉國謙助選的經歷，一生難忘。

他回憶說：「我們的地區工作非常扎實，幾乎都由朝做到晚，但選舉結果卻是由『空降』的人勝出，真的很不甘心。」

葉國謙雖然落敗，翌日傍晚依然到觀龍樓謝票。陳學鋒清晰記得，葉國謙在地面停車場向著樓上「嗌咪」：「多謝各位街坊的支持，葉國謙雖然不能當選，但依然會繼續服務大家！」

起初沒有收到回應，呼喊幾次之後，樓上才有人喊道：「葉國謙，我們支持你。」掌聲逐漸從四面八方響起，連綿不絕，如同在劇場謝幕一般。

這讓陳學鋒感受到，民建聯做的事原來是有很多人認同的，選舉結果並不代表一切。「我當時很感動，明白到政見立場影響了選舉結果是其次，最重要是民建聯的服務始終得到很多街坊的支持和認同。」

三、立會初奪最多議席

「團結振奮 迎接未來」

第三屆立法會選舉於2004年9月12日舉行。這次選舉取消選舉委員會選出的6個議席,地區直選的議席由24個增加到30個,因而競逐更加激烈。

區選結果出來後,一向反中亂港的傳媒雀躍不已,《蘋果日報》頭版頭條標題是:「選民顯威力 保皇黨散晒 曾鈺成請辭 香港有希望」,《壹周刊》封面大字標題謂「民建聯玩完」。面對這些惡毒攻擊,民建聯能否穩住陣腳,在區選後9個多月後東山再起,保住現有6個直選議席,並且有所突破,確實是很大的考驗。

為了就區選後的形勢作出評估,民建聯於3月20至21日在深圳舉行路向營,主題就是「團結振奮 迎接未來」,有160名中委、支部主席及各級議員參加,並邀請合和實業主席胡應湘、香港總商會總裁翁以登、政協委員劉廼強及《明報》主筆劉進圖作嘉賓。

路向營對過往的工作及發展作了深入檢討及經驗總結,強調增強團結、振奮精神、提高士氣,對未來立法會選舉加強信心。同時還討論政制發展爭議、如何處理與特區政府關係及立法會選舉部署等問題。

積極吸納更多年青人

路向營就民建聯在特區角色達成共識是：

民建聯愛國愛港，是香港政治的主要力量之一，力求社會穩定及發展。我們支持特區政府依法施政，監察及批評各項社會民生政策，以市民的福祉為依歸。

另外，路向營又提出籌組成立智囊團，邀請專業人士作顧問，出謀獻策，提升政策研究水平；積極吸納更多年青人加入民建聯，並盡力提供培訓及給予發展機會。

至於備受關注的政改問題，路向營的共識是：

民建聯會積極發揮市民與政府、香港與中央之間的橋樑作用，致力反映港人意見，協力推動社會進行理性討論，以期最後能達成一個最符合香港社會整體及長遠利益的方案。路向營後，我們會廣泛諮詢市民及會員的意見；並爭取訪京向中央反映這些意見。

早在當年1月7日，特區政府成立了由政務司長曾蔭權領導的政制發展專責小組，研究有關政制發展的原則和法律程序問題，此後2007年特首及2008年立法會普選問題的爭議進一步升溫。路向營沒有就是否需要修改政綱中涉及政制發展的內容作出定論。

「為香港加油！」運動

這一年香港整體環境開始轉變得對民建聯較為有利。隨著「沙士」的影響減退，CEPA實施，「自由行」推行，經濟在上年下半年出現反彈，2004年內，經濟復甦遍及廣泛層面，出口貿易、訪港旅遊業蓬勃，消費市道暢旺，出口和投資顯著反彈，失業率回落到6.8%。GDP繼第一季增長7.3%後，第二季再激增12%，長達五年半的通縮亦在7月結束。市民對政府施政的不滿和怨氣大為紓緩。

民建聯在2003年除夕，發表新年十大願望，希望「世界和平、經濟復甦、金融暢旺、失業減少、樓市穩定、財赤大減、減費紓困、減稅利民、惡疾絕跡及社會和諧」，可以說道出廣大市民的心聲。

2004年5月，民建聯展開一連兩月的「為香港加油！」運動，包括「為母親加油」、「為上班族加油」、「為環保加油」、「為父親加油」，配合當時社會的普遍氛圍，藉此喚起港人堅毅不屈的精神。

扮演積極監察者角色

與此同時，民建聯實行「開門建黨」，在樂富商場和新城市廣場舉行公開諮詢會，並邀請新聞工作者、學者、政治評論家、商界領袖及社會各界代表對民建聯提出批評及改進建議。

此外，為加強地區服務，完善社區網絡，更為立法會選舉提早部署，民建聯在5月，從港島東支部分拆出灣仔支部，由孫啟昌任首任主席，而新成立的離島支部則由周轉香任首任主席。經歷12年時間，民建聯終於完成18個支部的建設，覆蓋全港。

7月5日，馬力在12周年會慶酒會致辭時解釋對政府施政採取「是其是，非其非」的態度時表示，民建聯未來將扮演「積極監察者的角色」：既非盲目支持政府，也不會為反對而反對；對特區政府的社會民生政策，會採取監察批評的態度，以確保所通過的政策合理及符合市民利益。

政制爭拗再趨激烈

在香港經濟明顯好轉之際，政制爭拗卻日趨激烈，「民主派」在反對二十三條立法後再藉爭取「雙普選」來為2004立選造勢。

全國人大常委會於4月6日對《基本法》有關條文作出解釋。同月15日董建華向全國人大常委會提交報告，認為2007年行政長官和2008年立法會的產生辦法應予以修改。接著，全國人大常委會於4月26日通過決定，2007年不實行普選行政長官、2008年立法會不實行全部議員由普選產生，而兩個產生辦法可作出適當修改。民建聯對此表示支持，認為人大常委會的決定，有利於消除爭議，使政制發展的討論得以在穩妥的基礎上進行，有利特區的穩定和團結。

「民主派」則十分不滿，多次舉行遊行集會抗議，民陣再於7月1日發起遊行，聲稱有53萬人參加，而警方估計只有20萬人。無論如何，「民主派」力圖將政制改革問題與立法會選舉綑綁在一起，成為拉票活動的焦點。

民建聯與工聯會分旗

本屆地區直選議席，香港島由5席增至6席，九龍東由4席增至5席，九龍西維持3席，新界東由5席增至7席，新界西由6席增至8席。民建聯首次分拆名單，組成6張名單共30人參加地區直選，另外3人參加功能界別選舉。

馬力主席2004年首次參與立法會選舉

馬力在歷次選舉中都是在幕後策劃統籌，接任主席後第一次投身直選，與蔡素玉在香港島名單排首二位，而九龍東分拆兩張名單參選，分別由陳婉嫻和陳鑑林領軍則最為矚目。

民建聯成立之初，有不少會員來自工聯會，譚耀宗和陳婉嫻更是工聯會副理事長和常務理事。工聯會在各級議會選舉中動員各屬會及會員支持民建聯候選人，出力甚多。工聯會榮譽會長鄭耀棠在回顧工聯會逐步走上積極參政的過程時說：

> 成立民建聯後，一些較敏感的政治性議題，將由民建聯去應對，淡化了工聯會的政治色彩；與此同時，我們又因應了分區直選的需要，作出架構上的調整，成立地區服務處，加強地區網絡的建設工作[20]。

陳婉嫻逐步淡出

初期民建聯的政策取態多偏向基層，與工聯會的立場相當一致。但是隨著民建聯的發展，特別是在回歸後，在立法會議事時不能不較多考慮全港各階層的整體利益，而堅持維護基層利益的陳婉嫻在某些問題上投票時，例如「殺局」、足球博彩規範化(賭波合法化)等，會要求豁免不跟隨民建聯的立場。此次參選，陳婉嫻就提出分拆名單，並以工聯會名義展開競選活動。

選舉過後，陳婉嫻對傳媒表示，作為創黨成員，「情與義，值千金」，不會退出民建聯，只會淡出。次年1月，民建聯改選第八屆中委會，陳婉嫻不再擔任常委或中委。

鄭耀棠在憶述工聯會提出「全面參政」，以工聯會的旗幟參與各級議會選舉的背景時表示，與「應召支持」的流弊有關。他說：

20　《工聯會與你同行——65周年歷史文集》第226頁。

當年香港輸入外勞問題嚴重，工聯會堅持反對輸入外勞，但是工聯會所支持出選的代表卻贊成有限度輸入，立場明顯與工會的利益有衝突，引起會內不滿，久而久之，大家就提出疑問，為何我們要支持那些人出選呢？情況就好像英國工會與工黨的分裂相類似。自此，工會的參政角色，就由被動變為主動，積極物色參政人才，找出能代表自己的人士參與議會選舉[21]。

民建聯與工聯會「分旗」參選，當然並不是根本立場出現分歧，只不過是爭取支持的對象有所區隔而已。事實證明，此次分拆名單參選的經驗，對日後在各次選舉中壯大愛國愛港陣營的力量大有裨益。

大力扶持第二梯隊

民建聯參選名單令人眼前一亮之處是有不少專業人士，而且大力扶持第二梯隊。李慧琼、張國鈞、陳克勤、陳恒鑌分別居九龍西、香港島、新界東和新界西名單的末位或較後位置。

李慧琼當時30歲，香港科技大學工商管理學士，註冊會計師，1999區選在九龍城土瓜灣選區參選勝出，2003區選成功連任。她是民建聯在區選受挫後於2004年6月毅然應邀加入民建聯的。

李慧琼（右一）

21　《工聯會與你同行──65周年歷史文集》第226頁。

李慧琼助選變參選

1999區選，民建聯在九龍城土瓜灣北選區參選的名單上，原本有一位名叫趙資權的執業律師。趙在參加一個當時頗流行的個人提升課程時認識了李慧琼，邀李為他助選。當時並未參加民建聯的李慧琼，從沒有助選經驗，但她卻欣然接受了趙的邀請，陪同趙進行家訪，並因此認識了一同為趙助選的曾鈺成。

誰知趙資權報名參選時才發現，由於他改了住址未有及時申報，喪失了參選資格，於是民建聯便缺了一名候選人。其時李慧琼「落區」的表現，已贏得多人讚賞，大家都覺得她有很好的「選民緣」，都鼓勵她參選。結果李慧琼便從助選變為參選，經過短短一個月的選舉活動，竟擊敗了經驗豐富的對手，成功贏得議席，並在其後歷屆區選屢戰屢勝。

民建聯在2003區選中遭受重創，2004立法會選舉自要擺出最強陣容，全力以赴。繼續在九龍西出選的曾鈺成相信，如果有李慧琼加入他的競選名單，以她的親和力和年輕、專業、女性的形象，一定可以贏得更多選民支持。但李慧琼當時還不是民建聯成員，且任職於畢馬威會計師行，不知能否抽身參與立法會的選舉工程。

於是曾鈺成找畢馬威主席張建東，問他可否支持李慧琼參加選舉。張回答說：「我自己擔任了許多公職，當然不會反對我的同事參與社會服務。不過，慧琼如果投身社會服務，必然影響她的專業發展；從維護公司的利益出發，我不可能再讓她負責任何重要的工作。她要認真考慮後作出自己的選擇。」

李慧琼經認真考慮，作出了選擇：加入民建聯，加入民建聯九龍西候選人名單。

三、立會初奪最多議席

張國鈞 (右一)

陳克勤 (左一)

陳恒鑌 (前左二)

張國鈞也是30歲，香港城市大學法律系碩士畢業，執業律師，2002年4月加入民建聯，2004區選時勇闖民建聯的空白區，在灣仔司徒拔道選區參選落敗，在這一年出任新成立的青年民建聯主席。

陳克勤時年28歲，香港中文大學政治與行政系畢業，1999年3月加入民建聯，擔任地區統籌主任，1999區選時有出色表現，2003區選競選連任時卻以59票敗給「空降」對手。

陳恒鑌也是28歲，香港科技大學機械工程系畢業，2000年3月加入民建聯，2003區選表現相當突出。

民建聯高層讓他們「陪跑」，就是希望他們能取得實戰經驗，提高知名度，有利於日後在政壇上發展。正如張國鈞在接受傳媒訪問時坦言，政治從來都是「浸出來」的。他們經過不斷鍛煉，後來都能晉身立法會，並成為民建聯接班人，擔任主席或副主席。

馬力患癌哀兵出陣

這次民建聯的參選口號是「穩定為民主　和諧建未來」。參選政綱提出民建聯的三大角色，就是監督政府，反映民意，促進政府改善施政，做好「積極監察者」的角色；致力促進社會穩定、和諧，推動民主、自由，捍衛人權、法治，為香港早日達至普選創造有利條件；發揮香港與內地的橋樑角色，促進經濟合作，協助市民解決在內地遇到的問題。

在選舉工程上，民建聯亦有新猷，包括在巴士車身及地鐵扶手電梯刊登廣告，傳遞追求社會「穩定」的信息，更首次在紅磡隧道口刊登大型廣告牌，提出民建聯「一切只為香港好」的理念，呼籲市民投票支持。

馬力時年52歲，在報名參選並四周奔波後不久，於8月8日對外交代在廣州檢查時證實患上結腸癌，需要暫停競選活動，返回廣州治療。他在廣州完成首階段化療後返港，在投票日前兩天才四出拉票。馬力不在港期間，助選團沒有氣餒，反而發揮哀兵出陣的精神，各人多走一步，對名單上排第二位的蔡素玉選情大有幫助。在此之前，陳婉嫻在上年春節亦驗出患上乳癌，需要動手術，康復後對其競選活動多少有點影響。

馬力蔡素玉順利當選

9月12日選舉日，地區直選投票人數達178.4萬人，投票率為55.6%，打破1998年53.3%的紀錄。

部分原因是選舉中的「鐘擺效應」關係，選民對過度政治化的選舉口號有點感到厭倦，民建聯取得令人振奮的成績，贏得漂亮一仗，總得票為454,827票，得票率為25.7%，比上屆多6.3萬票，得票率提高16個百分點。地區直選有9人當選，功能界別選舉則有3人當選，合共取得12個議席，是歷次選舉取得最多立法會議席的一次。

香港島選區，馬力與蔡素玉順利當選，反而在民主黨排第二的李柱銘大打告急牌，致使前綫的何秀蘭連任失敗。

九龍東選區，陳婉嫻與陳鑑林同告當選，陳婉嫻的得票雖然在5張名單排最後，但兩張名單的得票合計與上屆差不多。

九龍西選區，曾鈺成名單在6張名單中的得票居首位。

新界西選區，譚耀宗名單在12張名單中仍領先，與張學明一起當選。

　　新界東選區，由於「民主派」組成的「七一連線鑽石名單」只取得3席，劉江華名單排次位的李國英亦連帶當選。在第三屆立法會，民建聯黨團召集人由劉江華出任。

　　李國英是大埔原居民，1972年中學畢業後，赴英修讀法律，隨後在當地執業，1993年回港，不久即加入民建聯，成為民建聯首位具專業背景的立法會議員。

三、立會初奪最多議席

民建聯2004立法會選舉結果

		參選人	得票	得票率
分區直選	香港島	馬力＊、蔡素玉＊、鍾樹根、楊位款、李元剛、張國鈞	74,659	21.0%
	九龍西	曾鈺成＊、鍾港武、李慧琼	61,770	27.1%
	九龍東	陳鑑林＊、蔡鎮華、陳德明	55,306	18.8%
	九龍東	陳婉嫻＊、林文輝、鄧家彪	52,564	17.9%
	新界東	劉江華＊、李國英＊、莫錦貴、陳國旗、蘇西智、黃碧嬌、陳克勤	95,434	22.1%
	新界西	譚耀宗＊、張學明＊、梁志祥、徐帆、陳恒鑌、老廣成、伍景華	115,251	24.9%
功能界別	漁農界	黃容根＊	自動當選	
	進出口界	黃定光＊	自動當選	
	勞工界	王國興＊	278	28%

＊當選

功能界別方面，黃容根在漁農界競選連任，黃定光初次參選進出口界，兩人均自動當選，而王國興則在勞工界勝出。

此次選舉改變了立法會的格局。自由黨乘「七一效應」，田北俊和周梁淑怡在直選當選，首次取得直選議席，加上功能界別議席，由上屆的8席增至10席，由立法會第三大黨升至第二大黨。

民主黨地區直選得票近43萬，得票率為24.1%，比上屆少4.3萬票，連功能界別在內，議席由12席降至9席，由第一大黨跌落第三位，主席楊森為此請辭。不過，「街頭戰士」梁國雄亦取得議席，日後將激進行動帶入議事堂，立法會從此多事。

開拓未來訂三項目標

立法會選舉過後，民建聯於10月24日舉行高層集思會，就未來路向定出一個初步的規劃大綱。蔡素玉向傳媒表示，與會者均同意作為一個具前瞻性的政黨，民建聯應該加強「愛國(Patriotic)、專業(Profession)、認受性(Popularity)」三方面的工作。她說，民建聯在愛國方面的表現，已經是無容置疑，但必須提高專業形象，爭取更多市民支持，認受性自然相應地提高。

接著，民建聯即於12月4日至5日在深圳舉辦第四次路向營，以「抓機遇 敢創新 開拓未來」為主題，就民建聯未來的發展路向及組織發展變革進行深入討論，並邀請一國兩制研究中心總裁邵善波及中大政治及行政學系高級講師蔡子強為演講嘉賓。

馬力在總結中用四句話來概括民建聯的基本理念：「愛國愛港、發展民主、同心同德、建設特區」，並表示民建聯將積極參與第三任行政長官的選舉及第三屆特區政府的組成，促使愛國者為主體的治港班子

能夠形成。這一提法被一些傳媒演繹為民建聯希望與未來特首組成執政聯盟。

他在談到組織發展方向時認為,民建聯應依靠基層,發展中產,平衡各階層利益。他說:「事實上,我們要面對的就是社會所有不同階層,在制訂政策時也要全面考慮各階層的利益;作為有建設性的政黨,我們正是要解決社會上不同階層的矛盾。因此,民建聯要進一步做好基層工作,同時要銳意吸納中產人士和年青人。」

馬力並為民建聯的未來發展定下三個具體工作目標:

- 在未來一年增加會員人數一倍,即發展至約4,000人
- 2007年重奪100個區議會議席
- 在未來四年每年增加1%的選民支持度,即在2008年約有29-30%支持

可惜,馬力其後在 2007 年 8 月 8 日在廣州辭世,未能在同年區選繼續領軍。這三個目標除第三項外都能達到。

四、系統性培訓政治專才

初期培訓由選舉主導

在香港各政團之中，民建聯一向比較重視培訓工作，早在成立之初已設立培訓委員會，專責會員培訓。不過由於資源有限，初期的活動以舉辦講座和研討會為主，主要是由選舉帶動。

1994年，為備戰區議會選舉，才開始有系列的培訓計劃，包括在長洲舉行兩日一夜選舉研討營，以及「參選會員培訓系列」，由多次講座和座談組成，為參選人提供支援。次年又舉辦「行動隊伍領袖訓練」計劃證書，培訓助選人員。

1996年民建聯舉辦共8講的「精英培訓課程」，圖為第8講「香港政府的公共財政政策特點」

至於選舉以外較有系統的培訓要到1996年才開始，當年舉辦的「精英培訓課程」共有8講，邀請專家學者主講，目的是提高現任議員和有意參政者的參政議政水平，參加者達120人，其中73人獲頒證書。

加緊培訓人才成共識

1999年4月，民建聯在番禺舉行第二屆路向營，主題為「如何對普選進行部署？聯盟有否條件扮演影子政府」，並邀請一國兩制經濟研究中心總幹事邵善波，以及一位任職於香港一家公關公司、曾為前美國總統列根和布殊助選的美國人作演講嘉賓。

路向營達成的一項共識是政黨在特區管治體制下，將會擔當更重要角色。民建聯不單要對特區發展有承擔，同時要提高本身水平，準備在未來擔當這個更吃重的角色。為此，必須加強培訓人才，提高參政能力，並爭取更多年輕人加入，其中一項建議是設立「黨校」，為有意從政者提供全面培訓。

正是由於民建聯較早重視培訓人才，日後人才輩出，接班順利，絕非偶然。

派員赴北京美國培訓

2000年，培訓委員會決定整合過去較為零散的培訓，開展系統性培訓工程，而地點亦不再局限於香港。首項新猷是2月初舉行開學的「政治專才培訓計劃」。當時有傳媒形容民建聯要辦「黃埔軍校」。

2000年舉辦「政治專才培訓計劃」開學禮

　　這個項目由香港專業進修學校負責統籌，由清華大學、香港中文大學、美國錫拉丘斯大學 (Syracuse University) 協辦，整個課程為期9個月，以兼讀形式修讀，在香港修習時間共4個月，並於6月及10月先後前往北京及美國一周和兩周聽課、考察及研討。

　　舉辦這項課程的費用達240萬港元，其中九成由一名有識見並支持民建聯的商界人士贊助，學員只需繳交8,000元學費，如此動用資源去辦正規課程來培訓政治專才，在香港各政團中實屬僅見。不過，由於經費所限，實際有機會赴美國的學員只有三分之二。

2008年的年青政治專才培訓計劃開學禮

2011年1月28日新一代政治專才文憑課程結業禮

　　修畢課程的學員共37人，於次年3月1日獲清華大學在港頒發《政治及公共行政研習課程證書》，他們都是民建聯重點培育對象，如陳克勤、陳勇、鍾樹根、李國英、黎榮浩、蘇錦樑等，其中一些人後來在兩級議會選舉中有出色表現，有些被推薦到政府任高職。

　　民建聯即使資源有限，政治專才培訓課程在2007、2010、2012及2014年亦持續開辦，而自2010年起課程更開放予全港有志服務社會的年青人。

2014年政治專才培訓計劃結業禮

四、系統性培訓政治專才

民建聯歷屆培訓政治專才相關課程

日期	名稱	協作機構及相關詳情
2000.06-2001.03	政治專才培訓計劃	與清華大學、美國錫拉丘斯大學、香港中文大學、香港專業進修學校合作，學員共37人。
2007.12-2008.04	年青政治專才培訓計劃	先後赴上海中國浦東幹部學院及英國劍橋大學，就內地專題和國際專題有關課程進行研習，共40位學員。
2010.09-2011.01	新一代政治專才文憑課程（第一屆）	與香港專業進修學校合作舉辦的課程，公開招生約120人報名，錄取39名學員。
2012.03-2012.06	新一代政治專才文憑課程（第二屆）	與香港專業進修學校合作舉辦的課程，公開招生約120人報名，錄取43名學員。
2014.03-2014.06	新一代政治專才文憑課程（第三屆）	與香港專業進修學校合作舉辦的課程，公開招生約140人報名，錄取學員增至60人。
2021.06-10	政道 —— 治政理念研習課程	邀得內地及本港的資深學者、專家和官員授課。課程為期半年，每星期一節，共18節課堂及1節參觀課程。公開招生共逾350人報名，最後錄取70名學員。
2021.06	賢路（第一期）	制定「賢路 —— 人才庫甄選及推薦計劃」，透過不同的評核項目，挑選德才兼備的人才進入「治政人才庫」。第一和第二期「賢路」計劃報名人數共合超過100人，計有會員、「政道」課程同學及清華大學高級公共管理碩士班同學，其中50人被納入人才庫。
2021.08	賢路（第二期）	
2021.07-11	私塾	「私塾」是由三位資深學者為人才庫的成員帶引導讀的讀書會，希望將書本知識聯繫實際，由成員深入討論，形成一套新政治論述。

培訓社區工作者

　　除舉辦政治專才培訓計劃外，民建聯同時亦抓緊對區議員和有志從事地區工作的會員進行系統性培訓。2001年4月至9月，民建聯委託香港大學專業進修學院承辦「社區領袖培訓證書課程」，目的是提升他們多方面的領導才能，在地區發揮更重要的角色。

　　課程分為五個單元，包括「自我提升及改善人際關係」、「掌握議會政治的竅門」、「社區領袖訓練」、「區議員辦公室管理」、「調查與研究」，合共99小時，完成課程者獲頒證書。課程共有30名學員參加，每人收費1萬元，由民建聯資助7成，其餘3成在修畢課程後退回，等於免費培訓，由此可見民建聯對培育人才的決心。

　　在第一期課程完成後，再於同年12月至次年6月開辦，共有28名學員修畢課程。

四、系統性培訓政治專才

2001年4月27日社區領袖培訓計劃開學禮

　　另外，民建聯還於2001年首次舉辦職員理念培訓營，由領導層與職員共同探討如何建立成功團隊，以後亦不時為員工舉辦各項實務課程。

　　至此，民建聯的培訓工作已完成政治專才、社區領袖和職員三管齊下的格局。

2001年12月6日第一期社區領袖培訓證書課程畢業生及第二期開學禮

設立政策副發言人制度

　　民建聯培訓政治專才的另一舉措是在2004立法會選舉後設立政策副發言人制度，協助政策發言人處理和跟進有關政策的各項工作，目的是培育第二梯隊，增加年青一代的曝光機會，廣泛接觸政府、傳媒及社會各界，為日後參選立法會作準備。

2004 年 11 月 17 日公布首屆副發言人名單

首屆26名副發言人涉及18個政策範疇，平均年齡為37歲，其中16人為現任區議員，10人為律師、會計師等專業人士，13人曾參與立法會地區直選，包括九龍西曾鈺成名單的李慧琼。年齡在30歲或以下的有8人，最年輕的只有26歲。首屆副發言人其後增至28人。

日後加入政府的蘇錦樑也是首屆副發言人之一。他在加拿大讀書及工作15年，是執業律師，九七前被派回港工作，1997年1月加入民建聯，並於2000年及2002年先後獲選為中委和常委。

2006年底就任的第二屆政策副發言人數目大幅增加，增至42人，平均年齡下降到34.7歲，其中13人是現任區議員，23人是首次擔任。副發言人的人選提名主要來自現任政策發言人、現任區議員，以及當時已成立的青年民建聯。

第 六 章
邁向跨階層發展

一、拓展工商專業網絡

工作起步較遲

民建聯成立時的政綱，強調「平穩過渡、繁榮創富、安居樂業」，回歸後改以「建設特區、繁榮創富、安居樂業」為綱領，兩者都是立足於跨越階層的整體社會利益。

儘管如此，民建聯是以傳統愛國力量為基礎發展起來的，不少創會成員長期在愛國機構或社團工作，雖然成立之初也有招攬專業界和工商界人士加入，不過曝光率高的領導成員及立法局議員較少是專業人士或企業家，政策取態又較重視基層利益，因而予人所謂「基層黨」的印象，跨階層的形象未有建立，這種情況一時之間不易改變。

功能界別參選人少

一直到2016年立法會選舉，除進出口界別外，民建聯沒有派人在功能界別其他工商及專業界別參選，在一定程度上也反映在這方面的基礎較弱。

民建聯成立初期，發展工商專業界會員，沒有成為工作重點。回歸前後，民建聯的愛國愛港旗幟開始吸引一些專業界人士主動加入，蘇錦樑律師就是其中一例。

直到1997年9月，組織建設委員會才成立工商專業組，以加強工商界、專業界會員的聯繫，主要是舉辦演講會、座談會、研討會等。

同年12月初，民建聯會員剛超過1,400人，而工商專業組組員只有200多人，可見吸納中產人士還有很多工作要做。

1997年6月2日工商專業組成立

設立工商專業支部未果

1999年1月，民建聯中委會通過架構重組，增設工商專業委員會，以加強這方面的工作，主席由身為律師的常委、創會會員方和出任，可見領導層對此項工作的重視。委員會成立後，活動開始多樣化，例如按專業成立多個小組，定期舉行政策例會，對熱門政策議題提出建議，以及舉辦免費專業進修講座等。與此同時，舉辦北上創業考察團亦甚受歡迎。

2002年8月23至24日工商專業委員會舉辦廣州兩天創業考察團

　　鑑於工商專業界人士對參與地區支部的傳統活動可能不大熱衷，民建聯在2001年初曾探討成立工商專業地區支部，希望能吸引中產人士多參與活動，增強歸屬感。但由於地區網絡始終是聯繫會員的最有效組織形式，工商專業委員會最後並沒有轉型為支部。

二、成立青年民建聯

較早推動內地實習

民建聯成立時，核心成員都是40多歲，初期把精力放在發展會員及參與選舉上，到1994年，民建聯才銳意開展青年工作。

組織建設委員會於1994年1月成立青年工作組，各支部亦設立青年工作委員，根據青年特點開展活動，首先是與其他青年團體合辦不良刊物問卷調查和論壇。不過，重點依然是配合競選活動。5月至7月，青年工作組舉辦青年政治領袖訓練營，先後舉行兩次講座和兩天集訓營，共有80人參加，部分參加者其後投入1994區選的助選工作。

1994年4月舉辦「競選 ABC 夏令營」，現時立法會議員陳克勤(右四)和陳學鋒(右二)，當時亦有參加

2001年，民建聯利用與內地關係較密切的優勢，在青年工作上開始有較大的動作。首先是，趁中國將於年底加入世界貿易組織之機，由工商專業委員會副主席黃定光穿針引線，首次舉辦「進一步的天空

2002年舉辦「大專生暑期本地實習計劃」

——大專生暑期內地實習計劃」，共有23名香港大專生參加。他們分別到惠州TCL集團及東莞龍昌玩具公司實習26日後，隨即參加為期4日的韶關文化考察團，一方面有助了解珠江三角洲的發展情況，另一方面亦可增進對民建聯的了解。

2002年，民建聯利用工商專業界會員的網絡，接著推出「大專生暑期本地實習計劃」。首屆計劃共覓得律師行和會計師行共31個實習職位，對象為會計系及法律系學生。這個計劃隨後擴大到更多行業，名額亦大大增加，與內地實習計劃一樣，成為民建聯聯繫大專生的有效途徑。

大專生暑期內地實習計劃推出初期甚受歡迎，有一屆的報名人數超過400人，要借用九龍一家中學舉行集體面試，花一整天時間才能完成。

2003年3月，民建聯發表「香港大專生回內地就業意向調查結果」，社會反應亦頗熱烈，對推動內地實習熱起了不少作用。

民建聯是較早安排大專生北上廣東實習的香港機構之一。內地實習計劃持續舉辦多年，後來由於其他機構亦爭相推出類似活動，這項計劃一度停辦，到2015年復辦時更擴展至重慶及杭州多個企業。

2002年，青年小組亦舉辦「廣州黃埔軍校軍事體驗營」，這項四日三夜的暑期軍訓活動，共有一百多名青少年參加，可以說是北上開展暑期活動的先行者之一。

培養青年政治人才

2004年，民建聯的青年工作出現重大的飛躍。中委會決定將組織建設委員會所屬的青年小組升格為直屬常委會的「青年民建聯」(簡稱青民，YoungDAB)。

即是說，青民屬於委員會級別，有單獨的預算，開展活動較為方便，更重要的是此舉可為青年會員提供更大的空間，對發展青年政治人才有利。至於不用青年事務委員會的名稱，主要考慮是「青年民建聯」在打造品牌時較為容易。

青民於6月20日宣告成立，是香港各政團中率先成立的青年組織，其宗旨是：「培養青年政治家；凝聚社會青年力量；積極反映青年聲音；拓展青年創意空間；推動民主自由發展。」

青年會員最初僅佔一成

民建聯35歲以下的會員均自動成為青民成員，成立時有成員183人，佔會員人數一成，反映民建聯在會員年齡結構上大有年輕化的必要。到2005年9月，青民成員增至約400人，佔會員比例增至約八分之一。

維園律師周浩鼎

城市論壇是香港電台製作多年的論政節目，每逢星期日中午在維多利亞公園舉行，由無線電視翡翠台和香港電台直播。有很長一段時間，城市論壇除台上嘉賓外，台下只見一些年輕反對派爭相發言，借這個平台散播似是而非的言論。

曾鈺成曾提到，為何反對派青年可進佔城市論壇，而民建聯年輕一輩卻好像毫無角色，沒人發聲呢？不久，劉江華提出，希望民建聯年輕會員能積極在城市論壇台下發言，讓愛國愛港陣營的聲音也能夠在媒體上出現。

現任立法會新界西北議員周浩鼎，當時擔任青年民建聯主席，便自告奮勇一口答應。他表示，做好這項工作需要長期參與，絕非幾次或斷斷續續地參與就可了事。為做到每周風雨不改都有人出席，周浩鼎承諾青年民建聯一定會有代表參與，如果沒有人去，他也一定會到場。

周浩鼎中五後到英國升學，2001年於倫敦政治經濟學院經濟系畢業後回港工作，並在2004年加入民建聯，其後修讀香港大學法學專業證書課程，正式成為執業律師。他成為城市論壇常客後，也得了「維園律師」的外號。

從2010年起，接近5年多時間，周浩鼎幾乎每周出席城市論壇，起初在台下發言，後來發言多了，累積了經驗，有時更成為台上嘉賓。而且，台下與周浩鼎一起參與的青年民建聯成員也愈來愈多了，其中就有現任立法會議員新界東南李世榮。

城市論壇這個舞台讓青年民建聯成員練就了與反對派唇槍舌劍的本領，既學懂不怕爭論，以理服人，又無懼被人圍攻，臨危不亂。同時，也激發了自由黨青年團等建制派政團的青年成員也參加城市論壇。

通過參與城市論壇，周浩鼎認識到於1993年初加入民建聯的資深會員許金池。在民建聯成立之前，屬退休人士的許金池已是城市論壇常客，有「維園阿伯」之稱。他堅持原則，表達能力強，說話流暢，連城市論壇主持人也說他斯文，使周浩鼎等年輕一輩留下深刻印象。

2004年6月20日青年民建聯舉行成立記者會，地點選了在一間旺角的樓上咖啡室

　　青民首屆委員會由中委會委任本身是律師的張國鈞為主席，副主席及其他委員由選舉產生。民建聯另外委任蘇錦樑為青民總監，劉江華為副總監。

　　蘇錦樑在擔任民建聯常委時就負起籌組青年組織的任務。他曾在加拿大讀書及工作15年，是執業律師，九七前被派回港工作，1997年1月加入民建聯，並於2000年及2002年先後獲選為中委和常委。後來於2008年加入政府，出任商務及經濟發展局副局長，再升為局長。

　　首任主席張國鈞表示，香港缺乏年青政治人才，希望青民的成立可提供一個政治舞台，提高青年人參與政治事務和社會議題的積極性，為香港培訓新一代年青政治人才。同時亦希望將青年人的聲音帶入民建聯、帶入社會，開拓青年人的創意空間。

　　青民成立的記者招待會也搞搞新意思，在旺角一間樓上café(咖啡室)舉行。張國鈞當場還向民主黨主席楊森下戰書，邀請他就「民主黨是否改變政治立場與中央溝通」進行公開辯論。其後4名成員到民主黨總部遞交邀請信，此事當然沒有下文。

　　青民主席一職到2009年由周浩鼎接任，2015年交棒給顏汶羽，現任主席施永泰於2019年上任。張、周、顏三人後來都進入民建聯領導層，成為副主席或常委。

政黨實習開拓視野

　　青民成立後不久，就動員成員參與2004立選的助選活動，隨後於年底組團赴北京與中國外交學院學生交流。青民舉辦的活動，不論是講座或康體交流活動，均針對青年的特點，而且注重對成員的培訓，如辯論技巧、傳媒應對、政策研究，以及就青年議題組織座談會、調查、請願等。

　　民建聯以往舉辦的「進一步的天空」大專生暑期內地及本地實習計劃後來成為青民一年一度的重頭戲。2007年的暑期實習計劃有一項新猷，就是推出21個民建聯區議員及支部辦事處的實習助理崗位，協助辦事處職員或區議員舉辦社區活動和處理日常工作，從中了解政黨運作和香港的政治生態。

2010年6月27日首屆政黨實習計劃舉行簡介會

　　到2010年，這項活動定名為「香港學生暑期政黨實習計劃」，中六、中七學生也可參加。2014年，這項計劃推出「加強版」，新增為期4個月的主題學習月，舉辦不同座談會及考察活動等。

　　這些實習經歷使一些參加者對日後從政產生興趣，成功培育出不少議員、社區主任及政策研究員。第三任青民主席顏汶羽、上一任屯門支部主席葉文斌就是參加2007年的政黨實習後才加入民建聯。

創業青年任青民主席

現年32歲的青年民建聯主席施永泰，原來是通過巴士站與民建聯結緣的。

20年前，他爸爸在西環的店舖門前有個巴士站，卸貨時經常與候車乘客爭路，眾人都感不便。民建聯時任中西區區議員黃哲文有次落區了解到情況後，聯繫了巴士公司和運輸署，將巴士站後移50米，問題便圓滿解決。從那時起，施永泰便對民建聯留下難忘印象，而那個巴士站現時還在那裏。

2006年，施永泰往加拿大升學。他10年後回港，感覺西環整體變化不大，於是加入大廈業主立案法團，開始服務社區，並萌生加入民建聯的念頭。他弟弟衍良原來參加過青年民建聯的重慶實習計劃，幫他牽橋搭線，終於在2017年如願加入民建聯。

2019年5月，民建聯中委會通過委任施永泰為新一屆青年民建聯主席。以往三任青民主席從事地區工作多年，而施永泰加入民建聯僅兩年，資歷淺，又不是中委，因此許多人對此大感意外。

施永泰記得加入民建聯不久，時任中西區支部主席的陳學鋒問他：「為什麼會加入民建聯，可能會沒朋友喔，許多人可能不認同你所做的事情。」果然，「反修例風波」期間，許多親戚、同學不理解他，惡言相向。剛畢業的同屆港大工商管理碩士群組，有些人因他的存在而退群。甚至當時的生意夥伴，早就知道他是民建聯成員，如今卻要求他退出民建聯，或者拆夥。施永泰不得不選擇與他分道揚鑣。

施永泰回港後，創辦了自己的環保初創企業，研發植物性粉狀環保清潔劑。公司的首款產品研發成功後，參加了由和富社會企業旗下Hong Kong SDG Hub主辦、環境局協辦的氣候行動嘉許計劃（CARS），成為其培育項目之一，同時亦入選香港科技園IDEATION計劃。

民建聯對施永泰委以重任，應該是看重他是一名創業青年，希望青民能進一步跨階層發展，團結更多本身有專職工作或生意的年輕人。施永泰亦希望通過青民搭建適合青年發展的平台，為年輕人發聲，延續民建聯的創新精神，培養更多更優秀的愛國愛港人才。

青創未來再創新猷

直到2019年，青民先後5次舉辦內地實習計劃，其後因新冠疫情而暫停舉辦。至於本地實習計劃，在2021年升級為加強版「青創未來」計劃。

青年民建聯於2021年舉辦第一屆「青創未來計劃」

第一屆「青創未來」獲得超過12家大型中資企業及公營機構等支持，共提供超過150個本地實習崗位，涵蓋金融、銀行、地產、工程、通訊、零售、政團等多個行業。除實習部份外，還安排多項培訓課程，包括職前培訓、經濟講座、名人交流、國情教育等。

政黨實習造就葉文斌

2008年，民建聯推出政黨實習計劃，香港城市大學電子及通訊工程系一年級學生葉文斌，被地區工作吸引，於是報名參加，因為他「喜歡與人聊天」。

短短兩個月在屯門區議員蘇愛群辦事處的實習，奠定了他走向服務社區的道路。實習期間，葉文斌與其他同學關注到非空調巴士(熱狗巴)在炎炎夏日行駛的問題，於是進行乘客調查，並到九龍巴士公司總部遞交請願信，提出多項建議。

自此葉文斌對地區工作產生興趣，並在2009年加入民建聯，協助籌劃自己參加過的暑期實習計劃，同時在地區服務。畢業時，他還在糾結於是否繼續深造不太喜歡的課程。正好，蘇愛群邀請他全職做地區工作，於是決定繼續做下去。

2011年，民建聯派葉文斌在兆翠選區參選。民建聯在兆翠附近沒有辦事處，每次都要從屯門支部「推車仔」去開街站，需時十多二十分鐘。每周三天要堅持下去，對年輕人最大的挑戰就是恆心。結果是預期之內，葉文斌輸了，但他沒有挫敗感，繼續做地區工作。

2013年，葉文斌成為立法會議員陳克勤的助理，學習到許多從未涉獵的範疇，又攻讀兩年法律課程，掌握很多法律知識。2015年，他再度參選，終於以602票之差拿下民主黨經營16年的兆翠選區，以29歲之齡當選區議員，其後獲委任為民建聯屯門支部主席。

2019年黑暴期間，葉文斌最印象深刻的是，報名參選的那一天，在晚上完成報名程序後離開僅15分鐘，報名地點的屯門政府合署就被人縱火，連電梯也燒了，若非及時離開，可能遭到不測。更有甚者，有長者欲進入他與工聯會立法會議員麥美娟的聯合辦事處，竟然被人阻擋掌摑，其後辦事處更被暴徒破壞及縱火。

在選舉工程難以安全地進行的情況下，投票結果當然未能盡如人意，葉文斌雖然取得4,224票，但依然落敗。

他現在是民建聯執委，並已加入華潤創業，擔任綜合研究總監和太平洋咖啡董事，在疫情期間，以其地區工作的經驗協助這家中資企業開展抗疫工作。

2011年區選，葉文斌（左一）和其他參選新人出席宣傳活動

三、與港進聯合併

屬工商專業界組織

2005 年對民建聯的發展極具意義,這一年民建聯與香港協進聯盟(港進聯)合併,使政界的愛國愛港力量進一步壯大。

港進聯於 1994 年 4 月宣告正式成立,有 150 多位創會會員,以工商界及專業界人士為主,主席是曾任香港律師會會長的劉漢銓。廣州學者陳麗君認為,港進聯是為了將親中的工商界組織起來,在新華社香港分社推動下成立的[22]。

港進聯由於有不少會員是人大代表、政協委員、港事顧問和區事顧問,可以通過不同渠道反映港人意見,在加強香港與內地溝通方面發揮重要作用。

1997 年 5 月,港進聯宣布與香港自由民主聯會(自民聯)合併。自民聯早於 1991 年由譚惠珠參與創立。譚惠珠從政經驗豐富,1980 年代曾同時擔任行政局議員、立法局議員、市政局議員及區議員,是香港歷史上唯一的「四料議員」。

雙方曾合組名單參選

港進聯在成立後也積極參與各級議會選舉,但由於工商專業界人士較少專注地區工作,在地區直選方面較為不利。成立後不久,8 位會員參加 1994 區選,取得兩議席。1995 立選派出蔡素玉和林乾禮參與分區直選,均告落敗,只有劉漢銓在選委會選舉中獲得一席。

---

22 陳麗君:《香港民主制度發展研究》第 87 頁,中華書局。

港進聯鄧兆棠(後排左一)與民建聯合組名單參選勝出

　　回歸後，港進聯依然是香港一個重要的政團，在臨立會中擁有7名議員。1998立選，共有9位會員出選，劉漢銓、朱幼麟、蔡素玉在選委會選舉中勝出，鄧兆棠和許長青分別在功能界別區域市政局及進出口界當選。1999區選共有30位會員參加，其中21人當選，另有13位具專業背景的會員獲委任為區議員。

　　港進聯在2000立選與民建聯在香港島和新界西選區合作，合組名單參選，已加入民建聯的蔡素玉連同鄧兆棠雙雙當選，加上劉漢銓和朱幼麟在選委會選舉再度勝出，許長青自動當選連任，在立法會有一定力量。2003區選，共派出38名會員參選，20人當選，成績也算不俗。

回歸前後貢獻獲肯定

　　2003年9月8日，國家副主席曾慶紅在接見港進聯訪京團時指出，港進聯堅持愛國愛港的政治立場，團結了一大批的香港工商、專業人士，在香港回歸前後，為香港的穩定繁榮做了很多有益的工作。

　　然而，2004立選時，由於第三屆立法會不再有議員由選委會選舉產生，再考慮到分區直選和功能界別選舉的形勢，不計同時是民建聯

會員的蔡素玉，港進聯上屆4位議員均不再參選。該屆只有3名港進聯成員參選，中大教授曹宏威參加新界東直選，馮志堅和黃宏泰循功能界別金融服務界及會計界參選，均告落選。

在選舉前，傳媒已傳出港進聯以考慮與民建聯合併，作為日後發展的一個選項。港進聯在立法會沒有代表，作為一個政團，將面臨很大挑戰，合併一事再度受關注。選舉結束後，劉漢銓於12月從已擔任10年的主席一職退下來，由溫嘉旋律師任代主席，合併一事便加快推進。

港進聯歷屆立法局 / 立法會選舉結果

	分區直選	功能界別	選舉委員會
1995立法局	蔡素玉 (港島東)、林乾禮 (港島西)		劉漢銓*
1997臨時立法會	劉漢銓*、楊釗*、曹王敏賢*、蔡根培*、鄧兆棠*、胡經昌*、蔡素玉* (補選勝出)		
1998立法會		鄧兆棠* (區域市政局)、許長青* (進出口界)、倪少傑 (工業界 (第二))、胡經昌 (金融服務界)、王紹爾 (批發零售界) 馮志堅* (金融服務界) (補選勝出)	劉漢銓*、朱幼麟*、蔡素玉*、楊釗
2000立法會	蔡素玉* (香港島)、鄧兆棠* (新界西)、蔡根培、凌文海、鄭俊和、何秀武 (新界東)	許長青* (進出口界)、馮志堅 (金融服務界)	劉漢銓*、朱幼麟*
2004立法會	曹宏威 (新界東)	馮志堅 (金融服務界)、黃宏泰 (會計界)	

*當選

一加一大於二

　　2005年初，民建聯與港進聯展開籌備合併工作，分別向各自的會員進行諮詢，獲得會員的肯定和支持。

　　2月16日，民建聯與港進聯正式宣布合併，取名為「民主建港協進聯盟」，簡稱則沿用「民建聯」。兩者合併之時，共有近2,100名會員、12名立法會議員、90名區議員、以及超過120名選委會成員，各項數字都是香港政團之冠。

　　在記者會上，民建聯主席馬力和港進聯代主席溫嘉旋分別以中、英文宣讀一份《合併聲明》，強調雙方有共同目標、共同理念和共同主張。《合併聲明》全文如下：

　　我們——民主建港聯盟和香港協進聯盟，都是愛國愛港的政治團體。我們支持全面落實《基本法》，實現一國兩制、港人治港。這是我們的共同目標。

　　我們高度重視及致力維護香港的民主、法治、人權、自由。我們主張香港的政治制度，一定要按《基本法》的規定，循序漸進地發展至最終的普選目標。這是我們的共同理念。

　　我們致力發展香港的經濟和維持社會的穩定和諧。我們主張大力促進香港與內地的經濟合作，維持良好及公平的營商環境。我們關注社會民主，推動公平合理的公共政策，讓各階層市民能夠安居樂業、弱勢社群得到合理照顧。這是我們的共同主張。

　　在這樣的基礎上，民建聯和港進聯多年來建立了緊密的合作關係。雙方都認為，兩個團體的合併，有利於優勢互補，令組織更具代表性，更有效地吸納和培養治港人才，壯大愛國愛港力量。

　　合併後的組織，定名為「民主建港協進聯盟」，簡稱「民建聯」。我們將繼續積極參政議政，廣泛聯繫各階層市民，為香港特別行政區的穩定、和諧、發展，為中華民族的振興，作出更大的貢獻。

馬力在記者會上表示，民建聯有較多基層支持，港進聯有較多工商界及專業人士，兩黨合併有利優勢互補，令新政黨更能代表香港各階層利益。溫嘉旋則形容，兩黨合併一定可以產生「1+1大於2」的效果，能夠更積極參與香港的政治生活。

2005年5月31日合併後的新一屆中委會和監委會會見傳媒

新領導層體現跨階層

　　兩個組織合併的消息公布後，各項工作就加緊進行。民建聯於4月12日召開特別會員大會，通過與港進聯合併，並修訂章程大綱及章程細則，包括中委會成員上限由40名增至50名，以及常委會成員上限由15名增至20名，並增設監察委員會，由5至40名選舉會員組成。

　　修章後接著進行中委及監委選舉。5月27日，合併後的新一屆中委會和監委會誕生，共有700多名選舉會員投票選出50名中委和40名監委，投票率達四成五。

　　在61名中委候選人中，13名原港進聯成員全部當選，而組成聯合名單參選的青年民建聯6名成員，則有張國鈞、李慧琼和陳恒鑌當選，被視為第二梯隊上位。他們3人分別來自法律界、會計界及工程界，亦是民建聯致力跨階層發展的一個表現。

譚惠珠劉江華任副主席

　　新的領導層接著於5月31日選出。馬力連任主席，譚耀宗和葉國謙連任副主席，其餘兩名新任副主席是立法會黨團召集人劉江華及原港進聯副主席譚惠珠。新設的副秘書長一職由原港進聯成員曹王敏賢出任，而新任常委除吳仕福、鄧兆棠為原港進聯成員外，還有近期加入的前民航處處長林光宇、麗東集團董事長蔣麗芸、榮利集團主席盧文端等工商專業界人士。

譚惠珠(左一)及劉江華(右一)新任副主席

　　監委會成員不少是原港進聯成員，主席楊孫西原任港進聯監委會主席，6位副主席中，溫嘉旋、楊釗、劉宇新、計佑銘也是來自港進聯，而原港進聯主席劉漢銓則獲聘為民建聯新設的會務顧問，另外4位會務顧問是吳康民、胡法光、李澤添和曾鈺成。

　　譚惠珠在當選民建聯副主席後對記者表示，像一間公司要變大，將服務範圍變闊，一定要招攬人才，政黨的發展亦是一樣。若想擴大、發展，便需要在人才、服務範圍、辦事方法及領導層思維等方面作出變化，不變便會被淘汰。這便是民建聯與港進聯合併的原因。

　　同年8月25日，中委會宣布成立顧問團，就各項社會政策徵詢意見，成員同樣呈現跨階層的特點，分別來自商界、教育、婦女、文化、醫學等多個界別，包括余國春、吳清輝、李祖澤、李連生、李群華、林貝聿嘉、施子清、洪祖杭、胡國祥、胡應湘、倪少傑、馬逢國、陳永棋、陸達權、程介明、黃光漢、黃守正、黃健華、黃國健、葉慶忠、盧志強、鍾瑞明等22人。

2005年8月25日民建聯成立顧問團後聚會

與工聯會明確分工

　　總的來說，民建聯新一屆領導層已凸顯跨階層的特點。與此同時，陳婉嫻等工聯會出身的上屆中委均沒有連任。2004立選前，陳婉嫻對傳媒表示，她在民建聯的角色已經完成：「回歸前，我活躍於民建聯，但回歸後，民建聯想做跨階層政黨，大家各有各的角色扮演。」

　　對民建聯而言，可以說是工商專業界進，勞工界退。這兩個愛國愛港組織今後的分工更清晰，各自為其服務對象發聲，發揮互補作用。

　　工聯會會長鄭耀棠於7月向傳媒表示，民建聯與港進聯合併後，須兼顧跨階層需要，不能單純關注勞工基層，工聯會要透過參加各級議會選舉，將勞工議題帶入議會，為打工仔謀福利。其後，工聯會就打正旗號，參加2008年立法會分區直選，由以往的「抬轎」（助選）轉為「坐轎」（參選）。

三、與港進聯合併

四、正式亮出跨階層目標

五大工作方向

早在2004年，民建聯已開始議論邁向跨階層政黨發展的目標，到次年7月12日13周年會慶酒會時正式宣布。馬力在致辭中提出民建聯今後5個要著力工作的方向：

- 全力推動香港與內地的合作，加強市民對祖國的認識，努力開創兩地政治上互信、經濟上互利、文化上互通的新局面

- 對政府施政擔當「積極監察者的角色」，並提出建設性的意見，務求政府的社會政策更為合理完善，符合市民利益

- 朝著作為一個跨階層政黨發展。繼續立足基層，發展中產，兼顧各階層利益，以社會整體的利益為依歸。同時，亦會致力加強與市民的溝通，一方面反映民意，一方面爭取市民認同民建聯的主張

- 以培訓政治人才為己任。會投放資源、舉辦培訓、提供機會，讓更多賢能及年青人可以施展抱負。希望政府和社會各界都有這個共識，能夠提供機會給有志從政者，讓未來有更多的治港人才

- 搞好組織發展。希望能有更多人加入民建聯的隊伍，為香港市民服務，為社會作出貢獻

他強調，與港進聯合併後，民建聯會繼續本著「愛國愛港，發展民主，同心同德，建設特區」的基本理念，團結更多理念相同的人，壯大愛國愛港的力量，為「一國兩制」和香港的未來發展作出貢獻。

民建聯成立以來，一直自稱是政團，可是傳媒大多以政黨來形容民建聯。自從「跨階層政黨」的發展目標提出後，民建聯在對外宣傳和正式文件中逐漸較多使用政黨這個詞。

發展會員突出有前景

民建聯在確立跨階層的定位後，當務之急就是發展會員。9月27日，「發展會員運動宣傳計劃」正式啟動，並以「一個有前景的政黨 (A Party with A Future)──民建聯」為口號。「一個有前景的政黨」的提法，有很大的針對性，就是與堅持反中亂港的反對派區隔開來。

整個宣傳計劃的構思是透過不同背景及代表性的會員，尤其是一些新面孔，介紹他們為何加入民建聯，以號召更多人加入，主要是在巴士電視和地鐵發布廣告，並使用橫額宣傳，斥資約50萬元。

2005年9月27日在中環舉行「一個有前景的政黨」大型宣傳活動

「一個有前景的政黨」口號由來

民建聯曾經找過很多不同背景的專家當顧問，其中包括一位在美國專門為支持婦女參政籌款做宣傳的女士。她2004年來到香港，經人介紹為民建聯提供公關宣傳的點子。

這位女士到民建聯做了一場講座，另外又與民建聯的幾個核心成員會面，聽取他們介紹民建聯的宗旨、使命，以及發展的優勢和不足。聽完後，她總結說：看起來，你們一方面與特區政府和中央政府有良好的溝通關係，另一方面在香港有廣泛的社會網絡，可以聯繫社會各階層，這對你們的發展十分有利。她說：「在香港各個政治團體中，民建聯上通政府，下接民眾，是一個有前景的政黨（a party with a future）。」

「一個有前景的政黨」這口號就是這樣誕生的。

在廣告登場的「宣傳大使」有前民航處處長林光宇、屬原港進聯成員的康泰旅行社董事長黃士心、法律界張文韜，會計師李慧琼，企業家蔣麗芸，以及曾參加「進一步天空——大專生暑期內地實習計劃」學生、曾參選區議會的地區幹事和擔任義工的港大學生3位年輕人。

這次會員發展運動其實自2005年初已開始，目標是令原來的會員人數翻一番。在年初，會員人數為1,800人，到年底增至5,486人，實現翻兩番，超過原定的4,000人目標。

向會員過萬進軍

2006年元旦，民建聯在沙田公園舉行「奮力向前　進軍一萬」活動，宣布將開展第二波的會員發展運動，目標是爭取在2007年底，會員人數突破一萬大關。

馬力2月在第十四次會員大會上解釋說，此舉是為令民建聯發展為一個較具規模的政黨，達到一個較堅厚的基礎。

四、正式亮出跨階層目標

在民建聯成立15周年過後，截至2007年10月，會員人數已突破一萬，達10,940人，其中女會員佔53.7%，選舉會員佔14.3%。35歲以下青年會員有1,018人，另有少數族裔會員474人。

工商專業分途拓展

與港進聯合併後，民建聯即時增加200多名工商及專業背景的會員，使邁向跨階層政黨的步伐加快。同年6月，中委會決定新設人大政協事務委員會及婦女事務委員會，同時，原來一些工作小組升格為委員會，包括內地聯絡委員會、對外聯絡委員會、社會行動委員會和少數族裔委員會。另外工商專業事務委員會分拆為工商事務委員會及專業事務委員會，分別由蔣麗芸及方和擔任主席，專責吸納中產階層的工商及專業人士，與有關界別加強聯繫。

在2005年9月會員發展運動新一輪宣傳計劃啟動時，在會員中有近544人屬工商界、307人屬專業界(當中有41位律師、33位會計師、27位工程師、19位醫生)，共佔會員總數約四分之一。

一年多後，民建聯工商界會員人數明顯上升。截至2006年底，來自工商界別的會員逾800人，分為批發、零售及飲食界、航運交通及旅遊界、工業及紡織製衣界、商業、地產界及金融界、進出口界和美容界6個行業小組；專業界會員有300多人，分為律師、會計稅務、教育、西醫、中醫、資訊科技、規劃建築、樓宇管理等八個專業小組，大大強化民建聯的工商背景及專業形象。

跨階層也要跨族裔

民建聯走跨階層路線，著重點在於以整體香港利益為依歸，跨越的不僅是階層，亦包括跨年齡層，以及跨族裔。跨階層的重大舉措是與港進聯合併，跨年齡層的重點是成立青年民建聯，而跨族裔則是積極為少數族裔服務。

香港是國際都會，要全面服務社會，就不能忽視本地的少數族裔。因此，民建聯於2004年初成立少數族裔小組，由曾鈺成擔任召集人，以進一步開展吸納少數族裔會員、關懷少數族裔權益，以及與少數族裔團體聯絡交流的工作。

曾鈺成回憶說，與少數族裔建立聯繫，最方便的地方是宗教場所，如尖沙咀印度廟、九龍清真寺、灣仔錫克廟等，他都一一拜訪過。

與少數族裔結緣

1998年初，曾鈺成第一次去到位於尖沙咀的九龍清真寺。他站在這陌生的建築物門外，手裏拿著一張寫有Sagar幾個英文字母的紙條。

曾鈺成已開始在立法會九龍西選區的選舉工作。他知道選民中有相當數量是「少數族裔」，主要是印度、巴基斯坦、尼泊爾等南亞裔人。為了爭取他們的支持，曾的助選人員到處打聽他們有什麼代表人物可以聯絡，結果找到一個名字：Sagar。聽說他很多時會在九龍清真寺，曾便嘗試到那裏找他。

清真寺沒有「接待處」，曾又不知道入寺的規矩。他站在門外東張西望，看著一個個身穿白長袍黑上衣的人在面前走過，無法知道當中有沒有Sagar。

曾鈺成嘀咕著怎麼辦的時候，一個身形高大、皮膚黝黑、滿臉鬍子的大漢走過來，用很蹩腳的英文問：「找人嗎？」曾把手裏的紙條遞給他看，大漢說：「跟我來。」這人叫Malik，他帶曾鈺成去找Sagar，開始了曾鈺成和民建聯與少數族裔的關係。

Malik和Sagar都成為曾鈺成經常來往的好朋友、民建聯的忠實成員。

協助少數族裔發聲

少數族裔小組於2005年升格為少數族裔委員會，由林光宇擔任主席，專責關注少數族裔會員和居民。同年8月更在佐敦設立少數族裔服務中心，加強對他們的聯繫和服務工作。

數族裔委員會積極向政府反映少數族裔的聲音，例如在2006年與8個少數族裔團體一起參加立法會教育小組會議，提出少數族裔在教育上遇到的問題及改善辦法。

同時，亦大力協助少數族裔融入社會，協助他們解決求職、子女升學、房屋等生活問題，並連續多年舉辦「民族共融繽紛表演晚會」，促進民族共融。

截至2006年底，民建聯共有少數族裔會員342人，主要來自印度、巴基斯坦、尼泊爾、孟加拉、斯里蘭卡、菲律賓、非洲等地，是香港擁有最多少數族裔會員的政團。

2015年與錫克廟代表會晤時任教育局局長吳克儉

少數族裔委員會會見時任保安局局長黎棟國

第 七 章

內強素質 外樹形象

一、董上曾接重新磨合

公允評價董建華政績

2005 既是民建聯邁向跨階層政黨發展的一年，也是特區政府出現重大變動的一年。就在民建聯與港進聯確認合併後不久，董建華在 3 月 10 日宣布因健康理由向中央政府辭去行政長官職務，兩日後獲國務院批准，並在同一天獲選為全國政協副主席，由政務司司長曾蔭權出任署理行政長官。

上年 12 月 20 日，董建華率領香港代表團出席澳門特別行政區第二屆政府就職典禮，向主持典禮的國家主席胡錦濤述職。胡錦濤在接見董建華時指出，要認真回顧香港回歸 7 年來走過的歷程，總結經驗、查找不足、不斷提高施政能力和管治水平。其後，董建華在 1 月的施政報告中有專門段落談及「不足和問題」和「提高施政水平」，當時引起社會上不少議論和猜測。

民建聯就董建華辭職一事回應新聞界查詢時，對他作出公允恰當的評價：

> 董先生擔任特首期間，帶領香港特區落實「一國兩制」。面對金融風暴衝擊本港特區經濟的困境之下，董先生又不斷為振興本港經濟、爭取內地與香港更緊密經貿關係安排，作出努力及貢獻，成功帶領香港走出經濟谷底。此外，董先生對本港的教育發展及長者安老事務等政策，都提出及推動了不少改善措施。董先生真誠及熱忱的工作表現，是有目共睹的，我們對他的離任感到十分惋惜。

民建聯亦期望董建華當選為全國政協副主席之後，能就加強中央政府與香港特區之間的溝通，推動內地與香港的經濟融合及促進香港各階層人士的合作等方面發揮作用。

曾蔭權參加特首補選

曾蔭權出任署理行政長官後，立即著手籌備新特首的補選，然而新特首的任期是董建華剩餘的兩年，還是完整一任的5年，《基本法》對此沒有規定，社會上出現不同的理解。

為此，曾蔭權主動提請全國人大常委會釋法。4月27日，全國人大常委會通過解釋，確定新特首的任期為原特首的剩餘任期。民建聯對此表示歡迎，認為符合大部分港人的期望，有助平息社會對有關問題的爭議。

5月25日，曾蔭權宣布辭職，並表明參選特首的意向。6月2日，他在參選演辭中說：「當年我不過是一個孤單的推銷員，但今天我希望有機會在另一個層面服務香港市民。」

曾蔭權擔任公務員已有38年，回歸後先後出任財政司司長及政務司司長，與傳統愛國陣營往來並不密切，與民建聯的關係只能說是一般。當時社會上有人認為，他有中央的支持，加上與「民主派」較友好，對愛國愛港人士或會不大尊重。這樣看來，他成為新特首後，民建聯與政府的關係就需要重新磨合。

曾蔭權首次出席民建聯活動

2005年3月19日，民建聯立法會議員陳鑑林的第五個地區辦事處開幕。在此之前，時任政務司司長的曾蔭權曾出席鄭經翰的議員辦事處開幕禮，於是陳鑑林也邀請他擔任主禮嘉賓。從來沒有參加過民建聯活動的曾蔭權這次爽快地答允。

豈料董建華突然辭職，曾蔭權成為署理行政長官，勢將參選特首，而民建聯又有130多名成員是選委，因而這項活動甚受傳媒關注，特首辦亦多次查詢民建聯領導層會有誰人出席。

開幕禮當天，曾蔭權見到民建聯主席馬力在場，既擁抱又握手，態度十分親熱。雖然他尚未宣布參選，傳媒也解讀為提前拉票。

自此之後，曾蔭權積極與民建聯搞好關係，除3次到訪民建聯總部、出席周年慶祝酒會和籌款晚會外，2006年3月曾鈺成何文田辦事處開幕和11月馬力鴨脷洲邨辦事處開幕也有到場祝賀。

民建聯表態支持

在800人的第二屆行政長官選委會中,民建聯成員有103人,對選情有一定的影響力。5月30日,民建聯提出一份對新任行政長官的施政期望,認為特首應該以其獨有的能力、理念、魅力和親和力(Competence, Conviction, Charisma & Connectivity),譜寫香港新的篇章。其中提及的親和力,應是對曾蔭權的特別企盼。

施政期望要求新任行政長官落實十項政策主張,為香港長期的穩定繁榮打下堅實的基礎:發展支柱產業,扶助中小企業;融合兩地經濟,加強跨境基建;嚴控公共開支,減輕中產負擔;加快舊區重建,善用土地資源;改善社會民生,扶助弱勢社群;加強環保政策,消減環境污染;提高教育質素,促進國民教育;制定人口政策,優化人口質素;改革施政架構,培養政治人才;促進政制發展,創造普選條件。

次日,民建聯中委會決定,積極支持曾蔭權參加特首補選,認為他具備豐富行政管理經驗、有愛國愛港的情操,並得到社會各階層廣泛界別人士的支持。不過,民建聯不會規定具選委身份的成員統一投票或提名。

除曾蔭權外,民主黨主席李永達和立法會金融服務界議員詹培忠也宣布參選,但均達不到100個提名的要求。6月16日提名期結束,曾蔭權取得674個提名及36份支持同意書,成為唯一候選人,自動當選[23]。24日,曾蔭權於北京在總理溫家寶主持下宣誓就任香港第二位行政長官。

一、董上曾接重新磨合

23　按當時的《行政長官選舉條例》,如果只有一名候選人,他即自動當選。《條例》其後已修訂,即使只有一人,仍須經選委會投票選舉。

了解長者輪籌看病苦況

2005年中，民建聯調查發現，由於醫療資源不足，許多病患者要一早排隊輪候政府普通科門診服務，飽受日曬雨淋之苦。6月27日，譚耀宗在立法會答問大會上追問剛上任特首的曾蔭權，如何紓緩長者輪候派籌看病之苦，曾蔭權承諾與譚耀宗實地考察了解情況。

兩天後上午7時許，曾蔭權到達位於長沙灣的西九龍普通科門診診所，與曾鈺成、譚耀宗，以及民建聯深水埗區議員張文韜、陳偉明等會合，先與輪候中的求診者傾談，了解他們排隊的苦況。診所8時才開門，可是排頭位者凌晨4時已到場。其後，他與民建聯負責人分析及討論解決方法，逗留近一小時後離開。事後曾蔭權還親自致電陳偉明，說明政府將如何跟進。

民建聯建議政府改善普通科門診的服務流程和行政安排，增加診症名額，以及增設電話電腦登記預約。這些建議得到醫管局積極回應，作出多項改善措施，縮短病人輪候時間。

盼與政府更緊密合作

民建聯中委會在決定支持曾蔭權參加特首補選的同一天也選出新一屆領導層(見第六章第三節)。連任主席的馬力在記者會上表示,民建聯日後的路向是積極發展與政府更緊密的合作關係,致力建立有政黨參與的管治聯盟,期望今後與政府會有更多合作溝通,令政黨在香港發揮更大的政治作用。

曾蔭權正式就任特首後不久,就展示友好姿態,爭取民建聯的支持。6月29日清晨,曾蔭權專程與曾鈺成、譚耀宗等到西九龍普通科門診診所實地了解市民輪籌的情況,其後又出席民建聯13周年慶祝酒會。

不過,民建聯在一年前已明確對政府施政採取「是其是,非其非」的態度,扮演「積極監察者的角色」,對曾蔭權不可能凡事都贊同,很快就在新政府總部選址問題上提出不同意見。

一、董上曾接重新磨合

二、與政府建立互信不易

倡議啟德建政府總部

現時政府總部所在的添馬艦地王原來計劃出售，1998年改為興建政府總部用地，但後來三度叫停，曾蔭權在補選特首競選活動中重提這項計劃，上任後在8月初即向傳媒表示希望「盡快上馬」。

8月18日，民建聯立法會議員會見曾蔭權，提出對2005/2006年度施政報告的期望，建議落實6大主題發展計劃，包括在東九龍打造「政治行政中心」，在舊啟德機場上興建新政府總部和立法會大樓，以及發展港深邊境經濟區。

2006年8月18日民建聯一眾立法會議員就新年度施政報告建議會見曾蔭權

其後，民建聯於9月22日舉行「打造香港新行政中心」研討會，與會講者大多認為政府總部應遷離金融核心區。10月初正式向政府提交「打造香港新行政中心──政府總部選址研究」報告，闡述民建聯支持的東南九龍新政府總部方案，並重申搬遷政府總部問題爭議性

大，促請政府盡快全面交代選址添馬艦的理據，並就有關問題進行廣泛諮詢。

由此可見，民建聯並非只在口頭上提出不同意見，而是經反覆研究探討後有實質理據支持的，因而得到不少市民贊同。然而，曾蔭權沒有採納民建聯這項「捨添馬艦、取啟德」的建議，不過，他在施政報告中對民建聯一些建議作出回應，例如開放部分邊境禁區進行發展、加快落實基建工程等。

支持政制向前發展

曾蔭權出任特首後一項重要任務是推動政制改革。2004年4月全國人大常委會通過決定，可以修改2007年第三任行政長官和2008年第四屆立法會的具體產生辦法。2005年1月，政府成立政制發展專責小組，由時任政務司司長的曾蔭權負責。

從年初開始，民建聯舉辦「對話未來」座談會，邀請馮國經、梁振英、許仕仁、葉國華和陳啟宗等政經界人士，就本港長遠發展、政制安排等問題交流意見，其後又與多個團體代表會晤，就政制安排進行討論。

5月，民建聯發表對政制發展專責小組第四號報告書的回應，建議擴大選委會至1,600人，立法會功能組別增加中醫界、婦女界、輔助專業界及地產代理界等。

10月，政制發展專責小組發表第五號報告書，提出被傳媒稱為「區議會方案」的修改建議，主要內容是行政長官選舉委員會由800人增至1,600人，納入全部529名區議員為選委；新增10名立法會議員，其中分區直選增加5席，另外區議會功能界別議席由1席增至6席，均由區議員互選產生。

民建聯內部原先對「區議會方案」的部分安排有保留，因為方案將立法會選舉與區議會選舉掛鈎，勢必加劇區議會政治化，影響地區工作。不過，民建聯考慮到方案符合《基本法》和全國人大常委會的決定，令香港的政制安排循序漸進地向前發展，符合社會大眾的期望，故對此表示支持。

12月，民建聯與工聯會等11個團體發起「關注政改大聯盟」，舉行支持政改方案簽名運動，共獲得78萬個市民簽名，顯示有關方案得到市民認同。在其中一場簽名會，曾蔭權及多名司局級官員更到場簽名支持。

2005年12月15日關注政改大聯盟在中環擺設街站，收集市民簽名

　　然而，「民主派」不顧《基本法》和全國人大常委會決定的規定，要求政府同時提出普選時間表，揚言綑綁投票反對政府就修改建議向立法會提出的兩項議案。12月4日，民陣發起反對政改方案的遊行，號稱超過25萬人參加，前政務司司長陳方安生也到場，而警方則估計有6.3萬人。結果，12月21日，政改議案投票時有34票贊成，24票反對，未達全體議員三分之一而被否決。

　　曾鈺成在表決前發言時一針見血指出：

　　　　反對這兩項議案的議員要面對的最大問題，便是如何為反對一個得到民意支持的政改方案來開脫。自從第五號報告發表以來，傳媒和一些經常進行民調的機構，包括港大的民意網站和中大的亞太研究所，一共進行了十多次民意調查，差不多每隔數天便有一次。所有調查結果均顯示支持方案的人多於反對的人。反對派如何解釋這問題呢？……事實上，這些民調並非政府進行的，而是泛民主派同事經常引述的那些機構進行的。

　　雖然民意調查顯示，逾六成港人支持政府提出的修改建議，可是由於「民主派」背離主流民意，竭力阻撓，因而使香港錯失回歸10年後民主向前發展的機遇。

曾蔭權上任之初，與民建聯關係
較為模糊，互信尚未確立。不過，經
此一役，民建聯與政府的合作關係明
顯得到鞏固。

2005年12月18日發起支持政改巴士巡遊活動

中央首提深層次矛盾

政制被迫原地踏步後不久，曾蔭權赴京述職。12月28日，國務院
總理溫家寶在會見曾蔭權時首次表明中央認為香港存在深層次矛盾，
指出香港經濟和社會發展繼續保持良好的態勢，但仍有一些深層次的
矛盾和問題尚未得到根本解決，並重申發展香港的民主政治是中央的
一貫立場，但要平穩、健康有序地推進。

曾蔭權在會見後向記者表示，溫家寶所指的深層次矛盾，主要環
繞經濟問題，與政治完全無關，是指本港的經濟轉型未完成，特別是
高地價、高租金及高工資。至於政府和社會的精力長期消耗在政治爭
拗中，以致深層次矛盾遲遲不能解決，卻避而不談。

政府「箍票」功敗垂成

特區政府2005年提出政改方案時，立法會60名議員中，建制派佔了35人。假設除立法會主席外的34名建制派議員全部對政改投贊成票，政府要獲得通過方案所需的40票，便要取得6名非建制派議員的支持。坊間早已傳出政府鎖定為「撬票」目標的6人名單，他們是：劉千石、馮檢基、鄭經翰、梁耀忠、李國麟和譚香文，都不是民主黨或公民黨成員。

立法會當年12月21日對政改方案進行表決。表決當天早上，傳媒報道曾蔭權前一晚深夜在禮賓府「密會」幾名泛民議員，盡力「箍票」。民建聯收到的訊息，是所有人都要作好準備在政改議案辯論中發言，讓政府有充分時間進行最後關頭的拉票；到政府成功取得足夠票數，便停止發言，立即表決。民建聯議員聽聞，在辯論進行期間，曾蔭權一直留在立法會大樓對面的香港會所，逐一約見「撬票」對象，游說對方投支持票。

被指會「轉軚」支持政改方案的泛民議員，顯然受到來自反對派陣營的極大壓力。反對派採取「人盯人」策略，分工纏住幾個「動搖分子」，不斷提醒他們要堅持投反對票。準備率先發言的譚香文成為反對派纏擾的重點人物，在前廳裏只見公民黨余若薇守在譚的身旁，不停對她喁喁細語。其他「目標人物」大部分時間不見踪影，只有梁耀忠大半天蜷縮在前廳的沙發上，愁眉深鎖，不發一言。

6名有可能投支持票的泛民議員，都只願做「第六票」，即要等其他5人都同意了支持，才會把自己關鍵的最後一票投給政府。在譚香文發言明確表示要投反對票之後，政府的箍票計劃便徹底瓦解了。

推薦陳克勤加入政府

2006年2月，曾蔭權委任陳克勤為行政長官特別助理。陳克勤時任新界青年聯會主席，曾任民選區議員，屬民建聯培養的第二梯隊，是首名經民建聯推薦進入政府工作的成員。此項任命被視為曾蔭權有意拉近與民建聯關係，而讓有地區工作經驗的年輕人協助特首工作也是一項創新。

陳克勤擔任特首特別助理的經歷，對他熟悉政府運作大有幫助。他於2008年6月離任，隨後參加立法會選舉，在新界東選區當選，成功連任三屆，其後更擔任民建聯黨團召集人，可以說是政府與民建聯實施「旋轉門」的成功先例。

與此同時，曾蔭權委任與「民主派」關係較密切的何安達任新聞統籌專員、劉細良任中央政策組全職顧問，同屬首長級級別，待遇遠較陳克勤為高。特別是劉細良曾任民主黨研究部主任，經常為李柱銘的演辭和文章代筆，其後在雜誌工作期間，不時在文章和電台節目中大肆攻擊愛國愛港人士。當時就有評論謂曾蔭權是搞平衡，不過天平傾向「民主派」一邊。

曾鈺成當時在報章的專欄文章中質疑：「這項任命是證明了曾蔭權的大智大勇，還是另一次『天真』，自可觀其後效再作判斷。」劉細良離開政府後，一直積極參與「反中亂港」活動，可見此言非虛。

特首訪民建聯總部交流

民建聯雖然在政府總部選址和特首身邊工作人員任命等問題上有不同意見，但仍無損與政府的合作關係。對曾蔭權來說，在政改夭折和西九龍文娛藝術區 (後稱西九文化區) 發展計劃推倒重來後，在添馬艦興建新政府總部一事不容有失。

2006年4月4日晚上，曾蔭權應邀出席民建聯中委會會議，就其施政理念及與民建聯的合作關係進行交流，並解釋政府在添馬艦興建新政府總部和立法會大樓的理由。民建聯經研究後，認為政府的理據可以接納，加上政府承諾加快東南九龍的發展並開設政府服務中心，因此，最終決定在立法會支持在添馬艦興建政府總部。

2006年4月4日 曾蔭權出席民建聯中委會會議

5月，民建聯發表《讓啟德再起飛——民建聯東南九龍發展計劃建議書》，提出多項規劃建議，引起社會廣泛的關注和討論。其後，再與3間顧問公司合作，

2006年7月就東南九龍發展計劃舉辦巡迴展覽

舉行巡迴展覽，將建議用模型及展板向公眾展示，合共超過15,000人到場參觀。經過個多月的諮詢，民建聯在8月向規劃處提交意見書，其中一些建議獲得接納。

三、建設一個有前景的政黨

積極監察加強合作

就在曾蔭權夜訪民建聯總部之後不久，政務司司長許仕仁及政制事務局局長林瑞麟於4月8日至9日前往東莞，出席民建聯第六次路向營。一周之內，特首和高層官員接連與民建聯互動，可見政府十分重視與民建聯的溝通和合作，亦被傳媒視為體現「親疏有別」。

這次路向營有160多人參加，主題為「建設一個有前景的政黨」，除兩名政府高官外，星島集團行政總裁盧永雄、一國兩制研究中心總裁張志剛和中大社會學系副教授陳健民亦應邀擔任講者。

路向營的共識是以「積極監察、加強合作」的方針，與政府建立更緊密的合作關係。主席馬力在記者會上表示，民建聯永不做反對黨，相反會誠心誠意、從香港整體利益出發為市民服務。

馬力並希望民建聯日後可積極參與各諮詢委員會的工作，在政府制定政策的早期，已可加強與政府之間的溝通，以便及早向政府反映廣泛市民的意見，而非只局限於黨內立法會議員的意見，因為民建聯擁有龐大的民意基礎，可以有助政府收集民意。

這次記者會與過往不同，除馬力外，還有林光宇、李慧琼及王舜義(前國泰航空人事經理)三名具專業背景的成員參與，此種安排是有意突出跨階層政黨的形象。

盼與政府榮辱與共

4月13日，多份報章刊出在路向營後對馬力的專訪。馬力再次談及「有辱無榮」的問題，希望與政府衷誠合作，由董建華時的「有辱無榮」，轉變為能夠做到「榮辱與共」，最起碼需要互相得益，才能向選民交代。他認為，當時與政府的合作模式只是管治聯盟的雛形。

曾鈺成同日在《星島日報》的專欄文章中對此有進一步闡述：

> 要維持管治強勢，政府一定要爭取在立法會裏擁有足夠議席的黨派成為自己可靠的盟友，能夠支持政府認為必須推行而又有較大爭議的政策措施。這些「友好黨派」如果對政策制定的參與程度跟其他黨派沒有分別，只是遇到有其他黨派不肯支持的政策時他們便當舉手機器，那他們自己便要失掉公眾的支持，到下一屆選舉失掉選票。這是過去「保皇黨」「有辱無榮」的經驗。

> 特區政府要探索一種與「友好黨派」更有效合作的模式。簡單地說，合作要達到「榮辱與共」的目的：「友好黨派」支持政府推行最「難行」的政策，政府為「友好黨派」發展壯大提供有利條件，並且合力令雙方一起維持良好的民望。要朝這個方向發展，首先要建立充分的互信，這正是曾、許近期參與民建聯活動的目的。

然而，在與政府合作時做到「榮辱與共」並非易事，「有辱無榮」成了日後長期困擾民建聯的一大問題。

建言獻策提出多項倡議

事實上，自曾蔭權出任特首後，除打造香港新行政中心、加快東南九龍發展外，民建聯先後多次發表研究報告及舉辦研討會，在經濟及規劃等方面提出多項政策倡議。

2005年11月，舉行「開發邊境禁區——機會與挑戰」論壇，介紹年中完成的《繁榮的邊境，繁榮的香港——全方位開發港深邊境地區的方案與論證》專題報告。

次年2月，發表《香港發展新工業研究報告》，提出11項建議，包括改變政府管治思維、提供扶助政策措施；制訂發展新工業的長遠目標及策略；集中發展多媒體等數個行業等。

其後，又獲香港建造商會贊助，就大嶼山發展規劃聘請顧問公司研究，並於7月中舉行研討會，推介有關建議。

值得注意的是，在港珠澳大橋動工興建前，民建聯已於2006年5月發表《港珠澳大橋「橋頭經濟」概念計劃建議書》，針對日後大橋車流量不足的問題，建議在三地的大橋落腳點，設立專用停車處，方便沒有兩地車牌的車輛入境停泊，並建設酒店及大型消閒娛樂購物設施，發展橋頭經濟區，對旅遊及消費大有裨益。

可惜，民建聯這些有利香港長遠發展的建議，當時沒有引起政府的重視，只能說是有先見之明而已。

另一方面，政府在同年7月發表擴闊稅基諮詢文件，建議開徵商品及服務稅（俗稱銷售稅），並指出這是擴闊稅基的最合適方案，社會上反應強烈。

民建聯對此表示反對，認為不單破壞本港一直奉行的簡單稅制，亦對低下階層造成沉重負擔。8月中，更發起簽名運動，獲得7萬名市民支持，遞交給財政司司長唐英年。其後政府於12月中宣布不再推介這項建議。

　　此事顯示民建聯即使與政府建立合作關係，但依然抱持以香港整體利益出發的理念及定位，仍會就某些議題提出與政府不同的意見。

回歸後第二次訪京

　　2006年9月11至14日，民建聯30多人的代表團到北京訪問，是回歸後第二次。12日，剛在一天前從山西省調研回京的國家副主席曾慶紅與訪京團12位核心成員會面，鼓勵民建聯「內強素質，外樹形象」，為香港的穩定和發展，發揮正面的力量。

　　曾慶紅指出，政黨要為香港作無私貢獻，凡事應以香港利益出發，希望民建聯繼續在港人與中央政府、各部門及地方政府之間做好橋樑及紐帶作用。他對民建聯的情況相當了解，提到民建聯會員人數由2003年上次見面時的1,800多人，增至7,700多人。

2006年9月民建聯訪京團會見國家副主席曾慶紅

接見時，民建聯亦就爛尾樓、「一地兩檢」、雙重徵稅等問題反映意見。全國政協副主席兼港澳辦主任廖暉、全國政協副主席兼統戰部部長劉延東及中聯辦主任高祀仁也在座。

據馬力理解，「內強素質」是指民建聯會員人數激增，有需要提高會員素質；「外樹形象」，則是期望民建聯在香港社會上建立一個新的形象。

其後，劉延東接見訪京團全體成員，希望民建聯與特區政府建立建設性互動關係，多提出具建設性的建議，並壯大愛國愛港力量。訪京團還分別拜訪港澳辦、商務部、公安部、民航總局、稅務總局和環保總局，加強跟各部門的聯繫。

全國政協副主席兼統戰部部長劉延東接見訪京團全體成員

北京之行後，馬力對傳媒表示，「內強素質」首先表現在吸引更多專業人士加入，其次則是從30至40歲的成員中開始著手培養接班人。民建聯並明確提出，在2007年7月成立15周年時會員人數突破一萬人的目標。

曾慶紅於同月15日在接見自由黨訪京團11名核心成員時的贈言則是「珍惜機遇，合力建港」。

三、建設一個有前景的政黨

四、協助曾蔭權競選連任

特首選委人數逾百

民建聯訪京後隨即準備2006年12月10日舉行的選舉委員會界別分組選舉。這次選舉是在38個界別分組選出664名選委進入選委會，於2007年選出第三任行政長官。

在2005年6月的特首補選中，民主黨主席李永達取得的提名不夠100個，未能參選。因此，「民主派」一改過去抵制選委會界別分組選舉的態度，積極派人參選。在38個界別分組中，15個界別分組共有237人自動當選，剩下23個界別分組有803人角逐427個席位。

民建聯在選前共有選委107人，選舉結果出來後，連同毋須選舉的界別分組，共有111人，增加4人。「民主派」選委亦有114人，得以提名特首候選人。

曾蔭權再訪民建聯總部

第三任行政長官選舉於2007年3月25日舉行。早在1月初，曾蔭權已表明會競選連任，而「民主派」亦推出公民黨[24]立法會議員梁家傑參選。

由於有兩名候選人競逐，曾蔭權要「高民望、高得票」當選，搞好選舉工程十分重要，他希望擁有豐富地區工作經驗的民建聯能夠提供協助。

24　公民黨於2006年3月19日成立，主要成員來自「四十五條關注組」，其前身是2003年成立的「二十三條關注組」。

　　1月31日，民建聯發表對新行政長官的期望，認為新特首必須具備「四信」：愛國愛港的信念；港人的信賴；中央的信任；公務員的信服，並能鎖定未來治港的「三重點」，即落實「抓住機遇謀發展，包容共濟促和諧」：重點發展經濟，在利國利港、互惠雙贏的原則下，發揮香港的優勢，促進與內地的經貿合作，推動本地經濟轉型；重點改善民生，優化香港生活環境，提升市民生活質素，照顧弱勢，關懷中產，體現「福為民開」的施政理念；重點促進社會和諧，注重經濟社會協調發展及社會公平，促進和睦相處；按《基本法》要求，循序漸進推動民主政制發展。

　　2月1日，曾蔭權正式宣布競選連任，向市民承諾：「我會做好呢份工」。早在兩天前，民建聯開會通過呼籲身為選委的111名成員一致提名及投票予曾蔭權。

　　在競選活動中，民建聯是他第一個拜訪的團體。5日，曾蔭權再度來到民建聯總部，與中委、監委、立法會議員和選舉委員會委員座談，介紹其參選政綱，並當場得到45張提名票。

　　馬力其後對傳媒表示，特首候選人須具備「四信」條件，同時應鎖定未來治港的「三重點」。曾蔭權在這些方面，均較梁家傑為佳，民建聯會全力支持他參選。

四、協助曾蔭權競選連任

2007年2月5日曾蔭權拜訪民建聯

青民成員陪同花車巡遊

曾蔭權在競選時落區派傳單、「嗌咪」及「洗樓」等活動，以及3月23日晚在灣仔修頓球場有近四千人參加的造勢大會，民建聯都有動員會員及義工支援。

青年民建聯成員更積極為曾蔭權助選。2月2日大年初三，曾蔭權花車巡遊港九新界5個商場宣傳，青民10名成員全程陪同。在此之前，曾蔭權出席民建聯籌款晚宴，留意到數位青民成員穿著金光閃閃的唐裝在場迎賓，留下深刻印象，於是邀請他們陪同他花車巡遊。3月15日舉行的第二場電視直播選舉辯論，每名候選人最多可帶同約50名支持者進場，張國鈞、陳恒鑌等10名青民成員亦當起曾蔭權的啦啦隊。

青年民建聯成員陪同曾蔭權花車巡遊競選

3月25日選舉日，共有789名選委投票。在772張有效票中，曾蔭權以649票當選，比提名票多8張，梁家傑獲得123張票，比提名票少9張。4月2日，曾蔭權獲國務院正式任命為第三任行政長官。

在競選期間，曾蔭權在民意調查中的支持度持續在六成以上，最後階段更升逾八成，從而打破「民主派」希望通過「有競爭的選舉」而使曾蔭權「低民望、高得票」的局面。

支持曾蔭權造勢晚會

「四千人的歡呼吶喊，四千人的掌聲鼓舞，今天晚上響徹了灣仔修頓球場。他們一聲聲的支持，教我既感欣慰亦感沉重。……如果成功連任，未來五年的每一天，我都不可以忘記這個晚上溫暖我心的千個太陽。……經過今天晚上，體會到市民的誠心信任，怎能不赴湯蹈火都要做好呢份工！」

這是曾蔭權出席競選連任晚會後在報章發表的感言。

這個晚會被傳媒形容為「破天荒的造勢大會」，在2007年3月23日——即行政長官選舉日前兩天——在灣仔修頓球場舉行。到場為曾蔭權打氣的，除了所有建制派政團的代表外，還有多位歌影視藝員和得獎運動員。

這「星光熠熠」固然有賴曾蔭權的地位和面子，但場面的規模、聲勢和氣氛，是精心策劃和高效組織的結果，而策劃和組織的主力，就是民建聯。這一點，曾蔭權和出席晚會的個別政府高官，是清楚看到的。

所以，當晚會來到尾聲高潮，一眾主要嘉賓在台上簇擁著曾蔭權高呼和高歌時，曾蔭權和在場的高官都激動得眼泛淚光，政府高層跟民建聯從沒有像這刻那麼親切。

2007年3月23日曾蔭權的造勢大會，青年民建聯多位成員為其站台

第八章

選戰推進世代交替

一、馬力病逝痛失英才

喜見年輕一代上位

民建聯主席馬力自2004立選期間證實患癌後，既要前往廣州接受治療，又須在港履行職務，十分勞碌。2006年3月，病情開始出現反覆。2007年北京兩會後，他甚少在人多的公開場合出現。

4月24日，民建聯換屆，改選領導層，馬力連任主席。蘇錦樑新任副主席，接替改任監委會副主席的譚惠珠。譚惠珠、盧文端、陳鑑林和黃定光不再參選常委，由張國鈞、李慧琼、陳恒鑌和歐陽士國接替。

馬力對記者表示，4位新常委都是民建聯內專業、年輕的成員，體現這次換屆的兩大特色：專業化和年輕化。張國鈞是青年民建聯主席、律師，李慧琼是九龍城區議員和會計師，陳恒鑌則是荃灣區議員及工程師，歐陽士國是商人。四人獲選為新常委，代表民建聯領導層的一股新力量，充滿朝氣，加上新增副秘書長蔣麗芸，相信可加強民建聯與專業人士之間的合作，實現建設跨階層政黨目標。

可惜，馬力未能看到新會址於12月啟用。民建聯現時在北角聯合出版大廈的兩層總部，是於2007年9月購入，所需資金是在馬力主持下籌募回來的。

未能親臨15周年會慶

2007年是民建聯成立15周年，7月8日首次在紅磡香港體育館舉行會慶晚會，共有8,500人參加。會上公布民建聯會員人數已達10,403人，達成「萬人黨」的目標。在廣州治病的馬力未能參加這次盛會，只能以視像方式向與會者發言。他表示，民建聯走過了一條不平凡的道路，取得一定成績，鼓勵大家共同努力，萬眾一心，為香港、為民建聯打拼，取得更大的成就。兩天後舉行的15周年會慶酒會，近700位嘉賓出席，馬力同樣沒有參加。

剛上任第三任行政長官的曾蔭權率領全體司局級官員出席會慶酒會，他在致辭時強調民建聯是政府的夥伴。在新一屆政府的施政中，政黨扮演重要角色。而民建聯作為本港第一大政黨，具備完善地區組織，是政府民意的雷達，在組織民意上有優勢。新任財政司司長曾俊華作為主禮嘉賓在會慶晚會上致辭時亦形容，民建聯是政府的「親密戰友」。

2007年7月8日民建聯在紅磡體育館舉辦15周年晚會，馬力主席以視像方式發言

生命不息奉獻不止

在與結腸癌搏鬥3年後，馬力於2007年8月8日在廣州逝世，享年55歲。

馬力是最早開始籌組民建聯的5人小組成員之一，一直在幕後做策劃統籌工作。在曾鈺成因2003區選失利而辭去主席一職後，他從幕後走到台前。接任主席後的角色變換，加上參加地區直選，使外表文弱書生的馬力受到很大的壓力。他在主席任內倡議大力發展會員，成為「萬人黨」，同時由基層轉向跨階層目標邁進，對民建聯的長遠發展有重要貢獻。

馬力的公祭儀式於8月25日在香港殯儀館舉行，靈柩蓋上國旗，董建華、曾蔭權、中聯辦主任高祀仁，以及500多位政商界人士到場致祭，極盡哀榮。靈堂中央兩旁掛著多年戰友曾鈺成的輓聯：「壯志待酬路遙思馬力，真誠盡獻日久得人心」。

譚耀宗接任主席

治喪委員會主任委員譚耀宗致悼辭，題為「生命不息 奉獻不止」，指出馬力「為人正直，謙遜有禮，平易近人，公道正派。他注意傾聽不同的意見，善於團結同事一道工作。他尊重人才，關心、愛護身邊的工作人員，贏得了一起工作同事的尊敬和愛戴」。

譚耀宗希望大家「學習他對國家、對香港、對市民高度負責的精神；學習他堅持全面準確地理解『一國兩制』的方針政策、堅持嚴格按《基本法》辦事的態度；學習他在逆境中承擔責任、克服困難的勇氣」。

其後，為懷念馬力生前對香港所作出的貢獻，民建聯特別成立「馬力國民教育基金」。

馬力原來擔任的主席一職，8月28日由副主席譚耀宗接任。他當選後表示「決心盡我所能，努力實踐馬力的遺願，把民建聯壯大。今後我們會繼續積極參與各級選舉，服務市民，把民建聯的理念發揚光大」。

不久，蔣麗芸接任副主席，而陳曼琪和葛珮帆分別補選為常委及中委，填補馬力的空缺。

立會補選支持葉劉

馬力病逝後遺下的立法會香港島地方選區議席空缺，安排在2007區選後於12月2日舉行補選。

葉劉淑儀於2003年7月辭去保安局局長一職，赴美國留學返港後創立匯賢智庫，一直有意參選立法會，並在南區設立辦事處。由於補

選屬單議席單票制，知名度高的參選人勝算較高，而葉劉淑儀理念相近，為壯大及扶持愛國愛港力量，民建聯決定支持她參加補選，並動員會員及義工助選。

「民主派」經多方協調後，由前政務司司長陳方安生參選，另外還有6人參加。

選舉日共有32.2萬人投票，投票率為52.1%，較2004立選香港島投票率低3.6個百分點。葉劉淑儀獲得137,550票，得票率為42.9%，陳方安生獲得175,874票，得票率為54.8%。陳方安生只做了幾個月立法會議員，2008立選沒有競選連任。

補選結束後，葉劉淑儀即表明會參加次年的立法會選舉。她參加補選的經驗，有助於日後鞏固並開拓票源，對香港島的整體選情有一定影響。

二、2007區選捲土重來

成立義工團嘉許義工

民建聯能夠不斷成長，順利開展地區工作，實有賴大批義工支持。多年來18個支部的義工團隊一直為社會上有需要的人士服務。

2007區選之前，民建聯整合18區支部的義工團隊，成立「民建聯義工團」，於3月31日在尖沙咀香港文化中心露天廣場舉行啟動禮，有近600人參加，民政事務局常任秘書長林鄭月娥到場主禮。民建聯當年就是在文化中心內正式成立。

民建聯成立義工團是希望義工們以愛心助人的精神，推動社區建立互助關懷文化。同時，通過義工團的服務，可使市民對民建聯多加認識及支持。

2007年3月31日民建聯在尖沙咀文化中心舉行成立「民建聯義工團」儀式

民建聯每年都舉辦「義工嘉許禮」表揚無私付出的義工們

　　從2008年起，民建聯每年均舉行義工嘉許禮，表揚傑出義工。凡服務達50小時或以上者獲銅獎、100小時或以上者獲銀獎、200小時或以上者獲金獎。義工團成立時，有1,150名成員，到2021年6月舉行嘉許禮時已逾9,700人，獲嘉許者達6,209人。

區選政綱「家和萬事興」

　　馬力在2004立選後，曾訂下2007年重奪100個區議會議席的目標。這次區選是回歸後第三屆，於11月18日舉行，民選議席共405個，比上屆增加5席。

　　與2003區選時相比，香港的政治經濟環境起了很大變化。在外部環境好轉，以及CEPA和「自由行」等內地惠港政策帶動下，2004年至2006年，經濟每年平均增長7.7%，2007年上半年亦有6.3%的增長，失業率亦由2003年年中的8.6%回落至4.2%。

　　曾蔭權上任第三任行政長官後不久，政府發表《政制發展綠皮書》，首次啟動就雙普選模式、路線圖及時間表的討論。在這樣的背景下，「民主派」難以在區選炒作反對政府、爭取雙普選的政治議題，焦點只能放在民生議題。

　　2007年5月，區議會觀塘啟業選區補選，民建聯施能熊就以近6成的得票擊敗「民主派」對手成功當選，顯示選民更重視參選人的地區工作。

　　民建聯於9月30日在尖沙咀星光大道李小龍像旁舉行「踏實每一步，步出星光路」誓師大會，宣布派出177人參選區議會，比上屆206人減少近一成五，但仍是最多人參選的政團。

　　這次區選的政綱是「家和萬事興」，即家庭價值共維護、和諧香港攜手創、萬眾齊心建繁榮、事事關心為民生、興教育才增就業，希望引領香港建構一個和諧、穩步發展的社會。選舉口號是「實事求是為您做事」，反映民建聯務實的作風，以及深獲市民認同的地區政績。

2007年5月20日觀塘啟業區議會選舉補選，民建聯施能熊以6成選票擊敗對手

2007年9月30日民建聯在尖沙咀星光大道宣布2007年區議會參選名單

參選人多年輕專業

在177位參選人中，女性佔31人，60人首次參選，68人角逐連任。參選人的特點是年輕、專業、高學歷。平均年齡為45歲，年齡最大的64歲，最年輕者為21歲的姚銘，到提名期最後一天才符合資格參選，而40歲或以下有63人，佔35.6%。

以學歷計，大專或以上程度佔74%，而擁有學士或以上程度有81人，佔整體的45.8%，遠高於上屆的19人，其中碩士28人。參選觀塘坪石選區的藥物科技公司執行董事陳百里，更取得美國杜克大學電機工程學士及生物醫學工程博士學位。

以專業計，擁有律師資格的有10人，會計師資格的有兩人，工程師資格的亦有1人。蔡素玉、李國英和黃容根3位立法會議員競選連任區議員，另有15名參選人為民建聯職員或議員助理。

有多位服務社區多年的老將，主動不再角逐連任，交棒予年輕一輩，如陳鑑林、楊位款和葉志堅，分別交棒予陳百里、陳學鋒和王永祥，希望培育新人。

2007年10月5日幾位區議會「老將」包括觀塘區陳鑑林、九龍城葉志堅和中西區楊位款宣布交捧予新一代

留美博士從政之路

陳百里在美國讀書時經常到醫院、社區做義工，返回香港後，也在住處附近的坪石邨找機會為社區服務，從而認識到同時擔任該區區議員的立法會議員陳鑑林。

他畢業於香港培正小學和喇沙書院，後來到美國杜克大學升學，取得電機工程學士及生物醫學工程博士學位。在2006年加入民建聯前後，他與朋友共同創辦藥物科技公司，是首批入駐香港科學園的公司之一，發展僅一年多，便取得香港工業獎——科技成就獎。

發展初創企業與業餘服務社區，本來是平行線。可是，陳鑑林看中了陳百里，提議他接棒，2007區選在坪石選區出選。時年30歲的陳百里詳細考慮後決定一試，自此改變了事業發展的軌迹。

選舉結果是街坊口中「睇得、打得、使得」的陳百里，以2,647票對1,261票大勝公民黨對手。2011區選，陳百里更大勝社民連對手近2,000票，成功連任。

　　他憶述：「第一次參選經歷，使我領會到如何走入群眾，要有不同的方式接觸街坊，真的學習到很多東西。之後我也做過陳鑑林的立法會選舉經理人，接觸不同地區議題及地區組織，這些經歷都是非常難得的。」

　　2012年3月，梁振英當選特首後，民建聯成立人才遴選小組，提出約10人的名單，向新一屆政府推薦人才，最終只得陳百里成功加入政府。他心儀的是科技局，但是由於反對派阻撓，立法會遲遲未能通過設立科技局。2013年3月，宣布委任陳百里出任商務及經濟發展局政治助理，而局長蘇錦樑也是來自民建聯。經過4年歷練，陳百里在林鄭月娥就任後升任商經局副局長。

　　從初創企業創辦人，到區議員，再轉向政治委任官員，陳百里表示，地區服務的經驗使他懂得如何更好地與持份者溝通，對順利轉換角色有很大的幫助。

當選率高達六成五

　　選舉日投票人數為114.9萬，比上屆多逾8萬，投票率為38.8%，比上屆低近6個百分點。

　　選舉結果表明，民建聯打贏這場翻身仗，成為取得民選議席最多的政團，共獲得115個議席，其中12人自動當選，比上屆多53席，當選率達65%，比上屆的30%大大提高。

　　競選連任的67名參選人只有4人落敗，65名40歲或以下的參選人有35人當選，當選率為56%。在需要投票的選區中共獲得294,687萬票，得票率為53.26%，比上屆多逾4萬票。

　　各區選舉結果方面，油尖旺區7名參選人均勝出，是首次有一個區的參選人全部當選。麥謝巧玲在華貴選區勝出，在南區取得「零的突破」，至此民建聯在全港18個區議會均取得議席。

2007年10月28日在中環遮打花園舉行「2007區議會選舉誓師大會」

「不離不棄」獲得肯定

　　上屆落選，但「不離不棄」繼續服務地區的28名參選人，有20人當選。其中，葉國謙上屆在中西區觀龍選區以64票之差，敗於「空降」的何秀蘭。這次何秀蘭考慮到再難炒作政治議題，放棄競選連任。選舉結果是服務地區多年的葉國謙，獲得2,702票，以得票率85.0%的絕對優勢，重返區議會。

　　郭必錚在觀塘順天選區上屆敗於「民主派」的何偉途，這次再度對壘，選舉結果大逆轉，以3,357票對2,715票勝出。

　　鍾港武兩次在油尖旺富榮選區敗於民主黨的涂謹申，這次再接再厲，獲得2,851票，以67.0%的得票率壓倒對手的支聯會常委勝出。

劉國勳在北區欣盛選區以4,159票對1,239票擊敗上屆當選的對手，得票為新界區最高，也是民建聯最高。

新人三分之一當選

民建聯除了一批對地區「不離不棄」的參選人順利捲土重來外，也有不少年輕新面孔在選舉中勝出。

初次參選的62人有21人當選，三分之一的當選率與民主黨的35%相近，高出其他政團甚多。

兩位新人成功接老將的棒，陳百里在觀塘坪石選區以得票率62.9%勝出，而陳學鋒在中西區堅摩選區以得票率49.1%壓倒兩名對手當選。

新任中委葛珮帆亦以得票率55.7%在沙田頌安選區當選；25歲生日將屆的姚國威，在元朗宏景選區以1,684票對1,321票擊敗民主黨秘書長張賢登；24歲的楊文銳，在沙田錦濤選區以2,030票對1,680票使民主黨對手連任失敗；鄭泳舜在深水埗南昌北選區，以37.5%的得票率壓倒兩名對手，比次名的民協參選人僅多14票險勝。

競選連任的參選人方面，陳恒鑌在荃灣楊屋道選區的得票率高達90.7%，陳曼琪在黃大仙正愛選區得票率為76.5%，成績相當突出。

民建聯在2007區選表現出色，與一直以來地區工作做得很扎實細緻，加上整體政治經濟大氣候有利分不開。

至於上屆區議會取得民選議席最多的民主黨，派出108人參選，只取得59席，當選率為54.6%，遠低於上屆的79.8%。

12月14日，政府公布102名委任區議員名單，民建聯成員有13人，比上屆增加7人。

民建聯2007區議會選舉結果

選區	姓名	得票	得票率	選區	姓名	得票	得票率
中西區				**灣仔**			
中環	李偉強	689	38.4%	愛群	鄭琴淵*	1,391	75.4%
堅摩	陳學鋒*	1,417	49.0%	鵝頸	鍾嘉敏	888	46.1%
觀龍	葉國謙*	2,702	85.0%	大佛口	李均頤*	1,222	47.4%
寶翠	王宏康	1,835	45.3%	**南區**			
西營盤	盧懿行*	1,850	61.3%	華貴	麥謝巧玲*	2,161	38.8%
東華	蕭嘉怡	690	40.0%	黃竹坑	黃才立	1,277	35.0%
東區				**油尖旺**			
太古城西	趙鈺銘	618	22.9%	尖沙咀西	孔昭華*	586	48.0%
太古城東	陸偉傑	1,017	31.8%	佐敦西	陳少棠*	2,144	70.0%
筲箕灣	勞鍱珍*	1,192	64.1%	佐敦東	劉志榮*	1,115	49.5%
愛秩序灣	顏尊廉*	2,430	47.2%	油麻地	楊子熙*	1,882	58.0%
杏花邨	伍景華	1,729	44.1%	富榮	鍾港武*	2,851	67.0%
翠灣	姜淑敏	1,844	46.8%	大角咀南	蔡少峰*	1,294	51.9%
小西灣	陳霑群*	2,308	80.6%	尖沙咀東	關秀玲*	687	33.3%
景怡	梁國鴻	2,074	50.3%	**深水埗**			
環翠	龔栢祥*	2,335	65.5%	南昌北	鄭泳舜*	912	37.5%
柏架山	黃建彬*	2,120	81.7%	南昌中	劉佩玉*	1,197	54.2%
堡壘	洪連杉*	(自動當選)		麗閣	范國輝	2,030	49.0%
錦屏	蔡素玉*	1,804	75.2%	元州	譚釗怡	1,736	41.8%
健康村	鄭志成*	1,591	51.7%	荔枝角南	陳仁川	1,136	32.2%
鰂魚涌	丁江浩*	1,313	56.2%	美孚南	楊漢成	1,487	49.9%
南豐	王吉顯	1,409	42.9%	蘇屋	陳偉明*	3,074	71.2%
下耀東	許嘉灝	1,491	58.2%	**九龍城**			
上耀東	趙資強*	2,190	75.5%	馬頭圍	梁定濤	1,720	47.0%
興民	趙承基*	2,286	67.6%	馬坑涌	尹才榜*	1,512	54.7%
樂康	黃家維	1,454	43.2%	常樂	陸勁光*	2,666	54.0%
漁灣	鍾樹根*	1,922	72.8%	龍城	吳寶強*	2,050	64.5%
黃大仙				啟德	司徒建華	623	30.9%
龍上	林文輝*	(自動當選)		海心	潘國華*	1,989	53.5%

*當選

選區	姓名	得票	得票率
黃大仙			
鳳德	簡志豪 *	2,971	61.7%
東頭	李德康 *	1,895	64.1%
橫頭磡	黎榮浩 *	（自動當選）	
慈雲西	袁國強	2,165	45.0%
正愛	陳曼琪 *	3,131	76.5%
正安	張思晉	1,329	29.1%
慈雲東	何漢文 *	3,069	64.7%
彩雲東	盧兆華	1,339	47.6%
池彩	何賢輝 *	1,473	65.4%
彩虹	莫健榮 *	2,599	64.5%
荃灣			
楊屋道	陳恒鑌 *	1,897	90.7%
祈德尊	陳金霖 *	2,124	73.8%
荃灣中心	張浩明 *	1,085	50.5%
麗興	丘增強	894	34.0%
象石	陳振中	1,463	45.8%
屯門			
兆置	廖俊權	800	21.4%
安定	李偉林	1,333	37.9%
友愛南	陳潔芳	1,108	48.7%
友愛北	陳雲生 *	1,886	67.9%
景興	陳有海 *	（自動當選）	
興澤	徐帆 *	2,668	75.3%
悅湖	張恒輝 *	1,659	51.5%
兆禧	蔡學富	660	29.8%
湖景	梁健文 *	1,776	78.2%
蝴蝶	蘇愛群 *	2,097	54.4%
樂翠	李錦文	1,007	38.5%
龍門	龍瑞卿 *	2,396	70.8%
新景	施拯中	1,164	34.8%

選區	姓名	得票	得票率
九龍城			
土瓜灣北	李慧琼 *	1,472	81.9%
鶴園海逸	蕭婉嫦 *	1,738	61.1%
紅磡	王永祥	860	39.7%
愛民	吳奮金	1,817	42.0%
觀塘			
啟業	施能熊 *	（自動當選）	
麗晶	潘進源 *	2,362	53.8%
坪石	陳百里 *	2,647	62.9%
佐敦谷	屈志華	1,499	46.9%
順天	郭必錚 *	3,357	55.3%
寶達	洪錦鉉 *	3,905	67.2%
秀茂坪南	麥富寧	2,330	59.1%
興田	孫鴻華	1,822	46.5%
藍田	簡銘東 *	1,695	49.1%
廣德	柯創盛 *	（自動當選）	
定安	佘啟邦	1,417	39.9%
牛頭角	陳國華 *	（自動當選）	
樂華南	周志威	1,062	32.3%
元朗			
豐年	呂堅 *	1,851	56.1%
南屏	邱嘉強	909	28.3%
北朗	陳兆基	1,383	41.4%
元朗中心	蕭浪鳴 *	1,132	42.7%
鳳翔	余仲良	940	35.8%
瑞愛	郭強 *	3,427	82.0%
頌華	馮彩玉	1,164	39.8%
天恒	陸頌雄	2,820	83.9%
宏景	姚國威 *	1,684	56.0%
北區			
聯和墟	陳發康	1,530	45.1%

* 當選

選區	姓名	得票	得票率
屯門			
田景	李洪森 *	2,416	72.4%
寶田	陳秀雲 *	1,099	57.4%
建生	陳文華 *	2,587	67.7%
兆康	韓溢翁	1,175	37.1%
富泰	陳文偉 *	2,925	57.2%
天耀	梁志祥 *	2,600	68.1%
慈祐	嚴國強	1,735	46.3%
大埔			
大埔墟	李國英 *	1,351	53.8%
頌汀	譚榮勳 *	1,703	50.8%
大元	鄭俊平	1,948	76.8%
富亨	王秋北 *	2,053	47.4%
怡富	巫偉文	2,509	46.9%
富明新	溫官球	1,691	41.8%
廣福及寶湖	林泉 *	2,644	64.9%
宏福	黃碧嬌 *	2,578	60.8%
寶雅	黃容根 *	2,516	81.7%
舊墟及太湖	邱仕生	984	38.3%
沙田			
沙田市中心	江活潮	1,555	49.4%
禾輋邨	余倩雯 *	2,264	51.3%
大圍	袁貴才	2,851	50.7%
穗禾	彭長緯 *	2,128	59.8%
頌安	葛珮帆 *	2,379	55.7%
錦濤	楊文銳 *	2,030	54.7%
耀安	黃戊娣 *	2,533	55.9%
恆安	梁耀才	1,549	33.4%
鞍泰	楊祥利 *	2,508	57.8%
大水坑	何秀武	1,470	40.3%
碧湖	梁國顯	609	19.3%

選區	姓名	得票	得票率
北區			
華都	姚銘	1,739	40.6%
華明	賴心 *	1,882	48.0%
欣盛	劉國勳 *	4,159	77.0%
盛福	溫和達 *	2,801	58.6%
上水鄉郊	侯金林 *	2,061	83.6%
御太	藍偉良 *	1,296	54.9%
彩園	蘇西智 *	2,309	52.5%
石湖墟	王潤強	1,081	33.2%
天平西	黃宏滔 *	1,614	60.7%
鳳翠	廖超華	1,114	38.4%
沙打	溫和輝 *	2,439	91.0%
天平東	柯倩儀	531	21.7%
皇后山	鄧根年 *	2,088	52.4%
西貢			
西貢市中心	吳仕福 *	(自動當選)	
白沙灣	邱戊秀 *	1,487	66.9%
西貢離島	溫悅球 *	(自動當選)	
坑口西	邱玉麟 *	(自動當選)	
彩健	戴家柱	478	19.2%
富軍	葉子弘	1,027	31.8%
欣英	伍炳耀 *	1,881	60.6%
運亨	連楚強	988	27.8%
景林	祁麗媚 *	2,593	56.5%
厚德	凌文海	2,305	68.8%
富藍	陳國旗 *	(自動當選)	
尚德	陸惠民 *	2,201	63.6%
廣明	林仲科	1,101	32.4%
葵青			
葵涌邨	歐陽寶珍	821	27.7%
石蔭	羅顯懷 *	1,437	31.9%

* 當選

選區	姓名	得票	得票率
沙田			
廣康	鄭楚光*	1,633	53.4%
離島			
逸東邨南	老廣成*	1,850	64.5%
東涌北	鄭天樂	466	29.5%
東涌南	周轉香*	1,985	56.5%
南丫及蒲台	余麗芬*	(自動當選)	
長洲北	李桂珍*	2,294	93.2%

選區	姓名	得票	得票率
葵青			
安蔭	梁子穎*	2,929	59.3%
大白田	曹立舸	1,151	44.6%
荔華	楊文達	885	39.6%
興芳	梁嘉銘	1,451	44.3%
葵盛西邨	賴芬芳	1,040	27.0%
盛康	梁偉文*	2,740	81.1%
青衣南	潘志成*	1,771	61.4%
長安	羅競成*	2,147	56.9%

*當選

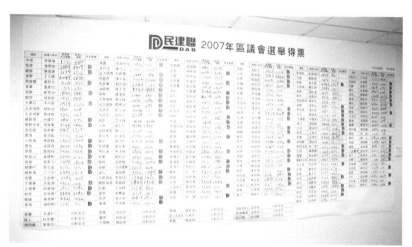

每屆的區議會選舉，民建聯總部都會提供最快、最新的選舉結果資料，供傳媒報道，圖為2007年區議會選舉點票結果表

規劃地區發展吸引選民

民建聯現任常委、元朗支部主席呂堅，在1998年至2016年譚耀宗擔任立法會議員期間擔任其助理。由於譚耀宗的選區在新界西，呂堅對這個地區的情況十分熟悉。

2007區選時，一直在幕後的呂堅分身出來在元朗豐年選區初次參選，以56.1%的得票率壓倒其他兩名對手當選。

由於呂堅長期從事政策研究，在籌備競選活動時感到區議員應擺脫予人「街坊保長」的印象，對地區規劃發展要有主張，才能吸引新選民。在譚耀宗支持下，呂堅推動新界西各支部關注屯門、元朗及荃灣的規劃發展，並聯同顧問進行研究。

研究報告提出的重點建議包括開發屯門河濱長廊；改造元朗明渠、恢復天然河道的生態環境；荃灣以「七色彩虹」為主題，重新規劃工廠區用地。報告其後呈交發展局局長林鄭月娥。

研究成果與新界西各選區相關的部分，隨後納入各參選人的競選政綱中，這樣地區層面的政綱就更加言之有物，予人既實幹又具前瞻性的形象，重視各小選區細務之餘，展現民建聯對全區的建設藍圖。

在新界西各支部分享這項經驗後，其他地區的支部接著效法，到下屆區選時便全面鋪開。

呂堅(左三)聯同民建聯成員向時任發展局局長林鄭月娥提交建議報告

三、備戰 2008 立選

復辦政治專才培訓

隨著政制不斷向前發展，民建聯作為香港一個主要政團，吸納人才，並提供培訓，藉此培養政治人才和接班人，以至向政府及其他機構輸送人才，這個任務顯得日益迫切。

為此，民建聯在7年多之後，經過逾一年的籌備，與上海中國浦東幹部學院、香港大學專業進修學院及英國劍橋大學合作，於2007年12月底至次年4月再次舉辦「政治專才培訓計劃」。

課程分內地專題、香港專題和國際專題三部分，40名學員先往浦東幹部學院研習中國國情8天，然後參加5位香港學術界、政經界講者的講座，其後30名學員再赴劍橋大學學習，培訓重點包括英國的政治制度和政府管治、傳媒的影響等，並就領袖才能方面進行研討和訓練。從課程設計上來看，是希望學員能夠做到「心繫家國，放眼天下」。

　　報名參加培訓的成員須具備大專以上學歷、年齡在45歲以下。40位獲選參加培訓的學員平均年齡為30.9歲，其中12人為區議員，14位是政策副發言人，是具潛質的第二梯隊。學員只需繳付7,000元，整個培訓計劃民建聯出資180萬元，可算不惜工本。

　　學員李慧琼在結業禮上談及劍橋之旅時表示，教授與學員進行領袖才能的研討等，給予很多關於培養政治領袖的寶貴意見，深深啓發學員思維，相信能提升地區工作的服務質素。

　　參加這次培訓的學員，有不少人日後成為民建聯的接班人或立法會議員，也有出任政治委任官員，如李慧琼、張國鈞、劉國勳、陳恒鑌、陳學鋒、柯創盛、徐英偉、蕭嘉怡等。

　　在政治專才培訓計劃學員前往浦東幹部學院研習之前，民建聯20多名領導層、會員和職員早於4月已前赴北京，參加國家行政學院舉辦的「第一期香港愛國政團骨幹研習班」，為期8天，深入了解國防、外交等國情。這個研習班與國家行政學院給香港高級公務員開辦的課程相若。

　　2008年12月，民建聯組織職員和議員助理到上海浦東幹部學院參加國情研習班。2009年中，又舉辦工商專業界國情研習團，有33位工商專業界會員到北京行政學院研習。

雙普選定出時間表

　　踏入2008年，香港面對的經濟和政治環境出現背馳現象。由美國次級按揭引發的金融危機逐步蔓延全球，香港經濟受到衝擊。另一方面，政治爭拗暫時平伏下來。

　　上年中，政府發表《政制發展綠皮書》，就雙普選模式、路線圖及時間表諮詢公眾。民建聯就此向政府提出對未來政制發展的建議，認為應以「先易後難」的方式去推動雙普選，行政長官的普選應早於立法會的普選。2017年是合適的年份落實普選行政長官，而2012年則是過渡安排。至於立法會普選問題較為複雜，包括是否取消抑或保留功能團體議席，仍需要進一步探討及討論。

　　2007年12月12日，曾蔭權就公眾諮詢結果向人大常委會提交報告。12月29日，全國人大常委會作出《關於香港特別行政區2012年行政長官和立法會產生辦法及有關普選問題的決定》，確定2017年可以普選行政長官，而在此之後，立法會全部議員可以普選產生，並同意2012年兩個產生辦法可以作出適當修改。

　　全國人大常委會明確實現雙普選的時間表，受到市民普遍歡迎，一項民意調查顯示七成港人表示接受，而一些「民主派」人士對中央同意推動香港民主向前發展也感到意外，一時之間政治氣氛變得比較緩和。

安排新人參選立會

在全國人大常委會確定雙普選時間表之後，2008立選舉行之前，民建聯於3月29日至20日在深圳舉行第七次路向營，主題為「繼續打拼為香港」，主要議題自然涉及政制發展和立法會選舉。

這次路向營最受傳媒關注的是首次邀請到中央官員為演講嘉賓，由全國人大常委會副秘書長喬曉陽主講「香港政制的未來發展」。他提出4點建議：民建聯要掌握時勢做大做強；要培育更多政治人才，迎接未來的普選；要提高政策研究水平，不但進行涉及民生的政策研究，亦要認真研究政制發展；打好9月的立法會選戰。

喬曉陽（左）擔任「繼續打拼為香港」路向營主講嘉賓

另一講者行政長官辦公室主任陳德霖則是曾蔭權出任特首後第三位參加路向營的高官，講述民建聯應如何鞏固和政府的合作夥伴關係，形容彼此「榮辱與共」。其他兩位講者是香港貿易發展局主席蘇澤光和港台節目主持周融。

譚耀宗在總結路向營的討論時向傳媒表示，民建聯除繼續做好地區工作外，亦會加強在中產、專業人士與青年方面的工作，並在政策方面多作研究。

三、備戰2008立選

331

　　他形容，自2006年以來，民建聯與政府的溝通有所增加，互信亦加強，但亦重申，會繼續監督政府，以協助政府改善施政，「是其是，非其非」。立法會選舉的目標是力保12個議席，在安排人選時要兼顧力保議席和安排新人參選。

　　這次記者會還特意安排李慧琼、陳曼琪和張國鈞3位第二梯隊成員參加。

蘇錦樑等三人加入政府

　　曾蔭權在就任特首後發表的首份施政報告中提出，在問責制實施後，迫切需要加強對主要官員的支援。

　　2006年7月，政府發表《進一步發展政治委任制度諮詢文件》，建議增設副局長和局長助理兩層的政治委任職位。曾蔭權希望此舉可讓更多具公共行政經驗的專業政治人才加入政府，使司長及局長在政治工作方面得到更好的支援，包括制訂和推行政策，積極主動與市民溝通接觸，以及尋求廣大市民對政策的支持。

　　民建聯成員之中，梁愛詩和陳克勤加入政府時都不是政治委任官員，首位政治委任官員是蘇錦樑。

　　2008年5月20日，政府公布政治委任的8位副局長名單，蘇錦樑獲委任為商務及經濟發展局副局長，是唯一具政黨背景者，隨即辭去民建聯副主席和常委職務。其後再公布9名政治助理名單，民建聯中委、深水埗支部主席張文韜任發

展局局長政治助理，青年民建聯副主席徐英偉任民政事務局局長政治助理，另外自由黨亦有一人任政治助理。在 17 名政治委任官員中，只有 4 人來自政黨。

擴大政治委任制起風波

民主黨等反對派對擴大問責制大表不滿，攻擊曾蔭權「用人唯親」，「政治酬庸」支持政府的政黨。高級公務員內部也有牴觸情緒，一些前高官亦加入反對行列，大力抨擊遴選過程。

蘇錦樑曾長期在加拿大工作及讀書，擁有加拿大國籍，很快便被傳媒報道出來，接著傳出其他 4 位副局長也擁有外國國籍或居英權。雖然《基本法》對此沒有限制，但依然引起軒然大波，其後各人均宣布放棄外國國籍或居英權。

自小隨家人移民加拿大的徐英偉其後亦宣布放棄加籍，可是亦有 3 位政治助理表明會保留外國國籍或居英權。同時，政治助理的薪酬是否過高更引發爭議。總之，曾蔭權的民望因這場風波而出現轉折。

民建聯的立場是支持擴大政治委任制度，以改善施政，儲備足夠的政治人才。在落實過程中出現種種不理想的情況，需要改善，但毋須因此而全盤否定這個方向。

其後，民建聯補選陳學鋒、吳少鵬和黃國恩任中委，以接替蘇錦樑、張文韜，以及因病逝世的劉志榮 3 人的空缺，並選出王舜義接替蘇錦樑為常委，但不補選副主席。

向曾蔭權推薦官員人選

曾蔭權政府2006年開始計劃擴大「高官問責制」，2007年初敲定細節，決定在各局長之下增設副局長和局長助理。2007年3月，曾蔭權順利當選連任後，便邀請民建聯推薦出任副局長和局長助理的人選。

民建聯經內部商議，考慮了一批條件優越的人才，個別徵求了他們的意願，整理出一張6人名單，推薦其中2人任副局長，4人任局長助理。名單由曾鈺成親自交給曾蔭權，交名單時行政長官辦公室主任曾俊華也在場。曾蔭權把名單遞給曾俊華，並對曾鈺成說：「我相信民建聯；你們推薦的人，我全部錄用。」

不過當時政府換屆在即，副局長和局長助理的人選，自然要待新一屆政府各局長上任後才確定。

政府換屆，曾俊華當了財政司司長，陳德霖接任行政長官辦公室主任，負責聘任副局長和局長助理的工作。陳德霖設計了一套遴選辦法，在某天把所有這些職位的候選人集中到陽明山莊，進行面試。曾鈺成提醒陳德霖：曾蔭權先前已承諾民建聯推薦的6人全部錄用。陳回應說：「這怎可能呢？總得有個遴選程序。」

遴選結果，民建聯的6人中3人獲錄用，1人任副局長，2人任局長助理。

民建聯出任政治委任官員的成員

曾蔭權任內委任		
蘇錦樑	民建聯副主席、律師。卡爾頓大學經濟學士、渥太華大學工商管理和法律雙碩士	商務及經濟發展局副局長（2008年6月－2011年6月）、商務及經濟發展局局長（2011年6月－2017年6月）
張文韜	民建聯中委、深水埗支部主席、執業大律師、深水埗區議員。加拿大西安大略大學及英國史丹福郡大學法律學位	發展局局長政治助理（2008年6月－2012年6月）
徐英偉	青年民建聯副主席。恆生銀行投資事務經理。渥太華大學經濟、公共政策及公共管理學士，以及曼徹斯特大學工商管理碩士	民政事務局局長政治助理（2008年6月－2017年6月）、勞工及福利局副局長（2017年－2020年4月）、民政事務局局長（2020年4月－2022年2月）
梁振英任內委任		
劉江華	民建聯副主席。英國愛薩特大學社會學學士、香港城市理工學院公共及社會行政學碩士	政制及內地事務局副局長（2012年12月－2015年7月）、民政事務局局長（2015年7月－2020年4月）
陳百里	民建聯中委、觀塘區區議員。美國杜克大學電機工程學士和生物醫學工程博士	商務及經濟發展局局長政治助理（2013年3月－2017年6月）、商務及經濟發展局副局長（2017年8月－）
林鄭月娥任內委任		
許正宇	民建聯常委、金融發展局行政總監。英國牛津大學哲學、政治及經濟系榮譽學士與碩士、INSEAD工商管理碩士學位	財經事務及庫務局局長（2020年4月－）
胡健民	民建聯成員。倫敦帝國學院機械工程學士學位、清華大學高級公共管理碩士	政制及內地事務局副局長（2021年10月－）
蕭嘉怡	民建聯成員、中西區區議員。畢業於珠海書院，主修新聞及傳播，香港理工大學社會政策及社會發展碩士	政務司司長政治助理（2017年9月－2022年4月8日）

三、備戰2008立選

林鄭月娥任內委任		
葉俊廉	民建聯成員、金融壹賬通（中國平安集團聯營公司）高級經理。香港大學經濟金融學學士	財經事務及庫務局局長政治助理（2020年6月─）
張進樂	民政事務局研究主任。香港中文大學社會科學學士學位、香港城市大學專業會計與企業管治學理學碩士	民政事務局局長政治助理（2021年4月─）

民建聯與政治委任官員

　　2002年7月，董建華續任第二任特首，推行高官問責制，司長和局長等主要官員改為政治委任，其中沒有民建聯成員。

　　曾蔭權就任第三任特首後決定擴大問責制，增設副局長和政治助理，均屬政治委任官員。2008年5月，政府公布首批政治委任的8位副局長和9位政治助理名單，其中民建聯成員各有一人及兩人，即蘇錦樑、張文韜和徐英偉。3年後，蘇錦樑升任局長，是首位出任主要官員的民建聯成員。

　　梁振英特首任內，先後委任劉江華和陳百里出任副局長及政治助理，連同留任的蘇錦樑和徐英偉，屬民建聯成員的政治委任官員共4人。其後劉江華升任局長，連同蘇錦樑，有兩名主要官員是民建聯成員。

　　林鄭月娥上任特首之初，委任蕭嘉怡為政治助理，連同留任的劉江華，以及改任副局長的徐英偉（其後升任局長）和陳百里，屬民建聯成員的政治委任官員也是4人。

　　直到2020年及之後，再有民建聯成員出任政治委任官員，葉俊廉和張進樂任政治助理，胡健民任副局長，而許正宇則出任局長，是首名直接成為主要官員的民建聯成員。

林鄭月娥任內，擔任政治委任官員的民建聯成員最多時達7人，其中局長和副局長各有兩人。2022年1月1日，民建聯舉行30周年會慶啟動禮，屬政治委任官員的7名成員全部出席。

政治委任官員在制訂或協助制訂政策時，需要多方面綜合考慮，兼顧不同持分者的利益，因此不可能將民建聯的主張或倡議直接帶入政府，而在開展政策諮詢工作時，也不能夠首先顧及民建聯。此外，在為數40多名的政治委任官員中，民建聯成員所佔的比例在大部分時間都不及一成，只是近兩年才增加到七分之一左右。

由此可見，就政治委任官員而言，民建聯頂多是發揮向政府推薦政治專才的作用，而與政府建立「管治聯盟」的提法，要真正落實談何容易。

過往這些政治委任官員一旦離開政府，除劉江華外，都沒有重回民建聯協助會務發展。事實上，政黨與政府之間的「旋轉門」尚未建立起來。

四、立會議員注入新血

選舉聚焦民生議題

第四屆立法會選舉於 2008 年 9 月 7 日舉行。由於 2005 年 12 月，首個政改方案在「民主派」阻撓下夭折，本屆選舉只能沿用原有辦法。因人口變動，九龍西增加一個議席，總數為 5 席，而九龍東則減少 1 席，改為 4 席。

這一年，受全球金融危機影響，香港經濟活動急速放緩，實質本地生產總值 (GDP) 增長率由第一季比上年同期勁升 7.3%，到第三季跌至 1.7%。同時，通脹急升，樓市股市大跌。儘管曾蔭權於 7 月宣布推出一系列共 110 億元的紓困措施，民生議題依然是社會關注的焦點。

另一方面，由於全國人大常委會已確定雙普選時間表，「民主派」要炒作爭取 2012 年實行雙普選沒有多大市場，因此也改打民生牌。再者，北京奧運於 8 月舉行，閉幕後國家金牌運動員來港訪問，掀起市民的愛國熱情，亦影響對立法會選情的關注度。

民建聯的立法會參選政綱以社會民生先行，主題為「關愛共享、融合創新、綠色發展、理性向前」，涵蓋社會民生、經濟、環保和政制發展四個方面。社會民生方面提出抗通脹、保民生的多項政策，並建議盡快就保安、清潔工種訂立最低工資並立法，繼而逐步走向全面推行。政制發展方面強調，為了讓 2012 年選舉的「中途方案」可順利過渡至普選，需要有穩健的選舉模式，並會加強對政府的監督，致力培訓治港人才。選舉口號則是「您我同心 香港可以更好」。

新人有專業夠年輕

　　中委會於7月8日和22日先後通過地區直選及功能界別參選名單。地區直選派出29人參選，每個選區只有一張名單，其中40歲以下者超過一半，凸顯年輕化，平均年齡為42歲。參選人中有6位立法會議員競逐連任，另有21名區議員，而擔任副發言人和曾參加政治專才訓練計劃者各有12人。主席譚耀宗形容，參選人有4個特點：有經驗、富承擔，有專業、夠年輕。

2008年7月17日民建聯2008年立法會候選人在公布名單後首次齊集亮相

5份參選名單中，亮點有二。一是九龍西由上屆在曾鈺成名單排第三位的李慧琼領軍，名單上的4人都是區議員，其中兩位是新人。同時，新界東方面，李國英不角逐連任，由陳克勤接棒，由上屆在劉江華名單排末位改為排第二位，有望勝出。

民建聯九龍西名單由李慧琼（右三）領軍

民建聯新界東名單由劉江華（右二）排首位，陳克勤（左二）排第二位

在參選人之中，曾鈺成61歲，屬最年長。他原已表示不會競逐連任，後因范徐麗泰放棄再度參選，獲鼓勵角逐立法會主席一職，於是改在香港島出選，蔡素玉3度在名單上排第二位。

在提名結束前發生一段小插曲，前港進聯成員、民建聯中委王紹爾以獨立名義報名參選九龍西，但因未有及時在銀行存入適當選舉按金，不符合參選資格。2009年4月，民建聯換屆，王紹爾未能連任中委。

得票率各政團之冠

2008立會選舉日，雖然地區直選登記選民增加，但投票人數只得152.4萬，比上屆少26萬，投票率為45.2%，比上屆低逾10個百分點。

由於同屬民建聯會員的工聯會成員黃國健及王國興在九龍東和新界西分旗出選，民建聯獲得的票數比上屆減少逾10萬，共得347,373萬票，得票率為22.9%，比上屆低2.8個百分點。不過得票率仍高於民主黨的20.6%，公民黨的13.7%，在各政團中最高。若計入工聯會所得的86,311票，僅比上屆少約兩萬票，得票率合共為28.6%，比上屆高近3個百分點，顯示分旗出選對擴大愛國愛港力量有利。

民建聯在地區直選中取得7席，比上屆少兩席，若計入以工聯會名義在九龍東和新界西出選勝出的兩人，則是9席。除香港島外，民建聯在其他4個選區的得票都是最高。

民建聯2008立法會選舉結果

		參選人	得票	得票率
分區直選	香港島	曾鈺成*、蔡素玉、鍾樹根、張國鈞、陳學鋒、郭偉強	60,417	19.3%
	九龍西	李慧琼*、鍾港武、陳偉明、鄭泳舜	39,013	18.9%
	九龍東	陳鑑林*、黎榮浩、陳曼琪、洪錦鉉	53,472	22.6%
	新界東	劉江華*、陳克勤*、莫錦貴、黃碧嬌、陳國旗、劉國勳、連楚強	102,434	28.4%
	新界西	譚耀宗*、張學明*、梁志祥、陳恒鑌、龍瑞卿、梁嘉銘、老廣成、呂堅	92,037	23.1%
功能界別	漁農界	黃容根*	自動當選	
	進出口界	黃定光*	自動當選	
	區議會	葉國謙*	259	65.4%

*當選

李慧琼陳克勤當選

通過這次選戰，民建聯的世代交替得以加快推進，34歲的李慧琼和31歲的陳克勤成功當選，為立法會注入新血。

九龍西共有11張名單角逐，李慧琼名單獲得39,013票，得票率為18.9%，比上屆曾鈺成名單少兩萬多票，而同選區屬愛國愛港陣營的新人、西九新動力梁美芬名單則獲得19,914票當選，應是配票策略得宜的結果。

劉江華在新界東獲得102,434票，成為此次選舉的「票王」，得票率比上屆增加超過6個百分點，同樣取得兩個議席，排第二位的陳克勤順利進入立法會。

九龍東的陳鑑林、新界西的譚耀宗和張學明，均成功連任。陳鑑林名單的得票率為22.6%，而以工聯會名義出選的黃國健得票率為21.3%，在其名單排第二位的陳婉嫻未能成功連任。在新界西，譚耀宗名單的得票率為23.1%，連同以工聯會名義出選的王國興名單的得票率合共為32.2%，比上屆多逾7個百分點。

民建聯九龍東陳鑑林名單

民建聯新界西譚耀宗（中）、張學明（右二）名單

然而，在有10張名單角逐的香港島，曾鈺成名單遇到挫折，得票比上屆少1.4萬多票，得票率為19.3%，比上屆低約兩個百分點，也比以獨立名義出選的葉劉淑儀名單低0.2個百分點，排第二位的蔡素玉連任失敗。葉劉淑儀上年曾參加馬力病逝後的香港島議席空缺補選，估計民建聯可能因此而流失了一些支持者。

民建聯港島區曾鈺成名單，排第二的蔡素玉（右）未能連任

功能界別方面，黃容根和黃定光在漁農界及進出口界均自動當選連任，而在區議會界別，上屆議員劉皇發轉往鄉議局界別出選，葉國謙參選勝出。以工聯名義出選的會員潘佩璆自動當選連任。

民建聯功能界別議員漁農界黃容根(左一)、進出口界黃定光(右二)和區議會界別葉國謙(右一)

政治環境仍充滿變數

民建聯在第四屆立法會共取得10個議席，保持立法會第一大黨的地位，計入以工聯會名義出選的會員則是13席，而上屆取得的12席，

有兩席是以工聯會名義出選。可以說，譚耀宗在3月路向營後提出力保12席和提拔新人的目標成功達到。

自由黨在地區直選的4張名單全軍盡墨，只在功能界別取得7席，主席田北俊辭職。民主黨取得8席，其中地區直選佔7席，成為第二大黨。然而，激進反對派、成立不到兩年的社會民主連線（社民連）在地區直選得票率也有一成，取得3席，勢將影響立法會的運作。

同年11月，譚耀宗在第十七屆會員大會的中委會工作報告指出：

> 香港的政治環境依然充滿變數。可以預期民建聯在立法會的工作將面臨更大挑戰，工作更加艱巨，責任更加重大。

曾鈺成任立會主席

10月8日，第四屆立法會舉行第一次會議，曾鈺成以36票對24票，擊敗民主黨的李華明，當選立法會主席。同日，向曾蔭權辭去行政會議成員一職。

在此之前，曾鈺成承諾，當選主席後不參加民建聯黨團活動，並遵循上任主席范徐麗泰的先例，不行使投票權、不發表引起議員辯論的言論。

14日，曾蔭權公布接納曾鈺成辭任行政會議成員，並委任民建聯副主席劉江華為行政會議成員。劉江華的民建聯黨團召集人一職其後由葉國謙再度擔任。

自由黨的周梁淑怡因在新界西地區直選落敗，未能連任立法會議員，辭去行政會議成員一職。在曾蔭權特首任內，行政會議內再沒有自由黨成員。

區會補選子承父業

在立法會選舉後不久，油尖旺區議會佐敦東選區於10月5日補選，填補前電視藝員、民建聯中委劉志榮病逝而懸空的席位，共有5人角逐，投票率為25.7%。民建聯派出葉傲冬出選，獲得916票當選，得票率為46.9%，比第二得票的民協吳寶珊多163票。至此，民建聯區議會中共有131位區議員。

葉傲冬為《文匯報》港聞部助理主任，長期採訪政治新聞，這次參加補選可說是子承父業。其父葉國忠於

1985年在油尖區渡船角選區當選，連任多屆區議員，至2003年因病不再競選連任。2007區選，民建聯在油尖旺區的7名參選人全部勝出，葉國忠在幕後出力甚多。他是民建聯創會會員，曾任油尖旺支部主席、市政局副主席，與葉國謙為孿生兄弟，2014年病逝。

民建聯歷年來以不同方式籌款，以支持會務發展

第 九 章

一個有承擔的政黨

一、薪火相傳建未來

領導層平均年齡大降

愛國愛港事業要傳承下去，需要有年輕一代來接班。在香港各政團中，民建聯應該是最重視薪火相傳，後繼有人。無論從選舉及會務發展的角度來看，民建聯培育接班人的工作，都做得比較早，亦比較徹底。

2008年，李慧琼和陳克勤兩人首度當選立法會議員，民建聯的年輕人開始走上參政議政的第一線，議會工作交班在往後的立法會和區議會選舉中不斷加快。

會務工作的交棒從2005年第八屆中央委員會開始按部就班推行，其後每次換屆均有年輕會員成為常委，加入領導層，世代交替到2015年基本完成。

2005年，張國鈞、李慧琼和陳恒鑌3位具專業背景的會員當選中委，他們年齡都在30歲左右。到2007年第九屆，3人都成為常委。接著兩屆，交棒的步伐邁得更大。

2008年立法會選舉李慧琼和陳克勤兩人當選後會見傳媒

2009年領導層換屆，張國鈞（右）當選成為歷來最年輕副主席

　　2009年，一些元老級會員主動退出領導層。葉國謙從副主席退下來，而且不再擔任中委。上屆放棄連任常委的陳鑑林，這次也退出中委會。

　　青年民建聯主席張國鈞升任副主席，而前港進聯副主席溫嘉旋則由監委會副主席改任副主席，填補葉國謙，以及上年蘇錦樑加入政府後留下的空缺。張國鈞年僅34歲，是民建聯歷來最年輕的副主席。同時，陳維端、陳學鋒及葛珮帆成為新常委，其中陳學鋒只得33歲。

　　2009年換屆，由50人組成的中委會，有16名新人加入，平均年齡由上屆的52.2歲降至47.7歲，而40歲以下者佔34%。由20人組成的常委會，平均年齡更降至47.5歲，較中委的平均年齡稍低，反映作為領導層的常委會，年輕化的步伐邁得較快。

以有承擔負責任自勉

　　2011 年 4 月 19 日，民建聯選出第十一屆領導層，同時提出新口號「一個有承擔的政黨」，英文為「The party you can count on」，以凸顯民建聯的從政理念：勇於承擔，敢於拒絕，堅持以「是其是 非其非」的態度來審議政府政策。在此之前，民建聯沿用多年的口號是「一個有前景的政黨」，雖然只是兩字之差，但飽含深意。

2011 年 4 月 19 日，民建聯第十一屆領導層會見傳媒

　　譚耀宗在向傳媒解釋「一個有承擔的政黨」的新口號時說，現時公眾看到，一些從政者只會謾罵和破壞，一些政黨為反對而反對，令香港陷於政治內耗，令社會無法集中精力應對挑戰，謀求發展。民建聯不希望看見這種情況繼續，會堅持從香港社會和市民的根本利益出發，做個有承擔的政黨，為香港的繁榮穩定和市民福祉，踏實做事。

　　這一屆中委會，新當選者有 10 人，佔五分之一，平均年齡為 48 歲，與上屆相若，而 40 歲以下者更佔 36%。經過幾次換屆，由第一屆起仍然在位的中委只得主席譚耀宗、司庫黃建源和剛卸任秘書長的簡志豪3人。

與此同時，李慧琼接替溫嘉旋任副主席。秘書長及副秘書長，分別由彭長緯及陳學鋒出任。常委亦加入 4 名年輕成員，即青年民建聯主席周浩鼎、油尖旺區議員葉傲冬、黃大仙區議員黎榮浩，以及初次當選中委即成為常委的陳勇。陳勇長期在新界社團聯會服務，隨後更當選理事長。

至此，新一代已佔中委會相當比例，而常委亦有近八成屬於三、四十歲。有鑑於此，民建聯的開拓者希望晉身領導層的年輕一代不忘初心，加入民建聯不僅是因為「有前景」，更要以「有承擔」、「負責任」的態度參政議政，以此自勉。

連辦路向營凝聚共識

自 1997 年起，民建聯隔一段時間在內地舉辦兩日一夜的路向營，每次有百多、二百人參加，集合常委、中委和各級議員等核心成員交流意見，凝聚共識，對會務發展發揮很大作用。從 2004 年開始，路向營基本上兩年舉行一次。隨著領導層的年輕成員陸續增多，2008 年至 2010 年，每年都舉辦路向營，以做好整固發展的工作。

2009 年 5 月 30 日至 31 日舉行的第八次路向營，主題是「薪火相傳建未來」。路向營總結出民建聯必須傳承的三個優良傳統，就是愛國家，也愛香港，真誠為香港服務；為基層市民服務的精神不變、艱辛奮鬥；以整體大局為重，不計較個人利益。同時，為了加強新一批政策副發言人的參政能力，掌握地區脈搏，會安排他們到各地區支部服務市民，親身了解市民心聲。

這次路向營的演講嘉賓有政務司司長唐英年，行政會議成員、香港中文大學校長劉遵義，智經研究中心主席胡定旭，以及與曾蔭權關係密切的傳媒人鄭經翰。唐英年是曾蔭權特首任內第四位出席民建聯

2010年6月舉行第九次路向營

路向營的政府高官，他在發言中重申政府希望與民建聯建立進一步的緊密合作關係，做到「榮辱與共」。

第九次路向營則於 2010 年 6 月 12 至 13 日舉行，主題是「發展壯大 迎接未來」。路向營邀請到中聯辦主任彭清華為演講嘉賓，由於當時第二次政改方案能否在立法會順利通過尚未可知，因而甚受傳媒注目。彭清華期望民建聯繼續「內強素質，外樹形象」，做好政策研究，加強人才培訓。同時，星島雜誌集團行政總裁黎廷瑤和中大政治及行政學系講座教授王紹光分別就提升民建聯形象和民主問題在路向營上作分享。

譚耀宗在總結這次路向營時向傳媒表示，民建聯已定下計劃，在未來一年將會員人數由當時的 1.4 萬人增加至 2 萬人。同時，亦會加強培訓新會員的工作，並推出「新一代政治專才文憑課程」。

中聯辦主任彭清華出席 2010 年路向營

政務司司長唐英年出席 2009 年路向營

2009年4月委任第三屆政策副發言人

優化政策副發言人制度

民建聯在 2004 年立法會選舉後設立政策副發言人制度，以培養新人。在積累實施兩屆的經驗後，到 2009 年 4 月委任第三屆政策副發言人時，這項制度有所完善，從重量轉向重質發展。

第三屆政策副發言人的人數大幅精簡，由上屆的 42 人減至 18 人，其中三分之二是新人，而平均年齡約 30.3 歲，較上屆 34.7 歲年輕得多。

這次的甄選制度更加嚴謹，由年初就開始選拔。參選人需要過三關。首先是就各自感興趣的研究範疇，提交萬言政策報告，接著是介紹政策計劃，最後一關是公開演說。評判團由主席、副主席、立法會議員及常委組成。

由於第一關要限時完成萬言書，在 50 名申請人中只有 26 人過關，到報告答辯後再剩下 20 人，最後有 18 人進入第三關。公開演說時間 5 分鐘，題目三揀一，分別是「香港要爭氣」、「Yes, we can」及「我的一個夢」，周浩鼎是唯一用英語演說的參選人。結果進入最後階段的 18 人都成為第三屆政策副發言人。當中 5 人為執業律師，7 人為區議員，亦有從事銀行業及資訊科技的專才。

民建聯人才培訓樣板

年僅35歲的立法會議員顏汶羽，可以說是民建聯人才培訓的樣板。

2007年初，民建聯在嶺南大學招募學生參加暑期政黨實習計劃，社會科學系二年級學生顏汶羽當場報名。可是，由於他表示不能完成整個實習期，最初不被錄取。幸而，後來陳鑑林辦事處來電約他面試，使他能延續與民建聯的緣分。

在兩個月實習期內，顏汶羽從他口中的「從政父親」陳鑑林的言傳身教中獲益良多，並於次年加入民建聯。2009年4月，快將畢業的顏汶羽當上民建聯最年輕的第三屆副發言人。當時他在接受記者採訪時說，目前全港只有民建聯和民主黨設立副發言人制度，但是民主黨超過九成副發言人均由立法會議員兼任，只有民建聯真正給予年輕人機會發揮。

2009年顏汶羽當上最年輕的第三屆副發言人

大學畢業後，顏汶羽全職擔任陳鑑林的助理，並到佐敦谷開展社區服務。佐敦谷屋邨屋苑很分散，民建聯沒有落腳點，只能以流動街站方式提供服務。他從小在觀塘區長大，熟悉區內情況，有利於他開展工作。

2011區選，顏汶羽在佐敦谷選區出戰，在選情不看好的情況下，以2,234對2,092票壓倒民主黨對手，攻下「民主派」控制18年的選區，一直連任三屆。即使在黑暴囂張的2019年，他仍以3,694對3,560票擊敗空降的對手，順利連任。

除擔任區議員外，顏汶羽在2015至2019年亦出任青年民建聯主席，不僅舉辦的活動打破傳統，還帶領團隊撰寫香港第一份青年政策建議書，涵蓋青年學業、就業、住屋、參政、少數族裔青年及青年在內地生活等範疇，受到政府與媒體的關注。

顏汶羽服務地區，最印象深刻的一次是在2017年協助找尋一位走失的長者。這位老伯剛在不久前與妻子一起到其辦事處，請求幫助申請入住老人院。近一周後，顏汶羽得悉老伯在柴灣地鐵站被人發現，已送到東區醫院，於是立即趕到醫院探訪。老伯一眼認出他說：「顏生，你也在這啊！」兩位長者輪候院舍多年未果，年邁的妻子還要照顧患上腦退化症的老伯，這件事使顏汶羽對安老政策的不足有進一步的體會。

2021立選，顏汶羽在九龍東地區直選勝出，成為民建聯的雙料議員之一，在更廣闊的舞台上繼續為市民服務。

從甄選過程可見，民建聯是以公平公正的機制去發掘年輕、專業、有幹勁的年輕人，多管齊下培育年青政治專才，為他們日後進一步提升參

成員出席第四屆政策副發言人辯論會

政議政能力鋪路。民建聯對這一屆的政策副發言人提出新要求，日後無論參選與否，都必須參與地區支部的工作，希望他們不但提高政策研究水平，亦積累地區工作的經驗，做到全方位的發展。

第四屆政策副發言人於 2012 年 6 月委任。這次甄選過程分兩輪四關，包括撰寫研究論文；參與論文辯論會；接受議員親自面試，以及最後就選定議題的公開演講。最後從 47 名申請人中，選出 22 名副發言人，其中 13 人是新人，5 人是區議員。這屆副發言人採取「師徒制」方式，由 9 位政策發言人帶領 1 至 3 位副發言人負責 18 個政策範疇的工作，參與政策研究，並出席不同論壇及公開活動，以提高議政能力。

民建聯的政策副發言人制度持續多年，對培育年輕一代接班發揮很大作用，日後民建聯的立法會議員有不少是從此起步。

2012 年第四屆政策副發言人合照

2012年第二屆政治專才文憑課程開學禮

新一代政治專才文憑課程

　　繼2000年和2007年兩度在內部舉辦「政治專才培訓計劃」，作為培養接班人工作的重要一環之後，民建聯接著再創新猷，與香港專業進修學校合作，於2000年9月、2012年3月和2014年3月連續舉辦3屆「新一代政治專才文憑課程」，旨在發掘更多有抱負、有理想、立志從政議政的人士，為香港培育政治人才。

　　有別於以往的「政治專才培訓計劃」，這項文憑課程不是只限民建聯成員參加，而且學習主要是以講座方式在香港進行，沒有到內地或英美研習的內容，因而學費也較低，只收2,000元。由於是公開招生，不問政治背景，反應踴躍，每屆都有100多人報名，反映社會上對這類課程有一定的需求。

　　經過多輪筆試及面試篩選，首屆取錄39名學員，第二屆和第三屆分別有45及52人，學員來自不同階層，也有不同政見。以首屆為例，學員平均年齡30歲，接近七成是30歲或以下；八成學員擁有學士學位，逾三成兼備碩士或博士資歷，餘下大部份為在學大學生。第二屆學員中就有港大牙醫學院前助理院長朱祖順。

　　「新一代政治專才文憑課程」安排甚有特色，以第一屆為例，共有17節講座，引領學員了解中外文明、當代政治思潮，以及國際力量

的取態，還有議政必備之專業訓練。譚耀宗和曾鈺成亦專題講述民建聯的理念和抱負。其後兩屆課程內容都有所調整，第三屆涵蓋更多熱門議題，包括發展與環保政策、青年智庫與政策研究、社會運動、公民抗命與香港法治等。

三屆課程的講者陣容鼎盛，包括政壇重量級人物、前政府高官、學者和專家等，其中包括日後發起「佔中」的戴耀廷和陳健民。他們二人曾一度與內地交流頗為活躍，且不時擔任特區政府培訓活動的導師，所以民建聯也邀請了他們講課。

特區政府對這三屆培訓政治專才的課程相當支持，政制及內地事務局局長譚志源兩度主持開學禮，財政司司長曾俊華、行政會議召集人林煥光、勞工及福利局局長張建宗先後主持結業禮，並分享他們的從政經驗。

三屆學員來自五湖四海，有些人通過這項課程了解民建聯的理念，結業後加入為會員。第一屆 31 名學員結業，有 15 人加入民建聯，其後兩屆分別有 6 人及 12 人。首屆學員、金融公

政制及內地事務局局長譚志源兩度主持開學禮

司聯席董事招文亮，在完成課程後因更明確「是時候為香港做點事」的想法而加入民建聯，並於 2012 年沙田鞍泰選區補選中擊敗民主黨和新民主同盟等 4 名對手，當選區議員。第二屆學員、物流公司總經理黎智成其後出任民建聯政制事務和保安事務副發言人。

二、支持政制向前走

募集逾百萬市民簽名

2005政改方案因「民主派」竭力阻撓而未能通過，以致香港錯失回歸後民主向前發展的第一次機會。數年後，政改又要從頭開始。

根據 2004 年 4 月全國人大常委會釋法確定的程序，政改須走「五部曲」(五個步驟)[25]。2007 年 7 月，曾蔭權就任第三屆特首後不久，政府發表《政制發展綠皮書》，諮詢公眾意見。12 月，曾蔭權就諮詢結果向全國人大常委會提交報告，其後全國人大常委會對普選時間表作出決定，並明確 2012 年行政長官和立法會兩個選舉辦法可作適當修改。至此，政改走完第一步和第二步。

2009 年 11 月 18 日，政府發表《2012 年行政長官及立法會產生辦法諮詢文件》，就加強 2012 年兩個選舉辦法民主成分諮詢公眾，政改隨即進入第三步。

民建聯一直期望政制可以按照《基本法》規定，循序漸進地達至普選目標。為避免再次原地踏步，民建聯立法會議員於 12 月以個人名義，參與發起「政制向前走大聯盟」，爭取社會各界支持。

---

25 政改須走五部曲(五個步驟)：第一步，由行政長官向人大常委會提出報告，提請人大常委會決定行政長官及立法會兩個產生辦法是否需要進行修改；第二步，人大常委會決定可就兩個產生辦法進行修改；第三步，特區政府向立法會提出有關兩個產生辦法修正案 (草案) 的議案，並經全體立法會議員三分之二多數通過；第四步，行政長官同意經立法會通過的修正案 (草案)；第五步，行政長官將有關修正案 (草案) 報人大常委會，由人大常委會批准或備案。

在全港18個區街頭呼籲市民支持「政制向前走，民主步伐不停留」簽名運動

　　其後，大聯盟發起「政制向前走，民主步伐不停留」簽名運動，民建聯全力參與，在全港 18 個區街頭呼籲市民支持。整個運動共籌集到 113 萬個街頭簽名和 47 萬個網上簽名，遠較 2005 年時「關注政改大聯盟」收集到的 78 萬個簽名為多。

　　次年 2 月 2 日，民建聯向政府遞交對政改諮詢的回應。民建聯認同委任區議員對社區作出了重要貢獻，但從增加立法會功能組別的民主成分，爭取政制向前發展的大局出發，對於只由民選區議員參與行政長官選舉委員會和立法會內區議會議席互選的建議表示可以接受。同時，民建聯認為民選區議員的選民基礎是 350 萬選民，立法會新增 5 個功能組別的議席全部納入區議會組別，使功能團體的民主成分得到很大的推進，並贊同以「單一可轉移制」選出 6 個區議會功能組別席位。

譴責「五區公投」鬧劇

在政改諮詢展開之前，社民連與公民黨聯手，策動「五區總辭，變相公投」，揚言要「2012 雙普選」及「取消功能選舉」，鼓吹違反《基本法》及全國人大常委會相關決定的方案，其後更以「全民起義」作為宣傳口號。1月26日，社民連3位議員和公民黨兩名議員向立法會遞交辭職信。民建聯當即發表聲明譴責，認為此舉罔顧香港社會整體利益，違背主流民意。

次日，民建聯議員成功粉碎激進反對派利用議事堂鼓吹「五區公投」的圖謀。在黃毓民於立法會會議上就辭去議員一事宣讀個人解釋之前，譚耀宗搶先發言：「對於有5位議員以辭職來進行『公投』、『起義』，利用立法會會議作宣傳，我們感到非常不滿。我們現在離場抗議。」隨即與一眾建制派議員離場。接著陳鑑林要求點算人數，由於法定人數不足，會議不得不宣告休會，5名辭職者的表演終告落空。

對於是否參與補選，民建聯起初僅表示會繼續密切留意事態發展，以作出評估及決定。其後，民建聯決定拒絕參與這場鬧劇，不參選、不投票、不為其他參選人助選。

立法會5個地方選區的補選於 5 月 16 日舉行，雖然5名辭職者參加補選，成功重返議會，可是投票人數只有 57.9 萬，投票率為 17.1%，創歷來新低，比2008立選還低 28 個百分點，所謂「五區公投，全民起義」慘淡收場。

當天，民建聯發表聲明，指出這次補選的投票率創新低，不投票的選民佔了大多數，凸顯選舉無意義，浪費公帑，並重申政府應盡快修訂有關選舉規例，防止再有人辭職後又再參選的浪費公帑行為。

特首「起錨」爭取民意

4月14日，政府公布《2012年行政長官及立法會產生辦法建議方案》，建議選舉委員會成員由800人增至1,200人，第四界別新增的100個名額中75個分配予民選區議員，使選委會中的區議員數目增至117個，而且只能由民選區議員互選產生；立法會議席數目由60席增至70席，分區直選及功能組別各35席，新增的5個功能組別議席及原有的一個區議會議席，由民選區議員互選產生。

與5年前的方案相比，建議方案唯一不同之處是委任區議員不能參與互選。民建聯在諮詢期對此已表示贊同。至於6個區議會功能界別議席則以「比例代表制」互選產生，民建聯所提的「單一可轉移制」不獲接納。

在政改議案表決之前一個多月，曾蔭權為爭取民意，於5月29日與一眾問責官員在港九各地舉行花車巡遊，以「起錨」為口號，宣傳政改方案。曾蔭權與高官落區宣傳行動持續數個星期。6月8日，曾蔭權第三次到民建聯總部，就政改方案及落區宣傳等問題，與民建聯中委交換意見，並表示政改方案不會有修改。

在此之前一天，民建聯發表聲明，希望曾經揚言否決政改方案的泛民議員，重新考慮通過方案，這樣對社會各界及推動政制向前都有好處。6月19日，民建聯參與「政制向前走大聯盟」發起的「為普選、撐政改」集會遊行，參加者達12萬人，反應熱烈。

可是，曾蔭權在「起錨」行動啟動之前，卻突然邀請公民黨黨魁暨「五區公投運動聯委會總發言人」余若薇於6月17日舉行電視辯論。這次電視辯論起不到推高民意支持度的效果，反而是政府宣傳政改方案的一大敗筆。

曾蔭權第三次到民建聯總部與民建聯中委談政改方案

參與「政制向前走大聯盟」發起的「為普選、撐政改」集會遊行

二、支持政制向前走

大局為重支持改良方案

在社民連與公民黨大搞「五區公投」之際，民主黨和民協等成立「終極普選聯盟」，提出政改方案要有路線圖，包括最遲於 2020 年取消所有功能組別議席。政府提出的政改方案即使民意支持度高，能否順利通過，關鍵在於得到立法會三分之二票數支持。因此，沒有參與「五區公投」的民主黨就成了爭取的對象。

　　5月24日，民主黨3位議員首次進入中聯辦大樓，與中聯辦官員會面。接著，中聯辦又與「終極普選聯盟」和民協的代表會面。其後，民主黨將其要求集中在所謂「改良區議會方案」上，即區議會功能組別新增的5席，改為由民選區議員提名，在傳統功能組別沒有投票權的選民一人一票選舉產生。這個方案一度被基本法委員會副主任梁愛詩質疑為「變相直選」，違反《基本法》，民建聯原先也持不贊同的態度。

　　中央政府從積極推動香港民主發展的態度出發，經研究後，於6月20日由中聯辦通知民主黨，認為「改良區議會方案」符合全國人大常委會相關決定，細節可由特區政府以本地立法的形式自行處理。次日，行政會議通過接納「改良區議會方案」。

　　6月22日，政務司司長唐英年出席民建聯中委會會議，解釋政府立場。民建聯從香港的整體利益，從市民希望政制向前走的願望出發，決定支持政改議案，以及將來「改良區議會方案」的本地立法建議。

　　6月24日及25日，立法會分別以46票對13票和46票對12票通過2012年行政長官和立法會產生辦法的修訂議案。7月28日，曾蔭權同意這兩個修訂並報請全國人大常委會批准和備案，並於8月28日獲准。這是回歸後政改唯一一次取得成功，政制得以向前邁進重要的一步。

　　民建聯從推動香港民主發展的大局出發，不考慮自身利益，在這次政改過程中，一直持冷靜分析、理性討論的態度。譚耀宗在立法會政改議案表決前發言，針對一些媒體所說民建聯「轉軌」時指出：

　　　　如果我們的民主沒有包容和妥協，而大家只堅持自己的意見，站在道德高地上說出一些很理論性和動聽的言辭，這對於政制發展是沒有幫助的。因此，如果大家能夠作出改變而達致妥協的話，這對未來政制的整體發展是有利的，這樣才能使今次的政改方案有望獲得通過。

三、議事堂內外仗義執言

譴責激進派議會暴力

2008立選，社民連在地區直選中獲得一成選票，4位參選人中有3人當選，得以將街頭激進行為搬進議會內上演。在社民連帶頭下，反對派在議會內的暴力行為亦不斷升級，由粗口橫飛、咆哮謾罵，到掟蕉、掃枱，再到肆意「拉布」、狂點人數製造流會，種種議會亂象不但破壞立法會形象，更威脅到議會的正常運作，影響經濟民生等政策的審議和撥款。

2008年10月15日，第四屆立法會會期開始不久，新當選主席的曾鈺成首次主持會議，由曾蔭權發表施政報告。曾蔭權尚未宣讀施政報告，梁國雄已站起來高聲發言，被主席命令立即離場。在施政報告宣讀期間，黃毓民和陳偉業又再高聲叫喊，同樣被令離場，黃毓民在離場前更將一把香蕉擲向主席台。這次「掟蕉」事件是反對派議員肆意破壞議事規則的開端。

在各政團中，民建聯率先義正嚴詞譴責黃毓民的行為。次日《明報》報道稱：

> 多名議員均拒絕回應黃毓民的做法，但有不少議員私下指，社民連的行為影響議會秩序，但他們都不願意具名批評。民建聯副主席劉江華則公開譴責社民連的做法，指立法會稍後應討論是否需要設立機制，以制止同類事件再發生。

青年民建聯就「掟蕉事件」和「掃枱事件」兩次進行民意調查

　　儘管社民連議員破壞議事規則的行徑引起市民不滿，他們不但沒有收斂，反而變本加厲，其後更在立法會會議上以粗言穢語辱罵政府官員。2009年2月25日，財政司司長曾俊華在宣讀預算案講辭期間，黃毓民走到其跟前嘗試抓走文件夾，接著伸手橫掃桌上講稿架及水杯。

　　次日，民建聯連同其他建制派共30位議員發表聯署譴責聲明，批評社民連3位議員粗暴地干擾會議進行，搶奪及毀壞財政司司長的講辭，並向政府官員拋擲物件，嚴重影響了議會的正常運作和破壞立法會形象。然而，民主黨及公民黨立法會議員在兩日之後才發表聲明，僅表示不滿和非常遺憾。

　　就「掟蕉事件」和「掃枱事件」，青年民建聯兩次進行民意調查。兩次調查結果都同樣有超過8成受訪者表示不認同該類干擾／粗暴行為，同時有7成受訪者贊成立法會就該事件進行跟進，以防止日後再有類似的事件發生。青年民建聯一再建議，立法會議事規則委員會應從速跟進，對議事規則作出檢討，以訂定有效措施，防止任何暴力行為在立法會會議上重現。

可是，在泛民議員阻撓下，議事規則委員會在2008/2009年度未能通過修改議事規則，認為現行規則足以處理議員在立法會會議上擾亂秩序的行為，不需要另訂新措施以阻遏該類行為重覆發生，以致破壞議事規則的亂象愈演愈烈。

同年10月14日，曾蔭權在立法會宣讀2009/2010年度施政報告期間，社民連3名議員再次作出粗暴行為，除阻礙曾蔭權發言外，更在被驅趕離場之後，向主席投擲物件。次日，民建聯連同其他建制派共35位議員發表聯署聲明，表示對他們的行徑絕對不能接受，並對3人作出最嚴厲的譴責。民主黨和公民黨對此依然採取姑息態度。

支持撥款興建高鐵

2010年1月在立法會門外請願，支持興建高鐵

在第四屆立法會任期內，激進勢力除議會暴力外，更大肆進行「拉布」，拖延議案表決，影響許多涉及經濟民生的議題。

2007年10月，曾蔭權在就任第三屆行政長官後發表的首份施政報告中，宣布推動10項重大基建工程上馬，廣深港高速鐵路香港段是其中一項。但凡大型基建總會引起爭議，反對派就在高鐵投資額、走線、收地等問題上大做文章，借此掀起又一場反對政府的行動。

2009年12月18日，興建高鐵涉及669億港元的撥款申請提交立法會財務委員會審議，泛民議員採取「拉布」戰術，阻撓通過撥款，並為議會外反高鐵的集會遊行造勢。

針對反對派的阻撓，民建聯2010年1月上旬進行民意調查，結果顯示七成二的受訪者贊成盡快興建高鐵，近七成的受訪者認為立法會議員不應再以「拉布」的手法，去拖延撥款申請。與此同時，民建聯進行「支持興建高鐵簽名運動」，在短時間內收集到數以萬計市民簽名支持。

民建聯從香港的長遠利益出發，認為興建高鐵刻不容緩，可令香港連接全國的高速鐵路網，帶來龐大的商機及收入，提升本港的競爭力，鞏固香港國際都會的地位，最終幫助下一代面對未來的經濟挑戰。

財委會於1月8日恢復審議高鐵撥款申請，在泛民議員「拉布」下，到1月16日最終以31票對21票獲得批准，前後共花4天舉行13次會議，耗用25小時，創下單一項目審議時間最長的紀錄。

在財委會表決後，大批反高鐵示威者衝擊立法會大樓 (現為終審法院所在地)，堵塞中環，爆發衝突。運輸及房屋局局長鄭汝樺與一眾建制派議員被困在立法會大樓多個小時，至凌晨時分才能離開。

反對派議員與示威者內外結合，衝擊立法會的場面從此不斷上演。

反制泛民「拉布」行為

立法會史上第一次「拉布」戰於2012年5月展開，與所謂「五區公投」有關。上年初，社民連和公民黨5名議員辭職後再參加補選，浪費公帑，引起市民不滿。政府於6月向立法會提出《2011年立法會(修訂)條例草案》，建議日後有議席出缺時，毋須補選，改為以先前選舉中最大餘額名單的候選人替補。民建聯認同有需要制定一套新的議員

不滿社民連和公民黨5名議員辭職後再參加補選，浪費公帑

出缺替補安排，避免再次發生同類事件。由於條例草案引起爭議，政府決定撤回，進行公眾諮詢。

2012年2月，政府提出《2012年立法會（修訂）條例草案》，限制辭職議員不得參與在辭職後6個月內在同屆立法會任期內舉行的補選。條例草案於5月2日恢復二讀辯論。上年初退出社民連、另組人民力量的黃毓民和陳偉業，共提出1,307項修訂，在審議階段重複發言，其他反對派議員又不斷提出點算出席人數，干擾會議進程，並兩次造成流會。

在「拉布」逾33個小時後，立法會主席曾鈺成在5月17日凌晨近5時決定「剪布」，在當天上午會議恢復後宣布在中午終止辯論。其後就修正案進行表決，草案直到2012年6月1日才獲得通過，共耗費超過110小時審議。

面對激進派一連串的議會暴力和「拉布」攻勢，民建聯議員除了堅守崗位，出席會議外，還多次嘗試作出反制行動，以捍衛議會尊嚴及秩序，但在當時的情勢下，效果不大。譚耀宗曾以議事規則委員會主席身份，提出修訂議事規則的建議。立法會於2011年5月只是部分通過修訂建議，賦權所有委員會的主席，可命令行為極不檢點的議員退席，而主席可終止重複論點或作冗贅論點的議員發言，則不獲通過。

提出修訂議事規則

聲討藉司法覆核禍港

反對派除了大搞議會暴力、肆意「拉布」外，同時還多次鼓動提出司法覆核，向政府施壓，干擾經濟社會的正常運作和發展。其中最受注目的是涉及港珠澳大橋和外傭居港權的司法覆核。這兩宗官司都是由公民黨背後操作，原告均申請法律援助獲得批准，而代表原告的大律師也是公民黨成員或與公民黨關係密切。對此民建聯都義正嚴辭，並予以批判。

有關港珠澳大橋的司法覆核對香港造成重大後果。2010年1月，東涌一名長者在公民黨唆使下獲得法律援助向高等法院提出司法覆核，挑戰港珠澳大橋香港段的環境影響評估報告。次年4月18日，高等法院判決申請人勝訴，環評報告和環境許可證亦被撤銷。

民建聯對公民黨為達到政治目的而濫用司法程序，涉嫌包攬訴訟表示憤慨。

5月18日，李慧琼就判決在立法會會議上提出質詢，政府在回覆中表示，全港70個已進入環評程序的工程項目，受到裁決影響工程進

度，包括沙中線及另外6條公路工程。在日後立法會會議的質詢發言中，民建聯亦多次揭露公民黨以司法覆核禍港的圖謀。

9月27日，上訴庭判決政府上訴得直。其後政府表示，這次官司的法援費用為149萬，而大橋香港段工程因此延誤9個月，預計造價增加88.6億元。

率先關注外傭居港權官司

2010年12月，3名菲傭入稟高等法院申請司法覆核，要求推翻《入境條例》對於在香港連續工作滿7年的外籍家庭傭工不能因此成為香港永久性居民的限制，這宗官司引起社會哄動。次年9月30日，香港高等法院裁定《入境條例》限制外傭申請居港權的條文違反《基本法》。

民建聯是最早呼籲社會關注外傭居留權官司的政團。早在案件開審之前，民建聯家庭事務委員會主席李慧琼及婦女事務委員會主席葛珮帆就向傳媒分析事件可能對本港公共開支帶來的影響，並表示對事件的關注。

多次就外傭居留權發起請願行動

　　2011年8月11日至9月9日,民建聯在全港18區設街站發起簽名行動,收集到超過9萬個簽名,當中99.5%是反對外傭擁有居留權。接著於9月25日在中區政府合署外發起請願行動,促請政府盡快就法庭可能作出的判決,制訂應變方案,從而減輕案件對本港所造成的短中長期負面影響。

　　高院作出判決後,民建聯於10月2日發起遊行行動,約一千人參加,支持政府提出上訴。10月19日,黃定光在立法會提出「反對外籍家庭傭工享有香港居留權」動議。由於反對派聯手投棄權票,議案只得24票贊成,梁國雄及黃毓民兩票反對,結果被否決,但已讓社會充分明白各黨派對事件的取態。

　　2012年3月28日,上訴庭判決政府上訴得直。次年3月25日,終審法院5名法官一致裁定外傭爭取居港權敗訴,至此公民黨此一亂港陰謀終告破產。

千人參加遊行,支持政府就外傭居留權提出上訴

四、堅持「是其是，非其非」議事

敢於批評政府政策

隨著立法會內反對派的言行日趨政治化和偏激，民建聯在審議政府政策時，如何踐行「一個有承擔的政黨」的口號，堅持「是其是，非其非」的原則，確實有很大挑戰。

在曾蔭權第三任特首任內，民建聯勇於承擔，對政改方案、興建高鐵、訂立最低工資、強制舊樓拍賣門檻由9成降低到8成等有利香港整體長遠利益的政策都積極支持。另一方面，亦敢於拒絕，對一些損害市民權益的政府政策和撥款申請提出批評並投票反對，其中包括生果金資產審查、擴大將軍澳堆填區、申辦亞運撥款，以及拒派錢、只注資強積金等，凸顯民建聯積極監察政府的角色。

1995年已要求完善生果金制度

生果金撤回資產審查

　　早在回歸前，民建聯已建議將政府向長者發放的敬老福利金——普通高齡津貼及高額高齡津貼(俗稱生果金)的金額劃一，並取消離港限制。

民建聯爭取完善生果金時序

1995.04	要求增加生果金至800元，容許凡65歲以上的長者均可取得全數生果金，早日撤銷離港限制，以改善老人退休生活。
1997.03	提出「全面照顧老人政策」，包括將生果金提高至800元，盡快撤銷離港限制。
1997.04	舉辦「安老政策」研討會，探討本港未來的老人政策。與廣東省政府及本港社會福利署官員會晤，商討減少領取老人綜援的離港限制及長者在內地領取綜援金的協調問題。
2000.10	要求進一步提高生果金金額，以及取消領取人在一年內不得離港超過180日的限制。
2007.09	到政府總部請願，促請增加長者生果金及放寬離港限制。
2008.09	建議將10年沒有調整的普通高齡津貼及高額高齡津貼分別由625元和705元劃一增至1,000元，並放寬離港期限。
2008.10	行政長官宣布撤回資產審查，從2009年起將生果金金額劃一增至每月1,000元。
2011.06	譚耀宗在立法會提出「訂立安老服務五年規劃」議案，取消申領生果金的離港限制，使長者可以安心在內地定居養老。
2011.10	行政長官在報告宣布，政府當局將會在公共福利金計劃下推出新的廣東計劃，向選擇移居廣東的合資格香港長者發放高齡津貼。受惠人在廣東而非香港居住滿60天，即可領取全年津貼。
2013.10	廣東計劃開始實施。
2018.04	福建計劃開始實施。

要求將生果金劃一增至 1,000 元

2008 年 9 月，民建聯在「2008-2009 年施政報告期望」中再度建議將 10 年沒有調整的普通高齡津貼及高額高齡津貼分別由 625 元和 705 元劃一增至 1,000 元，並放寬離港期限。這項建議也是社會上的普遍要求。

可是，曾蔭權在 10 月 15 日發表的施政報告中，雖然同意將生果金金額劃一提高到 1,000 元，可是卻提出要引入入息或資產審查。民建聯當日即表示不能接受。

次日，譚耀宗在特首答問大會上發言時指出，引入資產審查扭曲了生果金的意義，「實際上傷透了數以萬計長者的心」，更直言曾蔭權「這種想法是否反映你並不確切瞭解長者的訴求，而且在做法上有點倒行逆施呢？」一時之間，「倒行逆施」的評語受到傳媒廣泛報道。

曾蔭權上任特首後一再表示希望與民建聯建立更緊密的合作關係，面對來自譚耀宗的嚴厲批評，當然深感壓力，加上各黨派議員都持不贊同的態度，終於順應民意，在 10 月 24 日宣布撤回資產審查，從 2009 年起將生果金金額劃一增至每月 1,000 元。

譚耀宗為何直言「倒行逆施」

回歸前，港英政府雖然有一些如生果金等照顧長者的政策措施，可是一直缺乏長遠的整體安老策略。民建聯成立初期，已關注到長者福利不足的問題。1997年3月，提出「全面照顧老人政策」，隨後舉辦「安老政策研討會」，以引起社會各界重視。

在籌組特區政府成立之時，董建華指定來自民建聯的候任行政會議成員譚耀宗研究安老問題。其後董建華採納譚耀宗的意見，決定在回歸後成立安老事務委員會，並委任譚耀宗為首任主席。譚耀宗擔任安老事務委員會主席8年，為協助特區政府制定一系列安老服務政策和計劃花了不少心力。

他任內最深刻的回憶是能經常接觸長者，有一次，一位長者在醫院需要動手術，向醫生表示無親人，希望見譚耀宗，聽取他的意見才決定。譚耀宗聞訊趕到醫院與素未謀面的長者傾談，仿如一家人，最終長者完成手術，康復出院。

譚耀宗憶述，在金融風暴後財政赤字嚴重時期，有官員認為，80萬名領取生果金的長者，有不少根本不需要援助，若取消生果金，便

可集中資源去救濟貧困戶。不過，譚耀宗堅持，政府一直為長者提供生果金，不應貿然取消。他更不惜以辭去安老事務委員會主席一職相諫，最終說服官員擱置這項建議。正是在安老事務委員會主席

任內，譚耀宗不知不覺間已與長者建立深厚感情，因此對曾蔭權提出申領生果金需要資產審查，甚為不滿，因而在立法會答問大會上批評他「倒行逆施」。

曾蔭權顯然從未見過如此重口氣的譚耀宗。事情結局是打回原形，政府不敢貿然實行資產審查。

不過，民建聯提出放寬離港限制的建議，在多年後才獲政府接納。2011年6月8日譚耀宗在立法會提出動議辯論「訂立安老服務五年規劃」，並通過議案，取消申領生果金的離港限制，使長者可以安心在內地定居養老。

接著，當年10月的施政報告宣布，政府會在公共福利金計劃下附設新的「廣東計劃」，讓選擇移居廣東並符合資格的香港長者在當地領取高齡津貼，金額與本地高齡津貼相同。其後，「廣東計劃」及「福建計劃」分別於2013年10月和2018年4月實施。

反對擴大將軍澳堆填區

2010年6月4日，憲報刊登《2010年郊野公園(指定)(綜合)(修訂)令》，為擴展將軍澳垃圾堆填區，佔用清水灣郊野公園約5公頃土地。將軍澳垃圾堆填區的臭味問題，已困擾區內居民多年，如今擴展更要佔用郊野公園土地，當然引起激烈反對。這條附屬法例提交立法會後，立法會成立小組委員會審議。民建聯議員在小組委員會會議上批評政府的廢物管理政策不成功，擴展堆填區無補於事。

雖然政府宣布會採取多項除臭措施，小組委員會仍於10月4日一致通過動議，由小組主席提出議案，要求廢除有關特首命令，民建聯對此

表示支持。10月13日，立法會會議以55票贊成的大比數通過廢令議案，只有身兼行政會議成員的議員投反對票。

在此之前，政府指出，立法會沒有權力廢除該命令，並揚言一旦通過廢令會提出司法覆核，輿論認為此舉可能會引發「憲制危機」。2011年1月4日，政府決定放棄就廢令尋求司法覆核。民建聯認為政府如執意尋求司法覆核，只會造成立法會、政府及香港社會皆輸的局面，所以，這一決定符合公眾利益和市民期望。

否決申辦亞運撥款

香港曾於2000年申辦2006年第15屆亞洲運動會落敗。2010年9月，政府公布「香港應否申辦2023年亞洲運動會？」的諮詢文件，隨即引來社會不少反對聲音，民建聯4度召開中委會會議討論，始終堅持要求政府擱置申辦的立場。民建聯更在對下年度預算案的期望中，建議成立60億元基金支援本地運動員和體育發展。

雖然政府委託進行的民意調查顯示，對香港應否申辦亞運，公眾的意見正反相若，行政會議仍通過申辦亞運。2011年1月，政府向立法會財委會提交建議，要求原則上接納在香港主辦2023年亞洲運動會，以及按照慣例一併主辦2023年殘疾人亞運會所須作出的60億元財政承擔。政府在財委會審議前大力游說民建聯，希望能如工聯會那樣改變立場。

民建聯認為，鑑於主辦亞運會涉及龐大開支，特區政府對舉辦亞運所產生的社會經濟效益評估卻欠缺說服力，公眾對申亞有不少疑慮，因此，民建聯認為政府應擱置申辦2023年亞運會，待條件成熟時，再行積極考慮。除身兼行政會議成員的劉江華外，民建聯其他議員在財委會會議上投反對票，結果撥款申請於2012年1月14日以40票反對、14票贊成遭否決。

曾蔭權民建聯運動會拉票

　　2010年12月5日，民建聯在將軍澳運動場舉行運動會。這項活動之所以觸目，並非是相隔5年才舉行之故，而是曾蔭權連同民政事務局局長曾德成，率領13名副局長和政治助理參加。這次問責官員大舉出動，可見政府出盡辦法，游說民建聯改變不支持申辦亞運的立場。

　　在曾蔭權、曾德成鳴笛後，運動會正式開始，開場項目是由多名副局長和政治助理與民建聯代表上演拔河和二人三足友誼賽。在拔河比賽中，政府隊反敗為勝，以二比一擊敗民建聯隊。二人三足比賽，政府隊贏得冠軍和季軍。兩項比賽都是政府隊勝出。

　　譚耀宗在拔河比賽開始前，表明比賽純屬友誼性質，沒有特別含意。一個月後，民建聯議員在財委會上照樣對申辦亞運投反對票。

曾蔭權率13名問責官員出席民建聯2010年運動會

協助雷曼苦主爭取權益

2008年會晤財經事務及庫務局局長陳家強，就雷曼事件提交建議

2008年9月15日，美國雷曼兄弟控股公司申請破產保護，因而未能就其發行的迷你債券及其他結構性金融產品履行其責任。香港是迷你債券發行量最大、涉及面最廣的地區，約33,600人購買迷你債券，涉及金額約112億港元。

大部分迷你債券投資者將其認為是收益較高的存款替代產品，從而無法接受其本金可能無法收回的後果。由於投資者直接接觸的是進行零售的銀行，在購買過程中甚至沒有注意到其與雷曼兄弟公司的關係，使得他們對銀行的不滿急劇上升，最主要的投訴集中在銀行不合理的銷售手段。

事件發生後，民建聯議員共收到近3,000名苦主的投訴個案，隨即成立雷曼事件工作小組，由陳鑑林、黃定光、李慧琼及劉江華負責。工作小組分別在9月及10月舉行雷曼迷你債券苦主申訴大會，聽取苦主意見，並將搜集到的數千名苦主資料交予各銀行、金管局及消委會跟進。工作小組又約見財經事務及庫務局局

長、金管局和證監會負責人，了解各監管機構調查事件的進度。其後，民建聯聯同苦主會晤多間銀行，了解情況，並為部份有特殊困難的苦主例如長者等，爭取盡快妥善解決他們的個案，達成和解協議。及後，民建聯又向政府提出一系列透過調解機制去解決問題的建議。

2009年7月，證監會聯同金管局宣布已與16家雷曼迷債分銷銀行達成和解方案。根據協議，銀行將會向非專業投資者的苦主回購相關產品，苦主將可取回6成至7成以上的投資本金，有逾九成苦主符合有關資格。對此，民建聯認為，這方案是經過社會各方多月來的艱辛爭取結果，實屬難能可貴。

立法會於同年10月委任小組委員會，負責研究雷曼相關迷你債券及結構性金融產品所引起的事宜。為尊重苦主的意願，民建聯議員於11月在立法會會議上投贊成票，支持小組委員會引用《立法會(權力及特權)條例》的權力，認為有助釐清事件中的責任問題，並可完善香港的金融監管制度。

小組委員會歷時近4年，終於在2012年6月提交報告，對時任香港金融管理局總裁任志剛予以「譴責」，對時任證監會行政總裁韋奕禮「極度失望」，又對財政司司長曾俊華和財經事務及庫務局局長陳家強表示「失望」。另外，3名委員不同意譴責任志剛，另行發表「小眾報告」。

2008年與雷曼苦主會見金管局官員

促使政府派錢還富於民

2010年，香港經濟已從全球金融海嘯引發的衰退中恢復過來，預計財政盈餘會超出預期，然而通脹卻不斷攀升。12月，民建聯約見財政司司長曾俊華，以「拓經濟、抗通脹、保民生」為主題，向政府提出73項建議。預算案公布前，又4次到政府總部請願，提出多項訴求。

然而，2011年2月23日，曾俊華在預算案中以加強市民退休後的保障為由，只建議預留240億元向合資格人士的強積金戶口一次過注入6,000元，市民無法即時受惠，與社會期望有很大落差。

民建聯認為預算案對基層及中層市民的照顧仍有不足，並在各區發起「要求即時享用6,000元」的簽名行動，成功收集兩萬多個市民簽名。民建聯與其他建制派議員更約見曾俊華，合力游說。兩天後，曾俊華宣布新措施，改為向全港600萬名18歲以上永久性居民派發6,000元，寬減薪俸稅和個人入息稅75%，上限6,000元，並額外預留款項，令有需要的「五無人士」受惠。這次是預算案在公布後首次作出修訂，並開創政府向市民派錢的先河。

同年11月，民建聯在對下年度預算案的期望中，首次提出擴闊薪俸稅稅階，由4萬元增至5萬元，並降低每個稅階的邊際稅稅率一個百分點，以減輕中產人士的稅務負擔。此項要求直至2017年預算案才爭取到部份成果，薪俸稅稅階擴闊至45,000元。

「要求即時享用6,000元」請願

五、建言獻策漸見成效

長者兩元乘車優惠

　　曾蔭權任內，一改董建華連任特首後於每年1月宣讀施政報告的做法，回復以往慣例，在每年10月宣讀施政報告。可能是臨別秋波的關係，2011年10月，他在最後一份施政報告中，接納了堅持對政府政策「是其是，非其非」的民建聯的多項建議，例如長者兩元乘車優惠、復建居屋等。

到立法會請願支持「減輕交通費用負擔」的動議

　　長者兩元乘車優惠，應該是民建聯成功爭取政府推出惠民措施的突出例子。事緣自2000年起，個別巴士公司及鐵路公司開始為長者提供間斷式的乘車優惠。及至2008年底，港鐵和巴士公司突然宣布取消長者周日及假日搭乘優惠，民建聯張學明隨即於12月17日在立法會提出「減輕交通費用負擔」的動議辯論，並通過議案，促請政府與各公

共交通機構磋商，將星期日及公眾假期永久列為長者免費乘車日，以及延續現時巴士公司提供的長者假日乘車優惠及即日回程折扣優惠。在強大的輿論壓力下，巴士及鐵路公司紛紛延長長者優惠。

要求減輕交通費用負擔

鑑於巴士公司及港鐵提供的長者乘車優惠將於下年初屆滿，2009年11月4日，張學明再度在立法會提出「減輕交通費用負擔」的動議辯論，並通過議案，促請政府與各公共交通機構磋商，延續現時為長者提供的乘車優惠，並將公眾假期及每星期的指定日子永久列為長者免費乘車日。

2010年11月17日，立法會動議辯論「檢討安全網保障範疇」，經譚耀宗修正的議案，加入「推動交通機構全面提供長者及殘疾人士乘車優惠，並永久性地設立長者免費乘車日」。民建聯在2011年施政報告期望中，進一步建議政府參考學生車船津貼計劃，資助各公共交通機構每日實施長者乘車優惠，包括港鐵每程收費兩元及巴士半價優惠。

最後，曾蔭權在2011年施政報告接納民建聯的建議，提出讓所有65歲以上長者及合資格殘疾人士可以在任何時間以兩元乘搭港鐵一般路線、專營巴士及渡輪，並要求營辦商繼續承擔現時自願為長者及殘疾人士提供的票價優惠。

2012年11月，民建聯在對施政報告及財政預算案期望中首次提出，鼓勵專營巴士公司下調長者優惠年齡至60歲。2018年10月，在林鄭月娥發表任內第二份施政報告之前，民建聯再度建議政府下調長者2元乘車優惠及長者醫療券的年齡門檻，由65歲劃一下調至60歲。

2020年1月，林鄭月娥公布十項民生政策新措施，包括2元乘車優惠年齡門檻降至60歲，但最後要到2022年2月底才落實。

爭取復建居屋

居者有其屋計劃一直是中低收入市民重要的置業階梯。上世紀末，受到亞洲金融風暴和科網股泡沫爆破的打擊，整體樓價一度下調超過6成。2002年，政府決定逐步退出房地產市場，停止興建居屋。民建聯當時並不反對有關決定，同時提出在適當的時候，應重新考慮復建居屋。

2007年要求復建居屋

樓市經過數年的整固後，2007年出現較明顯的上升勢頭。為此，民建聯陳鑑林在同年12月5日在立法會提出「全面檢討資助置業計劃」的動議辯論，並通過議案，促請政府盡快重新檢討各項資助置業計劃，積極研究恢復興建適量居屋及出售適量公屋。此後多年，民建聯每年在對施政報告期望中均提出復建居屋。

2011年8月3日，民建聯立法會議員與曾蔭權會面，提出對施政報告的期望，並希望政府在換屆之際，仍然積極實幹，妥善處理各項民生事務。民建聯的施政報告期望第一項建議，就是盡快復建居屋，每年興建5,000個居屋單位，善用各區空置政府土地發展居屋。

經過近5年的爭取，曾蔭權最終在2011年10月的施政報告中宣布復建居屋，還推出優化版的「置安心」計劃，租戶除「先租後買」之外，還可選擇「可租可買」。

倡議打造港島北海濱長廊

2007年區議會選舉之前，民建聯在新界西率先進行全區規劃研究，從居民的角度研究如何改善社區環境，供區內參選人在競選活動時推廣，收到很好的效果。4年後，其他地區也效法進行全區規劃研究，為區選造勢。

針對政府在港島北海岸線沒有整體規劃，海濱都是任由各區片段式發展，民建聯於2011年6月24日提出「全民海濱，擁抱維港」的構思，建議在港島北海岸線打造一條國際級的海濱長廊，將西起西環、堅尼地城，東至柴灣的海濱連成一線，並提供多項休閒康樂、特色餐飲服務等，展現香港特有的維港景色。

民建聯倡建海濱長廊抱維港

連接港島北海岸線社區 打造港版築地動感水都

香港文匯報訊（記者 鄭治祖）香港優美的維港景色，素來令港人引以為傲。民建聯提出「全民海濱，擁抱維港」構思，把活躍的生命力注入港島北海岸線。該黨建議打破港島海濱社區重重隔膜，在港島北海岸線，連接西環至柴灣，打造一條國際級海濱長廊，展現香港特有的維港景色。

民建聯副主席張國鈞、副秘書長兼中西區區議員陳學鋒、屯門聯同該黨港島區議員，包括鍾樹根及李均榮，又邀請了立法會主席曾鈺成親臨主禮，一同為「全民海濱，擁抱維港」構思揭開序幕。

民建聯以「全民海濱，以人為本，作為計劃的理念」，期望把港島北海濱長廊日後的發展，結合香港歷史文化、休閒娛樂、綠化、特色餐飲等多元化元素，讓全港市民及外來遊客，真正享受到維港景色的〔見表〕。

倡增建單車徑水上的士駁通

他們建議，政府應把港島北的海濱連接起來，駁通水陸兩路，在陸路方面，現時港島區沒有完整的單車徑的規劃，建議政府在合適路段，增建單車徑。

香港維新陳學鋒等會代表為「全民海濱，擁抱維港」揭開序幕。香港文匯報記者莫雪芝 攝

■西環「後花園」。

■北角「碼頭公園」。

■柴灣「動感水都」。

■西灣河「漁村文化」。

2011年6月25日《文匯報》

「全民海濱，擁抱維港」規劃諮詢啟動禮及在區內巡迴展覽規劃模型

　　構思建議以單車徑和水上的士把海濱連起來，並提出在海濱長廊沿途進行多項重點建設，包括：活化西環副食品市場、保留分域碼頭、打造超級維園、北角碼頭公園、鰂魚涌文娛康樂區、筲箕灣漁村文化、柴灣動感水都等。這些建議都是民建聯收集區內市民意見提出的。

其後，民建聯舉行「全民海濱，擁抱維港」規劃諮詢啟動禮，在區內巡迴展覽規劃模型，再將系列建議提交政府。如今港島北海濱長廊正逐步建成，民建聯可以說有率先創議之功。

推動香港設立地質公園

香港雖然是彈丸之地，但卻擁有被人忽略的地質瑰寶。民建聯是香港第一個提倡設立地質公園的政團，聯同馬鞍山民康促進會及內地專家學者，組成倡建世界級地質公園委員會，於2007年6月發表首份建議書，同年12月19日，張學明在立法會動議辯論「創建新界東部地質公園」，通過議案，促請政府把新界東部發展為具保育、科普和生態旅遊價值的地質公園，並向中央政府推介，爭取評定為國家地質公園和向聯合國教育科學文化組織申報為世界地質公園。

2008年10月，曾蔭權在施政報告中宣布設立地質公園。民建聯再結合香港社會最新的發展，重新整理資料，於2009年1月發表「倡建全球首個世界級大都會地質公園建議書」，向公眾介紹對地質公園的規劃。同年9月，香港地質公園獲國家地質公園評審委員會評定為國家級地質公園，香港國家地質公園在11月正式開幕。2011年「香港國家地質公園」進一步獲接納加入世界地質公園網絡，4年後易名為「香港聯合國教科文組織世界地質公園」。

在推動設立地質公園的過程中，民建聯一直擔當先行者的角色，透過發表建議書、舉辦座談會和展覽活動，向公眾推介及宣傳，可以說是香港政團成功推動前瞻性社會政策的典範。

政策研究成果結集

長期以來，香港政治一個不足之處，就是缺乏政策研究。民建聯作為政團，參政要通過選舉體現，議政則要做好政策研究工作。民建聯自成立以來，始終堅持進行政策研究工作，雖然資源有限，但是回歸後這方面的投入卻是有增無減。

粗略統計，自2004年至2009年，民建聯共發表36份研究報告和建議書，內容涉及經濟、工商、教育、規劃、環保、文化，以及加強與內地合作發展等不同方面，並舉辦十多場大型公共政策研討會。另外，民建聯還積極拓展工商、專業及學術網絡聯繫，建立起政策委員會、專業事務委員會等黨內架構，並經常邀請專家、學者探討重大或長遠政策問題，更特別成立經濟顧問小組。

2010年《建港方略》新書發布酒會

　　作為對政策研究工作的階段性總結，民建聯於2010年2月和2011年2月將過去發表的研究報告和政策建議書選編成《建港方略 —— 民建聯政經研究論集：經濟篇》和《愛建家園：民建聯建港方略研究論集二》兩書。前者更邀請到行政長官曾蔭權、中聯辦主任彭清華撰寫序言。

　　譚耀宗在《建港方略》新書發布酒會上致辭時強調，民建聯相信，需要對香港社會發展進行長遠系統的規劃，需要對種種政策問題進行深入理性的探討；如果香港政治只有偏激的口號、簡單的對立，以及功利的取捨，香港社會不可能有持續健康的發展，香港政治生態也只有不斷惡化。

《建港方略》選取 8 份涉及經濟工商及與內地合作方面的研究報告及建議書，內容分 3 部分，即如何鞏固香港的傳統產業支柱；在傳統產業的基礎上如何促進新產業的發展，令香港的經濟結構更加健全；如何加強與內地 —— 特別是毗鄰的珠三角地區 —— 的合作，為香港的經濟發展建立堅強的後盾，共同繁榮。

《愛建家園》內容集中在社會建設方面，涉及的政策研究議題包括家庭、青少年、教育、社會企業、環保以及規劃等。

為推動與學術界的交流互動，《建港方略》和《愛建家園》還邀請到專家學者就書中的每份報告撰寫評論，或對相關議題發表看法，是政黨與學術界就公共政策進行互動探討的新嘗試。民建聯研究部亦就政策迴響略作介紹。

譚耀宗在《建港方略》《前言》中指出：

> 民建聯過去在經濟方面發表了不少研究報告和建議書，涉及的政策範疇各異，但有兩個政策理念貫穿其中：一是政府應放棄所謂「積極不干預」的做法，積極擔當經濟和產業促進者的角色；二是香港應放棄自我孤立的心態，加強與內地的經濟合作。撇開具體政策建議不論，我們相信這些研究報告或建議書，對特區政府的定位和決策思維，是有所影響的。

《建港方略—民建聯政經研究論集：經濟篇》收錄報告

2004.12	全方位開發港深邊境地區的方案與論證
2005.02 2006.06 修訂版	香港教育產業化建議報告書
2006.02	香港發展新工業的建議
2006.08	香港在泛珠區域合作中的前景、問題與對策
2007.01	香港國際金融中心發展策略系列報告 主體報告(整體發展)：創新合作 加強監管 　分報告之一(股市)：擴大上市來源 提升創業板 　分報告之二(期貨及其他衍生工具)： 　建立中國風險管理中心 發展多元化衍生產品 　分報告之三(銀行及人民幣業務)： 　促進銀行混業經營 發展人民幣離岸市場 　分報告之四(債券市場)：擴大發債來源 完善交易平台
2007.07	提升香港地位 配合國家發展——香港設立石油期貨市場建議書
2007.10	永不落幕的國際展銷之都
2009.07	把握機遇 經營珠三角——粵港合作先行先試建議書

《愛建家園：民建聯建港方略研究論集二》收錄報告

2006.07	建構和諧家庭——民建聯家庭友善政策建議書
2007.08	打擊青少年跨境濫藥問題建議書
2010.05	學習差異兒童學前教育報告書
2007.05	培育人才 迎接挑戰——提升專上學生受僱能力建議書
2007.10	社區為本 助貧自助——香港發展社會企業的建議
2006.08	齊踏環保路 共創好家園－環境保護政策綱領
2006.08	讓啟德再起飛——東南九龍發展計劃建議書
2008.07	新界整體發展策略——階段一：六大策略性建議
2009.01	倡建全球首個世界級大都會地質公園建議書

395

民建聯領導層多次訪問美加，與當地官員和華人組織會面

第 十 章

連場選舉充滿挑戰

一、區選奪三分之一議席

成立選舉事務委員會

2011及2012年，香港接連舉行區議會、選委會界別分組、行政長官和立法會4場選舉，連場選舉環環相扣，充滿變數。為此，民建聯第十屆中委會於2009年4月上任後，對選舉工作有新的部署，除成立婦女、家庭兩個新的事務委員會外，還專門設立選舉事務委員會，負責統籌議會選舉和其他與選舉有關的工作，使日後的選舉工程更趨制度化。委員會由譚耀宗擔任主席，委員包括葉國謙和劉江華兩名立法會議員，以及多位曾參與立法會選舉的年輕成員，成員的組成亦反映出民建聯力推新舊交替及培養新人的決心。

選舉事務委員會成立後，十分關注區議員和地區幹事的工作，要求他們不時檢討區情，提交工作匯報，而總部則聘用專職的法律事務主任，為地區工作提供法律支援。其後，又舉辦議員幹事交流平台和培訓講座，讓區議員、地區幹事和議員助理等交流實戰經驗。

開始重視網上宣傳

值得一提的是，鑑於反對派比較善於利用網絡來進行動員，選舉事務委員會也注意到應加大網上宣傳的力度，例如要求總部和支部開設Facebook專頁、舉辦短片製作培訓班。與傳統的地區工作相比，網上宣傳既花錢，成效又不易量化，民建聯開始時在這方面步伐邁得並不大。

2011年8月推出「社區報料 iPhone App」

　　隨著 iPhone 手機日趨普及，民建聯緊貼潮流，於 2011年8月推出「社區報料 iPhone App」，成為本港首個設立 iPhone App 的政團。接著於 9月推出區議會選舉網站，並啟播宣傳短片，凡此種種都是網上宣傳的新嘗試。

　　到 2016年中，民建聯成立網絡辦公室，專門負責 Facebook、YouTube、微信等網上宣傳渠道的管理，加大網絡宣傳工作力度。一年後網絡辦公室發展成多媒體創作室，除配合立法會議員即時發布資訊和立場回應，為大型活動進行拍攝和網上宣傳外，亦為各支部、議員辦事處提供培訓，協助各區推動網上宣傳工作。自此之後，網上宣傳就成為民建聯聯繫市民的重要渠道。

為支部職員及議員助理舉辦剪片班

政改後區選重要性大增

2011年區議會選舉於11月6日舉行。由於政改方案在上年獲得通過，這次選舉的重要性大為增加，競爭更為激烈。

次年的立法會選舉，議席由60席增至70席，地區直選增加5席，功能組別則新增區議會(第二)界別(俗稱「超級區議會」)5席，以全港為單一選區，由在其他傳統功能組別沒有投票權的選民選出，即所謂「一人兩票」，而且只有民選區議員可以參選，並需要得到15名民選區議員提名。因此要參選超級區議會，首先要當選民選區議員。

這次區選，民選議席共有412個，比上屆增加7席。新一屆民選區議員可以互選117名選舉委員會委員，其中港九各區議會57席，新界各區議會60席。即是說近三成民選區議員可以成為選委，選舉行政長官，因而民選區議員的聲價倍增。

年輕參選人比例提高

民建聯中委會於9月14日通過派出181位成員參加區選，其後再通過副主席劉江華參加沙田田心選區選舉，為次年競逐立法會超級區議會議席作準備，使參選總人數增至182人，比上屆的177人略多。

在182位參選人當中，女性有41人，50人首次參選，而上屆則是60人，114位現任區議員角逐連任。參選人平均年齡約為45歲，與上屆相若，不過，40歲或以下有80人，佔44%，比上近36%為高。學士或以上程度者也佔半數，比上屆近46%為高。此外，除劉江華外，葉國謙、李慧琼、黃容根3位立法會議員亦競選連任區議員。

「實事求是，為您做事」

　　民建聯這次以「實事求是，為您做事」為整體競選口號和整體政綱的主題。整體政綱對當時錯綜複雜的社會形勢作出分析，指出：

　　　　一些政客只懂捉蕉謾罵，利用各種藉口，挑起社會紛爭，有人更不惜濫用司法制度，阻礙重大基建發展，挑起居留權爭議，令香港失去許多處理民生問題的時間和機會。他們無法為市民排憂解難，只會製造更多問題。

　　值得一提的是，整體政綱除涉及建屋安居、抗擊通脹、減少交通開支、改善社區環境等主張外，還提出應善待動物，打擊虐待動物惡行，訂立動物友善政策，這正是陳克勤多年來的倡議。

10月16日，民建聯在中環遮打花園舉行區選誓師大會，超過3,000名支持者到場。譚耀宗在發言時強調，民建聯候選人一不靠「掟嘢」上位，二不靠「鬧人」出鏡，三不靠法律搞事，靠的是「實事求是，為您做事」，實實在在的地區工作。

民建聯沒有對參選人提供現金資助，改為提供「選舉套餐」的一站式服務，包括海報、橫額、易拉架等選舉用品，申請上限為兩萬多元。

堅持地區工作獲認同

這次區選登記選民人數超過350萬，創歷年新高。除76席自動當選外，其他議席都競爭激烈。選舉日有逾120萬選民踴躍投票，投票率達41.4%，高於預期，較上一屆高2.6個百分點，僅次於2003年的44.1%。

選舉結果顯示，民建聯的地區工作和理念得到選民的認同和支持，成為大贏家，保持區議會第一大黨的地位。民建聯派出182人參選，取得136席，佔民選議席總數的三分之一，比上屆增加21席，當選率為74.7%，是歷來最高。其中36人自動當選，146位須競選的候選人中，有100人贏得議席，而在須投票的選區共取得有效票超過28萬張，得票率為52.7%，與上屆的53.3%差不多。

譚耀宗在總結選情時表示，過往選舉投票率高會對建制派不利，這次成績理想，主要是因為候選人踏實做好地區工作，得到市民認同。不過，亦有學者認為，外傭居港權和港珠澳大橋環評兩宗官司，加上部分泛民的激進抗爭手法和泛民之間的互相攻訐，使民意反彈，部分選民特地出來投票，從2003年的「踢走保皇黨」變成「懲罰泛民搞事」。

競逐連任者九成五當選

在民建聯贏得議席的候選人中，絕大部分是競選連任成功。114位爭取連任的候選人，九成五成功當選。這反映民選區議員若在任內扎扎實實地工作，與市民保持良好溝通，應可順利連任。相反，若要挑戰現任區議員，難度就高得多。

民建聯18位再接再厲的候選人，上屆落敗後繼續留在地區深耕，今屆當選的佔半數。其中較矚目的是蕭嘉怡在中西區東華選區擊敗已連任三屆的民主黨主席何俊仁胞弟何俊麒，獲得1,168票，比上屆增長近一倍。

一、區選奪三分之一議席

民建聯 2011 區議會選舉結果

選區	姓名	得票	得票率	選區	姓名	得票	得票率
中西區				**灣仔**			
堅摩	陳學鋒*	1,721	54.0%	愛群	鄭琴淵*	1,552	68.0%
觀龍	葉國謙*	2,723	73.7%	鵝頸	鍾嘉敏*	(自動當選)	
西環	張國鈞*	1,655	50.4%	大佛口	李均頤*	1,765	74.3%
西營盤	盧懿杏*	1,875	67.6%	**南區**			
東華	蕭嘉怡*	1,168	**53.1%**	華貴	麥謝巧玲*	2,611	51.5%
水街	楊學明	1,241	40.6%	華富二	黃才立	1,811	44.8%
東區				石漁	朱立威*	3,001	68.5%
愛秩序灣	顏尊廉*	(自動當選)		黃竹坑	袁志光	1,752	42.8%
筲箕灣	勞鍱珍*	1,260	53.2%	**油尖旺**			
翠灣	關瑞龍*	2,336	**54.8%**	尖沙咀西	孔昭華*	878	68.2%
小西灣	陳靄群*	(自動當選)		佐敦東	葉傲冬*	1,504	66.0%
景怡	梁國鴻*	2,140	41.1%	佐敦西	陳少棠*	2,063	72.6%
環翠	龔栢祥*	(自動當選)		油麻地	楊子熙*	2,242	59.8%
翡翠	趙承基	1,268	35.4%	富榮	鍾港武*	2,401	67.9%
柏架山	黃建彬*	(自動當選)		大角咀南	蔡少峰*	1,543	58.9%

* 當選

選區	姓名	得票	得票率
東區			
和富	郭偉強 *	（自動當選）	
堡壘	洪連杉 *	（自動當選）	
錦屏	蔡素玉 *	（自動當選）	
健康村	鄭志成 *	（自動當選）	
鰂魚涌	丁江浩 *	（自動當選）	
下耀東	許嘉灝 *	1,370	54.0%
上耀東	趙資強 *	（自動當選）	
興民	劉慶揚 *	2,539	73.9%
漁灣	鍾樹根 *	（自動當選）	
九龍城			
馬頭圍	林心廉	1,773	40.7%
馬坑涌	黃潤昌 *	1,416	52.7%
常樂	陸勁光 *	2,820	67.3%
龍城	吳寶強 *	2,335	84.2%
啟德	張芬蘭	625	21.7%
海心	潘國華 *	2,613	78.1%
土瓜灣北	李慧琼 *	1,534	82.7%
鶴園海逸	蕭婉嫦 *	1,665	66.1%
紅磡	陳仲翔	858	37.9%
愛民	吳奮金 *	2,821	62.0%
觀塘			
啟業	施能熊 *	（自動當選）	
麗晶	潘進源 *	2,729	51.5%
坪石	陳百里 *	2,759	77.2%
雙彩	譚肇卓 *	1,814	72.6%
佐敦谷	顏汶羽 *	2,234	51.6%
順天	郭必錚 *	（自動當選）	
寶達	洪錦鉉 *	（自動當選）	
秀茂坪南	麥富寧 *	3,201	61.7%
興田	余誠禧	1,030	26.9%

選區	姓名	得票	得票率
油尖旺			
大角咀北	劉柏祺 *	1,701	59.4%
尖沙咀東	關秀玲 *	1,037	46.9%
深水埗			
南昌北	鄭泳舜 *	1,485	51.3%
南昌中	劉佩玉 *	1,569	75.1%
南昌西	陳建民	797	32.9%
麗閣	范國輝	2,015	41.5%
幸福	梁銘言	1,092	33.3%
荔枝角南	梁宴誠	968	21.6%
美孚南	黃達東	1,987	49.0%
元州及蘇屋	陳偉明 *	3,403	58.2%
黃大仙			
龍下	李東江	1,300	31.2%
鳳德	簡志豪 *	2,498	54.1%
東頭	李德康 *	（自動當選）	
東美	林文輝	1,607	46.1%
橫頭墈	黎榮浩	3,226	66.8%
慈雲西	袁國強	2,596	50.9%
正愛	陳曼琪 *	（自動當選）	
慈雲東	何漢文 *	（自動當選）	
彩雲東	蔡子健	1,533	42.4%
彩雲南	張思晉	1,088	32.7%
彩雲西	譚美普 *	1,819	50.9%
池彩	何賢輝	1,712	54.6%
彩虹	莫健榮 *	2,802	69.5%
荃灣			
楊屋道	陳恒鑌 *	2,246	76.2%
祁德尊	陳金霖 *	2,072	76.7%
荃灣中心	曾大	1,617	49.4%
麗興	林琳 *	1,965	51.0%

*當選

選區	姓名	得票	得票率
觀塘			
藍田	簡銘東 *	3,308	81.2%
廣德	柯創盛 *	(自動當選)	
油塘東	張琪騰 *	4,050	78.5%
牛頭角	陳國華 *	(自動當選)	
樂華南	許慧鳳	802	24.9%
屯門			
兆翠	葉文斌	1,742	35.7%
安定	梁志豪	1,245	32.1%
友愛南	曾憲康 *	1,967	57.6%
友愛北	陳雲生 *	1,785	68.8%
景興	陳有海 *	(自動當選)	
興澤	徐帆 *	2,513	70.7%
悅湖	張恒輝 *	1,904	54.4%
兆禧	侯國東	1,174	42.2%
湖景	梁健文 *	(自動當選)	
蝴蝶	蘇愛群 *	1,934	52.4%
龍門	龍瑞卿 *	2,310	60.0%
新景	李鳳嬋	1,085	30.0%
良景	程志紅 *	2,418	62.6%
田景	李洪森 *	2,306	67.7%
寶田	陳秀雲	1,270	36.6%
建生	陳文華 *	2,882	72.6%
兆康	巫成鋒	1,587	41.2%
富泰	陳文偉 *	2,771	53.2%
大埔			
大埔墟	李國英 *	1,172	57.1%
頌汀	譚榮勳 *	(自動當選)	
大元	鄭俊平 *	1,746	57.5%
富亨	王秋北 *	2,020	50.7%
怡富	胡健民	1,992	34.0%

選區	姓名	得票	得票率
荃灣			
梨木樹東	呂迪明	1,839	39.3%
象石	陳振中 *	1,768	49.0%
元朗			
豐年	呂堅 *	2,361	74.7%
南屏	邱嘉強	1,004	26.5%
北朗	陳智偉	1,302	33.8%
元朗中心	蕭浪鳴 *	1,912	71.7%
鳳翔	余仲良	1,580	46.1%
瑞愛	郭強 *	(自動當選)	
頌華	黃煒鈴 *	1,349	75.2%
天恒	陸頌雄 *	(自動當選)	
宏逸	姚國威	2,274	66.8%
天耀	梁志祥 *	(自動當選)	
北區			
聯和墟	曾興隆	1,512	41.2%
粉嶺市	彭振聲 *	1,365	35.5%
華都	姚銘 *	3,062	59.2%
華明	賴心 *	2,219	59.4%
欣盛	劉國勳 *	4,791	83.7%
盛福	溫和達 *	2,885	64.8%
上水鄉郊	侯金林 *	2,293	50.9%
清河	藍偉良 *	2,625	75.5%
御太	曾勁聰 *	1,447	69.4%
彩園	蘇西智 *	2,773	57.8%
石湖墟	王潤強	1,564	41.9%
天平西	黃宏滔 *	1,896	55.7%
沙打	溫和輝	2,694	60.3%
天平東	柯倩儀 *	1,241	35.6%
皇后山	鄧根年 *	2,106	54.2%

* 當選

選區	姓名	得票	得票率
大埔			
富明新	黃元生	1,458	34.4%
廣福及寶湖	林泉 *	(自動當選)	
宏福	黃碧嬌 *	(自動當選)	
寶雅	黃容根 *	2,417	66.9%
舊墟及太湖	張國慧 *	1,696	53.2%
沙田			
沙田市中心	曾錦銓	1,521	43.5%
禾輋邨	余倩雯 *	(自動當選)	
田心	劉江華 *	1,612	75.6%
大圍	董健莉 *	3,302	53.1%
穗禾	彭長緯 *	1,950	64.0%
頌安	葛珮帆 *	2,455	58.8%
錦濤	楊文銳 *	2,104	50.6%
利安	羅棣萱 *	2,361	46.8%
耀安	李世榮 *	3,039	61.3%
恆安	梁耀才	1,933	35.1%
鞍泰	楊祥利 *	2,417	55.3%
大水坑	張子賢	1,345	32.4%
碧湖	黃冰芬	2,052	42.2%
廣康	鄭楚光 *	1,808	55.0%
離島			
逸東邨南	老廣成 *	2,192	72.8%
東涌南	周轉香 *	2,326	69.3%
南丫及蒲台	余麗芬 *	858	64.0%
長洲北	李桂珍 *	(自動當選)	

選區	姓名	得票	得票率
西貢			
西貢市中心	吳仕福 *	(自動當選)	
白沙灣	邱戊秀 *	(自動當選)	
西貢離島	李家良	935	72.4%
坑口西	邱玉麟 *	(自動當選)	
運亨	侯勵英	1,010	25.1%
景林	祁麗媚	2,281	45.9%
厚德	凌文海 *	2,260	57.0%
富藍	陳國旗 *	(自動當選)	
尚德	陸惠民	650	11.9%
廣明	莊元苳 *	2,493	55.3%
葵青			
葵盛東邨	賴芬芳	1,894	35.3%
葵涌邨北	黃紹焜	843	31.4%
葵涌邨中	吳任豐	573	29.9%
石蔭	黃可欣	1,700	37.0%
安蔭	梁子穎 *	2,768	60.1%
大白田	呂學能	1,488	45.0%
荔華	朱麗玲 *	1,923	50.1%
興芳	梁嘉銘	2,026	48.6%
青衣邨	潘志南	1,398	35.0%
盛康	梁偉文 *	2,405	74.7%
青衣南	潘志成 *	(自動當選)	
長安	羅競成 *	(自動當選)	

* 當選

年輕人當選大增

首次參選的50人中，有19人勝出，當選率為38%，比上屆略高，其中包括顏汶羽、林琳、李世榮、譚肇卓等。經過這次選舉，民建聯年輕區議員的數目大增，80位40歲以下的候選人，有53人當選，而上屆則是35人。

民建聯4位參選的現任立法會議員全部勝出，反觀其他黨派參選的13名立法會議員，竟然有7人落敗，全部都屬泛民陣營，其中以民建聯新人朱麗玲在葵青荔華選區擊敗競選連任的民主黨前主席李永達受到廣泛報道。

此外，民建聯蘇西智於北區彩園選區再度擊敗在區選曾多次對壘的民主黨立法會議員黃成智，成功連任。葉國謙在中西區觀龍選區競選連任，以75%的得票率、1,750票之差大勝空降挑戰的社民連立法會議員梁國雄。

另外，民建聯副主席張國鈞於2003年在灣仔司徒拔道選區參選落敗，8年後轉至中西區西環選區參選，與民主黨莊榮輝對壘，競爭十分激烈，結果是1,655票對1,631票，以24票之差險勝。

2011年區選首次參選成員亮相

朱麗玲啃下豬頭骨

現任民建聯執委兼葵青支部主席朱麗玲，曾是香港跆拳道代表隊成員，她在香港城市大學公共政策高級文憑課程一年級時愛上這項運動。2001年畢業後，她一身三用，讀銜接課程，到亞洲各地比賽，並擔任西貢區議員溫悅昌的助理。

2004年，朱麗玲在民建聯2003區選重挫之後的低潮期加入，在葵青支部從事地區工作，一直在幕後幫別人參選。在社區深耕8年之後，時任支部主席羅競成游說她參選，啃的卻是豬頭骨。

荔華選區雖然鄰近美孚新邨，卻是葵青區最偏遠的地方，既有公屋、居屋，也有私樓、村屋，葵青支部辦事處一直鞭長莫及。況且，對手是民主黨前主席、立法會議員李永達，已連任當區兩屆區議員，是「政治明星」。

朱麗玲收到這「不可能的任務」時，並未以勝選作為目標，只想著反正是去落區，一切從零開始。朱麗玲憶述：「其實我克服了很大困難，從幕後走向幕前。我不是一個很喜歡說話的人，不是很擅長表達自己。」她雖怕醜卻並不「怕事」，落區後將訓練跆拳道的艱苦精神延續到社區服務中，落實民建聯「民生無小事」的實幹理念。

　　首次參選，朱麗玲卻絲毫不懼。雖然李永達知名度較高，但街坊接觸朱麗玲的時間比他多出不知多少倍，事無大小皆向她尋求幫助，甚麼家庭問題都找她解決。她笑言，「街坊把我當成女兒、孫女看待，他們見到我要參選，日日都擺街站，都擔心我會不會很辛苦。」

　　落區兩年，她為人親切，事無大小都肯幫助居民，終於得到回報。選舉結果公布，朱麗玲以1,923票對1,582票一舉擊敗李永達當選。人民力量派出前電台主持，外號「慢必」的陳志全空降出選，旨在狙擊李永達，僅得333票。李陳兩人都是知名人士，合起來票數也不及朱麗玲多，使傳媒大感意外。

　　民建聯「小花」一戰揚名。2011年是虎年，32歲的朱麗玲就是憑著「初生之犢不畏虎」的精神參選，成功打敗不做實事的「懶惰虎」、不出現的「隱形虎」及得個「惡」字的「暴力虎」。

一、區選奪三分之一議席

舉行分享會總結2011區選

　　民建聯其後舉行分享會總結區選取得佳績，有5個主要因素：運用多屆選舉累積所得的經驗作出部署，提早展開競選工程；準確掌握民情，切實反映民意；「民生無小事」的服務態度獲得市民認同，地區工作切合民生訴求；就港珠澳大橋及外傭居港權兩大司法覆核案，積極聽取及反映民意；鮮明地反對議會內外的暴力文化。

巫成鋒敗選不氣餒

現任民建聯執委兼屯門支部主席巫成鋒，17歲曾參加2003年七一遊行，18歲人生第一票投給了鄭家富。但世事無絕對，2009年，巫成鋒在香港城市大學政策及行政學系畢業後，加入了屯門婦聯工作，希望在非政府組織服務社會，幫助市民。後來他認識了民建聯屯門支部主席梁健文，成為加入民建聯的契機。

巫成鋒笑言：「那個時候談到建制派、民建聯，最大的印象就是派一些蛇齋餅糉而已，我自己也想親身了解一下。」帶著這個疑問，巫成鋒參與了民建聯的活動，切身感受到街坊對民建聯的支持與認同絕非蛇齋餅糉那麼簡單。

2011年，25歲的巫成鋒加入了民建聯，出任社區主任，並準備參選區議會。加入民建聯的決定，巫成鋒事前沒問過爸爸，令家人關係跌到冰點。不久，民建聯派他到屯門兆康選區，挑戰自1994年起連任多屆區議員的陳樹英。陳樹英既是民主黨中委，也是「政治明星」李永達的妻子，離婚11年後再復合。

巫成鋒當時居住在大埔，每日到選區的路程十分遙遠，「早上6點出門，做到晚上9點10分，回到家已經11點，第二天5點又要起床」。除了緊湊的地區工作外，許多街坊甚至因政治立場的不同而攻擊他。所有這些，令初出茅廬的巫成鋒差一點就放棄了。

初戰敗給陳樹英是意料之內的，但可幸的是僅僅兩個多月的競選工程，得到 **1,587** 票，比陳樹英少 **524** 票，這個成績是建制派在兆康最好的一次。

巫成鋒做地區工作是有優勢的，在年輕一代中，他屬於外表俊朗，性格開朗一種。接著 **4** 年，巫成鋒繼續服務兆康。他舉辦多項活動，促進區內的親子和諧，與街坊建立密切的連結。特別是協助屋苑的老人家，從屯門乘西鐵再轉地鐵到天后的香港房屋協會總部申請長者維修物業津貼，令巫成鋒深深感受到，弱勢群體更需要的是被盡心照顧。相反，對手雖然擔任區議員 **20** 年，但放在區內的時間很少。

2015 年區議會選舉，巫成鋒再度參選，終於獲得 **2,677** 票，以 **410** 票之差擊敗陳樹英。「我是用真誠打動了他們，有一些選民說不一定支持民建聯，但願意支持我。」

出掌八個區會主席

反觀這次區選，泛民政團表現欠佳。民主黨 **132** 人參選，只得 **47** 席，比上屆減少 **12** 席。公民黨 **41** 人參選，得 **7** 席。民協 **26** 人參選，得 **15** 席，剛好達到獲得足夠提名，可以參選立法會超級區議會。社民連 **28** 名候選人全軍盡墨，而人民力量 **62** 人參選，打著「票債票償」的口號，在多區狙擊投票支持政改的民主黨和民協，僅得一席。

政改方案通過後，政府計劃分階段取消區議會委任議席。**12** 月 **22** 日，政府宣布委任 **68** 人為區議員，比上屆減少三分之一，其中 **10** 人為民建聯成員，使民建聯在區議會的議席增至 **146** 席，其中包括前立法會議員張學明、青年民建聯主席周浩鼎、民建聯常委陳勇等。

其後，18個區議會選出正、副主席。在36個正、副主席職位中，民建聯成員佔當中一半，其中在東區、灣仔、黃大仙、油尖旺、北區、西貢、大埔和元朗等8區任主席，另有11名副主席。

民建聯成員擔任區議會正副主席

	第一屆 (2000-2003)	第二屆 (2004-2007)	第三屆 (2008-2011)	第四屆 (2012-2015)	第五屆 (2016-2019)	第六屆 (2020-2023)
中西區	-	-	-	陳學鋒(副主席)	陳學鋒(副主席)	-
灣仔	孫啟昌(副主席)	-	孫啟昌(主席)	孫啟昌(主席)	周潔冰(副主席)	-
東區	鍾樹根(副主席)	王國興(副主席)	鍾樹根(副主席)	黃建彬(主席) 龔栢祥(副主席)	黃建彬(主席)	-
南區	-	-	-	-	-	-
油尖旺	葉國忠(副主席)	-	鍾港武(主席)	鍾港武(主席)	葉傲冬(主席)	-
深水埗	-	-	-	黃達東(副主席)	陳偉明(副主席)	-
九龍城	-	-	-	潘國華(副主席)	潘國華(主席)	吳寶強(副主席)
黃大仙	林文輝(主席)	簡志豪(副主席)	李德康(主席)	李德康(主席)	李德康(主席) 黎榮浩(副主席)	
觀塘	-	-	-	-	洪錦鉉(副主席)	柯創盛(主席)
荃灣	-	-	-	-	-	-
屯門	梁健文(副主席)	梁健文(副主席)	梁健文(副主席)	梁健文(副主席)	梁健文(主席)	
元朗	鄧兆棠(主席) 梁志祥(副主席)	鄧兆棠(主席) 梁志祥(副主席)	梁志祥(主席)	梁志祥(主席)	-	
北區	-	-	蘇西智(主席)	蘇西智(主席) 侯金林(副主席)	蘇西智(主席)	-
大埔	張學明(主席) 鄭俊平(副主席)	鄭俊平(主席)	張學明(主席)	張學明(主席) 黃碧嬌(副主席)	張學明(主席) 黃碧嬌(副主席)	
西貢	吳仕福(主席)	吳仕福(主席)	吳仕福(主席) 溫悅球(副主席)	吳仕福(主席) 陳國旗(副主席)	吳仕福(主席) 凌文海(副主席)	
沙田		彭長緯(副主席)	彭長緯(副主席)	彭長緯(副主席)	彭長緯(副主席)	
葵青	彭長緯(副主席)	-	-	羅競成(副主席)	羅競成(主席)	盧婉婷(主席)
離島	周轉香(副主席)	周轉香(副主席)	周轉香(副主席)	周轉香(副主席)		

二、盡責履職選好特首

六辦工作坊收集意見

　　第四任行政長官選舉定於2012年3月舉行，甚受社會關注，傳媒很早就傳出行政會議召集人梁振英將加入與被視為大熱門的政務司司長唐英年競逐。由於兩人都屬建制派，實力旗鼓相當，可以預料選舉競爭十分激烈而且複雜。

　　民建聯作為一個有承擔的政團，加上有不少成員是選委，對這場選舉不可能置身事外，必須積極參與，除鼓勵選委盡責履職外，也應形成自己的政策主張，希望特首參選人在制訂政綱時能夠採納。

　　為此，民建聯在2011年5月至8月，邀請各界知名人士、學者專家，分別就政府管治、經濟發展、社會保障、房屋及未來都市，以及教育、文化及青年發展等5大方面的長遠施政問題舉行6場工作坊，聽取各方真知灼見，以整理出對新特首的期望。

　　經內部多次討論後，民建聯從10月起陸續發表對新特首期望「民生篇」、「經濟篇」和「管治篇」諮詢稿，引發公眾討論，在定稿後向特首參選人提出。同時，青年民建聯亦就未來青年政策，提出對新特首的期望。

　　「民生篇」諮詢稿認為，香港面對三大民生挑戰，分別來自貧富懸殊、人口老化，以及房屋及都市規劃。為應對有關挑戰，民建聯提出52項建議，包括設立低收入家庭生活補助計劃、將生果金改革為退休保障養老金、制定長遠土地房屋政策、訂立殘疾人士就業配額制度等。

對 2012 年行政長官的期望工作坊 6 次會議

日期	主題	出席嘉賓
5月31日	提升政府管治水平策略	全國人大常委范徐麗泰，中文大學外科榮休講座教授李國章，全國人大代表羅范椒芬，全國政協委員、資深大律師胡漢清，全國政協委員、香港專業及資深行政人員協會創會會長容永祺，一國兩制研究中心總裁張志剛、中文大學政治與行政學系高級講師蔡子強
6月14日	香港經濟發展藍圖	合和集團主席胡應湘、全國人大代表劉佩瓊教授、香港中華廠商聯合會會長黃友嘉博士、香港工業總會行政總裁邱達宏、恒生管理學院商學院院長蘇偉文教授、香港大學經濟金融學院名譽高級研究員郭國全，以及曾淵滄教授
6月16日	社會保障系統的建設	全國人大代表、社會服務聯會副主席陳智思，香港大學社會工作及社會行政學系周永新講座教授，理工大學專業及持續進修教育學院院長阮博文教授，嶺南大學亞太老年學研究中心總監陳章明教授，中文大學社會工作學系王卓祺教授，前衛生福利局副局長何永謙教授。
7月5日	房屋及未來都市發展策略	前地政總署署長劉勵超、前屋宇署署長鄔滿海、中原地產研究部聯席董事黃良昇及香港理工大學建築及房地產學系黃君華教授
7月7日	文化、教育及青年發展	全國人大代表羅范椒芬，全國人大代表、香港藝術發展局主席王英偉，全國人大代表、香港科技大學副校長黃玉山教授，行政會議成員、香港教育學院校長張炳良教授，屯門仁愛堂田家炳中學校長戴希立，教聯會主席黃均瑜，進念·二十面體藝術總監胡恩威
8月11日	青年發展	青年事務委員會主席陳振彬、香港菁英會主席洪為民、晉峰青年商會副會長簡敬文、同心網絡副主席楊煒旋、新青年論壇幹事吳偉銘。

「經濟篇」諮詢稿認為，香港經濟發展存在四大不足，包括與內地合作深度不足、土地利用不足、產業多樣性不足，以及人才不足。為此，民建聯在實現與內地深度合作、拓展土地資源、促進產業多元化，以及培育匯聚人才4個方面，提出45項建議。

「管治篇」諮詢稿認為，香港社會對管治問題的思考常存在兩大問題。第一個問題在於過分強調大市場小政府的原則，未能準確掌握政府應該扮演的角色、應該發揮的職能。第二個問題在於簡單強調選舉模式的變革，而忽略了其他政治制度的建設與配合。為此，民建聯在強化政府角色、規劃長遠發展，以及全面改善管治、培養政治人才等方面提出多項建議。

諮詢稿建議設立由行政長官領導的「發展及督導委員會」，全面規劃香港長遠發展，以配合國家發展戰略；強化管治班子，增設政務司副司長。在改善決策過程方面，則建議從政黨中吸納更多人才進入管治架構，並在制定政策的過程中讓政黨及早參與；適當增加行政會議中立法會議員的人數，讓他們在政策制定過程中有更大及更早參與，提升政策在立法會內的支持度。

選委人數多達一成二

根據2010年通過的政改方案，新的選舉委員會人數由800人增至1,200人，工商、金融界，專業界，勞工、社會服務、宗教等3個界別的界別分組人數按比例增加，而由立法會議員、區域性組織代表、港區全國人大代表、港區全國政協委員組成的第四界別，新增的100席，有75席分配予民選區議員，令區議會界別分組的人數達121人，港九區議會和新界區議會各佔57席及60席，另外各有兩名特別委員，以填補第五屆立法會尚未產生的10個新增名額。行政長官候選人的提名門檻維持在選委會人數的八分之一，即需要取得不少於150個提名。

選舉委員會界別分組選舉於2011年12月11日舉行。提名期結束後，有11個界別分組共277名候選人自動當選，另外25個界別分組共645個席位需要投票選出。

由於民建聯在區選取得三分之一的民選議席，因此在區議會界別分組選舉中佔有優勢。民建聯與其他建制派政黨和獨立議員組成59人的「港九區議員聯隊」，參選港九區議會界別分組。此次，還有4位年輕成員組成「街坊北斗」，首次參選一直由泛民壟斷的社會福利界，雖然沒有勝算，亦希望將基層聲音帶入這個界別分組的選舉。

選舉結果顯示，加上當然選委，民建聯擁有147名選委，是選委人數最多的團體，幾乎可以單獨提名特首候選人。當選選委以區議會界別分組最多，在商界、教育和資訊科技界亦有人當選，其中在區議會界別分組當選的有不少年輕人，如張國鈞、陳偉明、柯創盛、鄭泳舜、黎榮浩、劉國勳、楊文銳、陳恒鑌等。

4位成員組成「街坊北斗」首次參選社會福利界

兩度邀請唐梁交流

踏入 2011 年 9 月底，特首選舉的戰幔正式揭開。唐英年於 9 月 28 日辭去政務司司長職務，並於 11 月 26 日宣布參選，競選口號是「明天在你我」。梁振英則於 10 月 3 日辭去行政會議召集人職務，並於 11 月 27 日宣布參選，提出「齊心一意撐香港」。

雖然立法會議員黃定光、中委兼區議員劉國勳自行出席梁振英宣布參選的大會，可是，由於唐梁兩人都來自建制，民建聯領導層對處理與兩人的關係十分慎重，沒有表態支持誰。

在選舉委員會界別分組選舉結束後次天，民建聯正式發表《對新行政長官的期望》，並於同日先後與唐梁兩人在民建聯總部舉行內部交流討論。譚耀宗表示，兩場座談會對民建聯了解兩人的政策理念有幫助。2012 年元旦，民建聯 20 周年會慶慶祝活動在添馬公園啟動，梁振英亦「路過」前來祝賀。1 月 30 日，民建聯區議員與兩人在總部舉行座談會，有 50 多名區議員參加，重點交流地區議會與政府關係、區議會工作、地區行政事務等。這一連串與參選人親身交流的體驗，使民建聯選委對唐梁的印象改觀，孰優孰劣漸見分明。

2011 年 12 月 12 日於民建聯總部與梁振英及唐英年交流對新行政長官期望

二、盡責履職選好特首

　　2月13日，民建聯中委會決定，將特首選舉的提名與最後投票分開處理，並容許黨內選委自由提名，但常委、立法會議員、監委會主席及會務顧問共23名選委不參與提名。

　　由於選委會組成後，傳媒多認為明確支持梁振英參選的選委人數未夠提名門檻，因此民建聯這一決定，對梁振英順利「入閘」大有幫助。

2012年元旦梁振英前來祝賀民建聯20周年會慶慶祝活動

競選活動政綱不受重視

　　特首選舉提名期從次日開始，民主黨主席何俊仁率先報名參選，獲183個提名。唐英年報名時有379個提名，而最後報名的梁振英則有293個提名。到2月29日提名期結束時，經補交提名，何唐梁最終確認的提名分別是188個、390個和305個。

　　唐英年在宣布參選後兩個多月，到2月12日才公布政綱，而梁振英則從上年底開始陸續公布政綱諮詢稿，並以「一張櫈、一支筆、一本簿」為賣點，落區搞「全民寫政綱」活動。在唐梁公布政綱後，譚耀宗向傳媒表示，高興兩人的政綱吸納了不少民建聯的意見，並認為大眾應該多關心參選人的政綱。可是，在競選過程中，傳媒的焦點並不是放在比能力、比政綱方面，而是集中報道各式各樣的民意調查和跟進參選人的負面新聞。

　　在唐梁宣布參選後，先前在支持度大幅落後的梁振英，很快便急速上升，一直遙遙領先，大部份調查結果顯示梁振英有逾四成民意支持，比唐英年領先至少10多個百分點。

　　唐英年的支持度由高轉低，與應對負面新聞失當有很大關係。在宣布參選後不久，唐英年就在傳媒報道當天承認「個人感情上曾經有過缺失」，可是到2月13日被傳媒揭發其九龍塘大宅地庫有違規僭建時沒有坦白交代，3天後才偕太太公開向市民道歉。

　　另一方面，梁振英則被爆出10年前出任西九規劃設計比賽評審時沒有申報利益，以及其競選團隊曾出席流浮山「江湖飯局」。原來應是君子之爭的競選活動已大為走樣。

　　在唐梁均被負面新聞纏身之際，立法會主席曾鈺成於2月17日向傳媒表示會考慮參選，10天之後宣布放棄此意，在此過程中民建聯沒有表態。

　　葉劉淑儀亦因未能獲得足夠提名票而宣布棄選。與此同時，反對派則趁機搞局，鼓吹選委投白票，令到特首選舉流產。

　　3月14日，溫家寶總理在全國人大會議閉幕後的記者會上回答提問時表示：「相信只要堅持公開、公正、公平的原則，並且嚴格依照法律程序辦事，香港一定能夠選出一個為多數港人所擁護的特區行政長官。」傳媒普遍對此解讀為中央挺梁。

決定選委票投梁振英

民建聯中委會在3月23日召開特別會議，專門討論投票取態。會議一致決定支持梁振英，並建議黨內選委投梁一票。同時，反對「流選」，認為「流選」對香港沒有好處，會對政治、社會帶來不明朗和不穩定的因素。由於投票屬不記名，與提名不同，故只是建議，而非綑綁投票。

譚耀宗會後對傳媒解釋說，梁振英在與民建聯成員的接觸過程中，予人較好的印象；對於民建聯提出的期望和建議，梁振英作出的回應，更受民建聯成員認同；當民建聯的區議員陪同梁振英落區探訪市民時，發覺市民對梁振英的反應也較熱烈。此外，綜合考慮和比較兩人在其他場合的表現，應對危機和受到攻擊時的表現，民建聯中委會最終一致認為，在兩位候選人中，梁振英是較佳的人選。

3月25日特首選舉日，在1,193名選委中有1,132人投票，有效票1,050張，梁振英獲689票，唐英年285票，何俊仁76票。梁振英得票超過半數當選。國務院在3天後正式任命梁振英為第四任行政長官。

在梁振英勝選後，民建聯發表聲明表示祝賀，並指出當今香港面對國家發展的機遇，也面對環球市場動盪的挑戰，特區政府在促進經濟、改善民生和發展民主三方面任重道遠，廣大香港市民期望梁振英領導的管治團隊有長遠視野和規劃，廣聽民意，廣納賢能，積極處理社會深層次矛盾，化解對立，團結各方，帶領香港進入一個新的發展時代。

從2011年中起，民建聯就是以嚴肅認真、負責任的態度面對特首選舉，作出的決定，首要是從香港的大局出發，以香港的整體利益為重，而非算計一黨一派的利益得失。

分析新形勢新發展

梁振英當選特首後不久，便應邀擔任民建聯路向營的演講嘉賓。這次路向營是第十次，於4月14日至15日在深圳舉行，約200人參加，主題為「新形勢，新發展」，主要分析新的社會發展形勢，探討在新的形勢下民建聯與特區政府關係，並為立法會選舉訂定基本策略。

梁振英應邀擔任民建聯2012路向營演講嘉賓

由於當時正是梁振英組織新一屆政府的階段，因此傳媒的焦點就放在梁振英如何從民建聯吸納人才。梁振英在會後表示，沒有跟民建聯談及組班，但表述了對問責團隊的要求，包括要有一致的理念；對服務社會及面向群眾有所承擔；以及具備行政及政治工作能力，面對持份者解釋及說明政策，爭取支持。

路向營結束後，譚耀宗向傳媒表示，梁振英在會議中提及重視人才培養的問題，希望民建聯可以向政府推薦人才，並且對人才提出明確的要求。與會者曾討論這一問題，同意設立遴選機制，讓有興趣、有志向、有能力加入政府服務的成員報名，經過考核之後，將向政府作出推薦。談及新一屆政府成立後民建聯與政府的關係，譚耀宗表明，民建聯將充當積極而有建設性的監察者的角色。

至於立法會選舉，路向營也有深入討論，希望可以多增議席，要求分隊參加地區直選，即香港島兩隊，九龍西1隊，九龍東1隊，新界東兩隊，新界西3隊，另外，派兩隊參與超級區議會選舉，總數11隊，加上傳統功能組別，爭取取得14個議席。

路向營還邀請到台灣威肯公關公司總經理蕭展為講者，就選舉策略交流。

向新政府推薦人才

就向新政府推薦人才事宜，民建聯中委會於4月24日決定成立由7人組成的人才遴選小組，由會務顧問譚惠珠為召集人，各地區支部、各委員會可向小組推介人才，成員亦可自薦。遴選人才要符合3個條件，即與政府施政理念相同、有承擔、有做政治工作的能力。遴選過程及最後推薦的人才名單不會公開，小組亦毋須向中委會報告遴選情況，名單直接遞交候任特首辦。

從這種安排可見，民建聯領導層不欲介入向政府推薦人才，應是考慮到雖然民建聯與梁振英的施政理念相近，然而與政府建立管治聯盟的條件尚未成熟，還未到時候。

2012年 向梁振英提十大施政建議

其後，人才遴選小組提出約10人的名單，供候任特首辦挑選。梁振英上任後，只安排蘇錦樑留任商務及經濟發展局局長，徐英偉留任民政事務局政治助理，但未有即時委任民建聯其他成員加入政府。在推薦名單之中，直到2013年3月，才新增了陳百里一人獲委任為商務及經濟發展局政治助理。

另外，梁振英上任後委任新一屆行政會議成員，民建聯則提名由李慧琼接替劉江華出任。

對新政府提十點希望

民建聯在梁振英上任特首之前與他一直有互動。6月25日，梁振英出席由劉江華主持的「與未來對話」座談會，與民建聯成員對話，焦點是他上任後，有何措施妥善回應市民對他的期望。梁振英表示，上任後會首先關注房屋、貧窮及老人問題，並承諾於短時間內，推出解決措施，並強調：「凡是政策，成熟一個推出一個，推動政策不能操之過急。」

在一天前，民建聯結合「對新特首施政的信心及期望」調查結果，發表向梁振英提出的十大建議，希望他能在上任後，盡快就以下範疇推出適當措施：

- 設立中產委員會，扶助中產向上流。擴闊薪俸稅邊際稅階，減輕稅務負擔、提供25年住屋開支扣稅、新推出夾心階層住屋計劃，以及向業主退還地租

- 公布十年住屋計劃，落實增建公屋、每年提供5,000個居屋單位，以及重新推出夾心階層住屋計劃

- 盡快落實向合資格長者發放每月2,200元特惠生果金，研究向經濟較困難的長者，發放更高額津貼

- 立即檢討公營事業的加價機制，包括港鐵票價可加可減機制，以及電力公司的「管制計劃協議」的准許利潤上限。

- 落實15年免費教育，壓抑教科書價格，優化大專學生貸款計劃，減輕家長負擔

- 增撥資源改善公共醫療服務，包括所有公立醫院提供中醫的住院及中西醫會診服務

- 透過法律途徑，徹底解決雙非孕婦來港產子問題

- 善用5年任期，進行10年規劃，包括優化本港的四方面發展，以及開拓港灣區

- 推動10年經濟發展大計，合理運用財政儲備，對符合本港長遠發展策略的項目進行投資，以促進新產業

- 盡快就雙普選展開諮詢工作，以及完善問責制

民建聯真誠為港二十年 1992-2012

真誠・服務・承擔

2012年元旦日

三、砥礪前行慶祝成立廿周年

地圖砌出奮鬥歷程

2012年是民建聯成立20周年。經過20年的打拼，由創會時只有56名成員，發展到擁有超過兩萬名會員，13位立法會議員，近150名區議員，已成為本港主要政黨之一，其發展經驗值得好好總結。

當年元旦，民建聯啟動20周年會慶系列活動，並公布宣傳口號「真誠・服務・承擔」，既是過去20年工作的總結，也是未來的方向和目標。百多名新任區議員，以及立法會議員、監委會及常委共180餘人，在金鐘添馬公園拍大合照。

譚耀宗在致詞時強調：「願望的實現要靠我們的努力，民建聯從來不是翹起雙手等運到，而是抽起衫袖搵出路。」

　　民建聯成立之時，56位創會成員在文化中心以砌香港地圖的方式以明心志。當天亦是以砌香港地圖作為會慶活動的開始，將地圖分成20小塊，代表民建聯走過的20年及每年的發展大事，由19位支部主席或地區代表連同主席譚耀宗合力完成，寓意承先啟後，薪火相傳。

　　與此同時，民建聯正式出版黨史。第一本《建港心路 —— 與民建聯的緣與份》，在上年7月出版，以人物訪問的形式，由43位不同背景、在不同時期加入的會員、義工和職員，講述各自的心路歷程和難忘經歷，展現民建聯的發展軌跡，由香港政壇元老鍾士元和吳康民作序。

　　第二本《民建聯20年史》，首次較系統完整地記錄民建聯20年的發展歷史，包括創會、選舉、政黨建設等多方面的情況，並邀請到梁振英為該書作序。兩本黨史均由民建聯早期會員、資深傳媒人、北京師範大學 —— 香港浸會大學聯合國際學院國際新聞專業院紀宏副教授撰寫。

20小塊代表20年征程

地區代表		年份	發展大事記
中西區	陳耀強	1992 / 1993	匯聚愛國力量，建黨參政
灣仔	孫啟昌	1994	首次參選區議會．勇奪 37 席
東區	鍾樹根	1995	參選立法局選舉，奪取 7 席
南區	楊位款	1996	全力穩定民心，順利過度
油尖旺	陳國華	1997	見證回歸，落實「一國兩制」
深水埗	簡志豪	1998	參選特區首屆立法會， 積極推動民主發展
九龍城	徐紅英	1999	同心協力，走出經濟谷底
黃大仙	陳少棠	2000	迎接千禧，攜手跨越新紀元
觀塘	黃達東	2001	推動經濟轉型，改善營商環境
荃灣	陳國旗	2002	創黨十周年，民建聯自強不息
屯門	彭長緯	2003	全港市民心連心，同舟共濟抗逆境
元朗	黃碧嬌	2004	創立副發言人制度，提升議政水平
北區	蘇西智	2005	民建聯、港進聯，合併闖新天
大埔	呂堅	2006	加強地區工作，服務遍及 18 區
西貢 將軍澳	蘇愛群	2007	創黨十五年．會員突破一萬人
沙田	古揚邦	2008	關注民生，對抗通脹
葵青	梁偉文	2009	愛自己．愛生命．愛地球
離島	周轉香	2010	全力宣揚關愛精神
少數族裔 服務中心	林光宇	2011	會員突破二萬人，區選勇奪 136 席
主席	譚耀宗	2012	真誠．服務．承擔

三、砥礪前行慶祝成立廿周年

舉行慶祝成立20週年會慶酒會

總結四方面經驗

　　民建聯於7月10日舉行慶祝成立20周年會慶酒會，譚耀宗在致辭時的一番話值得細味。他表示，總結過去20年的經驗，得到很多寶貴的經驗和啟示，概括而言有4方面，第一，發掘人才，培訓人才，為人才提供機會；第二，重視地區工作，建立網絡，堅持服務市民；第三，重視政策研究，既監察政府，又提出解決問題的辦法；第四，始終堅守愛國愛港的理念。

譚耀宗還指出：

　　有的評論將民建聯的愛國愛港理念演繹為：凡是內地政府
所做的一切，民建聯都同意，凡是特區政府提出的政策主張，
民建聯都會支持，但事實並非如此，為香港市民去信內地相關
部門、單位，為香港市民爭取權益，民建聯是做得最多的；每
年的人大、政協「兩會」期間，民建聯的人大代表、政協委員
都提出多項提案，就內地出現的一些問題提出改善建議；對香
港市民關心的問題，民建聯也會去信中央，要求關注。民建聯對
特區政府的政策主張是以「是其是，非其非」的原則去處理，
如果發現特區政府的某項政策，不利於社會發展，不受市民歡
迎，民建聯一定會在不同的層面，在建制內外去反映，幫助政
府改善施政，但不會為反對而反對，為出位而反對，民建聯的
立場，過去是這樣，未來也會這樣。

慶祝活動各有特點

　　會慶活動期間，最難得是得到國學大師饒宗頤惠賜墨寶，寫下「真誠為香港」五個字，勉勵民建聯為香港創造更美好的明天。同時，亦邀請到著名音樂人林慕德為會歌《真誠為香港》重新編曲，令會歌更具時代感。

民建聯會歌的誕生

　　1994年底，民建聯已經成立兩年多，中委會決議要創作會歌。

　　當時接觸了著名歌手及電台主持人區瑞強，商請他的製作公司協助創作民建聯會歌。區瑞強欣然同意，並承諾物色團隊中最有才華的高手主理，結果推薦了年輕有為的陳永良（Boris）負責作曲，至於填詞，就建議由鄭志明負責。鄭志明與民建聯負責人密切溝通交流，以便歌詞能體現民建聯想表達的主題和神髓。

　　陳永良花了不到 10 天時間，就提交創作初稿，強調曲譜著重莊嚴、深情的中速主調，較吻合民建聯的使命感。與此同時，鄭志明亦根據民建聯提示強調的若干關鍵詞，幾經修改後定稿並配入曲譜。

　　踏入 1995 年，民建聯準備參加下半年的回歸前最後一屆立法局選舉。大家急不及待有一首新會歌出台，在街頭競選活動中造勢助威。陳永良應民建聯要求，提早錄製一套有人聲歌唱的版本，供播放用。

　　歌唱版本的會歌《真誠為香港》，正式與市民見面，第一天就引來議論紛紛：你們好本事，居然找來了張學友與梅艷芳唱民建聯會歌？

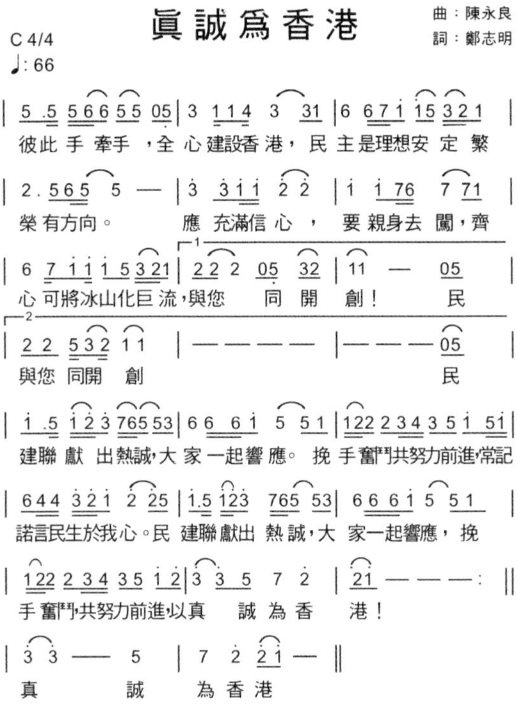

真誠為香港

曲：陳永良
詞：鄭志明

C 4/4　♩:66

會歌 - 真誠為香港（1995年版）

　　民建聯中人摸不著頭腦，但又驚喜參半，急忙追問之下，陳永良大笑道；哪裏的事！我只不過找了兩位神似張學友和梅艷芳嗓門的後生歌手幫忙而己。我沒有說唱歌的是張學友和梅艷芳呀！

　　其後，曾鈺成專門為會歌配上英文歌詞，這樣不懂中文的少數族裔會員也可以高唱會歌。不旋踵，有人提意見認為，會歌雖好，但不夠激情和「戰鬥格」，不適用於街頭造勢。陳永良知道後，好爽快表示：那好辦，另外作一首進行曲可也！

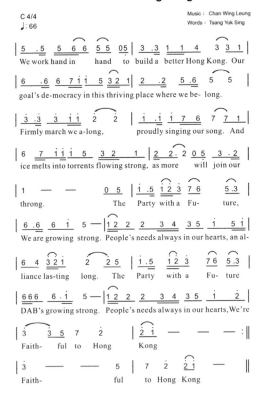

會歌英文版Faithful to Hong Kong（1995年版）

　　比創作會歌更快，民建聯戰歌《點止民主咁簡單》面世了。從此伴隨民建聯，跨過回歸，跨過二十世紀，投身一仗又一仗的選舉大戰。

點只民主咁簡單

A =1　　4/4

```
| - - 0 1 4 1 | 6 66 65 54 | 5 15 - 33 | 5 55 5 6 |
    民 建 聯 一 心 一 意　為 你 開 創，實 現 美 滿 理 想
```

```
| 54 42 - 21 | 7 44 - - | 1 55 56 6# | 6 - - - |
  的 盼 望，我 哋 人 氣 壯，　憑 實 力　敢 擔　當。
```

```
| - - 0 1 4 1 | 6 66 65 54 | 5 15 - 34 | 5 55 1 i |
    民 建 聯 清 晰 方 向，步 履 爽 朗，又　點 只 民 主
```

```
| 56 - 54 21 | 7 44 - - | 5 13 - 6 | 54 - - - ||
  咁 簡　單！我 哋 人 氣 壯，　真 誠 為　香　港！
```

民建聯「戰歌」—— 點只民主咁簡單

　　會慶活動的高潮是6月9日和10日在紅磡香港體育館舉辦的兩場「20周年會慶文藝匯演」，共有1.6萬名會員及家屬參加。同時，舉辦小學生「香港的明天」繪畫比賽，在舉辦創會儀式的尖沙咀文化中心展出優勝作品。在銅鑼灣行人專用區舉辦的「踏步起舞邁向前」踢踏舞大賽，就以青少年為對象。此外，還租用一輛大型宣傳車，巡迴港九新界，展示民建聯的歷史圖片。

　　另一較具創意的活動是在4月至7月期間推出8集實況網劇《家家有求》，由會員和職員義務演出，講述普通市民日常生活中遇到困難，宣傳民建聯服務市民的訊息。

舉辦小學生「香港的明天」繪畫比賽

在銅鑼灣行人專用區舉辦「踏步起舞邁向前」踢踏舞大賽

大型宣傳車巡迴港九新界，展示民建聯的歷史圖片

2012年民建聯二十周年會慶文藝匯演

三、砥礪前行慶祝成立廿周年

四、分隊參選立會奪佳績

新一屆政府起步維艱

梁振英在當選特首之日發表宣言，釋出善意，表示「從今天開始不再有『唐梁何營』之分，只有『香港營』」。可是，梁振英在選舉期間被爆出的負面新聞，被反對派不斷放大，大肆攻擊，以致還未正式上任，民望已開始下滑，過去兩任特首也沒有出現這種情況，所謂「蜜月期」也不可能出現。

反對派首先是阻撓梁振英落實其政綱，將原來政府的三司十二局改組為五司十四局，即政務司及財政司各設副司長，並重組各局，增設文化局和科技及通訊局。政府在換屆前向立法會提出有關政府總部架構重組的議案，反對派議員就在議程上排在該議案前面的民生事項進行「拉布」，以使議案不能通過。

為此，民建聯於6月27日到立法會請願，譴責反對派議員未有切實履行職責，拖延其他關乎民生的法案及議案的審議。梁振英上任後，政府於7月9日讓步，重排議程，把政府總部架構重組議案放在民生議案之後，爭取民生議案獲得通過。此外，反對派議員又在財委會會議上利用議事程序的漏洞，不斷提出約200項毋須預告的動議，使兩項與重組有關的財務建議不能付諸表決。最後，重組議案未獲處理，相關的財務建議亦未能於第四屆立法會會期中止前通過。

同年10月，民建聯葉國謙提出修改財委會會議程序，限制議員就每項撥款申請只能提出一項毋須預告的臨時動議。這項建議遭泛民議員激烈反對，提出逾190萬項修訂，意圖癱瘓立法會秘書處的工作，最終審議不了了之。直到2018年3月第六屆立法會任期內才一併通過同樣修訂。

另一方面，早在特首競選期間，反對派已就梁振英在西九概念規劃比賽涉嫌利益衝突一事上窮追猛打。2月29日，立法會通過引用《權力及特權條例》，成立專責委員會調查此事。民主黨、公民黨、工黨和自由黨均投贊成票，民建聯與工聯會則投棄權票。劉江華在發言時指出，現在正值特首選舉很敏感的時期，很明顯可利用這事件作為政治攻防戰、選舉攻防戰，但民建聯不想捲入這類政治的漩渦。

專責委員會在僅4個月內便完成調查，並於立法會6月27日的會議上提交報告。報告認為梁振英對填寫其申報表掉以輕心，對此表示遺憾。梁振英在事件發生時是戴德梁行主席。報告亦對他沒有採取任何行動，將其獲委任為評審團成員及戴德梁行不符合參賽資格一事告知戴德梁行，表示失望，並認為他有不可推卸的責任。報告發表後，梁振英表示還他清白。

然而，一波未平一波又起，6月20日傳媒又爆出梁振英山頂大宅有僭建物。梁振英承認作出了不必要的嚴重疏忽行為，公開表示歉意，並承諾日後會以務實的工作及表現，爭取市民的信任。可是反對派依然藉此大造文章，以打擊新一屆政府的管治威信。

梁振英視察水貨客黑點

　　「地區民生無小事」。梁振英擔任特首期間，十分重視地區的民生事情，曾邀約民建聯的地區骨幹成員到禮賓府，聆聽他們所反映地區面對的困難及提出的意見。

　　2007年起當選北區區議員的劉國勳憶述，水貨客問題一度令北區居民大受困擾。梁振英上任特首後不久，於2012年9月16日應民建聯邀請到上水實地視察水貨客問題。當天下午，他從一個水貨客的主要貨倉集中點出發，沿著水貨客的運貨路線一直走到上水港鐵站視察。民建聯即場向梁振英提出多項建議，包括研究實施「限奶令」(限制離境人士可攜帶奶粉數量)及制訂水貨客「黑名單」。梁振英承諾會回去研究及跟進，結果上述建議也逐一得到落實。

　　早在梁振英宣布參選特首之初，劉國勳已率先以個人身份帶領義工為他助選，更與陳克勤等陪同他到上水舉行公眾諮詢會。劉國勳表示，他曾向梁振英提出多項有關人口政策的建議，包括解決「雙非」問題(即內地居民來港所生子女，雖然父母均非香港居民都享有香港永久性居民的權利)。結果梁振英從善如流，在當選特首後不久，即在2012年4月宣布，從次年起實行「雙非孕婦來港產子的配額為零」的政策。

派出11隊參選立會

　　政改方案獲得通過，政制向前走，第五屆立法會的組成有很大改變。除新增超級區議會5個議席外，地區直選亦增加5席，其中香港島、九龍東、新界西各增1席，分別增至7席、5席和9席，新界東為9席，增加兩席，而九龍西則維持5席。

　　2012年立法會選舉於9月9日舉行，民建聯早在4月路向營後就宣布分隊參加地區直選，除九龍西和九龍東維持1隊外，香港島和新界東分拆兩隊，新界西更分拆為3隊。上屆民建聯在新界東和新界西均取得兩席，香港島只得1席。隨著議席增加，參選的政團也更多，在比例代表制下，民建聯要爭取更多議席，只能分隊參選。

　　此舉也是總結了上屆香港島選區的經驗：曾鈺成名單與同屬建制派的葉劉淑儀名單共取得約12.1萬票，只取得兩席，而公民黨加上以公民起動名義參選的何秀蘭合共11.3萬票卻有3席。假若建制派配票得宜，或者民建聯分隊參選，何秀蘭就不會以約3萬票，取得香港島6席中的最後一席。

與此同時，工聯會在這一屆以獨立旗幟，全面參選，並提出「風車效應」，以「超級區議會」選舉帶動參選地區直選4個選區的選舉工作，候選人不再兼具民建聯成員的身份。面對建制派有多條隊參選，民建聯在各選區若仍出一張名單，在拉票方面就較難協調，而且一張名單要取得足夠餘票贏得第二席絕非易事。

地區直選領軍逾半新人

民建聯中委會於2012年7月15日通過派出9隊共47成員參加地區直選，兩隊6名成員參選「超級區議會」。其中，香港島的鍾樹根、九龍西的蔣麗芸、新界西的梁志祥和陳恒鑌，以及新界東的葛珮帆等5人均是首次在地區直選名單領軍。劉江華和李慧琼分別從新界東和九龍西轉戰「超級區議會」。53位參選人平均年齡為41歲，最年輕的25歲，分別為新界西的葉文斌和新界東的姚銘，而區議員亦有38位。

在分隊參選的選區，競選拉票活動各有分工，在香港島，曾鈺成負責中西區、南區，鍾樹根負責東區、灣仔區；在新界西，譚耀宗負責屯門區，陳恒鑌負責荃灣、葵青，以及離島區的東涌、長洲和愉景灣，梁志祥負責元朗及離島區餘下部分；在新界東，陳克勤負責北區、大埔區，葛珮帆負責沙田、西貢區。分工負責各區的候選人就可與有關地區的支部挖深拉票工作，開拓新票源。

超級區議會方面，李慧琼以九龍及香港島為主，劉江華則以新界為主。民建聯另一競選策略則是，曾鈺成和劉江華均單獨一人出選，沒有加上其他人組成名單，以免吸票過多，影響知名度較低的鍾樹根和李慧琼的勝算。

政綱提香港三大挑戰

　　民建聯在2012立選的整體競選口號是「真誠為香港」，整體政綱題為《團結創新天》。民建聯認為，香港目前正面對三大挑戰，一是促進社會上流，縮窄貧富差距，讓社會不同階層共享經濟發展成果；二是應對外圍環境波動，健全經濟結構，為社會長遠發展提供持續動力；三是凝聚社會共識，推進民主，落實普選。

四、分隊參選立會奪佳績

政綱強調，民建聯主張理性、務實和包容，反對粗暴極端的政治手法，在行政與立法之間、在官商民之間、在不同政治意見之間，建立既互相監督也互相促進的建設性關係，共同謀求港人的最大福祉。

8月5日，民建聯在中環遮打花園舉行造勢大會，近3,000名助選人員及支持者參加。譚耀宗在會上坦言，這次選舉難度比以往高，一方面，分隊分票使選舉的難度增加，挑戰增大；另一方面，新增超級區議會5個議席，使市民清楚了解一人投兩票的信息，難度也很高。

面對「反國教」風波

在立會選舉競選活動漸入高潮之際，反對派策動一場「反國教」風波，遊行、集會及絕食不斷升級，對選情造成很大影響。

「國教」是德育及國民教育科的簡稱。2007年7月，國家主席胡錦濤來港主持特區第三屆政府就職典禮期間發表講話，強調「要重視對青少年進行國民教育」。隨後3年，曾蔭權在施政報告中都有談及推行國民教育，並在2010年10月的施政報告提出單獨設立德育及國民教育科。

次年5月5日政府委任的專責委員會就國教科課程指引進行諮詢，黃之鋒等中學生在5月29日成立學民思潮，採取各種行動反對設立國教科。2012年4月，教育局公布國教科課程指引，從當年9月開始推行，「反國教」行動隨後不斷升溫。其後，學民思潮與香港教育專業人員協會等組成民間反對國民教育科大聯盟，不斷抹黑國教科是「洗腦」，發動一連串行動抗議，使剛上任的新一屆政府措手不及。

針對這種局面，民建聯於7月30日致信政務司司長林鄭月娥，期望政府盡快組成國教科委員會，並邀請社會人士參與，包括家長、教師、校長及學生代表等，共同就推展國民教育商討落實細節，以期在9

月可以在學校順利落實國教科的3年開展期，並就該委員會的工作提出多項建議。

在選舉論壇上，民建聯候選人堅決支持國民教育，反對派則大力鼓吹撤回國教科。在投票日來臨之前，「反國教」行動愈來愈激烈。8月30日，學民思潮在政府總部外集會，揚言長期佔領，並發起絕食行動。9月7日，再發起全城黑衣日，大批黑衣人包圍政府總部，大會宣布有12萬人參加。

9月8日傍晚，即投票前一天，政府宣布決定不就學校推行國教科定下期限，學校可自行決定是否開設。10月8日，教育局宣布正式擱置國教科課程指引。至此，反對派成功將國民教育妖魔化，多年後才能撥亂反正。

分隊出擊策略奏效

立會選舉日之前，「反國教」風波愈演愈烈，幸而建制派能團結一致，將壓力化為動力，全力拼搏，終於打贏選戰。

在9月9日選舉日，地區直選有近184萬人投票，比上屆多31萬，投票率為53%，比上屆高近8個百分點。超級區議會有超過167萬人投票，投票率為52%。傳統智慧認為，投票率高對建制派不利，而且「反國教」風波亦會影響選民的投票意向，可是選舉結果卻令人大感意外。

民建聯在地區直選取得9席，超級區議會1席，加上傳統功能組別3席，共獲13席，保持立法會第一大黨的地位。

地區直選方面，共獲得366,140票，得票率為20.2%，9隊排首位者成功當選，其中香港島的鍾樹根、九龍西的蔣麗芸、新界西的陳恒鑌和新界東的葛珮帆成為立法會的新人。

較進取的分隊策略，關鍵是做好配票工作，實行分區拉票，而曾鈺成和譚耀宗兩位元老更將其長期支持票分給新人。香港島7席有14張名單出選，在建制派當選人中，曾鈺成的得票最多，而鍾樹根的得票領先新民黨葉劉淑儀和工聯會王國興，王國興更以末位當選，顯示配票策略取得效果。其後，曾鈺成在新一屆立法會，以43票對27票擊敗梁家傑，成功連任主席。

新界西有16張名單出選，在9名當選人中，陳恒鑌和工聯會麥美娟的得票率排第7及第8位，梁志祥取得最後一席，以985票之差險勝民主黨李永達。

統籌新界西選舉工作的陳勇清楚記得首次看到譚耀宗落淚的情景。譚耀宗力主新界西出3隊，把自己置於險地，在選情危險時壓力甚大，擔心新界西只得一人當選，甚至他在分票給陳恒鑌及梁志祥之後可能落選。因此，他在得悉選舉結果時，心情十分激動，喜極而泣。

新界東有19張名單出選，葛珮帆和陳克勤分別獲得4.6萬票和4.1萬票，得票率在9位當選人中，分別居第二及第三位。由上屆勞工界功能組別議員轉戰直選的工聯會葉偉明則以2.4萬票落敗，反映建制派內部的配票未能奏效。

這次地區直選在一定程度上打破所謂「六四黃金比例」，建制派得票率上升至43.7%，取得17個議席，而泛民陣營則下跌至56.3%，取得18個議席。

四、分隊參選立會奪佳績

蔣麗芸（左上）、陳恒鑌（右上）、梁志祥（中左三）、鍾樹根（中右一）及葛珮帆（下左四）
在分區直選勝出

民建聯2012立法會選舉結果

		參選人	得票	得票率
分區直選	香港島	曾鈺成*	36,517	11.0%
	香港島	鍾樹根*、丁江浩、周潔冰、龔柏祥、顏尊廉、李均頤、鄭志成	33,901	10.3%
	九龍西	蔣麗芸*、葉傲冬、鄭泳舜、陳偉明、林心廉	47,363	20.4%
	九龍東	陳鑑林*、黎榮浩、洪錦鉉、柯創盛	47,415	16.7%
	新界西	譚耀宗*、龍瑞卿、葉文斌、巫成峰	43,496	8.7%
		梁志祥*、曾憲強、呂堅、李美辰、黃煒鈴、徐君紹	33,777	6.8%
		陳恒鑌*、潘志成、林琳、陳振中、羅崑、梁嘉銘、曾大	36,555	7.3%
	新界東	陳克勤*、劉國勳、黃碧嬌、藍偉良、胡健民、姚銘	40,977	8.8%
		葛珮帆*、莊元苳、李世榮、李家良、董健莉、祁麗媚、黃冰芬	46,139	9.9%
功能界別	區議會（第二）	劉江華	199,732	12.6%
		李慧琼*、洪連杉、陳學鋒、朱立威、顏汶羽	277,143	17.4%
	漁農界	何俊賢*	105	85.4%
	進出口界	黃定光*	自動當選	
	區議會（第一）	葉國謙*	自動當選	

*當選

劉江華超區高票惜敗

首次舉行的超級區議會選舉，以全港為單一選區，共有7張名單競逐5個議席，民建聯由劉江華和李慧琼出選，工聯會由陳婉嫻復出參選，其他參選人是民主黨的何俊仁和涂謹申，民協的馮檢基，以及獨立的前電台節目主持人白韻琹。按照所謂「六四黃金比例」，建制派要取得3席，難度很大，加上以全港為單一選區，配票並不容易。

在各候選人之中，李慧琼屬後起之秀，雖然在兩月前獲委任為行政會議成員，但全港知名度仍然較低。由於民調顯示李慧琼形勢嚴峻，一直徘徊在邊緣位置，在選舉日兩天前就發動告急宣傳。譚耀宗更暫時放下新界西繁重的拉票工作，跨區到觀塘為她助選。這樣一來，民建聯在新界的一些支持票就從劉江華流向李慧琼。

選舉日，超級區議會有逾167萬人投票，投票率達五成二。李慧琼和陳婉嫻得票排第二及第四位，各得27.7萬票和24.6萬，而劉江華則得約20萬票，比末位當選的何俊仁22.9萬票相差3萬票而意外落敗，由此可見建制派的配票並非都是傳媒所言的「神乎其技」。

同年12月20日，劉江華獲委任為政制及內地事務局副局長，並辭去民建聯副主席和沙田區議員職務。

四、分隊參選立會奪佳績

劉江華在立法會選舉後謝票

陳恒鑌智鬥屏風樓

陳恒鑌最初是因為專業學習才與民建聯結緣。

在香港科技大學機械工程系讀二年級時，荃灣七街正在重建，他知道有石綿問題，便來到荃灣調查研究，接觸到民建聯區議員陳育文。他也是科大時事研究社副主席，雖然比陳育文年輕50歲，可是大家談起地區問題時談得很投契。

從1998年開始，陳恒鑌便在民建聯做義工，並於2000年3月，大學畢業之前加入民建聯。2003區選，陳育文退下來，已成為工程師的陳恒鑌接棒。縱使民建聯在這次選舉遇到很大挫折，陳恒鑌順利在荃灣楊屋道選區高票當選，其後再連任兩屆區議員。

隨著荃灣沿海楊屋道一帶的高層商住樓宇陸續落成，帶來屏風效應，部份地區空氣質素下降。2006年，陳恒鑌發起「向屏風效應説『不』」運動，其後，再成立 TWTL393(舊楊屋道球場地段)關注組，就屏風樓問題多次發起請願遊行，並與當局會面反映居民的憂慮，但均不得要領。

由於地區居民與政府商討時掌握的資訊不對等，於是陳恒鑌運用其專業知識，在2009年推動荃灣區議會自行撥款數十萬元，委托科大為荃灣進行風洞實驗。此一做法為十八區區議會首創。

這項研究的目的是了解新樓宇興建前後，以及有關新樓宇對整個區的空氣流動影響等，這樣就可以科學數據促使政府正視屏風樓問題。科大的報告於2011年提交荃灣區議會後，陳恒鑌與專業團隊根據測試結果，就屏風樓問題向政府提出一系列建議，包括促請政府重新檢視西鐵荃灣西站上蓋發展項目。

陳恒鑌（右）就屏風樓問題請願

其後，政府接納部份建議，重新檢視西鐵上蓋發展項目，增加樓宇間距、縮減基座及採用新限制「發水樓」指引，增加中小型單位供應。政府亦將TWTL393用地，從勾地表中抽出，並重新檢視地段用途。

陳恒鑌在荃灣服務10多年，在屏風樓一役既搞街頭行動，又擺事實，講道理，積極向政府爭取多年，取得一定成果，也使區內居民留下深刻印象，終於成功當選立法會議員。

2012立法會選舉取得13席，其中新界西取得3席

傳統功能界別新人當選

傳統功能界別方面，已任4屆漁農界議員的黃容根終於同意交棒，由32歲的何俊賢參選勝出，成為新一屆立法會最年輕的兩位議員之一。葉國謙和黃定光則在區議會(第一)和進出口界自動當選連任。

譚耀宗在當年的民建聯中委會報告中總結這場選戰時表示：

> 儘管這次是歷來最艱巨的一仗，結果反映，我們堅持以理性、務實、真誠之心建設香港的理念獲得市民認同；而分隊分區拉票策略明確，盡用地區網絡，深耕細作深掘選票，將地區和超級選舉的宣傳結合並加倍發揮，再加上候選人本身努力，助選團全力協助，對手策略出現誤差，這種種因素結合，令我們能夠取得較好的成績。

四、分隊參選立會奪佳績

2012年(左起)何俊賢、葉國謙及黃定光(右)當選

451

第十一章
保普選反「佔中」

一、不畏難　有承擔

挫敗反對派「倒梁」

梁振英在2012年7月就任特首，由於本人及個別問責官員受到負面消息困擾，開始施政就舉步維艱。第五屆立法會於10月上任後，反對派大力「倒梁」，在2012至2013年度內，先後4次動議引用《立法會(權力及特權)條例》，成立專責委員會，挑戰政府的威信，在民建聯等建制派議員反對下，均未能得逞。

反對派更針對梁振英的僭建事件，提出不信任動議及彈劾議案，民建聯議員認為梁振英已清楚交代事件，並多次向全港市民作出公開道歉，事件應了結，所以投反對票，有關議案終不獲通過。

反對派不停地阻撓政府施政，連民生事項也大受影響。政府提出設立長者生活津貼，向65歲以上需要經濟援助的長者每月發放2,200元，但須申報個人入息及資產。

2012年10月30日就長者生活津貼申報資產制度發表民調結果

發起「反拉布，快通過，後改善」簽名行動

　　民建聯在10月30日發表民意調查結果，顯示大多受訪者認同設立申領人申報資產制度。綜合調查結果後，民建聯確定大多數市民認同長者生活津貼計劃，並期望立法會早日通過，因此作出「先通過，再改善」的決定。

　　立法會財委會在10月底開始審議長者生活津貼撥款申請，反對派重施故技，提出大量未經預告的修正案拖延表決。民建聯於11月中發起「反拉布，快通過，後改善」簽名行動，合共收集超過3萬個市民簽名支持，並向立法會議員及財委會主席遞交請願信和收集到的市民簽名。其後，政府撤回原先的撥款申請及提交經修訂的撥款申請，經修訂的撥款申請終於在12月7日的會議獲通過，但計劃生效已比原定時間推遲兩個月，影響長者可追溯領取的津貼額。

反對預算案「拉布」

　　《撥款條例草案》(即財政預算案)是政府每年須提交立法會審議的重要法案，若不能及時通過，就會出現「財政懸崖」危機。梁振英政府於2013年2月27日向立法會提交第一份預算案，社民連和人民力量4名議員為了一己的政治私利，在條例草案進入全體委員會審階段時，提出超過700項修正案，並在全體委員會辯論階段不斷發言「拉布」。若預算案無法在5月底前獲得通過，政府運作將陷入癱瘓，各項公共開支均受到影響。

　　民建聯深知事態的嚴重性，在議會內外採取積極行動，於4月21日發起「反拉布，保民生」簽名活動，徵集18區市民簽名，並向社會講解預算案未能及時通過的危害。接著於4月25日，帶同6萬個市民簽名，在立法會門外請願，要求議員們尊重民意，停止「拉布」。在議會內，民建聯聯同其他建制派議員發公開信，促請立法會主席運用權

2013年發起「反拉布 保民生」簽名活動

力「剪布」,限時完成辯論。最終立法會主席曾鈺成於5月13日決定就完成條例草案的餘下程序定出時間表,在適當時候終止辯論,令預算案在5月21日獲得通過。

2014年,反對派議員在審議預算案時變本加厲,提出近2,000項修訂,再圖拖垮預算案。42位建制派議員發表聯署聲明,嚴厲譴責「拉布」惡行,並要求立法會主席盡快「剪布」。立法會從4月中審議到6月初,經過一個多月的時間才通過預算案。

曾鈺成於2012年5月首次運用「剪布」的權力,引發反對派提出司法覆核,並在接連敗訴後上訴到終審法院。2014年9月,終審法院維持判決司法覆核敗訴,並進一步明確《基本法》賦予立法會主席主持會議的權力。由於議事規則內沒有特定程序處理「拉布」,立法會主席就可行使主持會議及終結相關辯論的憲制權力,以確保會議有秩序、有效率及公平地進行。經過多年的鬥爭,在立法會主席行使權力形成慣例後,基本上解決了反對派利用《撥款條例草案》「拉布」引發的「財政懸崖」危機。

慎重審議擴建堆填區

2013年5月，政府向立法會提出新界東南(將軍澳)堆填區、新界東北(打鼓嶺)堆填區的擴建撥款申請，以及新界西(屯門)堆填區的工程顧問研究和勘測工作撥款申請，以應付垃圾堆填區數年後爆滿的困局，在社會上引起極大爭議，在民建聯內部也是一樣。

民建聯提出「一個有承擔的政黨」口號，在這個問題上應如何表態，是很大的考驗。在了解地區居民反映的問題和憂慮，立法會議員也親身前往堆填區，實地了解情況後，民建聯中委會在6月25日作出決定，支持政府申請撥款擴建打鼓嶺堆填區，並展開屯門堆填區的擴建前期研究，至於將軍澳堆填區，則應「先改善，後擴建」，解決臭味等問題，才會考慮支持擴建。這是一個不畏難，有承擔的決定。

次日，政府在立法會工務小組委員會會議上撤回將軍澳堆填區的擴建撥款申請，而另外兩項撥款則於7月2日獲工務小組委員會通過。民建聯支持撥款研究擴建屯門堆填區，被推向輿論的風口浪尖，反對派趁機在地區掛橫額、派單張，攻擊民建聯「出賣」屯門居民，民建聯在屯門及元朗的區議員承受很大壓力。

考慮問題向全體市民負責

主席譚耀宗在7月9日的21周年會慶酒會上致辭時，特別提到堆填區問題。他表示，民建聯可以選擇跟其他政黨一樣，向政府說不，地區的兄弟姊妹亦不用承受壓力；但在未有其他可行的解決垃圾問題辦法前，不擴大現有垃圾堆填區，香港每日產生的垃圾該如何處理？因此，民建聯經過詳細考慮後決定向全體市民負責，同意撥款擴建打鼓嶺堆填區，以及屯門堆填區前期研究撥款。他強調，民建聯向市民承諾，一定會監督政府，要解決擴大堆填區所出現的各種對環境、交通及居民的影響。

　　7月12日，兩項撥款申請提交財委會審議，自由黨田北俊即提出中止辯論，均以數票之差獲得通過，而民建聯議員則堅持立場，投反對票。至此，三個堆填區的撥款申請均告觸礁。

　　2014年初，政府在完善三個堆填區的擴建方案後，連同在石鼓洲興建焚化爐的撥款申請（簡稱「三堆一爐」），提交立法會審議。由於反對派在財委會就新界東北發展計劃前期撥款「拉布」，以致「三堆一爐」撥款申請未能在2014至2015立法年度內處理。

　　2014年10月下旬，財委會開始討論「三堆一爐」撥款申請，反對派千方百計「拉布」，財委會到12月5日才通過撥款擴建將軍澳堆填區。由於政府承諾採取多項措施，回應地區人士對氣味問題的關注，包括只接收沒有氣味問題的建築廢物，因此民建聯議員支持撥款。2015年1月9日，財委會通過興建石鼓洲焚化爐撥款申請，連同上月已分別通過的擴建將軍澳、打鼓嶺堆填區及擴建屯門堆填區前期研究撥款申請，「三堆一爐」全部獲得通過。

二、努力為政改凝聚共識

18區開諮詢座談會

2007年12月，全國人大常委會決定，2017年香港可以普選行政長官。為此，政府於2013年12月4日發表《2017年行政長官及2016年立法會產生辦法諮詢文件》，就新一輪政改展開為期5個月的公眾諮詢。

民建聯預計政改問題會像過去兩次那樣引起激烈爭議和連場風波，特別成立政改專責小組，由常委、立法會議員及會務顧問共17人組成，負責跟進政改諮詢事宜，以收集市民意見，凝聚共識，推動落實特首普選。

在18區舉行政改諮詢座談會

　　2014年1月3日，政改專責小組邀請政務司司長林鄭月娥、律政司司長袁國強和政制及內地事務局副局長劉江華到總部交流。為推動社會對政改的討論，並聽取市民意見，專責小組從1月到4月在全港18區合共舉行19場「18區政改諮詢座談會」，共有數千名市民出席。除由小組成員分析政改討論的形勢外，座談會還邀請到基本法委員會副主任梁愛詩，港區全國人大代表、基本法委員會委員譚惠珠等擔任主講嘉賓，向與會者講解《基本法》及當時的立法原意。

　　除座談會外，專責小組亦進行兩次民意調查，收集市民對政改的意見，又製作「普選特首知多D」、「提名委員會知多D」等宣傳品，以深入淺出的文字，讓市民加深對普選及提名委員會的認識。

向政府遞交建議方案

　　專責小組經8次會議深入研究後，提出民建聯對「2017年行政長官選舉及2016年立法會選舉方案」的建議，於4月22日獲中委會通過，遞交政府。民建聯對特首選舉方案的建議要點如下：

- 提名委員會由1,200至1,600人組成

- 提名委員會的4個界別中，可考慮適當增加或調整界別分組，例如新增「輔助專業」、「婦女及青年」及「中小企」

- 在各界別分組的委員名額，亦可適當增加或調整，例如增加區議會的委員人數

- 根據《基本法》，提名委員會是負責提名行政長官候選人的唯一提名機構，故此，反對《基本法》內沒有提及的任何提名方式，包括「公民提名」及「政黨提名」

- 有意參選者獲得不少於十分之一，不多於八分之一提名委員會委員的支持，方可被推薦成為準候選人

- 提名委員會作為一個機構，應以「過半數有效票」的方式去體現少數服從多數及提委會的集體意志

- 每名提委會委員可選1至4位準候選人，選出過半數票及得票最高的2至4位，成為行政長官候選人。如在投票中，少於兩人獲得過半數有效票支持，提名委員會便要為未獲過半數票支持的準候選人舉行另一輪投票，直至產生2至4名行政長官候選人

- 為確保行政長官得到大部分選民的支持，候選人應獲得有效選民投票的過半數，才被視為當選。因此，建議採用兩輪投票制，倘若在第一輪投票中沒有候選人獲得過半數有效票，得票最高的兩名候選人進入第二輪選舉，而得票最多的候選人被視為當選

另外，民建聯認為，2016年立法會選舉的規定應基本不變，待落實2017年普選行政長官後，再就立法會選舉辦法進行全面檢討。

呼籲理性務實推動政改

早在政府啟動新一輪政改諮詢前，港大法律系副教授戴耀廷於 2013 年 1 月 16 日在《信報》發表題為《公民抗命的最大殺傷力武器》的文章，首先提出「佔中」，揚言「要爭取香港落實真普選，可能要準備『殺傷力』更大的武器 —— 佔領中環」。隨後反對派陸續表態支持，包括兩年多前曾支持政制向前走的民主黨何俊仁。

民建聯對這個企圖搞亂香港的苗頭很早就提高警覺，於 2 月及 3 月兩次就特首選舉進行民意調查時，一併詢問市民對「佔中」的看法。兩次調查顯示，六成二及六成六的受訪者不支持以「佔領中環」的行動，去爭取普選。3 月下旬還專門進行調查，了解市民對「佔中」的看法，調查結果顯示，高達七成的市民表示不支持「佔中」。

根據民調結果，民建聯指出，不支持「佔中」的民意非常清晰，相信與行動會引發激烈的衝突示威場面、損害中央與港人之間的關係及信任，以致無助推動政制發展的擔心有關。民建聯期望倡議者放棄「佔中」，並以理性務實態度，推動普選。

譚耀宗於 3 月 8 日在全國政協會議港澳聯組會上發言時指出，反對派所謂的「佔領中環」行動，對特區政府開展政制發展諮詢的工作非常不利，呼籲大家以理性及務實態度面對問題。

3 月 27 日，戴耀廷與中大社會學系副教授陳健民及牧師朱耀明發表活動「信念書」，宣稱「讓愛與和平佔領中環」，揚言要召集一萬人參與。民建聯立法會黨團召集人葉國謙立即駁斥，所謂「讓愛與和平佔領中環」是語言偽術，任何損害香港整體發展利益的做法，無論用什麼花言巧語來粉飾和包裝都是不對的。

中央申明全面管治權

在反對派為「佔中」進行鼓動宣傳一年多後，國務院新聞辦公室於2014年6月10日發表《「一國兩制」在香港特別行政區的實踐》白皮書，申明中央擁有對香港的全面管治權。

白皮書指出：「憲法和香港《基本法》規定的特別行政區制度是國家對某些區域採取的特殊管理制度。在這一制度下，中央擁有對香港特別行政區的全面管治權，既包括中央直接行使的權力，也包括授權香港特別行政區依法實行高度自治。對於香港特別行政區的高度自治權，中央具有監督權力。」

同時，白皮書重申「堅持以愛國者為主體的『港人治港』」，並強調「對國家效忠是從政者必須遵循的基本政治倫理。在『一國兩制』之下，包括行政長官、主要官員、行政會議成員、立法會議員、各級法院法官和其他司法人員等在內的治港者，肩負正確理解和貫徹執行香港《基本法》的重任，承擔維護國家主權、安全、發展利益，保持香港長期繁榮穩定的職責」。

民建聯主席譚耀宗就此對傳媒表示，中央再次重申「一國兩制」的安排和含義，具現實意義，因為中央留意到有人公然否定《基本法》和「另搞一套」，亦留意到珍貴的法治社會備受衝擊，例如有人試圖「公民抗命」，所以中央對此感到擔心。

譴責衝擊立會及「佔中」預演

就在反對派大力鼓動「佔中」，發起所謂「6‧22 公投」之際，暴力衝擊立法會大樓預先上演。

為增加土地供應，應付市民的住屋需求，2007 年政府提出發展新界東北。經多年爭議後，新界東北發展計劃前期撥款申請於 2014 年 5 月提交立法會財務委員會審議，由於反對派議員刻意「拉布」，令項目遲遲未能表決。6 月 6 日，財委會會議期間，反對東北發展計劃的示威者衝擊立法會，佔領地下大堂，警方首次應召進入大樓執法。一個星期後，示威者再度衝擊立法會，造成多處設施損毀，多名保安人員受傷。

建制派議員兩度發表聯名聲明，譴責暴力。6 月 18 日，民建聯再度發表公開信，強烈譴責暴力衝擊立法會，並強烈要求發起「佔中」的人士，應以香港整體利益及市民安全為重，立刻宣布放棄「佔領中環」。雖然這項撥款申請最後獲通過，但是其他多個撥款申請未能在同一立法年度內處理。

接著，反對派在七一遊行當天舉行所謂「佔中」預演，佔據中環遮打道直至凌晨，最後要由警方清場。民建聯隨即發表公開信，支持警隊嚴正執法，譴責「佔中」預演。公開信又對部分人士故意歪曲事實，無理控訴警方的執法行動，挑撥群眾情緒表示極度遺憾，並認為有關做法只會分化港人，破壞本港社會和諧，嚴重影響經濟及民生發展。

鼓勵市民發聲反「佔中」

為了和平理性地推動民主，多位具有愛國團體背景的人士於 7 月 3 日發起「保普選反佔中大聯盟」，讓市民有一個發聲的平台，是選擇

8·17和平普選大遊行

參加8.17和平普選大遊行

和平及普選，抑或暴力及「佔中」。從7月19日起，大聯盟進行為期一個月的「保普選反佔中」街頭及網上簽名運動，合共收到150萬人簽名，為香港創造一個歷史。民建聯大力支持大聯盟的「反佔中，撐普選」立場，在全港各區設立街站協助收集簽名。

大聯盟接著舉行「8.17和平普選日」，共有25萬人參加，其中參與遊行人數遠超預期，參加者達19.3萬多人，而「為和平普選，跑步上中環」參加者有一千多人，遮打花園獻花活動則有5.2萬人參與。

遊行起步前大會在維園舞台舉行儀式，在場市民一同高呼「和平普選路，你我齊創造，普選是我家，和平靠大家」的口號。譚耀宗在儀式上發言時說，這是歷史性的時刻，因為部分人企圖搞亂香港，我們要行出來保和平、反「佔中」，爭取一人一票普選特首，阻礙普選將是歷史罪人。整個遊行過程井然有序，理性和平，反映出民意希望能和平理性地推進本港的民主步伐。

465

三、「佔中」不得人心

支持人大常委會「8·31決定」

在新一輪政改諮詢期內，政府收到近12.5萬份意見書。2014年7月15日，政府發表公眾諮詢報告，特首梁振英在同日向全國人大常委會提交兩個產生辦法是否需要修改的報告。民建聯對政府發表公眾諮詢報告表示歡迎，認同報告作出的歸納及結論，包括主流意見認同《基本法》已明確規定提名權只授予提名委員會，提名委員會擁有實質提名權，其提名權不可被直接或間接地削弱或繞過，以及行政長官人選必須「愛國愛港」。

8月31日，全國人大常委會作出《關於香港特別行政區行政長官普選問題和2016年立法會產生辦法的決定》，重申行政長官必須由愛國愛港人士擔任，以體現既對香港特區負責，也要對中央政府負責。

決定訂明，提名委員會的人數、組合和產生辦法將與第四屆行政長官選舉委員會相同。提名委員會可提名2至3名行政長官候選人，而每名候選人須獲得提名委員會過半數委員的支持，才可參選。香港特區所有合資格選民均有權在行政長官選舉中投票。這項決定是中央政府為實現行政長官普選繪製路線圖，推動香港民主向前發展的第三次重大努力。

民建聯發表聲明，歡迎及支持全國人大常委會的決定，讓市民可於2017年一人一票普選行政長官，是香港憲政改革的重要一步，並認為決定為普選行政長官訂立了清晰的原則及基本要求後，將有利社會集中討論和凝聚共識。

　　民建聯還指出，有關落實普選的一些具體細則，例如行政長官參選人的「入閘」門檻、普選行政長官是否採用兩輪制等，仍有待特區政府處理，期望社會各界依據人大常委會的決定，和平理性進行討論，共同促成政改方案獲得通過。

「佔中」失控不斷升級

　　「8‧31決定」明確排除在提名委員會之外引入「公民提名」、「政黨提名」等背離《基本法》的主張，自然受到反對派大力攻擊。25名泛民議員發表聯署聲明，表示會否決根據「8‧31決定」提出的政改方案。9月22至26日，學聯及學民思潮分別發動大專學生及中學生罷課，並於9月26日晚上佔據政府總部外圍舉行集會，局勢不斷升溫。

　　9月28日凌晨，「佔中」發起人宣布提前啟動原定於10月1日進行的行動，並以佔領政府總部周邊地方為起點，揚言要求撤回「8‧31決定」，重新啟動政改，否則便將行動升級。其後示威者又堵塞通往中區和鄰近地區的主要道路，並蔓延至旺角和銅鑼灣。民建聯發表聲明，對「佔中」表示堅決反對，並對可能引發新一輪違法和暴力行為深感憂慮。

　　「佔中」隨後失控，示威者長期佔據金鐘、銅鑼灣、旺角等港九核心地區街道，癱瘓往來交通，嚴重影響市民日常生活。

「佔中」期間舉行路向營

在「佔中」啟動後不久，民建聯按原定計劃於 10 月 11 日至 12 日在深圳以「迎難而上」為題舉行第十一次路向營。路向營本來擬定商討下年舉行的區議會選舉，然而隨著「佔中」的發展，評估未來政治形勢成為主要議題。

中聯辦主任張曉明應邀出席分組討論後的總結環節，並發表講話。他表示，中央政府高度關注香港當前的局勢，中央維護「一國兩制」方針和《基本法》的立場堅定不移，對特首梁振英的支持堅定不移，也堅決支持特區政府維護法治，堅決支持警方依法維持社會秩序。

譚耀宗在總結時呼籲成員團結一致，緊守崗位，不斷提升水平，迎難而上。在具體工作方面，他希望成員繼續收集市民意見，包括進行問卷調查，並加強與青年的溝通，推動社會各界理性和平解決問題，促進香港的穩定與發展。

路向營也邀請中大政治及行政學系副教授黃偉豪任主講嘉賓，從「佔中」分析青年心態及相關政策問題。

民意要求還路於民

「佔中」曠日彌久，嚴重影響市民日常生活、營商環境及社會秩序。10月25日至11月2日，民建聯響應「保普選反佔中大聯盟」發起的「還路於民，恢復秩序，維護法治」簽名行動，在全港各區擺設150個街站，讓市民透過簽名發聲，支持警方執法，令香港社會能盡快恢復秩序。

這次為時9天的行動，累計簽名人數逾183萬，其中134萬市民親自到街站簽名，近50萬市民通過互聯網簽名，再度創下香港簽名行動的歷史性紀錄，反映了廣大市民急切渴求「還路於民」，重過正常生活的心聲。

與此同時，民建聯亦於11月6日發表「佔中何時了？」的民意調查結果。調查在10月中旬開始，為期兩周，共訪問逾5,500名市民，結果顯示，日常生活受影響的市民超過七成，超過六成七市民認為應立即結束「佔中」。

三、「佔中」不得人心

響應「保普選反佔中大聯盟」發起的還路於民、恢復秩序、維護法治簽名行動

擾攘79天終於清場

「佔中」期間發生的大小事件和衝突，民建聯都會堅持正義立場，發表聲明，向社會發出強烈的反「佔中」訊息。10月20日，高等法院連續頒布三項臨時禁制令，禁止佔領人士繼續佔據旺角及金鐘一帶道路。民建聯對高院的判決表示歡迎，並強烈要求所有佔領人士尊重法庭的決定，立刻遵從禁制令，停止所有非法霸佔有關路段的行為，還路於民。

11月18日，大批示威者暴力衝擊立法會，破壞大門及外牆。30日，學聯與學民思潮發起包圍政府總部的行動，激烈衝擊警方防線。這些行動徹底撕下「和平」與「非暴力」的面紗。對暴力行動不斷升級，民建聯與其他建制派議員均發出聯合聲明，強烈譴責。

在立法會內，民建聯議員對「佔中」亦進行反制。譚耀宗及葉國謙於10月15日聯署提交呈請書，要求立法會全面調查「佔中」，立法會決定交由不具特權的專責委員會跟進。民建聯黨團又支持引用《立法會(權力及特權)條例》的權力，成立專責委員會全面調查非法佔領活動的成因，但動議被反對派否決。

11月26日，警方執行高院禁制令在旺角清場。12月11日，警方清除在中環及金鐘一帶的障礙物，還路於民。15日，警方最後完成銅鑼灣清場。至此，持續長達79天的「佔中」結束。民建聯在中環及金鐘和平清場後發表聲明，對警方表示感謝，並要求政府及司法機構必須依法追究及嚴懲所有組織策劃和資助非法佔領行動，以及煽動市民參與有關行動的人士。

四、第三次政改原地踏步

建議入閘門檻為十分之一

違法「佔中」一役，反對派深陷其中，政改方案要得到立法會三分之二議員的支持，談何容易。然而，政改既然已經啟動，只有堅持下去，完成這一程序。2015年1月7日，政府發表《行政長官普選辦法諮詢文件》，啟動已延遲兩個多月的第二輪公眾諮詢。

民建聯一如既往，積極鼓勵市民參與諮詢，製作「我要投票選特首」單張等宣傳品，落區推廣，並在18區舉辦座談會，收集到約8,000份意見書。在政改期間，民建聯在18區舉行兩輪座談會，負責此事的副主席李慧琼均全程參與。

2015年3月就第二輪政改諮詢約見政務司司長

參考收集到的市民意見,民建聯於3月2日發表意見書,對特首普選辦法提出多項建議,進一步完善上年第一輪諮詢時提出的建議,包括參選者「入閘」門檻為至少獲得十分之一提委會委員提名,特首普選採得票最多者當選,要點如下:

- 提名委員會由1,200人組成,四個界別組成維持不變,即沿用現有38個界別分組,組成四大界別

- 有意參選者須獲得不少於十分之一提委會委員推薦,每名委員以公開簽名的方式提名,但只可推薦一名參選人

- 提委會委員以不記名方式,在所有參選人中,投1至3張支持票,而獲得提委會全體委員過半數支持的最高票的2至3位,便能成為行政長官候選人。如在投票中,少於2人獲得全體委員過半數支持,提委會便要為未獲過半數票支持的參選人舉行另一輪投票,直至產生2至3名行政長官候選人

由於一人一票普選特首是首次舉行,在考慮普選流程安排、工作量及時間緊迫性後,認為採用「得票最多者當選」方式是符合現實情況。

譴責「光復屯門」行動

另一方面,違法「佔中」使「本土」、「自決」思潮進一步泛濫,年輕人更易被操控進行激進暴力行動。2015年1月14日,梁振英在施政報告中點出這個問題,指出:「2014年2月,香港大學學生會的官方刊物《學苑》的封面專題是《香港民族 命運自決》。2013年,《學

苑》編印一本名為《香港民族論》的書，主張香港『尋找一條自立自決的出路』。對《學苑》和其他學生，包括佔中的學生領袖的錯誤主張，我們不能不警惕。」

　　果然，2月份春節前後，再有本土派組織在屯門、元朗和上水發起所謂「光復行動」，騷擾指罵內地遊客，擾攘月餘。2月8日，參與「光復屯門」行動的示威者行徑與暴徒無異，民建聯立即發表聲明強烈譴責，促請警方必須嚴懲有關人士，並要求當局各部門應做好人流及車流的管理工作，盡量避免市民的日常生活受到影響。

政府提出政改方案

　　經第二輪公眾諮詢，政府於4月22日發表《行政長官普選辦法公眾諮詢報告及方案》，民建聯提出的建議大部分獲採納。政府提出的方案重點如下：

- 提名程序分為「委員推薦」和「委員會提名」兩個階段。就「委員推薦」，獲得120名提名委員會委員推薦即可成為行政長官參選人。每名委員只可推薦一名參選人，而每名參選人可獲得的委員推薦數目上限為240名
- 至於「委員會提名」，提名委員會採用無記名投票方式提名產生2至3名行政長官候選人。每名委員最多可投票支持所有參選人，但亦可只支持部分參選人。每名委員最少應支持兩名參選人。獲得提名委員會全體委員過半數支持並獲得最高票的2至3名參選人成為候選人
- 全港五百萬合資格選民可從提名委員會提名的2至3名候選人，透過「一人一票」以「得票最多者當選」的方式選出行政長官人選

四、第三次政改原地踏步

當天41名建制派立法會議員發表聯合聲明，支持政府公布的行政長官普選方案，並期望廣大市民應繼續積極發聲，共同努力，用民意力量，促使立法會通過普選方案。

民意支持通過政改方案

在第三次政改期間，民建聯先後舉行5次民意調查，收集市民意見。最後3次分別於2015年2月中旬、3月下旬和5月中旬舉行，詢問市民對立法會通過政改的看法。3次民調結果顯示，約有六成一至六成二受訪者認為立法會應通過方案，使到2017年可以一人一票普選特首。假若立法會最終否決政改方案，約有六成至六成四受訪者對香港能否於2017年之後落實普選，感到悲觀。

有些論者批評，民建聯明知政改方案難以通過，參與政改諮詢，提出建議，只不過是走過場而已。然而，民建聯認為，多個民意調查顯示，主流民意支持通過政改方案，民建聯亦堅信，有權投票選行政長官，一定比無投票權好，政制向前走，一定比原地踏步好，所以對政改方案的立場始終如一，堅定不移支持通過政改方案。

6月11日，民建聯會見政務司司長林鄭月娥，表明支持政府提出的政改方案，並就未來政局提出3點期望：期望泛民議員尊重廣大市民意願，投票支持政改方案；期望當局做好保安安排，保障立法會議員安全，讓他們履行投票職責；期望當局在立法會表決政改方案後，應集中精力，發展經濟及改善民生。

投票結果令人大吃一驚

在最後關頭，中央政府仍然希望香港政制能夠向前走，爭取泛民議員支持政改方案。5月31日，港澳辦主任王光亞、人大常委會副秘書長兼基本法委員會主任李飛，以及中聯辦主任張曉明在深圳與立法會議員會面，就香港政改交換意見，期間更單獨與泛民議員進行討論，可惜徒勞無功。

6月18日，立法會表決有關修改香港特區行政長官產生辦法的議案，結果只得8票贊成，28票反對，議案得不到三分之二票數贊成而被否決。經過一年多的折騰，反對派罔顧民意，綑綁投票，令香港政制再度原地踏步，結果一如所料。然而，贊成票如此少，卻令人大吃一驚。

大部分建制派議員沒有投票，原來是希望等到身體抱恙的劉皇發趕回來投支持票。表決前，建制派議員決定集體離場，期望透過點算法定人數，爭取時間。由於事出倉卒，數名建制派議員未能即時離席，以至表決按時進行，令33名建制派議員錯失投支持票的機會。建制派議員事後發表聯合聲明，對在表決過程中的失誤深感遺憾，並向一直支持政改方案的廣大市民深表歉意。此事被傳媒嘲笑為「甩轆」。

在反對派極力阻撓下，香港民主發展再次遭遇挫折，2017年第五任行政長官不得不沿用上一任的選舉辦法產生。

議會爭鬥依然激烈

雖然違法「佔中」及政改爭議已告結束，但在2015至2016立法年度內，建制派與反對派在議會的爭鬥仍然十分激烈，反對派多方位實行「拉布」戰術，企圖拖垮政府的法案及撥款申請，影響施政。其中以修訂版權條例和審議高鐵追加撥款最為突出。

2011年，特區政府提出修訂版權條例，規管網上侵權行為，被反對派抹黑為「網絡23條」，結果修例被迫擱置。2014年，政府向立法會提交《2014年版權（修訂）條例草案》，對二次創作增加多項豁免。可是，2015年12月，反對派在條例草案恢復二讀時，突然改變態度，提出在法案委員會時未有充分討論的修訂案，千方百計「拉布」，為達中止審議的目的，不擇手段。

民建聯一直堅持條例草案的建議是對版權保護及公眾表達自由取得平衡。擔任法案委員會主席的陳鑑林也努力拉攏政府、議員、版權持有人代表，以及網民代表舉行「四方會談」，試圖透過對話達到共識，可惜會議未能取得進展。由於多項關乎民生的法案和財政預算案迫切需要審議，政府被迫再次放棄修訂版權條例，2016年6月，立法會通過中止審議條例草案的決定。

果斷「剪布」通過高鐵追加撥款

2015年6月，港鐵公布高鐵造價升至853億元，較原預算大增三成，通車日期也由2017年底延至2018年第三季。11月，政府與港鐵達成協議，工程開支以844億元封頂，並向立法會申請追加撥款196億元。

2016年2月，立法會財委會開始審議高鐵追加撥款申請，被反對派議員「拉布」阻撓。3月11日，民建聯議員陳鑑林以代主席身份主持財委會會議。反對派不只「拉布」拖延表決，更衝向主席台撥墨，引起混亂，會議被迫暫停並轉換會議室舉行。財委會代主席在嚴格按照會議程序的規定下「剪布」，跳過逐條表決無經預告的臨時動議，直接將追加撥款申請付諸表決並通過。這樣，攸關香港長遠發展利益的高鐵工程得以避免出現「爛尾」的危機。

年度漢字反映世態

　　民建聯宣傳及公關委員會自2013年初開始舉辦品牌活動「香港年度漢字」評選，宗旨是「弘揚中華文化，彰顯漢字魅力，鼓勵關心社會」。先由學者、專家、專欄作家、出版界代表及民建聯成員組成的評審委員會選出10個候選年度漢字，再由市民公開投票選出。

　　最初3年的「年度漢字」，是表達市民對上一年的感想及對新一年香港社會的期盼。為了跟亞洲多個地區的做法一致，由2016年起，年度漢字從展望未來一年改為回顧過去一年香港社會的狀況。

　　評審活動頗受市民歡迎，2013年有近6千人投票，到2018年時投票人數高達1萬8千多人。

歷年香港年度漢字

說明		
2013	和	「和」，本義為調和，論語曰：「和而不同」。社會中存在不同的聲音，集思廣益，調和異議，這才是最徹底的妙藥良方。
2014	融	「融」，本義是光明的意思，炊氣上升，消消火氣，按現今社會的情況，則希望社會融洽，樂也融融。
2015	法	香港能穩定發展，市民利益得以保障，有賴大家和平守法、尊重法律、維護法治。

		字義	社會事件 / 世態
2016	亂	動亂、混亂 沒有秩序，社會動盪不安之意。	香港社會日趨混亂，出現反智言論，固守政治立場而罔顧是非黑白。違法衝擊令社會亂上加亂，窒礙香港發展。
2017	貴	昂貴，太貴 指物品價格在高水平，難以負擔。	香港樓價屢創新高，租金貴、交通費、食物價格攀升，衣食住行樣樣貴，市民生活負擔百上加斤。
2018	順	順利，順暢 事物的發展或事情的進行沒有障礙。	自修改議事規則後，「拉布」之風稍緩，立法會的運作比以前較為暢順有序。
2019		停辦	
2020	安	安全，安穩 沒有危險，不受外界事物威脅。	《國歌條例》及《港區國安法》於 6 月生效，國歌尊嚴及國家安全得到有力的保護。
2021	疫	疫症、瘟疫 急性、大規模及致命性的傳染病。	持續兩年的新冠肺炎疫情仍未受控，不少國家疫情仍然十分嚴峻，令全球人員往來及經濟活動癱瘓。

圖片雜錦

青年民建聯活動與時並進，多采多姿！

第十二章
領導層完成 新老交替

一、李慧琼當選主席

譚耀宗提早兩年言退

2011區選和2012立選過後，接著兩年，香港沒有大型選舉，民建聯可以利用這段時間，搞好自身建設，打好基礎。譚耀宗在2013年2月在接受傳媒專訪時表示，未來5年民建聯將進入「交班期」，特別是要總結經驗，做好培訓，全面提升參政議政能力。

在上年12月，民建聯會員通過修章，中委人數由不超過50人增至60人，常委由不超過20人增至25人，副主席由不超過4名增至5名。其後，民建聯決定在2013年換屆時擴大領導層人數，副主席增至5名、常委增加1人，另外中委名額增加兩個，讓更多成員參與領導工作，尤其是吸納更多年輕人才參與會務。

2013年4月第十二屆換屆選舉，中委會的年輕化步伐進一步加快，當選者的平均年齡由上屆的48歲降至46歲，有23人的年齡介乎30至39歲，而最年輕是29歲的沙田區區議員李世榮。中委會之中，區議員有36人，是歷來人數最多的一屆，反映地區工作經驗甚受重視，應有助為決策討論注入更多新思維。

第十二屆領導層

　　新一屆領導層之中，譚耀宗連任主席，李慧琼、蔣麗芸、張國鈞連任副主席，兩位新任副主席由秘書長彭長緯及常委陳勇升任。副主席有3位並非立法會議員，可以更專注會務。同時，常委會亦有4名新人加入，包括有立法會議員陳克勤、深水埗區議員鄭泳舜、觀塘區議員洪錦鉉及北區區議員劉國勳。副秘書長陳學鋒升任秘書長，其職務由葉傲冬接替。

　　在換屆選舉完成後，譚耀宗對記者表示，他一直期望主席一職有合適人選早日替代，希望下次換屆有新的面孔，表明兩年後將從主席一職退下來。

建港之星遴選議會人才

除領導層接班問題外，立法會工作的新老交替亦相當緊迫。曾鈺成、譚耀宗和陳鑑林3位直選議員早有不再競選連任之意，2016立選由誰人接替他們領軍出戰，「超級區議會」選舉如何布陣，均應及早籌劃。一些泛民政團曾因直選名單的排位問題出現分分合合，這種情況值得警惕。民建聯黨內能夠團結一心，與擬定立法會參選名單時的工作做得細緻穩妥有很大關係。

2013年7月，中委會通過設立「建港之星」計劃，試行一套選拔優秀人才參政的機制，為有志從事立法會工作的成員，提供鍛煉的平台，為參選做好準備。計劃分地區計劃和超級計劃，希望以科學、公開和高透明度的程序，清晰客觀的評核準則，挑選具質素的成員參加議會工作。這個計劃由中央遴選小組負責執行，由會務顧問溫嘉旋任主席，成員之中沒有現任立法會議員，可以中立持平地開展工作。

「建港之星」的遴選程序於次年3月展開。遴選小組就有意出選者的地區工作、在媒體撰文及接受採訪的表現，以及政策辯論的能力進行評核；另外，亦在五大選區進行政策辯論會，就爭議性的話題作正反辯論，由各個支部成員、區議員及幹事等評分，從中挑選表現優秀者，為兩年後出選立法會作準備。

2014年12月舉行建港之星五大選區政策辯論會

選舉學校培訓參選者

民建聯作為學習型政黨，為備戰2015區選，專門開設選舉學校，為有志參選者、現任議員、職員和助選人員提供較有系統的培訓，以提升他們的選舉知識和技巧。

2013年4月選舉學校開課

首屆選舉學校於2013年4月開課，開學禮特別在立法會綜合大樓舉行，到次年5月結束，有140多人參加。課程內容涵蓋理論和實戰，主要分五大範疇：認識民建聯的歷史、發展和使命；了解香港的政治制度、生態、發展和管治困局；提升個人質素；掌握地區工作竅門；掌握選舉技巧和相關的法律知識。講者包括議員、學者及社會知名人士。其後，又於2014年6月至9月舉辦議員助理培訓計劃，有50多人參加。

與此同時，民建聯亦開始積極推動網絡宣傳，主要是透過網頁、Facebook和短片等接觸網民。民建聯亦運用較傳統方式，於2014年9月推出流動服務車，為較偏遠地區的市民提供服務，並進行宣傳，以補辦事處網絡覆蓋面的不足。

愛國愛港理念團結市民

　　2015年1月，譚耀宗在中委會會議上表明不會參加換屆選舉，意味著將卸下擔任8年的主席職務。隨後他接受傳媒訪問表示，任內最感滿意的，是在新人培訓方面，不少年輕的、有能力的人成為民建聯成員，而常委會、中委會和立法會議員中都有較年輕的。同時，副主席蔣麗芸也表示不再競選連任中委，從副主席一職退下來。

2015年4月選出第十三屆領導層

　　民建聯第十三屆中委會在4月選出，當選者平均年齡為46歲，與上屆相若。接著中委會選出21位常委，其中呂堅、黃達東和顏汶羽三人為新人。經常委會選舉，李慧琼當選為主席，是民建聯成立23年來首位女主席，也是最年輕的一位。張國鈞、彭長緯、陳勇連任副主席，而陳克勤和周浩鼎則新任副主席。

　　李慧琼繼曾鈺成、馬力和譚耀宗之後出任主席時，民建聯會員已超過27,000人，地區辦事處超過200個，立法會議員有13人，區議員132人。她在率領新一屆領導層會見新聞界時發表就任感言，強調要傳承愛國愛港理念，主要內容包括：

　　民建聯之所以成立、發展壯大，會員之所以聚在一起，是因為我們有共同的愛國愛港理念。我們相信，香港和祖國的命運休戚與共，而民建聯的使命，就是以愛國愛港的理念，團結香港市民，攜手建設「一國兩制」的偉大事業。因此，我們既監察政府施政，亦積極建言，出謀獻策，推動香港不斷發展進步。

　　今天，帶領民建聯的任務交到我們手上，這是一個榮譽，也是重大責任。我們將繼續秉承曾鈺成主席提倡的以誠意建設香港，以汗水灌溉社區，以馬力主席倡導的是其是，非其非的處事態度，努力貫徹譚耀宗主席要求的實事求是的服務社區作風，努力實現薪火相傳的未來。

　　在未來，我們會繼續謙卑聆聽市民的聲音，廣納社會各階層的意見，以專業化精神做好政策研究工作，提升我們服務市民的水平。未來，我們會更加重視與青年人的交流，關注青年人的學業、就業、置業等問題，努力推動社會和諧進步，為建設我們共同生活的家園作出更大貢獻。

　　李慧琼當時是「三料議員」，同時出任行政會議成員、立法會議員、區議員。其後，她為專注民建聯會務和立法會工作，於2016年3月請辭行政會議成員一職，梁振英委任民建聯黨團召集人葉國謙替代，由陳克勤接任民建聯黨團召集人。

　　譚耀宗退下來後，轉任會務顧問，繼續關心會務。2017年12月，當選十三屆全國人大港區代表，其後更在全國人大會議上獲選為全國人大常委會委員，在政壇繼續發揮重要作用。

民建聯新一代接班時序

	主席	副主席	常務委員	司庫	秘書長	副秘書長
第九屆 (2007-2009)			張國鈞、 李慧琼、 陳恒鑌、 陳曼琪			
第十屆 (2009-2011)		張國鈞	陳學鋒、 葛珮帆			
第十一屆 (2011-2013)		李慧琼	周浩鼎、 陳勇、 葉傲冬、 黎榮浩			陳學鋒
第十二屆 (2013-2015)		陳勇	洪錦鉉、 陳克勤、 劉國勳、 鄭泳舜		陳學鋒	葉傲冬
第十三屆 (2015-2017)	李慧琼	陳克勤、 周浩鼎	呂堅、 黃達東、 顏汶羽			
第十四屆 (2017-2019)			王舜義、 莊惠明	莊惠明		洪錦鉉、 鄭泳舜、 黎榮浩
第十五屆 (2019-2021)		陳學鋒	招文亮、 胡健民、 許正宇		王舜義	顏汶羽
第十六屆 (2021-2023)			梁熙			

跨階層發展象徵

與曾鈺成、馬力和譚耀宗不同，李慧琼並非在傳統愛國陣營中成長起來，她畢業於香港科技大學會計系，是註冊會計師，接任主席時只有41歲，年輕、專業的形象令人留下深刻印象。早在大學時期，她參與地區義工服務，並於2009年在九龍城土瓜灣北選區參選成功，一直連任當區區議員。

2003區選，「民主派」藉反對23條立法，揚言要「踢走保皇黨」，民建聯在選舉中遭受重挫。其後曾鈺成邀請李慧琼加入其團隊，參加2004立選。當時不少朋友勸她不要「陪跑」，以免影響日後選舉的勝算。然而，李慧琼認為，一個有堅定信念、做事踏實的政團，不能因一場風波而停下來，於是在2004年6月加入民建聯，為共同的理念而努力。

李慧琼是第一批加入民建聯的年輕專業人士，可以說是民建聯邁向跨階層發展的象徵。她加入民建聯，參選立法會，必須在專業與從政之間作出抉擇。當時，她是畢馬威(KPMG)的核數師，正值專業發展的黃金時期，從政後只能轉任培訓工作。2008年，她成為民建聯首位領軍參選立會的年輕人，在九龍西成為「票后」；三年後，出任副主席；2012年，獲委任為行政會議成員，並參選「超級區議會」勝出。她曾形容，從政之路如同長跑。加入11年後，李慧琼終於成為民建聯第四位主席。

無獨有偶，在第五屆立法會期間，有多個政團由女性擔大旗，包括新民黨葉劉淑儀、公民黨余若薇、自由黨周梁淑儀、人民力量袁彌明、民協莫嘉嫻和工黨胡穗珊，而林淑儀也是工聯會首位女會長。

李慧琼養龜的故事

李慧琼的英文名叫 Starry，想不到日後會成為政治明星。作為女性，從政後如何善用著實不多的時間與家人共聚，是一大考驗。Starry 接任主席後，在接受民建聯刊物《建聞》訪問時談起與女兒一起養龜的故事。

早年女兒想養寵物，兩人商議後，選了龜，原因當然是較容易照顧及不太費時間。「不過，原來烏龜都唔易養」！第一次買的龜在飼養一段時間後，突然嗚呼哀哉，首次面對死亡的女兒因此哭了一整晚，Starry 第二天立即買回另一隻，並安慰她「烏龜病好了」。

誰知第二隻龜亦養得不好，不久又生病，進而病入膏肓。「女兒再次面對愛龜離世，今次我選擇了讓她認識死亡，面對死亡，接受死亡。這是她第一次面對心愛的生命離世」。

「小小生命面對死亡的一幕仍然記憶猶新。自此以後，我家停止了養龜，因為擔心養不好。直到女兒 9 歲，累積經驗後，我們才再下決心，領養了一隻被遺棄的龜」。當時養龜已得心應手，更特別抽時間參加香港兩棲及爬蟲協會的星龜護養班，領養星龜。Starry 在接受訪問時開心說：「現在家中養有四隻龜，牠們成為我們家庭成員的重要一員」。

她用三個字來標籤自己：和、樂、中。和，即和而不同，相信家和萬事興，社會和諧可以興邦。樂，就是喜歡笑，性格樂天知命，無畏困難。中，相信真理在中間，反對各走極端，反對劍走偏鋒。

新一代完成全面接班

2017年新領導層

　　李慧琼接任主席後，接著兩屆領導層均有新人加入。2017年，王舜義、莊惠明成為常委，而莊惠明更接替自成立以來一直擔任司庫的黃建源職務。該屆的副秘書長增至4人，除葉傲冬連任外，洪錦鉉、鄭泳舜和黎榮浩均新任此職。

　　2019年，招文亮、胡健民和許正宇獲選為新常委，王舜義出任秘書長，同時新增顏汶羽為副秘書長。至此，民建聯全部常委均由新一代出任，平均年齡為44歲。2021年，中央委員會改稱執行委員會，新常委有梁熙一人。

　　在此期間，也有幾位新一代退出民建聯領導層。陳曼琪於2001年加入民建聯，2007年馬力病逝後補選為常委，自2003年起連續擔任多屆黃大仙區議員。在違法「佔中」期間，她作為潮聯小巴公司代表律師申請禁制令，力促警方在旺角清場。2016年1月，陳曼琪退出民建聯，表示要專注發展其創立的香港中小型律師行協會的會務，並以獨立身份參政。另外，許正宇和胡健民亦因加入政府出任政治委任官員而辭去常委職務。

二、「擇善固執，有所作為」

回歸後第三次訪京

民建聯新領導層接班後，獲安排於 2015 年 7 月 22 日晚至 25 日赴北京訪問，這次是相隔 9 年再度訪京，也是回歸後第三次。

主管港澳事務的全國人大常委會委員長張德江於 24 日接見民建聯訪京團一行 30 多人。張德江表示，民建聯成員是老、中、青三代結合，完成新舊交替後，新班子有朝氣、有幹勁、專業性強，社會形象好，並對香港繁榮穩定做了很多的工作，予以充分肯定。

民建聯 2006 年訪京時，獲國家副主席曾慶紅贈予「內強素質，外樹形象」八字，這次張德江則寄語民建聯「擇善固執，有所作為」。「擇善固執」出自《禮記・中庸》：「誠之者，擇善而固執之者也。」「有所作為」出自《孟子・離婁下》：「人有不為也，而後可以有為」。

張德江解釋說，所謂「擇善固執」，就是要選擇一些正確的東西，而且要堅守這些東西。他希望民建聯始終堅持擁護「一國兩制」及《基本法》、在愛國愛港旗幟下團結各界人士，團結愈多愈好，以及為香港長期繁榮穩定、維護國家的主權和安全和發展利益，為支持特首和特區政府依法施政、香港更好發展等事情上，發揮更積極作用。

至於「有所作為」，就是要堅持愛國愛港，並舉起這面旗幟，獲得更多認同，壯大隊伍。要旗幟鮮明，要敢於擔當，這樣在社會上才能有地位，而且要為香港的大局謀大事。

2015年7月，回歸後第三次訪京

　　張德江也充分肯定建制力量，包括民建聯在政改20個月期間的工作和所付出的努力。他表示在這段期間取得很好的成績，包括：香港市民感受到中央政府真心誠意在香港落實普選；香港社會廣泛討論《基本法》；各大民調顯示支持通過政改的市民佔大多數。他表示，十分支持香港特區政府在「後政改」時期集中精力發展經濟、改善民生；香港之所以成功，是因為經濟發展出色，在很多項目上都有成就，但絕不是因為搞政治鬥爭、搞其他街頭抗議，希望香港社會好好思考這個問題，凡事政治化，對香港發展沒有好處。

　　訪京期間，民建聯一行還拜會國家發展改革委員會、中央統戰部和港澳辦等部門。

圓桌會議集思廣益

　　李慧琼在當選主席後向傳媒表示，未來，民建聯會更加重視與青年人的交流，關注青年人的學業、就業、置業等問題。為廣納社會各界人士對青年發展的意見，民建聯於2015年6月至9月就青年相關議題，舉辦4場「睿商天下政策工作坊」，由李慧琼主持，邀請26位學者和各界領袖參加，主題分別是「政治參與和本土意識」、「教育與培訓」、「就業及事業發展」和「國情、國史及德育教育」。其後，將相關的建議收集整理，匯集成建議書，向特首提出。

民建聯接著於10月至11月，以「發展經濟　改善民生：機遇與挑戰」為題舉辦3場圓桌會議，共有45位財經界、工商界、智庫和研究機構的代表參加，陣容空前鼎盛，令人印象深刻。圓桌會議的主題分別是「香港宏觀經濟政策調整的路徑選擇」、「香港傳統產業的優勢與出路」和「香港民生的困局與突破」。

李慧琼表示，舉辦會議的目的，是想呼籲各界放下政治爭拗，聚焦經濟民生議題，支持香港發展經濟，改善民生，廣邀各界精英獻計獻策，供民建聯向政府提出施政報告和財政預算案建議時參考。會議內容其後結集為《百川匯──圓桌會議論集》出版，邀請到特首梁振英賜序。

申明對本土問題立場

2016年5、6月期間，民建聯再以「新願景 新希望」為題舉辦多場圓桌會議，內容包括「強積金對沖機制」、「一國兩制的落實」、「縮窄貧富差距」、「香港土地及房屋政策」、「創新科技創出路」等，期望集思廣益，推動社會各界共同探討和應對經濟民生的種種問題和挑戰，為香港創出路。

出版《百川匯 ── 圓桌會議論集》

　　針對港獨思潮打著本土的旗號散播，李慧琼於5月10日舉行的「一國兩制的落實」圓桌會議上申明民建聯對本土問題的立場。她指出，民建聯一直是愛國愛港的政黨，所講的「愛港」就是本土。她強調，本土是與生俱來，真本土是愛護香港，珍惜香港的力量，是立足香港，但不能局限於香港，香港的發展離不開世界的支持，更離不開國家。因此，我們必須要向假本土、真排外，以自決為掩飾，實際上是搞港獨者說不。

「承先啟後闖新篇」

中聯辦副主任林武在2016年路向營開幕禮上講話

　　在2016立選舉行前不到半年，民建聯於4月9日至10日在深圳以「承先啟後闖新篇」為題舉行第十二次路向營。這次是李慧琼接任主席後新領導班子的一次重要活動，聯同中委、監委、全體議員、支部正副主席、政策副發言人和社區幹事等約200位成員一起參與，探討民建聯未來路向，對傳承發展工作有重大的意義。

　　路向營亦討論立法會及特首選舉的形勢，並研究在選舉部署方面如何更好地團結和協調建制派。中聯辦副主任林武在開幕禮上講話，希望民建聯能夠在維護「一國兩制」及建設香港社會方面做出創舉。

　　創會主席曾鈺成就民建聯的傳承問題發表演講，指出在新舊交替期間，要做好準備，多與年輕人溝通，打好基礎，迎接未來。

　　李慧琼就路向營的討論提出三點總結：

　　第一，民建聯深信無論過去、現在抑或未來，「一國兩制」是最符合香港和國家的根本利益。香港現在出現的社會矛盾甚至分離主義，部分原因是源於對「一國兩制」的誤解，只要重歸對「一國兩制」和《基本法》的正確理解和實踐，相信可以化解很多社會矛盾。所以，民建聯會加強理念建設，傳承愛國愛港的理念，加深對「一國兩制」、《基本法》和國家發展的認識，同時積極向社會宣揚我們的理念。

　　第二，民建聯繼續發揮積極監察者角色，幫助特區政府改善施政，因此，我們要求各級議員、研究團隊和會員中的專業人士，提升研究能力，就各項公共政策提出意見和建議；並廣

邀社會各界精英，透過圓桌會議等方式，共同為香港的長遠發展，及如何化解兩地矛盾、世代矛盾和貧富矛盾，向兩地政府出謀獻策。

　　第三，要求民建聯年青一代要有反求諸己的精神，心懷堅定的理念和高尚的政治操守，不斷增進知識，磨練從政技巧和判斷力，為民建聯爭取更多市民支持。

「港獨」是偽命題

　　政務司司長林鄭月娥和中聯辦法律部部長王振民應邀在路向營分別就政府管治及「　國兩制」的實踐發表演講，甚受傳媒關注。林鄭月娥分享了自己對特區政府管治困難的看法。她形容與民建聯的關係是「全天候朋友」，並感謝民建聯一直支持有利民生的政策，希望在區議會層面有更多合作。她還表示，只要政府做到良好管治，施政以人為本，急市民所急，就可為建制政黨減壓，甚至「分紅」。

　　王振民結合當時香港的政治動向，直斥「港獨」是偽命題，本質上不是「獨立」的問題，而是有人借此爭奪香港管治權，更是違反香港《基本法》，涉嫌犯罪。他強調，「港獨」不符合港人利益，也挑戰「一國兩制」的底線，擔心香港現正處於「毒港」的階段，而「毒港」後果是法治受挑戰、「一國兩制」落實受影響。

　　泛民學者、新力量網絡研究總監、香港城市大學公共政策學系教授兼助理系主任葉健民也就青年人思潮發表意見。

第 十 三 章

力保議會最大
政團地位

一、區會議席與選前持平

區會補選再敗空降長毛

2013年5月，觀塘坪石選區因民建聯成員陳百里出任商經局政治助理而辭去區議員一職進行補選。社民連立法會議員、有長毛之稱的梁國雄在上年區選越區挑戰競選連任的葉國謙大敗後，這次又繼續操作政治議題，空降參選。

選舉結果是民建聯派出的陳俊傑獲得2,258票，得票率為65.3%，大敗梁國雄當選。陳俊傑父親陳鑑林是民建聯元老，在該選區曾當選區議員多年，這次可說是子承父業。

2015區選前，民建聯參加的另一場補選於2014年5月舉行，東區南豐選區的民主黨區議員因中風而需補選。民建聯派出李清霞挑戰，不敵原任議員的助理落敗。

171位成員參加2015區議會選舉

參選部署較前審慎

民建聯在2015年換屆，新領導層面對的重大挑戰，就是帶領民建聯迎戰2015年區選及2016年立選兩場選戰。

在違法「佔中」和政改遇挫後香港政治形勢依然緊張，社會走向撕裂，出現一些打著「本土」、「自決」旗號的組織，以所謂「雨傘運動」後的「傘後組織」自居。在選舉中，不同陣營之間乃至相同陣營之內的競爭都顯得非常激烈，加上網絡宣傳和動員普及化，均令選前部署及分析更為困難。新任主席李慧琼首次領軍大型選舉，她對傳媒坦言，這次區選是一場硬仗，而且是「佔中」之後的第一場建設力量與破壞力量的對決。

2015區選於11月22日舉行，新一屆區議會全部取消委任議席，民選議席有431席，比上屆增加19席，另保留27個由鄉事委員會主席出任的當然議席。雖然民選議席增多，民建聯的參選策略卻比上屆審慎，中委會於10月1日通過派出170位成員參選，比上屆少12人，主要是民建聯與工聯會在愛國愛港陣營中的選舉分工更加清晰，16位具工聯會背景的區議員在早前先後退出民建聯。其後，民建聯再多1位成員參選，參選人數增至171人。

這次區選，民建聯依然是參選人最多的政團，平均年齡約為45歲，與上屆相若，最年輕者有3位，均為24歲，而35歲或以下有51人，大學或以上程度佔109人，接近三分之二，比上屆大為提高。其中，111位角逐連任，36位首次參選，新人的數目比上屆大減。

值得一提的是有9位現任議員交棒，包括在中西區觀龍選區深耕逾30年的葉國謙。周浩鼎等3位委任議員亦轉戰直選。

凸顯建設力量形象

經過紛擾的「佔中」，很多市民對嘈吵感到厭倦，希望社會回歸穩定，經濟重拾發展步伐，希望政府將注意力及資源集中在改善民生、發展經濟及優化社區環境。民建聯在這屆區選繼續以「實事求是，為您做事」為綱領，強調以「是其是，非其非」的信念，以「社區無小事」的態度，積極監察政府施政，為廣大市民服務。在競選活動中，民建聯突出顯示是建設力量的形象。

11月1日，民建聯在中環遮打花園舉行造勢大會，有2,000多人參加。候選人出場亦有新意，分為青年、女性、專業人士、競逐連任，以及首次參選和再接再厲五組，象徵著「希望」、「和諧」、「專業」、「服務」、「決心」五股正能量。主席李慧琼表示，民建聯的使命，就是要運用五股正能量，驅除「非法佔中」、「拉布」、「議會暴力」和「政治黑金」四股邪氣，化解矛盾，守護和建設社區。

民建聯2015區議會選舉結果

選區	姓名	得票	得票率	選區	姓名	得票	得票率
中西區				灣仔			
堅摩	陳學鋒*	1,859	49.3%	愛群	鄭琴淵*	1,367	59.9%
觀龍	楊開永*	2,491	61.4%	鵝頸	鍾嘉敏*	1,018	58.5%
西環	張國鈞*	2,011	51.4%	維園	周潔冰*	(自動當選)	
西營盤	盧懿杏*	1,790	59.8%	大佛口	李均頤*	1,505	65.5%
東華	蕭嘉怡*	1,352	58.0%	南區			
水街	楊學明*	1,878	53.7%	利東一	李嘉盈	1,810	35.8%
東區				利東二	彭兆基	1,854	40.7%
愛秩序灣	顏尊廉*	2,720	53.1%	華貴	麥謝巧玲*	2,699	49.6%
筲箕灣	林心廉*	1,444	48.5%	華富北	黃才立	2,089	45.9%
阿公岩	洪志傑	1,112	24.1%	石漁	朱立威*	(自動當選)	
翠灣	關瑞龍	1,572	35.3%	油尖旺			
環翠	龔栢祥*	2,227	60.8%	尖沙咀西	孔昭華*	1,213	59.4%
柏架山	黃建彬*	(自動當選)		佐敦南	葉傲冬*	1,531	74.5%
堡壘	洪連杉*	(自動當選)		佐敦西	陳少棠*	(自動當選)	
錦屏	蔡素玉*	(自動當選)		油麻地南	楊子熙*	2,124	62.1%
健康村	鄭志成*	(自動當選)		富榮	鍾港武*	2,473	54.6%
鰂魚涌	丁江浩*	1,656	62.1%	大角咀南	蔡少峰	1,608	54.1%
下耀東	王志鍾*	1,658	45.7%	大角咀北	劉柏祺*	2,633	65.9%
興民	劉慶揚*	2,470	64.0%	尖沙咀中	關秀玲*	1,099	69.3%
漁灣	鍾樹根	1,863	47.9%	佐敦北	楊鎮華*	941	70.9%
深水埗				九龍城			
南昌北	鄭泳舜*	1,461	64.7%	馬頭圍	邵天虹*	2,670	50.4%
南昌東	苗凱明	1,287	42.7%	馬頭角	關浩洋	1,790	70.0%
南昌中	劉佩玉*	1,284	70.5%	常樂	陸勁光*	2,776	52.2%
麗閣	陳穎欣*	2,531	48.9%	龍城	吳寶強	2,021	83.7%
幸福	張德偉	1,898	47.0%	海心	潘國華*	2,478	79.1%
荔枝角南	陳威雄	1,191	25.0%	土瓜灣北	李慧琼*	1,544	80.2%
美孚南	黃達東*	2,421	50.5%	鶴園海逸	蕭婉嫦	1,139	30.8%
元州及蘇屋	陳偉明*	3,491	75.1%	紅磡	林德成*	1,544	56.2%

*當選

選區	姓名	得票	得票率
	黃大仙		
鳳德	簡志豪 *	2,766	56.1%
東頭	李德康 *	2,710	65.2%
東美	黃國恩	1,597	35.6%
橫頭磡	黎榮浩	(自動當選)	
慈雲西	袁國強 *	3,285	54.3%
正愛	陳曼琪 *	3,243	61.3%
慈雲東	何漢文 *	3,192	66.8%
彩雲東	蔡子健 *	2,201	56.7%
彩雲南	李美蘭	1,321	35.2%
彩雲西	譚美普 *	2,682	59.7%
池彩	何賢輝	2,078	49.9%
	荃灣		
楊屋道	陳恒鑌	2,075	62.7%
祈德尊	古揚邦 *	1,825	54.1%
荃灣中心	曾大	2,074	48.1%
荃灣西	林琳 *	2,462	51.8%
梨木樹東	呂迪明	1,773	35.9%
象石	陳振中 *	1,997	62.1%
	屯門		
兆置	李靜儀	1,532	28.8%
兆翠	葉文斌 *	3,138	53.5%
友愛南	曾憲康 *	2,085	66.4%
友愛北	陳雲生	1,616	47.0%
悅湖	張恒輝 *	2,073	55.2%
兆禧	侯國東	1,488	42.4%
湖景	梁健文 *	1,454	58.1%
蝴蝶	蘇愛群	1,949	43.8%
龍門	龍瑞卿 *	(自動當選)	
新景	李鳳嬋	1,243	31.6%
良景	程志紅 *	2,366	64.7%

選區	姓名	得票	得票率
	九龍城		
愛民	吳奮金 *	2,806	64.5%
	觀塘		
啟業	歐陽均諾 *	2,128	53.8%
麗晶	潘進源	2,682	46.7%
坪石	陳俊傑 *	(自動當選)	
雙彩	譚肇卓 *	(自動當選)	
佐敦谷	顏汶羽 *	2,638	65.3%
順天	郭必錚	2,764	49.1%
安利	梁騰丰	1,665	42.9%
寶達	洪錦鉉	3,993	79.3%
秀茂坪中	張培剛 *	(自動當選)	
廣德	柯創盛 *	(自動當選)	
油塘東	張琪騰 *	(自動當選)	
牛頭角上邨	陳國華 *	2,453	61.6%
牛頭角下邨	張姚彬 *	2,441	55.2%
	元朗		
豐年	呂堅 *	2,179	64.0%
南屏	張芬蘭	1,249	30.5%
北朗	黃玉珍	2,013	41.1%
元朗中心	蕭浪鳴 *	1,615	60.6%
鳳翔	余仲良	1,425	37.9%
瑞愛	郭強 *	3,136	68.6%
瑞華	高俊傑	1,634	45.7%
頌華	黃煒鈴	1,775	64.8%
慈祐	程容輝	1,345	35.6%
耀祐	馬淑燕 *	1,584	55.8%
天耀	梁志祥 *	1,713	52.5%
	大埔		
大埔墟	李國英 *	1,096	55.9%
大埔中	梅少峰	1,444	39.1%

*當選

選區	姓名	得票	得票率	選區	姓名	得票	得票率
屯門				**大埔**			
建生	陳文華 *	2,456	65.7%	頌汀	譚榮勳 *	1,881	51.0%
兆康	巫成鋒 *	2,677	53.3%	大元	鄭俊平 *	2,017	60.2%
北區				富亨	王秋北	1,417	27.6%
聯和墟	曾興隆 *	2,640	52.4%	怡富	張鳳燕	1,607	27.9%
華都	姚銘 *	(自動當選)		廣福及寶湖	黃碧嬌 *	2,248	66.3%
華明	賴心	1,814	40.5%	宏福	胡健民 *	2,120	57.5%
欣盛	劉國勳 *	(自動當選)		寶雅	黃容根	2,292	46.1%
清河	藍偉良 *	(自動當選)		舊墟及太湖	張國慧	1,699	43.9%
上水鄉郊	侯金林	2,474	45.7%	**西貢**			
彩園	蘇西智 *	2,481	55.7%	西貢市中心	吳仕福 *	1,723	67.1%
石湖墟	王潤強	1,760	41.5%	白沙灣	邱戊秀 *	1,539	58.1%
鳳翠	廖興洪 *	1,649	40.3%	西貢離島	李家良 *	(自動當選)	
沙田				坑口西	邱玉麟 *	1,397	57.6%
沙田市中心	黃自勇	1,328	32.5%	健明	周家樂	710	16.0%
禾輋邨	余倩雯 *	2,495	47.2%	彩健	吳東河	1,791	38.4%
大圍	董健莉	3,649	63.6%	景林	溫啟明 *	2,878	51.5%
穗禾	彭長緯 *	2,160	50.9%	厚德	凌文海	2,679	54.2%
頌安	葛珮帆	2,376	48.7%	富藍	陳博智 *	2,207	51.1%
錦濤	楊文銳	2,455	48.6%	廣明	莊元苳 *	3,373	64.8%
利安	羅棣萱	1,767	30.8%	環保南	胡綽謙	539	19.8%
烏溪沙	蕭震然	1,121	41.7%	**葵青**			
耀安	李世榮 *	3,021	59.3%	葵盛東邨	巫辰冬	1,833	31.6%
鞍泰	招文亮 *	3,657	58.0%	葵涌邨北	梁崗銘	1,617	42.4%
大水坑	張子賢	2,629	47.0%	葵涌邨南	李宏峯	1790	43.6%
碧湖	黃冰芬	2,352	47.1%	石蔭	李世隆 *	2,907	50.5%
廣康	王虎生 *	2,034	41.6%	石籬北	張燁媚	1,459	32.9%
離島				大白田	郭芙蓉 *	2,884	59.1%
逸東邨南	老廣成	2,001	44.8%	荔華	朱麗玲 *	(自動當選)	
東涌南	周浩鼎 *	2,161	53.0%	祖堯	鮑銘康	2,986	62.3%
南丫及蒲台	余麗芬 *	(自動當選)		興芳	梁嘉銘	2,629	49.3%

* 當選

一、區會議席與選前持平

選區	姓名	得票	得票率
離島			
長洲北	李桂珍*	1,681	77.8%

* 當選

選區	姓名	得票	得票率
葵青			
盛康	梁偉文*	2,345	70.3%
青衣南	潘志成*	3,214	66.0%
長亨	盧婉婷*	2,814	56.4%
長安	羅競成*	2,359	53.9%

郭芙蓉怒對傳媒抹黑

2015區選初戰勝出後，郭芙容被譽為民建聯「小花」，打響名堂。

郭芙容在中學時已參與義工服務，18歲當選深水埗海麗邨的互助委員會主席，開始接觸到民建聯。2012年，她從香港科技大學工商管理系畢業後，加入民建聯從事地區工作，擺街站，派傳單，為居民服務，走的是與其他商科生大不一樣的道路。

為備戰區選，郭芙蓉被派到葵青大白田選區開展工作，她中學就在該處讀書，周邊環境並不陌生。大白田選區全屬私樓，住了不少福建人，郭芙蓉在莆田出生，一歲來港，與許多街坊同聲同氣，社區服務很快就做得有聲有色。

大白田在葵涌東北部，依山而建，居民出入十分不便。當區民主黨區議員就任逾20年，只懂叫口號，居民的需求根本不獲關注。她以「新力量、新氣象」為競選主題，重點關注推動東北葵新規劃、完善區內生活配套、住屋與環境三大議題，期望與居民共建美好社區。

她堅持每天早晚開街站，目的是用時間換取居民對她的認識。「深耕細作是不二法門。我的區有 14 個街站點，這是什麼概念呢？即使日日開街站，每天一個點，街坊再見到我已經是兩個星期後了。街坊會跟你說：『好久不見』。我只好自己更加勤力一點。」打完選戰，人消瘦了 10 多磅，面也尖了。

投票結果，開展服務兩年多的郭芙蓉，以 2,884 票對 1,997 票完勝已連任多屆的民主黨對手。

選舉期間，郭芙蓉受到對手一浪接一浪的惡意攻擊，一直陪伴在愛女身邊的郭媽媽，一度感到心痛落淚。郭芙蓉說，這些惡意批評，更堅定了母親的信念，就是香港必須有說真話、幹實事的人，要不怕攻擊，勇敢站出來，香港才會有前途。

在當選後數天，郭芙蓉上了人生中重要的一課。《蘋果日報》記者闖入郭芙蓉辦事處所在的寫字樓，直接將鏡頭對準她，要求她回應「種票」的指控。「人生中第一次這樣的情況下，面對鏡頭以及媒體的無理質詢。但心中有底氣，因為我們從來不會做任何犯法的事情。」

遭到個別傳媒不實指控之時，許多居民知道後主動過來關心她、安慰她。「這樣的網絡暴力、語言暴力對我是一種很大傷害。」在民建聯法律支援以及街坊的支持下，她撐了下來。

四年後，在黑暴下舉行的區選，民建聯遭受重大挫折，僅取得 21 個議席。郭芙蓉是其中之一，以 2,449 票成功連任。

年輕候選人六成五當選

隨著區議會的政治角色不斷增強，不同政治陣營都積極推動選民登記，這次區選登記選民人數再創新高，約369萬，新增選民逾半是「首投族」，即18至20歲的年輕人。選舉日投票人數超過146萬，投票率高達47%，比2003年的44%還要高。

雖然競爭激烈，加上投票率大升，民建聯共取得119個議席，當選率為69.6%，蟬聯區議會第一大黨，表現可以說不過不失。其中21人自動當選，而150位須競選的候選人中，98人贏得議席，取得約31萬張有效票，得票率為51%。

單從數字上看，民建聯在4年前取得136席，這次減少超過一成。其實，上屆區選後有16位具工聯會背景的區議員先後退出，再有兩名區議員加入，而劉江華因加入政府辭去區議員席位，加上退會及不再以民建聯名義參選者各有一人，故民建聯在選舉前共有119個區議會民選議席，因而選舉結果可說是力保不失。

選舉結果最令人滿意的是做到新舊交替，35歲以下的年輕候選人，共有34位當選，當選率為六成五，而9位卸任議員亦全部順利交棒。38位具專業背景的候選人中，24位當選，當選率為63.2%。民建聯年輕化、專業化的做法，得到選民認同。初次參選的郭芙蓉在葵青大白田選區以2,884高票擊敗已擔任當區區議員逾20年的民主黨對手，令人刮目相看。

兩位立法會議員落馬

可是，令人大感意外的是5位競選連任區議員的現任立法會議員，只得李慧琼、陳恒鑌及梁志祥勝出，鍾樹根和葛珮帆落敗。黃容根、郭必錚、陳雲生等資深議員遭泛民的第二梯隊挑戰，亦未能連任。

鍾樹根擔任東區區議會議員24年，在漁灣選區競選連任，提名期最後一天，屬「傘後組織」成員的徐子見參選挑戰，以1,863票對2,026票落敗。葛珮帆在沙田頌安選區連任兩屆，遭本身是傷殘人士的工黨立法會議員張超雄的助理葉榮挑戰，取得2,376票，以130票之差落敗。

另一方面，選情較矚目的還有陳穎欣以民建聯和工聯會名義在深水埗麗閣選區挑戰民協立法會議員馮檢基，獲得2,531票，以99票之差當選。巫成鋒在屯門兆康選區再接再厲，在3名候選人中獲得2,677票，得票率為53.3%，以410票之差擊敗民主黨老將陳樹英。

另外，張國鈞在中西區西環選區與四度參選的民主黨莊榮輝再度對壘，以2,011票對1,898票勝出，比上屆的差距有所擴大。

一、區會議席與選前持平

政治生態出現重大變化

葉國謙不再競選連任，民建聯派出楊開永在中西區觀龍選區接棒出選，得票2,491張勝出，而空降挑戰的「青年新政」召集人梁頌恒竟然也有1,569票，反映「本土」、「自決」等口號頗能蠱惑人心。50多名空降各區初次出選的「傘兵」，既無資源，知名度又低，主要靠網上宣傳動員，取得9席，可見香港的政治生態已出現重大變化。

泛民政團在這次區選仍取得95個議席，其中民主黨佔43席，比上屆少4席，當選率只得45.3%。現任立法會議員的何俊仁和馮檢基均競選連任區議員失敗，無緣再度參選「超級區議會」。

區議會在取消委任議席後政治版圖基本上沒有改變，建制陣營仍佔主導地位，民建聯成員出任9個區議會主席及7個區議會副主席。

二、立會議員世代交替

新界東補選周浩鼎練兵

2015年6月,公民黨湯家驊在投票否決政改方案後宣布退黨,並於10月1日辭去立法會議員席位,其在新界東的民選議席空缺於2016年2月28日舉行補選。雖然補選議席的任期只有7個月,但可為同年立選練兵,因此競爭十分激烈。

2016年1月3日宣布
由周浩鼎參加新界東補選

由於補選屬單議席單票制,建制派和泛民陣營都希望集中力量,只派一人出選。民建聯副主席周浩鼎原任區議會委任議員,在上年區選轉戰民選議席,在離島區東涌南選區順利勝出,大有條件參加立會「超級區議會」選舉。民建聯在與建制派其他政團協調後,於1月3日宣布由周浩鼎參加新界東補選,以「珍惜香港・行正路」為競選口號。工聯會、新民黨等政團領導人均有到誓師大會支持。

工聯會、新民黨等政團領導人均到誓師大會支持周浩鼎參加補選

泛民方面則由公民黨楊岳橋參選，打出「香港人上陣、梁振英下台」的口號，而所謂「本土派」的本土民主前線發言人梁天琦也加入角逐，借競選來宣傳港獨主張。

在競選活動進行期間，2月8日年初一晚上，旺角發生暴力事件，擾攘至翌日清晨，最終演變成暴亂。梁大琦因參與暴亂被捕，其後更大肆宣揚「光復香港，時代革命」、「以武抗暴」等口號。民建聯對旺角暴亂表示憤怒及予以強烈譴責，希望警方能盡快將暴徒繩之於法，並嚴懲以儆效尤，其後更與其他團體發起「全港反暴力大簽名行動」。周浩鼎在選舉日之前的電視選舉論壇上談到暴亂令香港弄得如斯田地，更一度感觸落淚。

在暴亂後，楊岳橋一方面為被捕者提供法律協助，另一方面則悄悄將選舉口號由「香港人上陣」，改為「守住關鍵一席」，以轉移視線。

新界東補選共有 7 人參選，逾 43 萬選民投票，投票率為 46.2%。周浩鼎取得 150,329 票，得票率為 34.8%，以約一萬票之差落敗，可謂雖敗猶榮。可是梁天琦竟然得到 6 萬多票，得票佔一成五，令人側目。不少宣揚港獨的「本土派」組織更揚言要參選同年 9 月舉行的立會選舉，香港的政治發展令人擔憂。

新機制遴選參選人

　　隨著葉國謙不再競選連任區議員，新一屆立法會的傳統區議會界別勢必由新人出任。按規定，參選人必須為區議員，由區議員互選產生，由於民建聯擁有117名區議員，因此代表民建聯參選者肯定當選。

　　在此之前，民建聯已建立「建港之星」的遴選機制，讓黨內有能力晉身立法會的人才，能夠在清晰、公開的環境下競逐出線參選。2016年初，中委會破天荒決定，傳統區議會界別的參選人以黨內區議員以「一人一票」初選的方式遴選。

(左起)鄭泳舜、陳學峰、洪錦鉉和劉國勳競逐2016立法會區議會界別出線機會

　　初選在3月中舉行，北區劉國勳、中西區陳學峰、觀塘區洪錦鉉和深水埗區鄭泳舜4名競爭者先後參加青年民建聯例會和黨內區議員論壇，接受提問。3月30日，中委會聽取遴選工作匯報，結果是北區劉國勳以大比數勝出，中委會一致支持由他出選。劉國勳勝出，除在競選時表現較出色外，與民建聯在新界東及新界西共有57名區議員有很大關係。

創會元老議員交棒

　　第六屆立法會選舉於9月4日舉行。香港在經歷非法「佔中」、政改失敗、旺角暴亂等事件後，政治對立嚴重，激進本土自決派抬頭，港獨思潮不斷蔓延，民建聯面對的選舉形勢複雜多變，困難重重。

　　民建聯領導層已於上年完成世代交替，接著立法會議員也應全部由新一代出任。曾鈺成、譚耀宗、陳鑑林和葉國謙4位創會元老決定交棒，不再競選連任，也為選情帶來一些風險。加上本屆各區議席出現變動，隨著各區人口轉移，九龍西增1席，香港島減少1席，其他3區則維持不變，因此，地區直選如何分拆名單及由誰領軍，需要小心評估。

二、立會議員世代交替

鍾樹根顧全大局

　　民建聯中委會於7月12日通過派出7張名單共44人參加地區直選，兩張名單共9人參選超級區議會，另外3人在傳統功能界別競選連任。上屆民建聯採取較進取的分隊策略見效，9張直選名單全部報捷，主要是泛民選舉策略失誤所致。這次民建聯採取的是穩健策略，目標是「保11衝12」。

上屆建制派在香港島取得4席，確實有幸運成份，本屆議席只得6席，減少1席。民建聯決定只派1隊出選，由較年輕的副主席張國鈞領軍，上屆與曾鈺成各領一隊出戰的鍾樹根排名單第2位。

鍾樹根在上年區選連任失敗，對此安排一度出現反彈，揚言考慮退黨自行出選。經考慮一個月後，鍾樹根打消此意，表示本屆選舉民建聯面臨嚴峻考驗，沒有分裂的本錢。李慧琼在Facebook上代表民建聯，感激他放下個人得失，顧全大局的決定，讓民建聯上下能夠團結一致，應對選戰。

新界西方面，民建聯上屆3隊全勝，與泛民配票失敗有關，這次改派兩隊出選，仍由陳恒鑌和梁志祥領軍。九龍東由觀塘區議員柯創盛接替陳鑑林領軍。新界東仍出兩隊，依然由葛珮帆及陳克勤領軍，蔣麗芸則繼續排九龍西名單第一。

年初在新界東補選練兵的周浩鼎改為出選超級區議會，而李慧琼亦競選連任，兩人分別以新界和港九為拉票重點。

「為香港 創出路 」

民建聯本屆的整體競選口號和政綱主題是「為香港 創出路」。民建聯認為，香港目前正面對政治、經濟及社會層面的多重挑戰，期望透過民建聯的政治理念和主張，爭取市民的認同及支持，推動政府不斷改善施政，為香港創出路，這包括：堅守「一國兩制」，捍衛法治，凝聚社會共識，推進優質民主，落實普選；應對外圍環境波動，健全經濟結構，為社會長遠發展提供持續動力；促進社會向上流動，善用儲備，解決社會矛盾，妥善分配社會資源，照顧弱勢社群，讓社會不同階層共享經濟發展成果。

　　民建聯強調秉持理性、務實和包容的態度，反對粗暴極端的思想及政治手法，致力在行政與立法之間、在官商民之間、在不同政治意見之間，建立既互相監督也互相促進的建設性關係，共同謀求港人的最大福祉。

民建聯 2016 立法會選舉結果

		參選人	得票	得票率
分區直選	香港島	張國鈞*、鍾樹根、鍾嘉敏、麥謝巧玲、丁江浩、王志鍾	41,152	10.9%
	九龍西	蔣麗芸*、葉傲冬、陳偉明、邵天虹、張德偉	52,541	18.8%
	九龍東	柯創盛*、黎榮浩、張琪騰	51,516	15.7%
	新界西	梁志祥*、呂堅、黃漢權、葉文斌、徐君紹、賴嘉汶	50,190	8.3%
		陳恒鑌*、郭芙蓉、李世隆、梁嘉銘、陳振中、呂迪明、鮑銘康	58,673	9.7%
	新界東	葛珮帆*、莊元苳、董健莉、陳博智、招文亮、李家良、溫啟明、羅棣萱、黃自勇	58,825	10.1%
		陳克勤*、胡健民、姚銘、黃碧嬌、藍偉良、曾興隆、梅少峰、侯漢碩	48,720	8.4%
功能界別	區議會（第二）	李慧琼*、洪連杉、朱立威、顏汶羽、蕭嘉怡	304,222	15.9%
		周浩鼎*、李世榮、林琳、巫成鋒	264,339	13.8%
	漁農界	何俊賢*	98	73.7%
	進出口界	黃定光*	自動當選	
	區議會（第一）	劉國勳*	自動當選	

* 當選

在灣仔修頓球場舉行2016立法會選舉報名儀式

　　李慧琼於7月16日在灣仔修頓球場舉行的報名儀式上作動員發言時表示，過去4年香港出現激烈的政治鬥爭，議會內「拉布」、謾罵，議會外違法抗爭，動搖香港法治基礎，更有人主張港獨。她批評這些思想荼毒社會，最終只會損害港人的利益。她強調，對立分離不是出路，港獨更是死路，民建聯的參選信念是與香港市民一齊團結創出路。

選舉成績符合預期

　　這次立選形勢複雜，一些港獨分子躍躍欲試，企圖在競選過程中鼓吹及推動港獨。有鑑於此，選舉管理委員會於7月14日要求參選人簽署確認書，表明擁護《基本法》和保證效忠香港特區。其後，有五份港獨分子的提名表格被選舉主任裁定無效。

　　在競選期間，非法「佔中」發起人戴耀廷又搞所謂「雷動計劃」，聲稱要泛民支持者根據民調進行策略性投票，令選情出現更多暗湧。另外，泛民3個超級區議會候選人在選前兩天集體棄選，使選舉變成建制派與反對派三對三的局面，其他選區也出現棄選情況。

　　選舉日，地區直選共有220萬名選民投票，投票率為58.3%，創歷史新高，比上屆多5個百分點。超級區議會投票人數逾198萬，投票率為57.1%，也比上屆多5個百分點。

在2016立法會選舉取得12席

儘管選情多變而嚴峻，民建聯共取得12個議席，成績符合預期，繼續是立法會第一大黨。地區直選方面，共得票361,617張，得票率為16.7%。7支隊伍全數勝出，取得7個議席，其九龍西蔣麗芸、九龍東柯創盛和新界東葛珮帆的得票都在該選區排第一位，得票率分別為18.8%、15.7%及10.1%。

超級區議會方面，民建聯共得票568,561張，得票率為29.8%。李慧琼順利連任，得票率為15.9%，周浩鼎在爭持激烈下仍以第四位當選。工聯會王國興以一萬票之差敗於民主黨涂謹申。

傳統功能界別方面，劉國勳和黃定光分別在區議會(第一)和進出口界自動當選。何俊賢在漁農界則受到其前任、退出民建聯以獨立身份參選的黃容根挑戰，以98票對35票成功連任。

周浩鼎、張國鈞、柯創盛和劉國勳4位新人當選，意味著民建聯在立法會的交棒工作順利完成。

周浩鼎(上圖左二)及柯創盛(下圖左四)
初次當選立法會議員

張國鈞（上圖）及劉國勳（下圖）成功當選

應對議會亂象升級

　　然而，從整體選舉結果來說，香港的政治格局出現重大變化。建制派在地區直選的得票率跌至40%，比上屆少3個百分點，而在超級區議會得票四成二，比上屆低7個百分點，與反對派的得票相比，回復所謂「六四黃金比例」。

　　雖然建制派共取得41席，在立法會仍佔主導地位，可是在地區直選議席卻減少1席，跌至16席，而反對派則增至19席，在立法會投票分組點票時依然佔有優勢。特別是激進本土派取得地區直選6席，得票率達19%，而在傳統功能界別也取得1席，日後立法會亂象勢將升級，港獨思潮在議會內外互相呼應，令政治生態進一步惡化。

　　民建聯作為立法會第一大黨，如何有理有節地在議會內外與反對派周旋，使立法會保持正常運作，將是很大的考驗。

第十四章
擇善有為

一、申明四大理念

發表25周年宣言

2017年元旦，民建聯在添馬公園舉行25周年會慶啟動禮，約800人出席。民建聯將會慶口號定為「擇善有為」，並將理念建設定為全年主要工作，重新梳理理念，向市民宣揚。會慶口號出自全國人大常委會委員長張德江於上年7月對民建聯訪京團的贈言，就是要求各成員，不忘初心，擇善固執，有所作為。

主席李慧琼在啟動禮上宣讀《25周年宣言》，申明民建聯奉行的理念，包括「傳承愛國愛港」、「堅守一國兩制」、「實現優質民主」及「共享發展成果」四大重點，同時強調繼續從香港整體利益出發，以「是其是，非其非」的原則，積極監察政府，提出可行政策建議，以理性務實的態度，致力和不同階層溝通協商，推動香港社會穩步向前發展。其後，與會者聯署宣言，承諾堅守和實踐民建聯理念。

倡導優質民主

《25周年宣言》是民建聯成立以來的第三份宣言，是25年來發展經驗的總結，其中「實現優質民主」是針對回歸後香港政治發展的情況首次提出來的，同時，提出「一國兩制」50年後也應堅持：

> 我們堅守「一國兩制」。「一國兩制」是創新的實踐，難免會遇到困難考驗，所有持份者應以最大包容和耐性，全力確保「一國兩制」成功。我們相信，和其他可以想像的制度安排相比較，無論過去、現在和將來，「一國兩制」都是對國家和香港最好的，不但應該五十年不變，五十年後也應堅持。

> 我們致力實現優質民主。發展民主是港人的期望。我們必須努力創造條件，根據《基本法》落實「雙普選」。然而，民主發展的目標不止於「雙普選」，我們還應該致力實現優質民主，讓意見不同的人互相尊重，對公共事務作出知情、理性的思辯和討論，並更好地維護法治和他人權利，促進社會整體利益。

譚耀宗在7月印行的《擇善有為——25周年紀念特刊》發表的署名文章，進一步闡述「實現優質民主」的理念：

在新一屆立法會，激進派議員變本加厲，在宣誓時以粗言侮辱國家和民族、倒插國旗區旗、鼓吹「港獨」，以至煽動街頭暴亂等，無不令人側目。人們不禁要問這些言行就是民主嗎？肯定不是。我們要的是「優質民主」，而不是打著民主的旗號，做著傷害社會、傷害市民、禍延下一代的事。我們要團結起來，對這些「劣質民主」說不。我們要追求的民主，是以法治為基礎，理性包容，讓市民有更多機會參與公共政策的釐定，而政府也更包容開放，做到公平公正，透明度更高，特首與立法會的選舉制度則能夠選出賢能，給市民信心。這就是我們所爭取落實的「優質民主」。

全方位提升自我要求

7月10日創會日，民建聯在會議展覽中心舉行盛大慶祝酒會，近1,100位嘉賓蒞臨。

李慧琼在致辭中表示，民建聯的創會成員已經逐步退下來，將工作交給新一代。民建聯會全方位提升對自己的要求。她提出，民建聯未來的工作重點有3個：

一是繼續走跨階層發展的路，繼續立足基層、爭取中產、面向商界。

二是多元人才培訓。民建聯是發掘、鍛煉、培訓政治人才的地方，未來不但要繼續培養參政議政的人才，也要發掘培養更多政策意見領袖、管治人才。

三是服務專業化。民建聯要成為市民最樂意接觸的政黨，民建聯議員要成為市民最樂意接觸的議員。

鼓勵年輕人投入社區

會慶活動的重頭戲是在9月23及24日一連兩天在紅館舉行的「25周年會慶暨賀回歸匯演」，逾萬名會員及社會各界人士出席觀賞。匯演以民建聯四大理念為基礎，配以精彩節目彰顯主題。

在此之前，為鼓勵年輕人積極投入社區活動，會慶活動還舉辦多項全港性比賽，包括花式跳繩比賽、街舞比賽、流行曲歌唱大賽及微電影創作比賽，優勝者更參與會慶匯演演出。

面對成千上萬的觀眾，李慧琼在匯演上再度向他們介紹民建聯3個成功的經驗：一是由始至終都堅持愛國愛港的理念；二是真心誠意地團結不同階層、不同界別的市民，同心協力搞好香港的經濟和民生，從而爭取到更多支持；三是會員、義工和朋友團結一心，努力耕耘，令民建聯的服務無遠弗屆。

在地區層面，18區支部舉行超過65場慶祝活動，參加人數達兩萬多人。此外，民建聯還舉辦「25周年會慶講座系列」，6場專題講座的主題涵蓋民建聯理念和傳承、社會問題、經濟發展以至國際關係，包括「香港的故事——國際金融中心」、「過去現在與未來：香港在國家發展中的角色」、「香港須向劣質民主說『不』」等。

全港花式跳繩比賽

街舞比賽

流行曲歌唱大賽

微電影創作比賽

二、支持林鄭月娥任特首

梁振英放棄競選連任

2015政改由於反對派極力阻撓而失敗，香港政治發展未能按時間表在2017年普選特首，第五任行政長官沿用上一任的選舉辦法產生。在此之前，選舉委員會亦按原有辦法組成。

在選委會界別分組選舉投票前兩天，梁振英於2016年12月9日宣布，為了照顧家庭，不會參加下一任行政長官選舉，中央對這決定表示理解。

民建聯發表聲明表示感到十分可惜，並充分肯定梁振英在任內的工作及對香港的貢獻，特別是在扶貧、安老、醫療、增加土地及房屋供應等方面，顯示出他對香港有承擔，致力解決深層次問題。

選委人數仍居政團之首

第五屆行政長官選委會仍由1,200人組成，扣除界別身份重疊、被依法褫奪立法會議員資格者，實際只有1,194人。除當然委員外，自動當選者有461人，另外733個席位需要投票選出。

民建聯候選人在選委會界別分組選舉中取得佳績，取得最少62席，當選率高達98%。連同港區全國人大代表和立法會議員等當然選委，民建聯擁有超過100名選委，在各政團之中依然最多。

反對派積極參與選委會界別分組選舉，在競選時以反對梁振英連

任為宣傳口號。在個人投票的專業界別中，政治化投票取向愈來愈明顯，不大考慮候選人資歷、經驗、貢獻，而是政治立場及取態。泛民在選委會中共佔327席，超過四分之一，得以在特首選舉提名上搞局。

兩位司長辭職參選特首

在選委會界別分組選舉舉行之前兩個月，泛民就通過民意調查，為財政司司長曾俊華造勢。曾俊華於2016年12月12日請辭，而政務司司長林鄭月娥在梁振英宣布放棄競選連任之後亦表示會重新考慮參選，並於次年1月12日請辭。曾俊華請辭超過一個月後，國務院到1月16日才與林鄭月娥的請辭一併批准。兩人其後正式宣布參選。

在此之前，前高院上訴法庭副庭長胡國興和新民黨主席葉劉淑儀已於12月中搶先宣布參選。

中央闡明特首標準

在特首參選情況明朗化之後，中新社於12月30日報道，港澳辦主任王光亞以接受《紫荊》雜誌訪問的方式，表明中央對行政長官候選人的要求。他指出：「從中央的角度看，行政長官要能準確地貫徹落實《基本法》，要能全面、準確、客觀地向中央反映香港的情況，提出工作意見；也要用符合香港法律規定、符合香港情況的方法向市民解釋中央的政策，落實中央的決策。因此，中央的標準就是愛國愛港、中央信任、有管治能力、港人擁護。」

他表示，希望任何一個參選人都要明白行政長官的職責，明白國家的要求，明白香港市民的希望。中央也會觀察各位參選人，認真分析和研究各位參選人的施政理念和取向。希望選舉是理性的、健康的，是富有建設性的。

提到有關「港獨」的問題時，王光亞強調，「港獨」、「自決」不僅挑戰了香港的法治底線，危害了香港社會的繁榮穩定，而且嚴重衝擊了「一國兩制」的原則底線，這已不單是特區的事務，更是中央管理的事務。遏制觸碰「一國兩制」底線的行為，是中央的責任，如果任其發展，就會破壞「一國兩制」的基礎，就會損害香港的長遠利益，就是失職失責。

王光亞這篇專訪闡明了中央對香港問題的基本看法，尤其是在特首選舉即將到來之際，引起香港各界高度重視。

對新特首三大期望

競選活動展開後，林鄭月娥提出的口號是「同行 WE CONNECT」，曾俊華是「信任、團結、希望」，胡國興是「心要正，路要正，香港重回正軌」，葉劉淑儀則是「贏返香港」。

2015年公布對新特首的三大期望

　　1月31日，民建聯公布對新特首的三大期望，並在政治及管治、民生政策，以及經濟政策方面提出45項建議。三大期望是：

- 能守護「一國兩制」，持續反「港獨」；推動社會大和解，加強向市民宣揚互相尊重和包容的文化，促進社會和諧；改善特區與內地關係、行政與立法關係和政府與市民的關係；推動優質民主，重啟政改；維護社會秩序及法治傳統，致力為現有的政治困局創出路

- 在發展經濟時，必須秉持「發展為民」的理念，並以提高市民生活質素為依歸。期望新特首改變既定的公共理財觀念，準確評估盈餘，善用財政儲備，進行財政再分配，藉以縮窄貧富差距，特別是讓難以參與或較少參與經濟活動的市民，亦能分享經濟成果

- 繼續立足香港、背靠祖國、面向世界的定位，做好連接全球的「超級聯繫人」角色，積極發揮香港的制度優勢，全面提升香港的綜合競爭力，推動經濟向前發展

　　有傳媒注意到，民建聯期望新特首改變既定的公共理財觀念，準確評估盈餘，善用財政儲備，進行財富再分配，這一表述反映出對曾俊華在財政司司長任內的表現有保留。

推薦提名林鄭月娥

　　在提名期開始之前，民建聯從2月4日至10日接連舉行4場候選人座談會，先後邀請林鄭月娥、葉劉淑儀、曾俊華及胡國興交流，會前向他們送贈《擇善有為》一書，其中收羅了民建聯對新一任特首的期望。與林鄭月娥會面時，民建聯有超過150名成員出席，是人數最多的一次。

在此之前，民建聯副主席陳勇及張國鈞已以個人身份，加入林鄭的競選團隊，分別出任競選辦副主任及法律顧問。

與上屆特首選舉不同，民建聯在提名階段已確定推薦人選。2月13日，即提名期開始前一天，民建聯中委會召開會議，認為林鄭月娥有願景、有抱負，她的理念最能體現到民建聯提出「擇善有為」的要求。中委會決定，向民建聯選委推薦提名林鄭月娥參加特首選舉，認為在現階段她是合適人選，選委可自行決定是否參與提名。在投票前，再商討投票立場。

提名期結束後，林鄭月娥獲得580個提名，而曾俊華和胡國興各獲得165個和180個提名，曾胡的提名主要來自泛民選委，曾俊華除獲民主黨全力支持外，也得到自由黨部分選委提名。葉劉淑儀未獲足夠提名，如上屆一樣棄選。

兩次進行民意調查

在特首競選期間，民建聯兩度委託香港民意調查中心進行調查，了解市民對特首參選人的看法。第一次調查在2月中進行，結果顯示，約三成七受訪者認為曾俊華較為適合做下一屆特首，三成四認為林鄭月娥較為適合；約四成受訪者認為林鄭月娥較為有能力做下一屆特首，三成六則認為曾俊華較有能力。如果將抽樣誤差計算在內，即以擔任下屆特首的適合度和能力來衡量，市民認為兩人是不分伯仲。

第二次調查在3月中進行，結果顯示，約五成一受訪者認為林鄭月娥較為有管治能力，曾俊華則佔三成七；約四成四受訪者認為林鄭月娥較為有能力做下一屆特首，曾俊華則有約四成五。

3月23日，李慧琼在《香港商報》發表題為《新特首要擇善有為》的署名文章，談到應如何看待民調。她指出：

> 在過去一段時間，坊間有不少關於特首候選人支持度的民調，撇除一些欠缺代表性的，大致而言，林鄭月娥與曾俊華各有領先，但前者稍處下風。這些民調有其參考價值，可以成為候選人的鞭策動力，也有助選委考慮三名候選人在愛國愛港、管治能力、中央信任和港人支持四個方面的綜合評分。

決定投票支持林鄭

3月21日，林鄭月娥主動與民建聯再度會面，解釋其政綱內容，重點交流房屋、地區行政和教育等議題。

兩天後，民建聯中委會召開會議，討論特首選舉投票事宜，一致決定支持林鄭月娥為下任特首。民建聯認為，香港當前面對不少政治、經濟及民生的挑戰，香港需要一名「擇善有為」的特首，切實解決各種深層次社會問題，以及應對全球化激烈競爭。林鄭月娥擁有豐富的行政管理經驗，勇於承擔，而提出的政綱比較全面和實在，反映她對各方面政策都比較熟悉，亦有積極運用公共資源解決社會問題的決心，最符合民建聯對新特首的期望。

3月26日選舉日，在1,194名選委中有1,186人投票，有效選票為1,163票。林鄭月娥獲得777票，當選第五任行政長官。曾俊華和胡國興分別獲365票和21票。胡國興得票遠低於所獲的提名，是泛民「棄胡保曾」策略的結果。

建議研訂禁蒙面法

約一個月後，民建聯以「擇善有為　推動新政」為題，發表對候任行政長官的施政期望，在紓緩房屋問題，促進社會流動；促進產業發展，推動經濟多元；提高教育質素，推動家庭友善；關顧市民生活，促進福利健康；完善社區建設，打擊圍標壟斷；推動優質民主，維護社會秩序等六方面，提出41項建議，期望新特首優先落實，以切實解決多個逼切的社會問題。其中較具前瞻性的建議有：

- 將「扶貧委員會」升級為「促進社會流動委員會」，以制訂相關方案及推動跨部門的協調工作
- 重新將初中中國歷史獨立成科及將之列為必修科目
- 為合資格的私營院舍提供一筆過或持續性資助額，以全面提升院舍設施和服務。並同時資助長者醫療護理的相關科研發展，為未來香港老齡化的長者護理需要提供資金援助
- 參考海外做法，研究制訂「禁蒙面法」，以及「侮辱公職人員罪」

上年農曆年初一晚，旺角發生暴亂，不少示威者戴上口罩或蒙面作案。其後，民建聯議員倡議制訂禁止蒙面的法例，而民建聯於2月中進行的民意調查亦顯示七成受訪者支持此一做法。2017年3月，陳克勤在立法會提問，跟進此事。至此，民建聯再將此項建議納入對候任行政長官的施政期望之中。

2017年7月新一屆政府就任後，民建聯正式向林鄭月娥提交施政報告期望，並在政府向立法會提交教育新資源的建議前提出意見，當中一些建議獲接納。

林鄭月娥委任的新一屆行政會議成員，來自民建聯的增至兩人。除會務顧問、全國人大代表葉國謙留任外，副主席、立法會議員張國鈞亦新加入行會。

正式向林鄭月娥提交特首施政報告期望

三、與反中亂港者鬥爭

譴責港獨藉宣誓辱華

2016年10月開始的第六屆立法會是反中亂港分子在議會內最為猖獗，最後自取滅亡的階段。民建聯議員堅持愛國愛港立場，與他們進行激烈的鬥爭。

自2004年起，每逢新一屆立法會開始，一些反對派議員都會借宣誓作政治表演，展示標語或在宣誓前後呼喊口號。按當時的法律意見，宣誓人只須讀出誓詞全文，即被視為完成宣誓，不受其宣誓時的態度和行為影響。宣誓亂象到2016年10月12日第六屆立法會首次會議時更變本加厲。

梁頌恆及游蕙禎於宣誓時作出侮辱中國人言論，不但用「支那」這個具歧視和侮辱的字眼，更直接將英文粗口加入宣誓內容，或以手勢展示英文粗口，以配合將誓詞中的中國讀成「支那」，公開宣揚「港獨」主張。另外，姚松炎、梁國雄、羅冠聰及劉小麗等10人在宣誓時亦加入其他內容、高叫口號或展示道具。梁頌恆、游蕙禎及姚松炎3人的表現，令負責監誓的立法會秘書對他們是否了解立法會誓詞有合理懷疑，因而表明無權為他們監誓。

梁頌恆、游蕙禎在宣誓儀式上公然辱華，激起市民強烈憤慨。民建聯於次日發表聲明譴責兩人，並指出兩人在參選立法會時已經簽署會擁護香港《基本法》和保證效忠香港特區的聲明，鑑於兩人在宣誓時的表現，民建聯強烈要求執法部門調查這兩人參選時是否有作出虛假的法定聲明。

民建聯又與其他建制派議員聯名致函立法會主席梁君彥，要求他裁定劉小麗及羅冠聰的宣誓違反有關法律。18日，梁君彥裁定姚松炎、梁頌恆、游蕙禎及劉小麗4人宣誓無效，並批准他們翌日重新宣誓。當晚，律政司就立法會主席允許梁游兩人重新宣誓的決定，向高等法院提出司法覆核。其後，民建聯與其他建制派議員在後續的會議上集體離場抗議，會議因不足法定人數宣告流會，梁游兩人再度宣誓的圖謀不能得逞。

23日，民建聯與其他24個團體成立「反辱華 反港獨」大聯盟，凝聚社會力量，向辱華及「港獨」說不。大聯盟於3日後在立法會外舉行集會，逾1.3萬人參加，要求立即取消梁游兩人的議員資格。

人大常委會就宣誓釋法

反中亂港分子在立法會宣誓時的惡劣行徑，引起全國人大常委會高度關注，於2016年11月7日主動就《基本法》104條有關宣誓要求的規定作出解釋，強調宣誓是立法會議員就職的法定條件和必經程序，宣誓人故意宣讀與法定誓言不一致的誓言或者以任何不真誠、不莊重的方式宣誓，屬於拒絕宣誓，即喪失就任相應公職的資格。

　　民建聯參加由50個團體組成的「反港獨 撐釋法」大聯盟，並於11月13日在金鐘舉行集會。民建聯18個支部均大力發動市民參加集會，現場人數超過4萬人，一萬多人在外一直未能進場。集會要求政府切實執行人大常委會釋法，並要求拒絕效忠《基本法》的議員自行辭職。另一方面，公民黨等反對派一如既往，發起「法律界黑衣遊行」，反對釋法。

　　11月15日，高等法院原訟法庭裁定梁游兩人宣誓無效，自10月12日起取消議員資格。兩人其後不斷上訴，到次年8月25日，終審法院駁回兩人的上訴許可申請。

　　12月2日，律政司提出司法覆核，要求法庭裁定劉小麗、姚松炎、羅冠聰和梁國雄4人的就職宣誓無效。2017年7月14日，高等法院原訟法庭裁定4人宣誓無效，自2016年10月12日起取消議員資格。劉小麗和梁國雄提出上訴，其後劉小麗撤回上訴，而高等法院上訴庭則於2019年2月15日駁回梁國雄的上訴。

聲討鄭松泰侮辱國旗區旗

在宣誓風波期間，2016 年 10 月 19 日，鄭松泰在立法會會議點算法定人數期間，刻意走到民建聯議員的座前，倒插原來放在座前的國旗及區旗。事發後，民建聯議員劉國勳及蔣麗芸就此事報警。12 月 14 日，有建制派議員在立法會內提出譴責議案。次年 9 月 29 日，法院裁決鄭松泰侮辱國旗及區旗罪名成立，罰款 5,000 元。

立法會就譴責鄭松泰的議案成立的調查委員會，於 2018 年 4 月 11 日向立法會作出報告，認為已確立的事實足以構成譴責鄭松泰的理據。5 月 16 日，立法會恢復辯論譴責議案，結果以 39 票贊成，25 票反對，譴責議案未獲得三分之二出席議員的支持，鄭得以暫保議席。

成功修改議事規則反「拉布」

長期以來，反對派議員利用立法會《議事規則》的漏洞進行「拉布」，不斷阻礙開會的進度，令許多有利民生，改善施政的法例及撥款申請被拖延，甚至拉倒。自第四屆立法會以來，建制派多次要求修改《議事規則》，以處理「拉布」問題，但成效不大。

在宣誓風波後，反對派有 6 人被取消議員資格，建制派在立法會功能界別和地區直選的分組點票中均佔多數，民建聯及其他建制派議員認為時機成熟，於是在 2017 年 10 月聯名提出修訂建議，以改善立法會的運作和處理濫用程序的問題。

反對派其後又提出修訂建議，並試圖利用不同程序，拖延審議修訂案的開展，甚至宣揚「今日改議事規則，明日廿三條立法」的口號來蠱惑人心。可是，市民對「拉布」並不認同。中大香港亞太研究所在 11 月下旬進行的民意調查結果顯示，50.8% 的受訪者原則上不支持立法會議員在一些具爭議性的議題上「拉布」，只有 14.0% 的人表示支持。

　　立法會大會從 12 月 8 日開始審議修訂《議事規則》，反對派就大肆擾亂議會秩序，審議時間共用去 4 天近 36 小時。民建聯於 13 日發起請願，支持建制派議員提出的修訂，讓議會回復正常的議事秩序。

　　12 月 15 日，立法會表決《議事規則》修訂案，反對派的擾亂行徑變本加厲，令會議兩度暫停，11 人先後被驅逐離場。結果建制派議員提出修訂全數獲得通過，包括將立法會審議草案的全體委員會法定人數由 35 人降至 20 人；流會後主席可視乎需要在任何時候或任何一日舉行會議，以處理議程上尚未完成的事項；提高以呈請書方式成立的專責委員會門檻，由原本 20 名議員站立支持，增加至 35 人；立法會大會或委員會主席有權選擇和合併議員提出的、內容類似的修正案，以及不准提出瑣屑無聊或無意義的修正案。

　　《議事規則》修訂通過後，大大削減反對派「拉布」可用的工具，也保障了議員發言的權利，令立法會會議審議事項的效率提高。例如，《2018 年撥款條例草案》合共用了約 42 小時完成所有審議程序，自第五屆立法會以來反對派就撥款條例草案進行「拉布」，浪費大量議會時間的亂象不復再現。

　　隨後，民建聯及其他建制派議員再跟進《財務委員會會議程序》、《人事編制小組委員會會議程序》、《工務小組會議程序》的修改。2018 年 1 月 13 日，在建制派議員的努力下，反對派眼見修改建議勢必通過，只有集體離場，三個會議程序終獲通過修改。

三、與反中亂港者鬥爭

九龍西區各界聯盟啟動「反拉布・支持修改議事規則」聯合行動

支持高鐵「一地兩檢」

廣深港高速鐵路香港段連接全國高鐵網，使香港與內地的往來更加方便，可是反對派出於反中亂港的目的，從政府提出走線方案，到申請興建撥款和增加撥款都諸般阻撓，2018年9月高鐵建成通車後的通關安排更成為他們攻擊的目標。

2017年7月25日，政府公布高鐵「一地兩檢」方案，內地將於高鐵西九龍總站設立「內地口岸區」，辦理出入境邊防檢查、海關監管、檢驗檢疫等監管。有關安排將以「三步走」的方式落實，包括：一、由內地與香港特區達成落實「一地兩檢」的《合作安排》；二、全國人大常委會通過決定批准及確認《合作安排》；三、兩地各自進行相關程序予以實施，在香港方面將涉及本地立法工作。

就此，民建聯發表聲明，支持在西九龍站內實施「一地兩檢」，並表示會深入審視《合作安排》的細節，確保「一地兩檢」在運作上穩妥可行，並且不會引起香港特區保安上的問題。

支持立法會通過「一地兩檢」方案

立法會原定於 10 月 25 日審議政府提出的無法律約束力的議案，支持政府依據「三步走」程序推展「一地兩檢」安排的後續工作，可是在反對派的「拉布」下，直到 11 月 15 日才能付諸表決，最後以 38 票贊成、22 票反對，獲得通過。

3 日後，特首林鄭月娥與廣東省省長馬興瑞簽署《內地與香港特別行政區關於在廣深港高鐵西九龍站設立口岸實施「一地兩檢」的合作安排》，為推進「一地兩檢」的安排邁出第一步。12 月 27 日，全國人大常委會通過決定，批准《合作安排》。民建聯對此表示歡迎，並認為決定體現了國家對香港發展的全力支持，為在西九龍站落實「一地兩檢」提供了無可置疑的法律基礎，回應了坊間對「一地兩檢」安排在法理上的疑慮。

2018 年 1 月 31 日，政府向立法會提交《廣深港高鐵（一地兩檢）條例草案》，進行本地立法工作。草案篇幅較短，共有 8 項條文及 5 個附表。可是，在反對派阻撓下，相關法案委員會需要舉行 17 次會議和兩天公聽會才能完成審議。

不過，市民顯然是支持「一地兩檢」的。民建聯先後於 2017 年 4 月、8 月和次年 4 月進行 3 次有關「一地兩檢」的民意調查，結果顯示贊成或非常贊成實施「一地兩檢」的受訪者分別佔 62.5%、64.5% 和 63.3%。在第三次民調中，接近六成六受訪者同意在西九高鐵實施「一地兩檢」是最方便和快捷的方案。民建聯於 6 月 6 日立法會恢復草案二讀辯論前夕，公布第三次民調結果，期望各黨派議員能以香港的發展及市民的利益為依歸，支持條例草案。

然而，在草案審議期間，反對派以「割地」來形容「一地兩檢」，混淆視聽，同時利用慣常技倆「拉布」，甚至騷擾會議的進行，企圖使立法會在暑假休會前未能三讀通過草案，導致高鐵不能如期通車。6 月 14 日，立法會最後以 40 票贊成、20 票反對、1 票棄權，三讀通過條例

草案。由草案恢復二讀辯論至獲得通過，立法會用了近38小時才完成所有程序。

高鐵通車後，西九龍站「一地兩檢」運作暢順，反中亂港分子藉此詆毀「一國兩制」的實施，再度不攻自破。

鄭泳舜九龍西補選勝出

在立法會宣誓亂局後，6人的議員資格被取消，懸空的議席理應同時補選，這樣九龍西和新界東各兩個議席在補選時就要採用比例代表制，建制派應可奪得一席。為此，反對派機關算盡，在高院原訟庭作出裁決後，只由劉小麗和梁國雄提出上訴，以致補選不得不分開舉行，地區直選議席補選變成單議席單票制，而這種安排過去一直對反對派有利。

第一次補選安排於2018年3月11日舉行，補選香港島、九龍西和新界東，以及建築、測量、都市規劃及園境界功能界別等4個議席空缺。民建聯對這次補選早有準備，由於是單議席的選舉，必須與其他建制派通力合作，共同協調，派出單一候選人，就會有較高勝算。

2017年6月，民建聯經黨內遴選，確定由副秘書長、深水埗區議員鄭泳舜出選九龍西，而在遴選過程中，中委、立法會議員、九龍西區議員和支部主席等均有參與。12月，鄭泳舜出任九龍西區各界聯盟召集人，啟動「反拉布．支持修改議事規則」聯合行動，集結民建聯、工聯會、經民聯、西九新動力及各地區團體力量，在九龍西設立逾百個街站，宣傳建制派反「拉布」及修改議事規則的行動，顯示鄭永舜在九龍西參選得到建制派合力支持。

　　2016立選代表工聯會領軍在新界東出選失利的前立法會議員鄧家彪，於2017年加入民建聯，再接再厲，準備同時以工聯會及民建聯名義出選新界東的補選。香港島方面，建制派由2016立選排葉劉淑儀名單第二位的新民黨陳家珮出選。

　　在提名期開始之前一天，民建聯中委會於2018年1月15日決定，一致同意鄭泳舜及鄧家彪代表民建聯，分別參加九龍西及新界東的補選。兩人的競選口號分別是「堅守信念 舜有希望」和「跨越・共享」，而陳家珮則是「捍衛法治，回歸理性」。3月3日，3位候選人聯合舉行「不要虛耗・香港前行」造勢大會，有逾5,000人出席，展示建制派的大團結。

　　選舉日的投票率為43.1%，遠低於2016立選的58.3%。九龍西有3人參選，鄭泳舜創下奇迹，得票率為49.9%，以2,419票之差擊敗被取消功能界別議員資格後轉到九龍西參選的姚松炎，是回歸後建制派

3位候選人聯合舉行「不要虛耗・香港前行」造勢大會

匯報2018立法會補選結果

首次在地區直選補選中勝出，成為民建聯在第六屆立法會的第13名議員，同時，亦令建制派仍然保持分組點票的優勢。補選後，建制派與反對派在地區直選議席之比為17比16。在低投票率下，建制派在九龍西的得票比2016立選增加4,200多票，顯現出團結就是力量，而姚松炎得票則比2016立選反對派得票少五萬多張。

新界東有6人參選，鄧家彪取得152,904票，未能取得議席。香港島有4人參選，陳家珮以高票落敗，取得127,634票，得票率為47.2%。另外，代表建制派參選建築、測量、都市規劃及園境界的謝偉銓順利勝出。這次補選，建制派在4席中取得兩席，成績相當不俗。

支持建設力量補選再勝

隨著劉小麗撤回上訴，九龍西第二次補選接著於2018年11月25日舉行，曾任食物及衛生局局長高永文政治助理的陳凱欣獲建制派支持，以獨立人士身份參選。

九龍西第二次補選共有5人參選，而劉小麗亦再度報名參選，因堅持「自決」立場被選舉主任裁定提名無效。

在此之前，保安局局長李家超於9月24日發出命令，為維護國家安全、公共安全、公共秩序和保護他人的權利及自由，根據《社團條例》禁止香港民族黨運作。這是政府首次取締港獨組織，在一定程度上打擊了「本土」「自決」派的氣燄。

民建聯2018年3月立法會補選結果

選區	參選人	得票	得票率
九龍西	鄭泳舜*	107,479	49.9%
新界東	鄧家彪	152,904	37.1%

10月4日，陳凱欣在提交提名表格前舉行集氣會，李慧琼在會上發言表示，民建聯全力支持陳凱欣代表建設力量參選。陳凱欣的競選口號為「欣為您，突破界限」和「民生最優先、政治放一邊」，而民建聯亦大力為她助選拉票。

選舉日投票率為44.5%，略高於3月補選。陳凱欣取得106,457票，得票率為49.5%，比兩名泛民元老李卓人和馮檢基的合共得票還要多901票。建制派在地區直選議席的優勢增至18比16。

九龍西兩次補選都是由建設力量勝出，有評論認為是打破泛民與建制在地區直選得票的「六四比例」，亦有人認為，實際上是年輕選民的投票意慾低，不少人受本土港獨派影響，不去投票。一旦年輕人被種種原因鼓動起來，情況就會不一樣。

另一方面，在立法會兩次補選之間，東區區議會佳曉選區也於6月10日舉行補選，填補當區區議員病逝後空缺。民建聯候選人植潔鈴同時以工聯會名義出戰，以2,268票當選，得票率為53.0%，比泛民對手和原區議員助理合共得票還要多。

李慧琼主席出席陳凱欣集氣會

植潔鈴報名參加東區區議會佳曉選區補選

第十五章

堅決抗擊
反中亂港勢力

請支持民建聯

一、修訂《逃犯條例》起風波

原意為堵塞法律漏洞

2019年是回歸後香港最嚴峻複雜、動盪不安的一年，政府提出修訂《逃犯條例》，被反對派妖魔化，引發連串集會示威活動，反中亂港勢力趁機大搞破壞，分離主義囂張，黑暴「攬炒」橫行，破壞社會安寧，影響市民日常生活，民建聯也經受了重大挑戰和考驗。

鬥爭首先在議會內上演。事緣2018年2月，港人陳同佳偕女友赴台灣旅遊期間殺死對方後逃回香港。由於謀殺案在台灣發生，香港法院不能審理；但另一方面，香港有關移交逃犯及相互法律協助的法律又不適用於中國的其他部分(包括台灣)，所以處理不到這宗謀殺案。此外，內地、澳門及台灣的逃犯會利用這法律漏洞在香港躲藏而逃避法律責任，因此特區政府認為必須移除法律中的地理限制，從而能夠與香港以外任何地方共同合作打擊犯罪。

陳同佳在香港被以較輕罪行起訴並判刑。2019年2月13日，政府就《刑事事宜相互法律協助條例》及《逃犯條例》提出修訂建議，諮詢公眾意見。當天，民建聯立法會議員陪同受害人母親召開記者招待會，表示支持政府修訂《逃犯條例》以堵塞漏洞，以便將陳同佳移交台灣審訊。

4月3日，政府向立法會提交《2019年逃犯及刑事事宜相互法律協助法例(修訂)條例草案》，旨在提供法律基礎，容許將疑犯移交台灣，為死者討回公道，同時堵塞香港整體刑事司法協作制度的漏洞，避免香港成為逃犯天堂。當時政府表示修例有迫切性，需要在陳同佳在港被囚獲釋前通過，以解決問題。

法案在立法會內外遭到反對派猛烈攻擊。在社會上，反對派通過各種宣傳方式，捏造故事，散播恐慌，聲稱一旦修例成功，港人將被任意送往內地審判。在立法會內，反對派議員瘋狂「拉布」，阻撓法案的審議。

按照《議事規則》，法案在立法會進行首讀及二讀開始後中止待續，交付內務委員會處理是否需要成立法案委員會審議。4月12日，內務委員會通過成立法案委員會審議草案。

審議法案委員會難產

法案委員會按慣例由最資深的委員涂謹申主持選舉主席程序，可是從4月17日首次會議起，反對派便不斷提出所謂規程問題，令選舉主席的提名工作到4月30日第二次會議仍未能開始，這是從未發生過的情況。

民建聯議員陳克勤在4月26日的內務委員會上提出應跟進法案委員會未能選出主席一事。在法案委員會第二次會議仍未選出主席後，40名建制派議員聯名去信內務委員會主席李慧琼，並引用議事規則，動議要求內務委員會向法案委員會發出指引，改由石禮謙主持會議直至選出主席為止。5月4日，內務委員會特別會議通過40名議員的聯名議案。

然而，反對派文鬥不成改為動粗，石禮謙在5月11日及5月14日嘗試舉行會議選舉主席，但因反對派不斷叫囂、衝擊、圍堵主席台，令多名議員受傷，會議亦不能繼續。同一時間，反對派不顧原先由涂謹申主持的選舉已失效，在不獲承認及立法會秘書處不作支援下繼續運作，上演召開不合法會議的鬧劇。

在 5 月 24 日的內務委員會會議上，民建聯議員周浩鼎動議撤銷內務委員會同意成立法案委員會的決定，換言之取消法案委員會及停止其運作，並按內務委員會認為適當的方式研究該法案。最終內務委員會通過周浩鼎的建議，並同時決定不反對政府在 6 月 12 日的立法會會議上直接恢復草案的二讀辯論。

呼籲反對派以和平理性方式審議《逃犯條例》
（網上截圖）

針對商界和法律界的疑慮和關注，保安局局長李家超兩度提出新修訂，包括剔除破產、證券期貨交易等罪行，移交罪行適用範圍提高至可判監 7 年或以上，以及透過政策聲明，說明政府只處理由最高人民檢察院提出的申請等。

修例被抹黑為「送中」

反對派將條例草案抹黑為「送中條例」，令不少市民尤其是年輕人以為，在港發表反對內地或中共的言論就會被「送中」。2003 年帶頭反對 23 條立法的民陣重施故技，在 3 月 31 日和 4 月 28 日發起兩次反修例遊行，打出「反送中 撤回引渡惡法」等口號。

與此同時，社會各界人士於 4 月中成立「萬眾同聲撐修例公義組」，發起「護港安全撐修例大聯署」活動，到 5 月 10 日有 24 萬市民

聯署支持。次日，「保公義撐修例大聯盟」組成，由黃英豪 (2020年3月加入民建聯) 任召集人，民建聯副主席陳勇是副召集人之一，希望凝聚更多有識之士支持修例、反映維護法制的民意。到6月9日，聯署市民超過82萬人。

6月9日，民陣第三次發起反修例遊行，聲稱有103萬人參加，警方指高峰期有24萬人，到晚上示威者在立法會周圍與警方爆發衝突。修例草案原定於6月12日恢復二讀，數以百計帶上面罩甚至頭盔的示威者，一早強行佔據立法會附近的全部馬路，衝擊立法會大樓，示威活動演變成暴動，導致會議未能召開。民建聯當天發表聲明指出，激進示威者的行為遠遠超過言論及表達自由的底線，各界必須予以最嚴屬的譴責！

雖然特首林鄭月娥於6月15日宣布暫緩修例工作，承諾重新與社會各界溝通，可是反對派卻得寸進尺，反修例行動不斷升級。6月16日，民陣發起第四次反修例遊行，打出「五大訴求」口號，要求林鄭月娥下台。大會聲稱有200萬人參加，警方表示最高峰時在原定路線有33.8萬人。

義正詞嚴譴責黑暴

進入7月，激進示威者以遊行集會作為掩護，不斷策動各種暴力衝擊行動，徹底撕下反修例行動「和平、理性、非暴力」的外衣，暴力行為愈演愈烈。

在民陣發起七一遊行當晚，激進示威者暴力衝擊立法會大樓，闖入會議廳，除了大肆破壞會議設施，更刻意在電視鏡頭前塗污區徽、撕毀《基本法》文本，以及作出其他對「一國兩制」的挑釁行為。立法會大樓損毀嚴重，要3個多月後才能恢復開會。

參加在金鐘添馬公園舉行的「守護香港」大會

　　民建聯發出聲明，對激進暴力分子及暴徒的兇惡及恐怖行徑予以最強烈譴責，並重申支持警方依法執法，追究一切刑事暴力傷人及刑事毀壞之違法行為及暴行。民建聯鑑於當時的社會氣氛以及不時出現的衝突亂象，不得不取消7月9日舉行的周年會慶酒會。

　　其後，由社會各界人士組成的「守護香港」大聯盟於7月20日在金鐘添馬公園舉行「守護香港」大會，民建聯副主席陳勇擔任大會主持人之一。這次和平集會共有31.6萬人參加，表明市民反對暴力、守護家園的立場。大聯盟其後接續發起「全民撐警日」、「國慶全民護旗行動」、「反黑暴禁蒙面護家園」網上大聯署等活動，支持特區政府和警隊採取果斷措施，早日止暴制亂。

　　7月21日晚，在民陣舉行遊行後，大批激進暴徒圍堵中聯辦大樓，弄髒及侮辱大門上的國徽。民建聯對這些破壞「一國兩制」及侮辱本

國國家民族行為之激進暴力分離分子發出最憤怒最強烈之譴責，並要求嚴肅追究有關刑事責任，將這些違法分子繩之以法。

在 2019 年下半年，黑衣人的暴力行動幾乎無日無之。他們圍堵警察總部、衝擊各區警署和警員宿舍，堵塞交通，毀損公共設施和財物，進而佔據機場客運大樓多天，癱瘓航班升降。他們搗毀不同政見人士的辦事處，將行私刑美化為「私了」，破壞商舖當作「裝修」。暴徒出動的武器從磚頭鐵枝，到汽油彈、腐蝕性液體、弓箭等，警方更查出有些人藏有槍枝和烈性炸藥。在黑暴泛濫期間，反中亂港勢力公然鼓吹「港獨」、「自決」、「公投」等主張。

從 11 月 11 日起，暴徒先後佔領中文大學和理工大學，堵塞鐵路系統、紅磡海底隧道和吐露港公路等幹道，以實現所謂「大三罷」（罷工罷課罷市）。東鐵線大學站被毀，40 天後才能重開；紅隧九龍出口遭大肆破壞，被迫關閉逾兩星期。11 月 17 日，警方圍封理大清場，周邊地區持續爆發暴亂，黑暴最為猖獗之際，就是自取滅亡之時。

民建聯一直密切關注黑暴肆虐的情況，多次嚴厲譴責任何暴力和挑戰「一國兩制」底線的行為，並於 8 月 29 日要求政府積極考慮參考外國做法，盡快制定禁蒙面法。其後政府於 10 月 4 日根據《緊急情況規例條例》，訂立《禁止蒙面規例》，民建聯對此表示支持。

當年 9 月出版的民建聯會刊《建聞》就揭露這場「修例風波」的性質，指出：

> 事情發展至今，激進示威者的行為已經令反修例的訴求在本質上發生改變。他們不但破壞法治和社會安寧，甚至叫囂要搞「革命」，「光復」香港。他們已經不是針對修例問題，而是要推倒特區政府管治，以至一國兩制的憲制秩序。⋯⋯我們必須明確反對當前各種違法暴力行為，並理解和全力支持警隊在極其困難的情況下進行執法行動，盡快恢復社會秩序。

二、區選雖受重挫初心不變

黑暴陰霾下迎來區選

就在黑暴橫行港九新界各地之際，政府最後決定第六屆區議會如期於 11 月 24 日舉行。民建聯早已預計到在黑暴陰霾下，選舉工作會面對巨大挑戰，然而情況之惡劣依然超出想象。

民建聯中委會先後通過合共 181 位成員參選，同時繼續沿用「實事求是，為您做事」為整體參選口號及政綱主題。181 位參選人中，97 位角逐連任，其中包括 6 位立法會議員，84 位社區幹事。在新領導層接班後，區選參選人年輕化亦邁開大步，19 位現任議員交棒，新人超過三分之一，而參選人平均年齡亦由過去 3 屆的 45 歲降至 40 歲，最年輕的兩位是陳凱榮和劉天正，都是 23 歲。

在「修例風波」影響下，這次選舉競爭之激烈實屬前所未有，共有 1,090 名候選人競逐全港 18 區共 452 個民選議席。提名期於 10 月 17 日結束，民建聯首次沒有成員自動當選。

10 月 3 日，民建聯中委會公布首批參選成員名單時，主席李慧琼就向傳媒表示，這次區選正值香港回歸以來最艱難的時期，香港多區出現衝突和暴亂，大多數市民均對當前局面感到憂慮，甚至不敢外出。她要求政府採取一切措施，確保選舉能夠在安全、公平、公正的情況下進行，讓市民能夠免於恐懼地投票。

一個星期後，民建聯發表聲明強調，任何選舉都必須在公平、公正及確保公眾安全的情況下進行，而選舉管理委員會對此負有不可推卸的責任，並強烈要求選管會採取一切可行措施及確保有足夠的人

公布派出181人參加2019年區選

手，保證區議會選舉能在安全和公平公正的情況下進行。隨後事態的發展，證實這種擔憂絕非無的放矢。

選舉工程無法正常進行

在選舉期間，市民面對前所未有的欺凌及暴力，暴徒堵塞主要交通幹道，破壞公私財物及縱火，嚴重影響市民的日常工作及生活。民建聯多次旗幟鮮明地譴責暴徒破壞社會秩序和法治，全力支持警方依法執法，也因此成為主要攻擊目標。

民建聯參選人進行街頭拉票活動時受滋擾，義工以至支持者也受到威嚇，選舉宣傳橫額之參選人頭像或宣傳口號被惡意破壞，「連儂牆」貼滿抹黑參選人和民建聯的海報，但政府有關部門卻遲遲不作處理。不少店舖不敢張貼民建聯參選人的海報，連揮春也要撕下，以免被人騷擾。

民建聯有近 100 個地區及議員辦事處被破壞近 300 次，其中塗鴉 79 次、打破玻璃窗 59 次、入內破壞灌水等 46 次、大門損毀 53 次、遭縱火 22 次。

區議會主席北京「圍堵」聶德權

2019 年下半年，黑暴愈來愈囂張，令 11 月區議會選舉的競選工程無法正常進行。特區政府既無法確保所有候選人在公平、公正環境下進行選舉活動，亦似乎無意延遲選舉投票日。及至 9 月底，18 個區議會主席，當中 9 人是民建聯成員，應邀前往北京參加 70 周年國慶活動。由於整個慶祝活動採取閉環管理，代表團所有成員除了參加官方活動外不得擅離入住酒店，令大家在這 3 天的行程有很多相聚的時間。

大家一起吃飯、聊天，話題當然離不開黑暴和區選。民建聯幾位區議會主席也有了默契，決定在用餐時邀請政府主要官員同桌，趁機反映民意，希望特區政府可以正視選舉不公的問題。時任政制及內地事務局局長聶德權自然是首要「邀請」對象，起初一兩餐飯，聶德權也樂意聽聽各區議會主席的意見，可能是每次同檯的時間長，各主席也非常「到肉」地向他反映實況並要求正面回覆，之後的用餐時段未能成功邀請聶德權繼續對話。

「圍堵」聶德權算是失敗了，各區議會主席轉而邀請其他官員，希望也令他們了解當時的環境和民情。結果在這幾天時間，大家把握機會向與商經局局長邱騰華、民政局副局長陳積志等官員「溝通」，事後一位官員表示：「還是你們（區議會主席）才夠膽講真實情況讓官員了解更多。」

近100個地區及議員辦事處被暴徒破壞近300次

二、區選雖受重挫初心不變

曾憲康議員辦事處遭受多次破壞

　　以屯門友愛南選區參選人曾憲康為例，他的議員辦事處最少9次被襲擊、縱火。由於辦事處受到嚴重破壞，很多文件、資料，以及辦公室器材等被毀，選舉海報全被畫花。

　　民建聯參選人和義工，要冒著人身安全受威脅下開展競選活動。11月6日，民建聯油尖旺支部主席楊子熙進行競選活動期間，被兇徒用木棍追打及潑不明液體，而同一天立法會議員何君堯在屯門擺街站時也被兇徒用生果刀襲擊刺傷。其後，民建聯參選人都要穿上防刺衣以防萬一，選舉工程受到嚴重干擾，完全無法展開正常接觸選民的活動。縱使面對如此不公的選舉環境，民建聯絕不向黑暴低頭，堅決守護社區，爭取選民每一票。

　　面臨前所未有的挑戰，民建聯在投票日之前3日在添馬公園舉行誓師大會，李慧琼帶領一眾參選人宣誓，表明儘管前路充滿險阻，但參選人服務市民、建設香港的初心不變，維護國家統一、落實「一國兩制」的決心也不會改變。大家決心和所有愛護香港的市民一起，守護社區家園，無畏無懼，衝破黑色暴力的陰霾，讓晴天再現香港。

拒絕破壞 重建香港 靠您一票 請支持民建聯

投票日不公現象頻生

11月24日選舉日，投票人數超過294萬人，投票率達71.2%，創下歷史新高，比4年前區選多24個百分點，比3年前立選多13個百分點。投票率如此高，原因在於受「修例風波」衝擊，這次區選已不是要選出為地區服務的區議員，而是變成政治表態，是宣洩對政府施政的不滿，還是要對暴力說不，讓市民生活早日復常，各有各的想法。

民建聯收到不少選民反映投票日各種不公現象。如領取選票時發現登記冊上的名字已被紅線劃去，結果未能投票；不少人不尋常地重覆排隊再排隊，造成多人輪候的假象，目的是要令選民加長排隊時間，使年長選民或趕時間者退卻；個別票站主任沒有按規例要求提供合適的環境，致使點票站被黑衣人包圍，民建聯的參選人及監票人受到粗言穢語威嚇，在確保人身安全情況下被逼撤離現場，未能監察開票，對問題選票無法提出異議。

不忘初心重新出發

選管會在投票日未能確保投票及點票在公平、公正，以及公眾安全受到保障的情況下進行。投票結果顯示，民建聯遭遇重大挫折，雖然得票比上屆增加逾19萬票，可是在投票人數創新高下，得票率跌至42.2%，僅比2003區選為高。民建聯共派出181人參選，只取得21個議席，遠低於選前的117席。在當選人中，有9位新人，其中6人成功接棒，3人則是在新設立的選區勝出。6位參選的現任立法會議員，只有李慧琼和柯創盛分別擊敗空降挑戰的社民連梁國雄（長毛）及人民力量譚得志（快必）順利連任。

這次區選，建制派得票率為41.3%，然而在區選單議席單票制下，只取得59個議席。除離島區外，反對派在17個區議會取得主導權，使區議會從區域諮詢組織變成反中亂港勢力的表演舞台。

李慧琼向民建聯特別中委會提出辭任主席，為區選重挫承擔責任，但中委會沒有接納。她向傳媒表示，首要工作是團結團隊，未來民建聯將落區聆聽不同聲音及繼續服務社區，強調「雖然輸了很多議席，但不會輸了我們的初心」。

民建聯在回應區選結果的新聞稿中表示：

過去5個多月，香港形勢急劇惡化，社會動蕩，暴力不止，我們理解廣大市民對現況感到不滿，對前景感到擔心，我們尊重和接受這個選舉結果。

民建聯這次選舉受挫，是市民對我們的鞭策。我們一定會全面深刻地總結這次挫敗教訓，認真檢討，重新出發。我們的團隊不會散，只會更團結和努力。我們服務市民、建設香港的信念和決心不會改變，我們將繼續在社區勤懇耕耘，踏實做好民生工作，並和社會各界一起，推動特區政府改善施政，扭轉當前的困難局面，重建香港的和諧安定。

選管會令市民極度失望

在選舉期間出現的大量針對民建聯和其他愛國愛港候選人的違法暴力行為，嚴重破壞了選舉的公平和公正，民建聯曾多次向政府當局反映，要求當局嚴肅處理，然而情況一直沒有受控。民建聯對此表示強烈不滿。

要求政府更有力地止暴制亂

區選前建制派遊行要求還我公平選舉

強烈譴責選舉暴力，促請當局確保區選安全公平

批評選管會對暴力及選舉不公不作任何譴責

2020年4月6日，民建聯就選管會諮詢公眾的「立法會選舉活動建議指引」去信選管會主席馮驊，再次嚴厲批評選管會。民建聯指出：「2019年區議會選舉，充斥著各種暴力及選舉不公的現象，民建聯候選人的辦事處被暴徒火燒及灌水等破壞，候選人及義工被多次起底及滋擾，並要冒著人身安全的威脅進行各項競選活動，然而，選舉管理委員會一直持輕視的態度，既沒有對暴力及選舉不公作出任何譴責，更沒有就任何一宗選舉暴力的投訴個案，得出調查結果，選管會以彷彿沒事發生過的輕視態度處理，對候選人極不公允，亦令香港市民極度失望及遺憾。」

民建聯提出多項改善2020年立法會選舉安排的建議，包括必須採用電子派票、設立關愛隊方便長者及傷健人士投票，以及授權廉署人員派駐投票站內，維護選舉公平，然而選管會最終沒有接納。

由於區議會議席大減，民建聯的會務發展難免受到一定的影響。分布全港18區的辦事處由2019年底超過180個，到2021年底降至95個。未能成功連任的成員也得妥善安排工作，除繼續從事地區服務，為預定來年舉行的立法會選舉作準備外，有些成員則轉到企業及社團，運用地區工作的經驗，協助這些機構進一步拓展。

民建聯歷屆區議會選舉結果

	2019	2015	2011	2007	2003	1999	1994
參選人數	181	171	182	177	206	176	83
當選人數 （自動當選）	21 (0)	119 (21)	136 (36)	115 (12)	62 (16)	83 (18)	37 (4)
當選率	11.6%	69.6%	74.7%	65.0%	30.1%	47.2%	44.6%
民建聯所得 有效票數	491,741	306,262	282,119	294,687	246,247	190,792	81,522
得票率	42.2%	51.0%	52.7%	53.3%	38.7%	45.3%	43.5%

民建聯 2019 區議會選舉結果

選區	姓名	得票	得票率	選區	姓名	得票	得票率
中西區				**灣仔**			
半山東	莫淦森	1,993	42.7%	愛群	穆家駿	1,750	42.6%
觀龍	楊開永	2,970	47.1%	鵝頸	鍾嘉敏	1,383	42.2%
堅摩	陳學鋒	2,206	39.6%	維園	周潔冰	2,125	45.9%
西環	張國鈞	2,494	42.8%	大佛口	李均頤	1,625	48.5%
西營盤	劉天正	2,202	44.6%	**南區**			
東華	張嘉恩	1,547	39.2%	利東一	吳啟新	2,258	37.1%
水街	楊學明	2,095	40.4%	利東二	譚晉杰	2,801	37.2%
東區				華貴	麥謝巧玲	3,111	40.6%
愛秩序灣	郭詠健	3,771	44.6%	華富南	黃才立	2,478	44.3%
筲箕灣	林心廉	1,903	37.2%	華富北	張偉楠	2,366	38.7%
翠灣	劉淑燕	2,847	44.4%	薄扶林	蕭煒忠	1,840	40.4%
環翠	龔栢祥	2,866	45.4%	石漁	朱立威	3,321	43.8%
翡翠	陳凱榮	2,742	43.3%	黃竹坑	陳榮恩	2,893	42.1%
柏架山	李清霞*	2,664	51.7%	**深水埗**			
堡壘	洪連杉	2,405	49.4%	南昌北	鄭泳舜	1,747	43.7%
錦屏	洪志傑	3,027	49.3%	南昌東	陳龍傑	1,916	39.0%
健康村	鄭志成	2,609	46.8%	南昌中	劉佩玉*	1,640	51.6%
鰂魚涌	丁江浩	2,176	44.6%	麗閣	陳穎欣	3,051	45.9%

*當選

選區	姓名	得票	得票率	選區	姓名	得票	得票率
東區				**深水埗**			
下耀東	王志鍾	2,457	39.5%	幸福	張德偉	2,604	49.4%
興民	劉慶揚	3,113	48.6%	荔枝角南	吳婉秋	3,145	37.3%
漁灣	劉堅	2,374	37.0%	元州	陳偉明	3,427	46.4%
佳曉	植潔鈴	2,712	41.8%	蘇屋	何坤洲 *	2,650	50.7%
油尖旺				下白田	林偉文	1,952	34.6%
尖沙咀西	潘景和	788	37.5%	**九龍城**			
九龍站	孔昭華 *	1,928	50.3%	馬頭圍	邵天虹	3,712	46.0%
油麻地南	楊子熙	2,432	44.9%	馬頭角	關浩洋	2,195	46.4%
富榮	鍾港武	3,373	43.5%	常樂	陸勁光	3,250	40.9%
大角咀南	蔡少峰	2,068	44.0%	龍城	吳寶強 *	1,983	50.0%
大角咀北	劉柏祺	3,028	47.8%	海心	潘國華 *	2,916	50.2%
佐敦北	楊鎮華	1,117	44.0%	土瓜灣北	李慧琼	1,881	55.0%
佐敦南	葉傲冬	1,451	48.9%	紅磡	林德成 *	1,779	53.9%
尖沙咀中	關秀玲	1,167	43.2%	愛民	吳奮金	3,176	46.7%
黃大仙				**觀塘**			
鳳德	越毅強	3,436	43.9%	啟業	歐陽均諾	3,794	46.1%
東頭	李德康	3,659	48.9%	坪石	陳俊傑	2,849	48.9%
東美	楊光富	2,314	32.3%	彩德	譚肇卓 *	2,882	57.2%
橫頭磡	黎榮浩	3,401	43.0%	佐敦谷	顏汶羽 *	3,694	50.9%
慈雲西	袁國強	3,642	42.1%	順天	郭必錚	3,136	38.0%
正愛	潘卓斌	3,670	38.9%	安利	曾榮輝	2,704	42.3%
慈雲東	何漢文	3,624	43.5%	秀茂坪中	張培剛 *	4,176	51.9%
彩雲東	蔡子健	2,773	48.2%	安達	許有為 *	3,499	58.6%
彩雲南	江景新	2,414	42.0%	寶達	洪錦鉉	3,946	47.7%
彩雲西	譚美普	2,936	45.6%	廣德	柯創盛 *	4,514	51.1%
荃灣				油塘東	張琪騰	2,972	49.8%
楊屋道	伍俊瑜	2,614	47.4%	牛頭角上邨	梁騰丰 *	3,247	51.2%
荃灣南	陳杰	1,860	31.0%	牛頭角下邨	張姚彬	3,704	48.3%
荃灣西	林琳	2,910	38.2%	**元朗**			
祈德尊	古揚邦	2,730	49.4%	豐年	呂堅	3,003	46.4%

* 當選

選區	姓名	得票	得票率
荃灣			
荃灣中心	曾大	2,479	38.9%
象石	陳振中	2,387	45.5%
梨木樹東	林顯輝	2,441	31.9%
屯門			
兆翠	葉文斌	4,224	42.3%
友愛南	曾憲康	2,279	36.6%
友愛北	葉俊遠	2,345	36.5%
悅湖	張恒輝	2,415	34.6%
兆禧	蔡承憲	1,808	31.5%
湖景	梁健文	1,766	32.2%
蝴蝶	鍾健峰	2,809	39.6%
龍門	龍瑞卿	2,931	39.9%
新景	陳暹恆	2,040	30.3%
良景	程志紅	2,697	38.1%
建生	陳文華	3,096	39.6%
兆康	巫成鋒	2,939	43.7%
欣田	賴嘉汶 *	2,203	47.1%
大埔			
頌汀	譚榮勳	2,503	36.0%
大埔中	梅少峰	2,136	33.3%
大元	鄭俊平	2,135	33.4%
富亨	胡綽謙	2,700	32.6%
廣福及寶湖	黃碧嬌	2,804	42.5%
宏福	胡健民	3,254	43.3%
寶雅	葉俊傑	3,300	33.1%
沙田			
禾輋邨	余倩雯	3,175	38.8%
水泉澳	鄧家彪	3,069	49.6%
大圍	董健莉	4,114	45.1%
松田	姚皓兒	2,815	39.5%

選區	姓名	得票	得票率
元朗			
元朗中心	蕭浪鳴	1,797	40.5%
鳳翔	莊展銘	2,448	39.0%
南屏	林偉明	2,102	35.3%
北朗	譚煒霖	2,584	37.1%
元朗東頭	李啟立	1,614	40.4%
洪福	徐君紹	1,626	47.6%
天耀	司徒駿軒	2,408	37.9%
耀祐	馬淑燕	2,444	37.8%
慈祐	蘇淵	2,376	35.9%
瑞愛	湯德駿	3,005	35.1%
頌華	黃煒鈴	2,680	42.3%
北區			
聯和墟	曾興隆	3,491	43.5%
祥華	林智洋	2,678	31.5%
華都	姚銘	3,724	41.3%
華明	潘孝汶	3,124	36.1%
欣盛	劉國勳	4,329	42.2%
彩園	蘇西智	3,305	42.5%
鳳翠	廖興洪	2,963	44.9%
沙打	高維基 *	3,143	58.4%
天平東	柯倩儀	2,500	34.9%
皇后山	鄧根年	2,054	36.9%
西貢			
西貢市中心	吳仕福	2,137	45.6%
白沙灣	陳權軍	2,109	42.9%
西貢離島	李家良	1,552	42.2%
坑口西	邱浩麟	2,078	40.2%
彩健	戴家柱	1,306	15.3%
健明	何博浩	1,953	26.5%
廣明	莊元苳	3,985	43.2%

* 當選

選區	姓名	得票	得票率
沙田			
穗禾	陳壇丹	2,879	41.5%
頌安	龔美姿	2,993	39.1%
錦濤	吳啟泰	3,867	39.0%
烏溪沙	吳卓璟	2,469	35.9%
錦英	蔡惠誠	3,401	38.1%
耀安	李世榮	3,727	38.5%
大水坑	朱煥釗	3,626	41.3%
鞍泰	招文亮	3,163	41.4%
帝怡	林港坤 *	1,923	43.5%
碧湖	黃冰芬	3,457	44.7%
廣康	王虎生	2,081	35.8%
離島			
滿逸	王俊傑	2,872	32.4%
逸東邨北	劉展鵬	3,323	38.2%
東涌南	周浩鼎	3,619	40.5%
東涌北	葉培基	1,045	31.0%
南丫及蒲台	劉舜婷 *	1,003	50.8%
長洲	郭慧文	3,233	38.6%

選區	姓名	得票	得票率
西貢			
景林	溫啟明	3,233	39.0%
厚德	莫繡安	3,579	40.6%
富藍	陳博智	3,606	43.2%
葵青			
葵盛東邨	伍志華	2,912	36.6%
葵涌邨南	李宏峯	3,284	43.1%
葵涌邨北	梁崗銘	3,169	41.7%
石蔭	李世隆	3,731	43.3%
大白田西	郭芙蓉 *	2,449	48.0%
大白田東	郭玲麗	2,407	44.7%
石籬北	袁潤洪	2,086	37.6%
葵芳	林映惠	2,997	37.2%
興芳	鄧麗玲	2,177	41.0%
荔華	朱麗玲	2,818	43.8%
祖堯	鮑銘康	3,107	48.5%
盛康	梁嘉銘 *	3,531	50.8%
青衣南	潘志成	3,899	45.5%
長亨	盧婉婷 *	3,759	53.5%
長安	羅競成	2,983	42.7%

* 當選

領導層就2019區選結果會見傳媒

另類實習生加入民建聯

早在十三、四歲時，劉天正已在香港電台主持兒童節目長達10年。在聖保羅男女學校讀中四時，學校要求做一個星期的實習，他在同學介紹下，來到了民建聯中西區區議員蕭嘉怡辦事處實習。就是這7天的緣分，決定了劉天正以後的路向。

蕭嘉怡及劉天正

「一開始接觸，就感覺到民建聯的地區工作非常扎實完善，本身我就對政治有興趣，希望從基層工作開始做起，後來讀大學時就加入民建聯，從2007年起在中西區從事地區服務。」

身為香港大學政治與公共行政系畢業生，劉天正沒有像其他同學一樣報考政府政務主任，而是選擇在民建聯擔任社區幹事。

2019區選，23歲的劉天正接棒在中西區西營盤選區參選，是民建聯最年輕的候選人之一。在黑暴囂張期間，每次擺街站、派傳單，都會有黑衣人現身謾罵、滋擾及恐嚇。他特別跟義工商議如何安全撤退，例如留意可疑者，避免正面衝突，禮貌對待言語攻擊等。

然而，更令人氣憤的是，個人資料被起底放上網上。「有個消息說我是積極參與『佔中』的，是勇武派份子，加入民建聯是為了做『臥底』。」他按程序向民建聯總部遞交了一份解釋。「那有一個『臥底』會花時間精力和耐心，大大小小的地區工作，我相信大家都看得到。」

當時劉天正壓力爆煲，全臉都爆出暗瘡。他開始思考，選擇這條路是否正確，未來是否能不忘初心的做下去。

選舉結果一如預料，劉天正以2202票，得票率44.6%的成績落敗，而得票是民建聯自1994年派人在這個選區出選以來最高。

劉天正依然走下去，繼續擔任社區幹事，在中西區為居民服務，並當選民建聯執委和青年民建聯秘書長。

成立「議會監察」揭露劣行

第六屆區議會任期於2020年元旦開始，民建聯於1月2日成立「議會監察」，在中西區率先推行，以「影子議會」的方式，發動議員、幹事密切監察各區議會運作，包括區議會是否按照《基本法》及《區議會條例》履行職能，區議員有否盡忠職守，服務選民，是否有瀆職、濫用公帑、濫權、不按程序辦事等的情況。其後亦帶動各區紛紛成立地區的議會監察組織。

「議會監察」召開多次記者會，揭露新一屆區議會的問題行為，包括利用區議員身份反中亂港、散播「港獨」的言行、以區議會撥款

成立「議會監察」揭露反對派區議員劣行

要求區議會清拆「連儂牆」

舉辦政治活動等。「議會監察」並要求區議會清拆「連儂牆」。

針對區議會亂象，「議會監察」召集人、深水埗區議員劉佩玉在年底提出五項建議：

- 立法要求區議員宣誓擁護《基本法》和效忠特區
- 政府收回區議會撥款權力，避免公帑被濫用
- 民政局18區區議會制定統一的《會議常規》，規範區議會會議的行事準則，杜絕區議會的濫權行為
- 制訂「侮辱公職人員罪」，保障正在執行職務的公職人員免受侮辱
- 全面檢討及完善地區諮詢架構，修改《區議會條例》，規管區議會現時存在的問題之餘，也讓社會各階層或專業人士均有機會向政府提供有用意見

議會監察電子刊物

支持區議員需要宣誓

其後，為配合《港區國安法》實施，立法會於2021年5月12日通過《2021年公職 (參選及任職)(雜項修訂) 條例》，區議員等公職人員需要宣誓擁護《基本法》、效忠香港特區。

在進行宣誓之前，傳媒傳出消息，區議員若被裁定宣誓無效，喪失議員資格，可能會被追討任內薪金，引發200多名反對派區議員辭職。宣誓時又有約60人被裁定宣誓無效或缺席宣誓。18區議會議員在任總數由上任時的479人減至147人，至此「議會監察」完成其歷史使命。

揭發購買天價搓手液

　　灣仔區議會社區建設及房屋事務委員會於2020年10月通過向「港語學」批出50萬元撥款，向7,800名居民派發搓手液，每支平均開支高達64元，而同樣申請50萬元、計劃向7萬名居民派發搓手液的團體「梁錦棠詠春同學會」則不獲撥款，明顯不合乎成本效益。「港語學」在3票支持下獲通過申請，並交由撥款及常務委員會審議。

　　「議會監察」後來查明，原來「港語學」召集人曾任當時灣仔區議會主席、「灣仔起步」楊雪盈的助理，且當日投票支持撥款的均為「灣仔起步」成員。「議會監察」召集人陳學鋒向公眾揭發事件後，灣仔區議會撥款及常務委員會最終以1票贊成、6票反對、3票棄權，否決「港語學」的撥款申請，使公帑不致被濫用。

三、支持制訂《港區國安法》

讓「一國兩制」行穩致遠

自「修例風波」發生後，不單是黑暴不斷升級，反中亂港勢力更大肆鼓吹「港獨」、「自決」、「公投」等主張，暴徒侮辱並污損國旗國徽，圍攻中聯辦，癱瘓政府管治和立法會運作，並且乞求境外勢力干預香港事務，甚至制裁香港。

以美國為首的外國政府及議會公然干預香港事務，與反中亂港勢力互相勾結，挑戰「一國兩制」原則底線，損害法治，對國家主權、安全和發展利益構成嚴重威脅。同時，香港回歸後，一直沒有完成二十三條立法，更被一些別有用心的人將二十三條嚴重污名化、妖魔化，特區政府要完成二十三條立法面對很大困難。

有鑑於此，2019 年 10 月 31 日，中共十九屆四中全會公報明確提出：「建立健全特別行政區維護國家安全的法律制度和執行機制，支持特別行政區強化執法力量。」「絕不容忍任何挑戰『一國兩制』底線的行為，絕不容忍任何分裂國家的行為。」

2020 年 5 月 22 日開幕的十三屆全國人大第三次會議審議《關於建立健全香港特別行政區維護國家安全的法律制度和執行機制的決定（草案）》的議案，民建聯在會議召開前夕發表聲明表示全力支持，認為全國人大就國家安全在香港的實施進行立法，是因應香港履行憲制責任的實際情況，以及國際政治及香港社會目前的嚴峻形勢，而採取的負責做法，與二十三條立法並不矛盾，也不減損香港特區在該條下的憲制責任。民建聯重申，政府仍然需要按二十三條的規定，盡快落實相

關的立法要求，令香港特區維護國家安全的法律體系更為全面和完善。

在全國人大於5月28日通過決定後，民建聯發表聲明表示，深信香港建立起一套健全的維護國家安全法律制度和執行機制，能有效打擊暴亂，穩定社會狀況，令香港重新出發，讓特區政府和社會集中精力，解決香港各項深層次問題，促進經濟持續發展和改善民生福祉，讓「一國兩制」行穩致遠。

進行調查了解市民對整體社會秩序及治安的看法

有助遏止暴力事件

根據全國人大的決定，6月30日全國人大常委會通過《中華人民共和國香港特別行政區維護國家安全法》（《港區國安法》），並決定將其列入《基本法》附件三，明確由香港特區公布實施。

民建聯認為此舉補充了香港在國家安全上的短板，能有效止暴制亂、維護「一國兩制」，保障香港的長期繁榮穩定和港人合法權益。民建聯堅定支持《港區國安法》的制定和實施，並積極宣傳解說，推動

香港全社會提高意識，共同維護國家安全、「一國兩制」以及香港的法治與秩序。

隨著《港區國安法》實施，2020下半年反中亂港勢力因而有所收斂，街頭暴力明顯減少，法治和社會秩序逐漸恢復。在此形勢下，民建聯在11月下旬至12月上旬進行民意調查，了解市民對整體社會秩序及治安的看法，並於12月28日公布民調結果。

調查結果顯示，六成五受訪者認為2020年的犯罪情況嚴重，近五成九人表示社會治安不好，另有近六成四人擔心在公眾場所發表個人意見時會受到暴力對待。不過，調查亦顯示高達約七成一受訪者認為落實《港區國安法》後，有助大幅減少暴力事件，而近七成二受訪者認同加強國安法教育，提高居民的國家安全意識和守法意識。

民建聯立法會議員陳克勤在公布民調結果表示，有七成受訪者認為落實香港國安法有助大幅減少本地暴力事件，但大多數受訪者仍然覺得整體治安不好，相信這是由於市民對法庭輕判暴力案件的印象所致，因此他呼籲香港司法機關應適切改革，主動挽回市民對司法機關維護法治及社會公義的信心。

在加強國家安全方面，民建聯建議將通識科正式命名為「通識與國民教育」，以確立此學科在教育國安法和認識國情教育方面的使命及目的，並為老師提供充裕的學術支援和足夠培訓。

四、推動議事堂重回正軌

解決內會主席選舉鬧劇

　　立法會大樓在 2019 年 7 月 1 日被暴徒攻入大肆破壞後，到 10 月 16 日才復會。當時街頭黑暴猖獗，反對派亦不停尋找機會意圖再癱瘓議會。特首林鄭月娥預定當天宣讀題為「珍惜香港 共建家園」的施政報告，可是會議開始後，反對派不斷作出干擾，大叫口號，行為極不檢點，有 6 人被逐離場，主席不得不宣布休會。特首在立法會會議上未能完整宣讀施政報告，稍後只能以視像方式向市民發表，實屬史無前例。

　　根據《議事規則》，內務委員會主席及副主席每一會期都需要重新選舉。李慧琼因參選主席而將會議交由時任副主席的公民黨郭榮鏗主持，反對派於是採取「拉布」策略，濫用程序要求處理所謂「規程問題」，並討論所謂「選舉論壇」、要求處理議案等越權行為，不斷拖延選舉，並公然表明是要阻撓《國歌條例草案》的立法程序。從 2019 年 10 月 15 日到 2020 年 4 月底，歷經 16 次會議後還未選出主席，以致內會的工作及正常運作受到嚴重干擾，無法處理數以十計的法案。

　　有鑑於此，2020 年 4 月 13 日，中聯辦新聞發言人表示，對內會部分議員惡意「拉布」、採取「政治攬炒」予以譴責，並點名批評郭榮鏗。港澳辦發言人亦表示，反對派所作所為令人質疑有違有關宣誓誓言，構成公職人員行為失當。

　　民建聯立法會議員多次狠批反對派阻撓內會運作，並建議內會在任主席李慧琼運用權力，處理會議停擺問題。及後在任主席在徵詢法律意見及議員的意見後，決定在 5 月 8 日召開特別會議，以處理積壓事項，讓立法會履行應有的憲制責任。同時，立法會主席參考了外間法

律意見，決定行使《議事規則》賦予的權力，指定財委會主席陳健波於5月18日主持內會主席選舉，最終選出李慧琼連任主席一職，令內會運作回復正常，結束歷時7個月的鬧劇。

　　由於內會停擺多時，民建聯及建制派議員加緊處理積壓的法例。《國歌條例草案》在5月27日恢復二讀辯論，反對派以肢體衝突的方式拖延會議程序，並投擲惡臭物品及液體，以干擾會議進行，導致立法會須暫停會議並轉換會議場地。草案最終於6月4日未經修正獲得通過。

應對「攬炒」備戰立會選舉

　　在區議會選舉後，反中亂港勢力氣燄囂張，企圖通過2020年立法會選舉，攬炒香港。2020年4月28日，6年前發動「佔中」的戴耀廷，在《蘋果日報》發表題為《真攬炒十步，這是香港宿命》的文章，揚言第十步是「西方國家對中共實行政治及經濟制裁」，「攬著中共一起跳出懸崖」，妄圖推動「顏色革命」，昭然若揭。

強烈譴責「攬炒派」區議員違規使用議員辦事處做「初選」票站

以「反攬炒 救香港」為2020年立法會選舉口號

　　反中亂港勢力企圖通過選舉，搶奪立法會過半數議席（即所謂「35+」），否決財政預算案，以癱瘓政府，奪取香港的實質管治權。戴耀廷等人串連一起，在《港區國安法》實施後舉行「初選」，不少票站就設在「攬炒派」區議員的辦事處。參選人更簽署「墨落無悔 堅定抗爭」的立場聲明書。

　　為應對嚴峻挑戰，民建聯中委會於7月14日通過立法會參選名單，決定派出12隊共55人出戰，以「反攬炒 救香港」為整體競選口號，以「反攬炒，除黑暴，要改革，救香港」為競選政綱主題，在新冠肺炎疫情肆虐和限聚令下開展艱巨的競選工作。

　　民建聯指出，過去一年，香港已經備受違法暴力摧殘，而「攬炒」者明言要控制立法會，癱瘓政府，激起更大的衝突。他們的終極「攬炒」，就是將所有市民推入深淵，我們必須嚴守法治和秩序，保市民安居樂業的天地，維護國家安全和利益，保「一國兩制」的未來，糾正輿論和教育亂象，阻止下一代成為政治的犧牲品。唯有反「攬炒」，才能救香港！

　　在地區直選中，現任議員蔣麗芸、梁志祥和柯創盛退下來，九龍西、新界西兩隊之一和九龍東改由鄭泳舜、周浩鼎和黎榮浩領軍，而「超級區議會」只出李慧琼一隊。傳統功能界別方面，黃英豪接替黃定光參選進出口界，劉佩玉接替劉國勳參選傳統區議會界別，並派出譚榮勳首次參選社福界，後兩者的勝算都不高，只是練兵而已。55位參選人當中，最年輕是24歲的劉天正和陳凱榮，參與香港島地區直選。

　　民建聯在立法會原有13席，這次選舉預計最多只能取得10席，因而李慧琼形容選舉面對前所未有的艱難。

民建聯2020立法會選舉參選名單

地區直選	香港島	張國鈞、陳凱榮、穆家駿、張偉楠、劉天正
	九龍西	鄭泳舜、林德成、邵天虹、林偉文
	九龍東	黎榮浩、張琪騰、張培剛、梁騰丰、潘卓斌
	新界西	周浩鼎、葉文斌、司徒駿軒、賴嘉汶、莊展銘、葉俊遠
	新界西	陳恒鑌、郭芙蓉、李世隆、伍俊瑜、梁嘉銘、郭慧文、曾大、鮑銘康、李宏峯
	新界東	陳克勤、胡健民、姚銘、曾興隆、藍偉良、胡綽謙、梅少峰、潘孝汶、羅志平
	新界東	葛珮帆、李家良、李世榮、陳博智、董健莉、溫啟明、黃冰芬、吳啟泰、施彬彬
功能界別	漁農界	何俊賢
	社福界	譚榮勳
	進出口界	黃英豪
	區議會 (第一)	劉佩玉
	區議會 (第二)	李慧琼、顏汶羽、溫和達、盧婉婷

立會延任反對派離場

隨著疫情在7月出現第三波爆發，在立法會選舉提名期於7月31日結束時，政府宣布原定9月6日舉行的選舉押後一年，至2021年9月5日舉行，以保障市民健康和公共安全，並向中央政府提請解決立法會一年真空期的問題。

8月11日，全國人大常委會通過《關於香港特別行政區第六屆立法會繼續履行職責的決定》，第六屆立法會繼續履行職務不少於一年。民建聯對此表示理解並支持，在結束競選工作後，隨即進行總結檢討，務求就來年選舉作更好的準備。

在此之前，楊岳橋、郭榮鏗、郭家麒及梁繼昌等4名議員已報名參選立法會，被選舉主任裁定提名無效。為處理這些提名無效的議員是否可延任的問題，特區政府向中央政府提出請求。全國人大常委會在11月11日通過《關於香港特別行政區立法會議員資格問題的決定》，訂明「香港特別行政區立法會議員，因宣揚或者支持『港獨』主張、拒絕承認國家對香港擁有並行使主權、尋求外國或者境外勢力干預香港特別行政區事務，或者具有其他危害國家安全等行為，不符合擁護中華人民共和國香港特別行政區基本法、效忠中華人民共和國香港特別行政區的法定要求和條件，一經依法認定，即時喪失立法會議員的資格」，並指出適用於在第七屆立法會選舉提名期，因上述情形被依法裁定提名無效的第六屆立法會議員。

民建聯於2020年12月復辦「香港年度漢字評選」，結果「安」字當選，反映市民認同《港區國安法》實施後，社會治安和國家安全得到保障

據此，政府在同日宣布4人即時喪失議員資格，引發另外15名反對派議員辭職，只有鄭松泰和陳沛然留任。其後，鄭松泰於次年8月26日被候選人資格審查委員會認為不符合選舉委員會當然委員身份，宣布其資格無效，並即時喪失立法會議席。

完成修訂議事規則

在反對派絕大部份人士離場後，立法會回復應有的運作效率。建制派為了根治過去反對派不斷尋找《議事規則》的漏洞對議會工作進行破壞的問題，決定全面檢討《議事規則》及其他委員會的會議程序，解決因條文不清及制度上的缺失而被濫用的問題。

由民建聯議員陳克勤提出的20多項修改建議，包括引入暫停嚴重行為不檢議員出席會議的制度、限制有關程序議案必須經立法會主席才可提出的規定、優化委員會成員加入及主席選舉程序，堵塞藉委員會主席選舉而「拉布」的漏洞、訂立防止規程問題被濫用的機制、以及引入容許視像會議的規定等，於2021年3月25日獲立法會會議通過，為新一屆立法會的議會運作打下完善基礎。

圖片雜錦

多次為發生嚴重災情的地方發起籌款運動，呼籲市民伸出援手

第十六章

推動融入
國家發展大局

一、國家層面參政議政

參選全國人大代表

民建聯高舉愛國愛港旗幟，一直關心國家的發展，在全國人民代表大會(全國人大)和中國人民政治協商會議全國委員會(全國政協)層面參政議政，是參與國家事務的主要途徑。

1994年12月，民建聯會員中有全國人大代表4名、全國政協委員5名。

九七前，香港的全國人大代表是經協商，由廣東省人大選舉產生。回歸後，港區全國人大代表，由香港特別行政區全國人大代表選舉會議選出，自1998年9屆人大起名額都是36人，並且單獨組團參加全國人大會議。

港區九屆全國人大代表選舉會議由第一屆政府推選委員會委員、上一屆港區全國政協委員和臨立會議員中的中國公民組成。其後各屆則由上一屆選舉會議成員、上一屆港區全國政協委員、行政長官選委會委員中的中國公民，加上行政長官所組成。

民建聯有不少會員是全國人大代表選舉會議成員，每屆也有會員參選全國人大代表。2017年12月，會務顧問、前主席譚耀宗當選十三屆港區全國人大代表，其後更在全國人大會議上獲選為全國人大常委會委員。

會務顧問、前主席譚耀宗參選十三屆港區全國人大代表

回歸後，當選歷屆全國人大代表的民建聯會員名單如下：

1998年 九屆全國人大	吳康民、馬力、楊耀忠、劉佩瓊
2003年 十屆全國人大	吳康民、馬力、楊耀忠、葉國謙、劉佩瓊
2008年 十一屆全國人大	譚惠珠、楊耀忠、葉國謙、溫嘉旋、曹宏威、劉佩瓊、蔡素玉
2013年 十二屆全國人大	譚惠珠、楊耀忠、葉國謙、劉佩瓊、蔡素玉、張明敏、陳勇
2018年 十三屆全國人大	譚耀宗（常委）、王庭聰、陳勇、葉國謙、蔡素玉

積極參與各級政協

　　全國政協委員由協商產生，由上一屆全國政協常委會商定。九七前，全國政協曾先後設立港澳同胞、香港同胞界別。回歸後，改稱「特邀香港人士」界別，亦有港人循其他界別成為全國政協委員。此外，民建聯也有不少會員獲委任為省、市和自治區等各級地方政協委員。

回歸後，出任歷屆全國政協委員的民建聯會員名單如下：

1998年九屆全國政協	洪清源、曾鈺成、張學明、李祖澤、鄒燦基、蔣麗芸
2003年十屆全國政協	陳鑑林、李祖澤、張學明、曾鈺成、譚耀宗、鄒燦基、蔣麗芸
2008年十一屆全國政協	楊孫西、鄭家純、盧文端、王敏賢、周安達源、曾鈺成、鍾瑞明、計佑銘、莊紹綏、楊釗、劉漢銓、張閭蘅、梁偉浩、陳鑑林、葉順興、劉宇新、盧文端、譚耀宗、張學明、陳婉嫻、鄒燦基、蔣麗芸
2013年十二屆全國政協	張閭蘅、莊紹綏、鄭家純、張學明、譚耀宗、陳婉嫻、陳鑑林、劉漢銓、彭長緯、鍾瑞明、葉順興、盧文端、王敏賢、楊釗
2018年十三屆全國政協	王明洋、余國春、李慧琼、周安達源、周春玲、施榮懷、梁志祥、莊紹綏、陳仲尼、彭長緯、曾智明、黃英豪、黃蘭茜、葉順興、盧紹杰、鍾瑞明、魏明德

兩會反映港人意見

每年全國人大會議和全國政協會議（兩會）在北京召開期間，由港區人大代表提出議案、建議、批評和意見，以及政協委員提交提案，就國家發展及涉港事務，反映港人關注，並為國家發展出謀獻策，是在國家層面參政議政的重要方式。

　　同時是民建聯會員的全國人大代表和全國政協委員，在國家層面參政議政有一定優勢。民建聯會員眾多，設有多個地區支部和逾百個辦事處，加上各個委員會，可以廣泛收集港人對國家事務和涉港問題的意見和建議，因此在兩會提出的議案和提案都較能切中時弊，言之有物。

　　2005年2月，民建聯與港進聯宣布合併之時，共有10名港區全國人大代表、26名全國政協委員，以及逾百名主要是廣東省和福建省的省、市及縣級政協委員。

　　為此，民建聯一度設立人大政協事務委員會（後改稱人大政協工作委員會），聯繫同時是民建聯會員的全國人大代表、全國政協委員和省級政協委員，加強交流溝通，並就一些港人關心的內地和涉港事務，向中央政府和內地有關部門提出意見和建議。此項統籌工作自2007年起由內地事務委員會負責。

　　以2006及2007年來說，民建聯提出的建議和提案，如確保食品安全、協助高校貧困生、改善珠三角地區治安狀況、進一步開放香港銀行參與人民幣業務的範圍、確保內地供港食物安全、協助在內地定居的港人尋求醫療服務、關注內地孕婦來港產子問題等，都能反映港人的訴求。

2006年人大政協介紹關注議題

提案獲積極回應

近幾年，民建聯在兩會提出的一些提案，不少都得到內地有關部門的積極回應。舉例來說，2015 年，提出「優化『一年多次個人遊簽註』」，其後相關部門宣布將深圳居民「一簽多行」改為「一周一行」。

2017 和 2020 年，兩次建議內地與香港合作舉辦更多香港青年學生交流團，並提供更多「一帶一路」相關的實習或工作職位。2021 年 9 月，內地宣布在五年內向香港青年提供一萬個實習職位，職位包括國家機關、中央企業及中央金融單位等。另外提供兩萬個內地交流機會、一萬個就業機會。

2018 年提案，建議全面取消香港人在內地的就業許可申請制度。當年 8 月，相關部門宣布全面取消港澳台人員在內地的就業許可，並在就業服務、社會保障和勞工權益保護等方面盡快出台配套政策。

2019 年提案，期望中央可以安排更多香港年青人到國際組織任職，當年有關部門就推薦香港 5 名年輕公務員到聯合國任職初級專業人員。

民建聯在回歸後的新政綱曾提出：「全國人大港區代表在港設立秘書處，諮詢港人意見。」不過，這項建議至今未有下文，港區全國人大代表如何在港履職，有關安排仍待理順。

2015民建聯人大政協關注議題

公布2018年兩會建議提案

公布2019年兩會建議提案

公布2020年兩會建議提案

589

二、積極推動區域合作

較早建議開發邊境

　　民建聯成立以來，對港粵合作問題十分關注，致力促進兩地之間的人流、物流、資金流和訊息流。回歸後，雖然特區政府對港粵合作表現出較積極的態度，可是推進的力度依然有限。

　　2001年是回歸後沒有全港性選舉的一年，民建聯較有條件推動港粵合作。剛好在美國發生「九一一恐襲」翌日，民建聯常委及立法會議員前赴廣州和深圳，參觀當地的經濟技術開發區，了解兩地的發展規劃，探討港粵合作的出路。接著於9月27日在香港會議展覽中心舉辦以「港粵全面合作——理論與實踐」為題的大型研討會，邀請政商界和內地學者出席。

2001年9月12至13日考察廣州及深圳

　　曾鈺成在研討會上代表民建聯發言時就直言港粵合作不能墨守成規，並提出8項建議。其中一項建議是廢除邊境禁區的過時政策，把禁

區發展成為高科技開發區、旅遊點、購物區，興辦國際學校等，並與深圳方面共同發展深圳河「一河兩岸」的構想。這項建議很有前瞻性，比「北部都會區」的設想足足早了20年。

　　另一建議則是有條件地向廣東主要城市居民發放「訪港證」，加強兩地人才交流，比內地開放「自由行」也早了近兩年。可是，民建聯提出設立一個由政務司副司長領導的跨部門班子，專責這方面工作的建議，至今仍未能實現。

　　與此同時，民建聯負責人多次前往邊境口岸考察，又進行調查，提出延長通關時間、盡快批准增加黃巴士數目等建議。

　　2002年5月3日，民建聯又舉行「港粵跨境基建合作——藍圖與實踐研討會」，探討跨境基建合作存在的問題及長遠發展策略。民建聯

在會上重提開發邊境地區，加快港粵經濟融合的建議。研討會更熱議24小時通關的問題。

邊境可分四區發展

2003 年，民建聯進行兩項大型研究「香港與珠三角經濟融合中政府的作用」及「中國入世頭五年港粵合作的對策建議」，前者提出的建議包括重點處理好當前急需解決的問題，如實現邊境四通、協調粵港澳三地基礎設施建設，以及特區政府與深圳合作開發河套區等，後者亦重提開放邊境禁區，建立邊境商貿區。

2004年中，民建聯與深圳綜合開發研究院合作，進行「全方位發展港深邊境經濟區」研究計劃，一年後發表《繁榮的邊境，繁榮的香港——全方位開發港深邊境地區的方案與論證》專題報告，提交港府、廣東省政府及深圳市政府參考。報告建議將邊境地帶分為沙頭角旅遊區、打鼓嶺工業區、河套綜合開發區和西部通道工業開發區等四個區。

　　2005年8月，民建聯與暨南大學經濟學院，以「香港在泛珠三角區域合作的前景、問題與對策」為課題，進行聯合研究並完成報告，提出多項建議，並於次年9月，邀請兩地企業界、專家學者及政府官員出席泛珠三角區域合作研討會。

跟進 CEPA 落實

　　2003年，香港爆發「沙士」疫情，經濟大受衝擊。中央政府為支持香港經濟復甦，6月底在香港正式簽署《內地與香港關於建立更緊密經貿關係的安排》(簡稱CEPA)，推出多項惠港措施。

　　民建聯在這方面迅速跟進，發揮橋梁作用，舉行連串CEPA研討會，讓社會各界瞭解詳情，令人印象深刻。

　　7月底，民建聯舉行落實CEPA工作會議，邀請內地官員與香港八大商會代表會面，聽取意見。8月中，舉辦「CEPA——服務業進入內地的商機」研討會，邀請專業服務業的人士，與內地官員會晤。10月，再次舉辦研討會，探討本港服務貿易業可掌握的商機。

維護港人在內地權益

隨著愈來愈多港人往內地居住、營商或旅遊，在內地遇到問題而需要協助的機會大增。早在1995年，民建聯已就「爛尾樓」、申請親屬來港等問題走訪廣東省多個部門，其後促成廣東省政府信訪辦公室設立港澳科，專責處理港人投訴。

民建聯為進一步發揮溝通兩地的作用，於2004年4月設立內地聯絡組，專責處理港人與內地有關的求助和投訴，以及反映港人對內地問題的意見。2006年，內地聯絡組升格為內地聯絡委員會(其後改為內地事務委員會)。

2005年9月，特首曾蔭權率立法會議員首次正式訪問廣東省，為此，民建聯立法會議員結合兩地社會經濟發展的新形勢，就市民關注的問題，草擬加強兩地合作的建議書，提交予廣東省委書記張德江。

建議書主要內容包括：確保供港食品安全；關注港人在省內人身安全，維護應有權益；合作治理跨境污染，改善空氣和水質；全方位的粵港經濟合作；確保交通安全、促成驅車自遊行；重訂供水協議，調低水費，彈性供水。

處理廣東「爛尾樓」問題

在眾多求助個案中，處理廣東涉港問題樓盤是內地聯絡委員會花費最多精力的工作。

進入21世紀，內地房地產業快速發展，但法規和監管跟不上，開發商一旦資金不足或爆發產權糾紛等問題，就會出現「爛尾樓」。截至2007年中，民建聯接獲的爛尾樓求助個案約200個，求助業主近5,000戶，範圍遍及廣州、深圳、中山、珠海、番禺、佛山等地，數量相當驚人。

內地聯絡委員會在這方面做了大量協調工作，以助解決問題，包括聯同中聯辦官員到各市跟進樓盤處理的情況、多次召開業主大會徵集意見、陪同業主往內地視察樓盤情況並與樓盤負責人協商等。在此事件中，民建聯成功協助逾3,000位港人業主完成辦理房產證、辦理部分退款、收樓或換樓。

視察爛尾樓盤

　　為與內地建立更緊密的溝通機制，民建聯在2007年8月及9月，分別邀請廣東省公安廳信訪局和出入境管理局官員，以及廣東省信訪局和廣州、珠海、東莞、深圳等市信訪部門官員來港交換意見。

　　另外，民建聯亦不時就港人關心的問題與內地有關部門溝通。例如，2006年3月內地頒布實施《治安管理處罰法》後，民建聯隨即走訪廣東省公安廳，了解具體執法情況，並反映港人的關注。

　　2007年，全國人大會議通過《物權法》，民建聯在4月份就邀請內地官員來港就《物權法》與律師業務和市民生活舉辦兩場講座。

推動港滬合作

　　回歸後，香港與上海的競爭及合作關係日益受到關注，新加坡逐漸被擱置一邊。為了解上海的發展情況，民建聯領導層一行22人於2001年12月22日考察5日，與上海市有關規劃、外經貿、計委、市府協作辦等官員及學者舉行座談。

2003年9月，民建聯在回歸後首次訪京獲曾慶紅接見時，提出的建議之一是加強港滬合作。其後，民建聯一行11人，獲安排於10月9日訪問上海兩天，會見市長韓正，並與市教委、工商局、出入境管理局及外經貿委等部門高層會面。

2003年10月9至10訪問上海

民建聯在會見韓正時就加強港滬合作提出多項建議，包括上海在落實CEPA中應進一步降低服務業進入的門檻；加強兩地旅遊業合作等，充份利用香港國際旅遊中心地位，合作舉辦國際旅遊展，以及向中央政府爭取，把CEPA中廣東省可優先對香港開放個體工商戶的做法，在上海實施。

同月底，韓正率團來港出席滬港經貿合作會議首次會議，在離港前就專門與曾鈺成等會晤，對民建聯推動港滬合作的努力作出回應和肯定。

促進與閩澳交流

另一方面，香港人口估計有七分之一祖籍福建，與福建的往來日趨密切。為了解當地的發展情況，建立溝通機制，2006年5月29日，民建聯一行25人訪問福建3天，會見省委書記盧展工、省長黃小晶及省委副書記兼政協主席陳明義，走訪莆田、石獅、晉江、泉州、南安、廈門、福州等7個城市，並先後拜訪公安廳、省發改委及省外事辦公室等部門。

在此之前的 4 月 1 日，民建聯到澳門考察兩天，是成立近 14 年後的第一次對澳門進行考察，了解東亞運動會設施的建設情況，並與特首何厚鏵、澳門中聯辦主任白志健會晤。

2008 年 6 月，民建聯發表《共融共榮－邁向港澳共同體》研究報告，提出 15 項加強港澳合作的具體建議，包括建議兩地政府成立港澳高層聯席會議、組成經濟一體化委員會，以及簡化澳門居民來港手續等。

廣東省委書記汪洋當年 1 月，提出要進一步解放思想，衝破更多制度上及行政上的藩籬，學習歐盟，建構粵港澳經濟共同體，民建聯這份報告是對其談話的回應。民建聯認為，在粵港澳經濟一體化進一步向前發展時，港澳間可以先走一步，把更深層次的一體化，如實現人員、資金、服務、技術等自由流動的經驗，逐步推廣至港深珠澳，以至整個粵港澳地區。

2006 年 4 月 1 日到澳門考察兩天

2008 年 6 月發表《共融共榮－邁向港澳共同體》研究報告

三、關注珠三角及海西區建設

探索港粵合作之路

在國家改革開放 30 周年之際，國家發展和改革委員會於 2009 年 1 月發布經國務院批准的《珠江三角洲地區改革發展規劃綱要 (2008-2020 年)》。民建聯認為這是香港經濟發展的重大機遇，當年 3 月成立的經濟顧問小組，首次會議就是討論在《綱要》之下，如何做好香港與珠三角地區的合作，並於 7 月發表《把握機遇 經營珠三角－粵港合作先行先試建議書》，提出 27 項建議，起到引起社會關注和討論粵港合作議題的作用。

2009 年內，民建聯三次組團訪問廣東省。6 月中，拜訪深圳市政府，就落實《深圳綜合配套改革試驗總體方案》進行討論，並提交促進港深合作的建議書。7 月 23 日，訪問廣東省政府，與副省長萬慶良及多個部門負責人會晤，交流有關粵港合作特別是落實先行先試的政策措施，並遞交《粵港合作先行先試建議書》。

2009年8月10日代表團與廣東省省長黃華華會晤

　　8月10日，主席譚耀宗率領高層代表團訪問廣東省5天，考察珠三角9市和粵東地區4市，了解廣東省經濟和社會發展情況。省長黃華華充分肯定民建聯提出的建議，並讚揚民建聯是首個到廣東省與省政府就落實《綱要》進行交流的香港民間政團。

　　次年4月，特首曾蔭權與廣東省省長黃華華在北京簽署《粵港合作框架協議》，意味著粵港合作步入實質性發展時期。民建聯經濟顧問小組亦就此討論如何落實問題，並提出多項具體建議。

　　2011年3月，民建聯政策委員會訪問深圳前海，探討香港參與前海開發的機遇，其後就《深圳經濟特區前海深港現代服務業合作區條例(草案)》的立法工作提交意見書。同年8月，主席譚耀宗再度率領高層代表團訪問廣東4日，並兵分兩路走訪12個主要城市，期望進一步推動粵港更緊密合作。

2011年3月17日訪問前海

2011年8月訪問廣東

　　為有興趣開拓內地市場的專業人士提供發展平台，民建聯於 2010 年年底至 2015 年在東莞設立香港專業服務中心，除與當地政府有關部門及商會組織建立聯繫外，亦舉辦不同類別的講座、交流活動等，促進港粵兩地工商專業界的互動和合作。此外，民建聯與中山大學港澳珠三角研究中心主任陳廣漢合作，於 2010 年 12 月初公布《香港拓展內地市場之路》研究報告，提出多項協助港商拓展內地市場的建議。

2010至2015年在東莞設立香港專業服務中心

發表粵港合作建議書

國家在2011年3月公布的《第十二個五年規劃綱要》（「十二五規劃」）首次將「保持香港澳門長期繁榮穩定」單獨成章。在「十三五」規劃編製之際，民建聯政策委員會總結過往經驗，於2015年2月發表《粵港合作建議書》，分別環繞經濟發展、人才培訓、社會福利、醫療衛生、環境保護、交通保安，以及漁農業發展等範疇提出37項建議，期望可協助香港與廣東省實現進一步合作的關係。

民建聯新領導層接班後，主席李慧琼率領一行17人於2015年9月17至18日訪問廣東，會見省委書記胡春華，並向省政府提出四大關注13項建議，包括加強兩地合作共同應對當時經濟下滑構成的危機風險、支援青年交流培訓和創業、粵港空域管理合作，以及港珠澳大橋等香港民生事務。

2015年9月訪問廣東省，會見省委書記胡春華

　　民建聯提出設立青年交流培訓基地，期望省政府為香港青年提供多元模式的培訓和交流，而支援香港青年在粵創業方面，建議把前海深港青年夢工場的成功經驗，拓展至其他合適的地區，製造更多創業機會。

穿梭訪問福建台灣

2009年11月訪問福建三天

　　2008年5月，馬英九成為台灣新領導人，兩岸形勢出現重大變化。次年5月，國務院通過《關於支持福建省加快建設海峽西岸經濟區的若干意見》，指出支持福建省加快海峽西岸經濟區建設，也是加強兩岸交流合作，推進祖國和平統一大業的戰略部署。11月，譚耀宗率團訪問福建三天，考察福州、泉州及廈門三市，了解海西區的最新發展情況。

　　與此同時，民建聯委託經濟顧問小組成員、暨南大學經濟學院教授封小雲，組織專家進行香港參與海西區發展的研究，於2010年7月發表《搭海西快車　做大「香港服務」——香港積極參與海西區發展研究報告》。報告提出多項建議，包括建立港閩合作聯席會議機制、香港在海西區設立經貿辦事處，並爭取將CEPA的「先行先試區」伸延至福建省，以深化香港與海西區的合作。

2010年12月與福建社團聯會到福建訪問三天

2011年7月訪問福建

三、關注珠三角及海西區建設

同年12月，民建聯與福建社團聯會到福建訪問3天，特別考察福州市平潭島綜合試驗區，以了解和探討海西區發展為香港帶來的機遇。

2011年4月，國家發改委發布經國務院批准的《海峽西岸經濟區發展規劃》。同年7月，譚耀宗率團第三次就香港積極參與海西區發展的議題，訪問福建。期間，會見省委書記孫春蘭和省長蘇樹林，並考察福州、泉州、石獅、晉江、南安及廈門六市。

另一方面，馬英九上台後，民建聯於2008年6月組織代表團，由譚耀宗率領首次出訪台灣，會晤政經界代表，探討兩岸應如何把握機遇，爭取共贏。次年6月，又組團赴台考察文化和環保政策及設施。2010和2014年亦兩度組團赴台考察地方選舉的競選情況。

可惜，在民進黨再度掌權後，兩岸關係大變，海西區的建設未如人意，而民建聯亦沒有再派團訪台。

2009年6月30日赴台考察文化和環保政策及設施

2009年7月參觀台北當代藝術館

四、重視「一帶一路」及 大灣區建設

引導社會關注「一帶一路」

　　2013年9月和10月，國家主席習近平先後訪問哈薩克斯坦和印尼，分別提出共同建設「絲綢之路經濟帶」和21世紀「海上絲綢之路」。同年11月中共十八屆三中全會把「一帶一路」列為國家戰略。2015年3月，國家發改委、外交部、商務部等聯合發布《推動共建絲綢之路經濟帶和21世紀海上絲綢之路的願景與行動》白皮書，「一帶一路」建設正式開局。白皮書還首次提出「要充分發揮深圳前海、廣州南沙、珠海橫琴、福建平潭等開放合作區作用，深化與港澳台合作，打造粵港澳大灣區」。

民建聯較早就關注「一帶一路」戰略，工商事務委員會於2015年5月舉辦「『一帶一路』對香港的影響及兩地合作前景」講座，邀得國家發改委學術委員會秘書長張燕生教授向成員介紹「一帶一路」戰略對香港的影響，以及為香港帶來的經濟發展新機遇。7月，民建聯新領導層訪京，在拜會國家發改委時提出加強香港與內地合作的5項建議，其中就包括發揮香港在「一帶一路」戰略與亞洲基礎設施投資銀行運作中的角色。

2015年11月，民建聯發表對2016年施政報告及財政預算案的期望，其中重點建議包括配合「十三五規劃」，迎接「一帶一路」商機，包括建立政府之間的關係，主動帶領港企走出去，到「一帶一路」沿線國家進推廣交流活動，拓展商機；利用儲備，爭取在「絲路基金」下設立子基金，支援港企投資於「一帶一路」的項目；爭取為「一帶一路」沿線基建項目提供顧問、保險、財資管理及法律等專業服務。

香港社會起初對「一帶一路」戰略的重大意義不大了了，直到2016年1月特首梁振英在施政報告中以專章講述「一帶一路」，才引起大家的重視。次年6月，梁振英應邀在民建聯舉辦的「香港在大灣區、一帶一路中的角色與機遇」專題講座上擔任主講嘉賓，受到傳媒廣泛報道。

民建聯的全國人大代表和政協委員於2017年3月出席兩會期間提出建議和提案，其中包括多項香港加強參與「一帶一路」的倡議：打造投融資平台、打造經貿及專業服務中心、扶持香港品牌開拓市場、增加與「一帶一路」相關內地企業的香港青年交流團及實習機會，以及把握「一帶一路」推廣優質農產品。

此外，青年民建聯申請到政府資助，在2016、2017和2019年三度在年底舉辦「一帶一路」交流活動，每次帶領30名香港青年到俄羅斯交流拜訪，加深對「一帶一路」戰略和俄羅斯當地情況的認識。

2019年青年民建聯帶領30名香港青年到俄羅斯交流拜訪

四、重視「一帶一路」及大灣區建設

公布大灣區香港規劃方案

2017年3月，國務院總理李克強在《政府工作報告》中提出「要推動內地與港澳深化合作，研究制定粵港澳大灣區城市群發展規劃」，粵港澳大灣區正式提升為國家戰略。7月1日，在國家主席習近平見證下，國家發改委主任何立峰、香港新任特首林鄭月娥、廣東省省長馬興瑞和澳門特首崔世安在香港簽署《深化粵港澳合作推進大灣區建設框架協議》，共同推進大灣區建設。

在此之前，民建聯已對大灣區規劃展開研究，得以趕及在8月公布《把握機遇　創新高峰：粵港澳大灣區香港規劃方案建議書》，闡述民建聯對大灣區建設的規劃構思和建議。

民建聯提出，香港存在兩大問題，包括經濟發展出現瓶頸，以及生活成本高昂，市民的整體生活質素與香港的國際地位不相符合。參與大灣區的發展，可以令香港突破現時的經濟瓶頸，提供更多元化和優質的工作職位，同時令市民享有更好更優質的生活環境。

建議書提出，大灣區發展應是全方位的，當中包括六大宏觀定位：全球最開放、最具競爭力和可持續發展的城鎮群之一；世界級的

創新科技產業基地；世界級的現代服務業中心；世界級的航運物流樞紐；最具活力和影響力的文化中心之一；世界上最宜居的優質生活圈之一。

具體建議涉及加強制度建設及支援；打造世界級金融中心；促進專業服務發展；建設創新科技灣區；打造中醫藥產業中心；創造營商及工作友善環境；構建優質生活圈；加強文化互通等八大範疇，共55項建議。

其中最有創意的一項建議是合建超級垃圾處理中心，由粵港澳三地合作，應用最新科技在區內興建超級垃圾處理中心，統一處理區內的大型廢物，以紓緩垃圾堆積的問題，同時促進環保科技及環保產業發展。

訪粵爭取國民待遇

隨著粵港澳合作進一步深化，如何更方便港人融入大灣區，日益受到社會關注。2018年1月4日，主席李慧琼率領民建聯一行15人，拜訪廣東省領導，向省長馬興瑞提交《先行先試落實國民待遇建議書》。

2018年1月拜訪廣東省，向省長馬興瑞提交《先行先試落實國民待遇建議書》

四、重視「一帶一路」及大灣區建設

這份建議書是在《粵港澳大灣區香港規劃方案建議書》的基礎上，再經深入的研究和廣泛的諮詢後撰寫的，就便利生活、便利創業和便利就業三方面提出16項建議，期望廣東省能先行先試對香港居民落實國民待遇，以加強兩地人民的交往，以及促進區域經濟、文化及社會等各方面的融合，並提高香港人的國民身份認同感。

馬興瑞對此作出積極回應，其中一些建議在廣東省層面能夠處理和解決的，後來得來落實。至於需要中央層面解決的，民建聯亦在同年全國兩會繼續提交多項落實國民待遇，推動大灣區發展的提案和建議，為香港市民發聲。

民建聯向廣東省提出的16項具體建議如下：

- 給予內地身份證明
- 放寬置業按揭限制。讓港人在內地承造房貸時能享受國民待遇
- 免卻內地住址證明
- 看病可享國民待遇
- 放寬免試招收港生計劃，讓香港學生可以優秀的成績，免試就讀省內任何一間高等院校
- 擴大副學位內地銜接計劃。容許港生就讀省內所有高等院校第三年本科，以擴闊副學位學生的出路
- 納入中小學義務教育。廣東省內其它城市參考深圳的做法，讓香港籍學生可以和非當地戶籍學生一樣申請參加積分入學
- 提高長者優惠水平。統一各主要城市的做法，在公共交通工具及旅遊景區、景點的優惠方面給予香港長者國民待遇
- 取消必須入住涉外旅館限制
- 開放更多非服務業範疇
- 撤銷目前內地對香港多個服務業的准入限制

- 取消個體工商戶限制。允許香港個體工商戶可無須經過外資審批就能參與特許經營
- 支持香港農民到內地發展。研究給予內地港資農場經營者國民待遇
- 容許港澳流動漁民聘請其他省份的勞工
- 豁免就業許可。研究無須香港人在廣東省受就業許可制度限制
- 鼓勵申請公務員職位。設立專屬渠道，以鼓勵及便利有志服務國家的港人加入省政府公務員體系

提出大灣區系列建議

2019年2月18日，中共中央、國務院印發《粵港澳大灣區發展規劃綱要》，提出將粵港澳大灣區建成世界新興產業、先進製造業和現代服務業基地，建設世界級城市群。對粵港澳三地來說，大灣區是極其重要的發展機遇。

為此，民建聯成立大灣區發展小組，舉辦多場圓桌會議，集合專家和持份者意見，再就有關課題進行深入而廣泛的研究，於2019至2021年連續發布《道通天下　大灣無疆：粵港澳大灣區跨境交通基建規劃》、《粵港澳大灣區跨境安老規劃》、《粵港澳大灣區創新科技發展》、《促進中醫藥在粵港澳大灣區發展》、《推動大灣區文化創意產業發展》5份建議書，涉及民生、經濟和科技發展等不同範疇，對整個大灣區的規劃原則，以及香港可以如何參與，都提出一系列建議。

　　其中，2019年5月發布的《粵港澳大灣區跨境安老規劃》建議書不乏新意。建議書認為，目前大灣區內的跨境安老存在三大不足：福利難過境；不同區域醫療水平有差異；醫養結合機制未完善。建議書在四大範疇提出共17項建議，包括：

一、優化福利可攜性制度
- 擴大長者醫療券的應用範圍。香港應研究將適用地點擴展至廣東省及澳門主要醫院及診所
- 擴大長者社區服務券應用地點
- 優化現行跨境福利計劃，令在大灣區跨境安老的長者可以百分百享受香港的福利計劃
- 優化傷殘津貼：讓年滿65歲的合資格傷殘長者可更安心地選擇長期到內地定居

二、加強協助安老團體
- 協助社福機構擴建內地安老院舍
- 協助安老院舍處理法規問題
- 扶助私人安老院舍
- 興建長者安老小鎮

三、加快推動智能安老

* 推動智能安老

四、提升醫療及安老服務

* 與優質醫院建立合作伙伴關係
* 提供更多安老宿位
* 跨境救護車服務：設立跨境救護車互通機制，容許兩地救護車可以跨境直接接載長者，無須在邊境口岸接駁
* 建立異地醫療費用報銷機制
* 加強三地醫療合作
* 推出大灣區醫療保險
* 發展遙距醫療
* 協助內地培訓優質護老員

　　然而，受黑暴影響，加上疫情下未能免檢疫通關，《粵港澳大灣區發展規劃綱要》公布後幾年，推進的力度和速度未如理想。正如民建聯《30周年宣言》所言：「我們是社會變革的推動者。……我們全力推動經濟多元化，促進科技創新，積極融入國家發展大局，為市民創造更多發展機會。」在香港走向良政善治下，推動香港積極參與大灣區建設，依然是今後民建聯努力的方向之一。

第 十 七 章

開啟良政善治
新局面

一、提出變革香港倡議

變革呼聲乘時而起

2021年初，民建聯提出「變革香港」倡議。香港要變革，這一呼聲，其實已蘊釀一段時間。

在香港經歷黑暴和新冠疫情打擊，繁榮穩定與經濟民生大受影響之際，香港應如何走出困境，是市民十分關心的問題。2020年5月5日，全港1,500多位社會各界人士共同發起的「香港再出發大聯盟」宣告成立，由全國政協副主席董建華、梁振英擔任總召集人，民建聯會務顧問、全國人大常委譚耀宗任秘書長，民建聯副主席陳勇任副秘書長之一，主席李慧琼等民建聯立法會議員也是發起人。

2020年5月6日《香港商報》

　　大聯盟的「共同宣言」指出：「香港今天站在興衰的路口，每一個香港人都應該想一想，是選擇繼續對抗、內耗、沉淪、蹉跎歲月，還是選擇攜手同心、共渡時艱，突破困局、走出困局？」宣言提出堅守「一國兩制」，香港要再出發。積極重振經濟，民生要再出發。重歸法治，穩定要再出發。必須團結，繁榮要再出發。

　　8月9日，香港再出發大聯盟連同民建聯等共42個團體、發表《香港要變革　攜手創明天　建設力量聯合聲明》，提出4點共識和希望：人命關天，抗疫優先；恢復經濟，紓解民困；推動變革，突破困局；放下歧見，守護家園，並強調會以市民福祉為依歸，致力擁護「一國兩制」的全面落實，理性支持和監督特區政府施政。此後，香港要變革逐漸得到市民認同。

　　11月18日，民建聯發表對2020/2021年度施政報告的期望，就是以《推動全面復甦　啟動未來變革》為題，認為香港已到了非常關鍵的時刻，政府必須與時並進，拿出勇氣和魄力在政治、經濟和社會三方面啟動變革，令香港盡快跨越障礙從低谷回升，並再度輝煌。

保穩定促公平享繁榮

2021年1月31日，民建聯舉行記者招待會，公布「變革香港　保穩定 促公平 享繁榮」倡議。

民建聯在這個時候倡議「變革香港」，就是因為香港正處於歷史大變局，需要突破困局、解決社會深層次矛盾，讓「一國兩制」行穩致遠、不變形不走樣，令香港擺脫政治困局，市民安居樂業和分享經濟成果。

李慧琼表示，自回歸以來，香港在「一國兩制」下取得不少成就，但也必須承認未能有效處理不少深層次問題。黑暴、新冠疫情的打擊，加上複雜的國際政治形勢，民建聯認為「一國兩制」的實踐與發展，必須置於這個歷史大變局當中，香港需要把握《港區國安法》實施後社會穩定的機遇，從而推動強而有力的變革。

三大理念定位

　　民建聯在倡議「變革香港」中提出三大理念定位，同時提出兩項行動綱領，包括推動實質政策突破的「六大變革」，以及加強自身建設。其後，民建聯以兩項行動綱領為主軸開展多項跟進工作。

　　副主席陳勇在記者會指出，在「一國兩制」和香港特區的發展來說，市民需要認識3個至關重要的關係，包括國家和香港的關係、中央全面管治權和特區高度自治的關係，以及國家安全和個人權利與自由的關係。他強調，中央的全面管治權和特區的高度自治是「一國兩制」的兩個基本、不可或缺的元素，「從黑暴動亂到國安法實施，現實證明中央行使全面管治權，能夠幫助香港社會擺脫困難危機，重回正軌，確保『一國兩制』準確落實。從根本來講，特區高度自治依靠中央全面管治權的保障。」

　　民建聯提出三個理念定位簡述如下：

一、守護國家安全和香港穩定

- 安全穩定是一切的前提
- 正確認識中央全面管治權
- 強化政府管治能力

二、積極有為推動經濟發展

- 融入國家發展大局
- 支援經濟多元化和科技創新

三、全力促進社會公平

- 開拓土地　突破民生經濟制約
- 完善再分配　縮窄貧富懸殊

推動六大變革

在兩項行動綱領中，推動實質政策突破的「六大變革」，則較受傳媒關注，其中包括：

- 政府變革：推動政府行政改革，包括政府架構、行事管理及公務員體制，確保政府暢順施政，消除公務員系統官僚僵化，決策程序和行政流程冗長繁複等陋習，解決政府工程成本高昂問題
- 與國家互補：推動香港經濟發展與國家進一步融合互補，積極投入粵港澳大灣區建設，並充份利用國家「一帶一路」倡議帶來的發展機遇，開拓香港的經濟和民生空間
- 開拓土地：推動政府全方位開拓和收回土地，縮短土地審批及規劃流程，為市民提供優質住居環境，並解決香港土地成本高昂長期壓抑各行業發展的弊病
- 再分配：推動政府改革二次分配機制，包括檢討稅制及修補現行社會保障漏洞，從而縮窄貧富差距，為基層提供完善保障
- 培育新一代：推動政府做好青年工作，提高教育質素，為香港培育出愛國愛港、具備世界視野和專業技能的新一代
- 司法改革：推動司法機構進行改革，確保司法工作能時並進，成為維護法治和社會安定的更堅固基石

加強自身建設方面則有以下重點：

- 匯聚愛國愛港管治人才，壯大建設力量
- 堅持跨階層路線，致力緊貼和全面反映社情民意，化解對立矛盾，努力團結社會各界

- 發揮建設性參政角色,包括提出好的政策倡議,以及推動好的政策有效落實,監督及協助特區政府不斷改善施政
- 堅持扎根社區,並加強專業及青年工作,緊密聯繫和真誠服務不同階層和背景的市民

　　為爭取更多市民支持「變革香港」倡議,民建聯在2月開展大型的宣傳計劃,一方面斥資逾百萬元,透過大型廣告板、的士、小巴、網上平台及接近100萬份單張,宣揚「變革香港」的論述和行動綱領。另一方面,亦在全港各區先後設立超過170個街站,由議員幹事向市民闡述聯盟立場及願景。其後在10月又推出「勇於變革 迎接新時代」的大型宣傳計劃。

收集市民對變革香港的意見

參與選舉與參與管治並重

2021年4月，民建聯舉行換屆選舉，中央委員會(其後改稱執行委員會)委員人數由過往的52席增加至55席，有不少年輕成員首次躋身中委之列，包括青年民建聯主席施永泰、中西區支部委員劉天正、前西貢區議員莊元苳，以及港島支部成員蕭煒忠及陳凱榮等。另兩名新中委則是上年曾報名參選立法會進出口界別的黃英豪和香港環境師學會前會長潘景和。年輕成員梁熙則晉身常委會。副秘書長則由上屆5人精簡至1人，由葉傲冬繼續擔任。

李慧琼在選出新一屆領導層後對傳媒表示，在新時代下，香港的政治格局、政黨發展環境將會出現重大變化。在新時代民建聯必須一以貫之，堅守四個定位，就是要做堅定的愛國者，做「一國兩制」的捍衛者，做服務市民的實幹者，做社會變革的積極推動者。

她指出，民建聯未來工作重點有3個方面。第一個方面，推動社會變革是民建聯的首要工作。

第二個方面，明確將「參與選舉」和「參與管治」定為民建聯的兩個發展目標。參與選舉方面，民建聯不會放鬆地區工作，但同時必須與社會不同行業界別建立更廣泛和穩固的聯繫，致力成為社會不同行業界別的夥伴，令民建聯能夠更全面和均衡地反映社會不同利益。

參與管治方面，民建聯必須建立更全面的政策主張和論述，更具宏觀視野和管治思維。為此，黨內原來的政策委員會將提升為政策倡議委員會，作為政策決策核心；設立政策顧問團，邀請黨內外資深人士參與，協助政策倡議委員會的工作；夥拍民間智庫，在做好政策研究的同時，汲納民間智慧，持續推動政策倡議，爭取政府採納落實；完善議會工作的責任分工，部分議員將負責政策倡議工作，部分則負責地區工作，鞏固社區聯繫。

第三個方面，民建聯會進一步完善黨內組織架構，並建立「政管人才儲備庫」，為政管人才提供培訓和多元參政渠道，讓民建聯的會員能夠發揮各自所長。最後，加強青年民建聯的發展，為年輕人參與愛國者治港、服務社會提供更多更好的機會。

一、提出變革香港倡議

2021年新領導層提出積極參與管治，推動社會變革

二、支持完善選舉制度

中央重申愛國者治港

2021年1月27日，國家主席習近平在聽取特首林鄭月娥工作匯報時，強調「要確保『一國兩制』實踐行穩致遠，必須始終堅持『愛國者治港』。只有做到『愛國者治港』，中央對特別行政區的全面管治權才能得到有效落實，憲法和《基本法》確立的憲制秩序才能得到有效維護，各種深層次問題才能得到有效解決，香港才能實現長治久安，並為實現中華民族偉大復興作出應有的貢獻。」

習近平重申「愛國者治港」，最早的論述來自鄧小平對「一國兩制」的設想。鄧小平曾闡明，「港人治港」有個界限和標準，就是必須由以愛國者為主體的港人來治理香港。

2月22日，全國政協副主席、港澳辦主任夏寶龍在北京舉行的「完善『一國兩制』制度體系，落實『愛國者治港』根本原則」專題研討會上講話，表明要完善香港的選舉制度。他指出：「我們要清醒地看到反中亂港分子、『港獨』等激進分離勢力通過選舉進入香港特別行政區治理架構的現實風險，抓緊完善香港特別行政區相關制度，特別是選舉制度，從而把『愛國者治港』落到實處。香港特別行政區行政、立法、司法機構的組成人員以及重要法定機構的負責人等，都必須由真正的愛國者擔任。」他表示：「完善香港選舉制度，必須根據香港實際情況進行設計，形成一套符合香港實際、具有香港特色的民主選舉制度，絕不能簡單照搬或套用外國的選舉制度。」

民建聯當天在回應夏寶龍講話中認為，特區的管治制度需要做出變革，完善保障「愛國者治港」的制度，包括以夏寶龍提出的5項原則完善香港選舉制度，完善公職人員宣誓制度，加強愛國教育等，確保中央對特區的全面管治權得到有效落實，憲法和《基本法》確立的憲制秩序得到有效維護，令香港實現長治久安，「一國兩制」繼續在香港行穩致遠。

修改《基本法》兩個條件

中央主導修改香港選舉辦法是採取「決定＋修法」的方式，先由全國人大就完善選舉制度作決定，再授權全國人大常委會按決定修改《基本法》附件一和附件二，之後香港再進行本地立法。

3月11日，十三屆全國人大第四次會議通過《關於完善香港特別行政區選舉制度的決定》，明確完善選舉制度應當遵循的基本原則和核心要素，授權全國人大常委會修改香港《基本法》附件一和附件二。3月30日，全國人大常委會通過新的《基本法》附件一《香港特別行政區行政長官的產生辦法》和附件二《香港特別行政區立法會的產生辦法和表決程序》，3月31日起實施。原《基本法》附件一和附件二及其修正案不再施行。

民建聯於3月30日發表聲明，全力支持中央通過香港選舉辦法，並重申，確定香港選舉制度屬中央事權。未來香港需要就選舉細節安排進行本地立法，民建聯將全力配合特區政府的跟進工作，包括協助特區政府向社會各界展開廣泛的宣傳解說，以及積極參與修訂本地選舉法例的審議工作，爭取及早完成有關本地立法，確保未來多場重要選舉能夠順利舉行。

　　同時，民建聯籌組了「支持人大決定完善選舉制度」街站簽名行動，共得到超過40萬個市民簽名支持，表明人大決定得到廣大市民的支持。

　　4月13日，特區政府公布《2021年完善選舉制度(綜合修訂)條例草案》，民建聯表示支持，並會就草案將處理的具體事項，包括界定選舉委員會界別分組、立法會功能界別、相關團體與個人選民資格；分區直接選舉選區劃分；候選人提名辦法、投票辦法；候選人資格審查委員會組成等認真審議，並反映社會各界意見，確保條例草案建立一套符合香港情況、有香港特色的新的選舉制度。草案於5月27日在立法會通過，標誌著完善選舉制度的工作順利完成。接著，政府著手籌備選舉委員會界別分組選舉、立法會選舉和行政長官選舉3場重要選舉。

逾百五名成員當選選委

　　完善選舉制度的重點是重新構建選舉委員會並增加賦權。選委會規模由1,200人增加至1,500人，界別構成由原來的四大界別增加至五大界別，每個界別300人。新增第五界別「香港特別行政區全國人大代表和香港特別行政區全國政協委員、有關全國性團體香港成員的代表界」。選委會每屆任期5年，委員必須是香港特別行政區永久性居民。

　　除繼續提名並選舉產生行政長官外，還恢復選委會選舉產生部分立法會議員的職能，負責選出40名立法會議員，並增加直接參與提名全部立法會議員候選人新職能。選委會五大界別保持40個界別分組的劃分，有些界別分組作出調整，名額分配及產生方式亦有所改變。選委會委員的產生繼續沿用原來的3種方式，即當然委員、由提名產生的委員和由選舉產生的委員，分別為362席、156席和982席。

　　選委會界別分組選舉於9月19日舉行，連同當然委員和提名產生的委員，民建聯有150多名成員當選選委，當選比例與上屆相若。民建聯認為，這是完善特區選舉制度後的首場選舉，意義重大。新一屆選舉委員會的組成充分體現了「愛國者治港」的原則，並具有廣泛代表性以及均衡的政治參與，有助於香港社會由亂入治，由泛政治化轉向非政治化，由不穩定轉到穩定。然而這次選舉在點票過程出現不少問題，整個點票時間超出預期，民建聯敦促選管會能認真檢討。

立會選舉全面出擊

在完善選舉制度後，立法會議員人數由70席增加至90席；由選舉委員會選舉、功能界別選舉和分區直接選舉分別產生40名、30名和20名議員。另外，設立候選人資格審查委員會，除立法會議員候選人外，也負責審查並確認選舉委員會委員候選人和行政長官候選人的資格，對有關人士從參選、競選到當選後的表現進行全流程監督審查。

地區直選方面，全港劃分為10個選區，採用雙議席單票制，得票多的兩名候選人當選。候選人須獲得所在選區不少於100個、不多於200個選民和選舉委員會每個界別不少於2名、不多於4名委員的提名。每名選委在分區直選只可提出1名候選人。

功能團體選舉設28個界別：漁農界、鄉議局、工業界(第一)、工業界(第二)、紡織及製衣界、商界(第一)、商界(第二)、商界(第三)、金融界、金融服務界、保險界、地產及建造界、航運交通界、進出口界、旅遊界、飲食界、批發及零售界、科技創新界、工程界、建築測量都市規劃及園境界、會計界、法律界、教育界、體育演藝文化及出版界、醫療衛生界、社會福利界、勞工界、香港特別行政區全國人大代表香港特別行政區全國政協委員及有關全國性團體代表界。其中，勞工界選舉產生3名議員，其他界別各選舉產生1名議員。

鄉議局、工程界、建築測量都市規劃及園境界、會計界、法律界、教育界、醫療衛生界、社會福利界、香港特別行政區全國人大代表香港特別行政區全國政協委員及有關全國性團體代表界等界別的議員，由個人選民選出。其他界別的議員由合資格團體選民選舉產生。候選人須獲得所在界別不少於10個、不多於20個選民和選委會每個界別不少於2名、不多於4名委員的提名。每名選委在功能團體選舉中只可提出1名候選人。

6位選委會界別候選人（上）、10位地區直選候選人（中）、6位功能界別候選人（下）出席誓師大會

選委會選舉的議員候選人須獲得不少於10名、不多於20名選委會委員的提名，且每個界別參與提名的委員不少於2名、不多於4名。任何合資格選民均可被提名為候選人。每名選委只可提出一名候選人。投票採用全票制，即每名選委須投票選40人，得票多的40名候選人當選。

民建聯執委會於10月29日通過派出18位成員參選立法會，其中10人參與地區直選，競逐功能界別的有4人，選委會界別共4人。其後再派出2人參選功能界別，2人參選選委會界別。現任立法會議員中，有9人爭取連任，上屆新界西的梁志祥、九龍西的蔣麗芸、九龍東的柯創盛不再參選。原任進出口界議員的黃定光交棒予黃英豪。參選人中，最年輕的是競逐選委會界別的陳凱榮，只有25歲。在會計界、社福界、醫療衛生界則是首次派人參選。

港島東候選人梁熙爭氣大會

2021年12月5日舉行立法會選舉誓師大會

2021年10月29日宣布以「革新求變為未來」為立法會選舉整體競選政綱和口號

提出十大參選政綱

　　民建聯以「革新求變為未來」作為整體競選政綱和競爭口號。民建聯指出，香港雖然憑著「一國兩制」的優勢，獲得大量機遇；《港區國安法》及完善選舉制度確保了「愛國者治港」，社會由亂入治，但世界格局劇變、香港社會撕裂及疫症肆虐，令元氣大傷，深層矛盾亦長期困擾市民。因此，提出「革新求變為未來」作為競選口號，提出十大參選政綱，呼籲社會一起革新求變，一起推動政府施政要更以民為本，實現公平正義，市民安居樂業，香港可把握機遇，融入國家發展大局，為國家富強，民族復興，作出貢獻。

在2021立法會選舉取得19席

十大參選政綱如下：

一、確立國家觀念 維護穩定安全
　　目標：傳承中華文化，加深認識國家，完善法律框架，
　　　　　保障國家和香港安全穩定

二、改革行政架構 提高施政效能
　　目標：建立具大局觀、高效率、負責任的政府

三、聚焦土地改革 實現人人安居
　　目標：實現公屋三年上樓目標、協助青年家庭置業、
　　　　　告別劏房蝸居

四、融入國家發展 闖開經濟新亮點
　　目標：盡快恢復與內地正常往來，善用香港優勢，
　　　　　打造成為國家與世界之間的超級連結點

五、投資民生建設 支援弱勢社群
　　目標：加強現有投入及推動跨境福利概念，
　　　　　為有需要人士提供支援

六、改革醫療服務 為病者解憂困
　　目標：改革醫療系統積弊，解決輪候時間長、
　　　　　藥費貴、跨境服務難求

七、以全人發展觀 助成青年展翅
　　目標：讓青年心懷國家，身心全面發展，追求理想。

八、完善交通配套 減輕交通費負擔
　　目標：引入新交通管理概念，發展綠色、智慧化、
　　　　　便捷及可負擔的交通系統

九、活力綠色文化 豐富城市內涵
　　目標：激發人民活力，加強綠色建設，培育文化氣息，
　　　　　豐富優越城市的內涵

十、解決社區問題 體現以民為本
　　目標：引入地區行政問責制，解決社區老問題

立法會議員佔逾二成

第七屆立法會選舉於2021年12月19日舉行。民建聯共派出22人競逐6個選舉委員會界別議席、6個功能團體界別議席，以及10個地區直選界別議席，結果共取得19個議席，佔議席總數二成一，保持立法會第一大黨的地位，成績基本符合預期，並有所突破。選舉前民建聯在立法會70席中佔有13席。

民建聯表示，這次立法會選舉在安全有序、公平公正的情況下舉行。候選人有不同背景和理念主張，認真比拼政綱，展開良性競爭，顯示出新選舉制度的理性、包容和代表性。由於選舉方式、選區劃分等改變，這次選舉存在不少變數，而民建聯也是派出多名新人參選，在會計界、社福界、醫療衛生界更是首次派人參選，故選舉工程充滿挑戰。

投票日，地區直選共有135萬人投票，投票率為30.2%，是自1991年立法局選舉以來最低。民建聯在全部10個選區均取得議席，得票率為51.4%，共取得680,563票。其中，九龍西鄭泳舜、九龍中李慧琼、新界東南李世榮、新界北劉國勳、新界西北周浩鼎、新界西南陳恒鑌和新界東北陳克勤等7人在所在選區得票排第一位。

在選舉委員會界別，民建聯有5人當選。在功能團體界別，除上屆的進出口界和漁農界外，更取得港區全國人大代表港區全國政協委員及有關全國性團體代表界和會計界的議席，而在社會福利界和醫療衛生界則未能取得議席。

民建聯 2021 立法會選舉結果

	參選人		得票	得票率
分區直選	港島東	梁熙*	26,799	20.8%
	港島西	陳學鋒*	36,628	33.2%
	九龍東	顏汶羽*	64,275	43.6%
	九龍西	鄭泳舜*	64,353	54.9%
	九龍中	李慧琼*	95,976	68.7%
	新界東南	李世榮*	82,595	64.8%
	新界北	劉國勳*	70,584	58.4%
	新界西北	周浩鼎*	93,195	67.9%
	新界西南	陳恒鑌*	83,303	52.5%
	新界東北	陳克勤*	62,855	46.5%
選舉委員會	陳仲尼*		1,297	91.3%
	林琳*		1,181	83.1%
	葛珮帆*		1,322	93.0%
	郭玲麗*		1,122	79.0%
	陳凱榮		941	66.2%
	張國鈞*		1,342	94.4%
功能界別	會計界	黃俊碩*	3,175	39.9%
	醫療衛生界	陳永光	3,446	21.7%
	社會福利界	朱麗玲	872	35.3%
	進出口界	黃英豪*	108	69.2%
	漁農界	何俊賢*	117	73.1%
	香港特別行政區全國人大代表 香港特別行政區全國政協委員 及有關全國性團體代表界	陳勇*	432	70.9%

* 當選

三、革新求變邁進新時代

做好全過程民主下半場

　　踏入2022年，是民建聯成立30周年，這一年以「革新求變 邁進新時代」為主題。元旦早上的30周年會慶啟動禮在尖沙咀街坊福利會室內舉行，約500人出席。隨著科技的普及，啟動禮也與時並進，在李慧琼主席讀畢民建聯《30周年宣言》後，與會者以手機掃瞄二維碼作電子聯署，並由李慧琼即場確認。

以手機掃瞄二維碼作電子聯署30周年宣言

李慧琼主席在啟動禮致辭時表示，香港正迎來一個嶄新的時代，在新的選舉制度下，選舉委員會選舉和立法會選舉順利舉行，為香港社會未來的穩定發展，打下了良好基礎。民建聯在選舉中也取得理想的成績，會認真履行在競選中提出的政綱，推動「革新求變」，促進香港社會的公平、穩定和繁榮。

她表示，在推進民主發展的進程中，選舉只是整個民主過程的上半場。選舉過後，認真落實政綱承諾，切實回應市民期望，發展經濟，改善民生，這是全過程民主的下半場。民建聯會牢記市民的期望和我們的使命，踏實建設香港，服務市民，做好全過程民主的下半場。

李慧琼同時提出民建聯未來有5項重點工作方向：

一、提出切實可行的政策倡議

- 與立法會內不同黨派和議員合作及緊密聯繫選民和選委，提出切實可行的政策倡議
- 提出政策融入國家發展大局，積極參與大灣區建設，為香港社會經濟發展開拓更多機遇
- 推動政府架構重組和行政改革，令管治施政更有效
- 推動修訂長遠房屋策略，落實公屋三年上樓目標

二、做好維護國家安全和社會穩定的工作

- 配合政府做好23條立法的工作
- 支持執法機關依法維護國家安全，反擊境外敵對勢力干預香港事務

三、在立法會履職盡責

- 緊守議會工作崗位，在法案審議和撥款審批等方面嚴格把關
- 確保行政與立法機關既相互制衡，又相互配合，有效履行《基本法》賦予的職能，不斷提升特區管治水平

四、加強人才培訓

- 在參與選舉的同時，會致力多渠道參與管治
- 繼續積極吸納和培訓管治人才，為政治管治人才提供儲備

五、做好特首選舉

- 與社會各界緊密合作，確保特首選舉成功，選出以民為本、德才兼備的行政長官
- 與社會各界共商共議，融合民建聯的政策倡議，提出對下屆政府的施政期望

四份宣言始終如一

在30周年會慶啟動禮上，民建聯發表《30周年宣言》，強調在邁進新時代下，民建聯繼續堅持四個信念，包括「堅定的愛國者」、「一國兩制的捍衛者」、「良政善治的建設者」、「社會變革的推動者」，為香港的長遠及整體利益、為國家民族的復興事業，繼續打拼。

這是民建聯成立以來的第四份宣言。1992年，民建聯在《成立宣言》中明確表示是「愛國愛港」、「民主參政」及「建設香港」的組織。《千禧宣言》強調是「穩定香港的政治力量，是對香港有承擔，以建設香港為己任的參政團體」。《25周年宣言》申明「傳承愛國愛港」、「堅守一國兩制」、「實現優質民主」及「共享發展成果」四大理念。愛國、建設香港一直是這四份宣言的主線。

經過30年的發展，特別是特區成立以來25年來的歷程，《30周年宣言》對捍衛「一國兩制」有更深刻的體會：

三、革新求變邁進新時代

「一國」是「兩制」的前提；破壞「一國」，必然損害「兩制」，將香港引向災難。我們堅決維護國家統一和安全，反對港獨與分離主義。我們堅持以憲法和《基本法》為依據，全面準確落實一國兩制。我們主張建立完善的制度體系，維護國家安全和社會穩定，防範外國干預，確保一國兩制行穩致遠。

選舉導向轉為多渠道參與管治

另一方面，綜觀四份宣言，民建聯的定位在香港進入新時代下也要隨之改變。民建聯成立之初就是參政組織，而參政則是通過參與各級議會選舉來實現，可以說民建聯首先就是選舉機器。民建聯是通過選舉不斷發展壯大，同樣也是在選舉中經受挑戰及挫折。黨內人才的培訓和成長，幾乎無一不是通過選舉歷練，不少成員是從區議員起步，再晉身立法會議員及黨內領導層。

《30周年宣言》提出：「我們既參與選舉，也重視培訓和輸送管治人才，致力協助政府提升管治水平」，由此可見民建聯的定位已作出重大轉變。

在2021年初公布「變革香港」倡議時，李慧琼對傳媒表示，民建聯會改變定位，由以往參政、議政，轉為多渠道參與管治，匯聚愛國愛港管治人才，在不同法定團體、諮詢架構推動變革。在同年底呈交第30次周年會員大會的執行委員會工作報告中，李慧琼明確表示，「在新的政治局面下，民建聯從選舉導向轉為多渠道參與特區管治。」未來，民建聯將怎樣落實多渠道參與管治，如何體現，必然受到社會廣泛關注。

四、規劃治政人才發展

培訓課程頗多新意

《港區國安法》實施、完善選舉制度，為落實「愛國者治港」創造有利條件。邁向良政善治，香港需要加強「愛國者治港」隊伍的建設，培育更多政治和管治人才。

民建聯一直重視培育政治人才，較早為成員開展系統性培訓，自2000年起5次開辦政治專才培訓課程，從第三次起更開放給社會人士參加。2021年初，民建聯在「變革香港」倡議中，強調特區政府必須強化管治手段和能力；而領導層於4月換屆時，主席李慧琼明確提出將「參與管治」和「參與選舉」列為民建聯在新形勢下的兩大發展目標。要強化管治能力和積極參與管治，培養人才是重要的一環，因而民建聯提出的2021年首項行動綱領就是加強自身建設。為此，民建聯成立人才發展委員會，專責統籌各項培養人才工作，並設立治政人才庫。

人才發展委員會由張國鈞任主席。加入民建聯19年的秘書長王舜義曾任國泰航空人事總經理，在培訓方面擁有豐富經驗，正好一展所長。新一輪培訓計劃由「政道 —— 治政理念研習課程」、「賢路 —— 人才庫甄選及推薦計劃」、「私塾」讀書會和「善治」內地實習體驗計劃組成，光從命名來看，就有不少創新，而且內容也有不少新意。「政道」是為吸納人才，「賢路」是甄選人才的機制，「私塾」是提升人才的平台，而「善治」就是鍛煉人才的機會。

人才發展委員會由張國鈞(左)任主席，王舜義任副主席

「政道」—研習治政理念

「政道」是民建聯一系列治政人才發展項目的開端，於2021年6月至10月舉行。課程內容有別於過往民建聯舉辦的培訓課程，不是以參與選舉為先，而是著重講解治政理念，使學員了解治理社會、為市民服務需要什麼理念、需要怎樣的思維，為將來以不同方式參與特區管治作好準備。

除由本地及內地18名資深學者、專家和政界人士講課外，「政道」還安排學員就當下香港時局進行小組討論及分享學習心得。另外，雖受疫情影響，學員也有機會拜訪外交部駐港特派員公署，拓展視野。

特區政府對「政道」十分支持。在3月中開始報名前，林鄭月娥應邀與李慧琼就課程內容對談，推薦這項課程。她認為，「政道」課程中的「道」非常重要，即是培養治政的理念。管治需要知識、技巧，而且熟悉政府運作，但這些都不是最重要，最需要研習的是理念：究竟管治香港需要一套怎樣的理念？她還表示，若有志從政，她有三個「貼士」，就是堅持原則、聆聽市民聲音及平衡各方意見。

其後，林鄭月娥與中聯辦副主任何靖於6月5日擔任「政道」開學禮主禮嘉賓，並以「為政之道 ——— 從宣誓說起」為題發表演講，分享多年從政經驗。10月23日的畢業典禮，則由署理行政長官李家超和中聯辦副主任陳冬主禮。

四、規劃治政人才發展

「政道」講者及講題

1	百年大變局	高祖貴教授
2	愛國者治港	梁振英先生
3	中國香港——政治與文化的認同	强世功教授
4	香港未來的政治改革	邵善波先生
5	「十九大」精神與「十四五」規劃	楊禹先生
6	後國安時代的管治者同盟	劉兆佳教授
7	告別西潮	王卓祺教授
8	融入經濟雙循環	雷鼎鳴教授
9	香港的明天在哪裏	王振民教授
10	大局變動，政治重建	張炳良教授
11	新加坡的社會治理經驗	呂元禮教授
12	一國兩制的演變與未來	譚惠珠女士
13	超限戰：香港案例	王湘穗教授
14	2021年新媒體發展與輿論研判	沈陽教授
15	抗疫治理：香港案例	盧永雄先生
16	得民心者得天下	陳萬雄博士
17	政治問責制的實踐與改革	譚志源先生
18	從政的明天在哪裏	曾鈺成先生

林鄭月娥（左二）與中聯辦副主任何靖（右二）於6月5日擔任「政道」開學禮主禮嘉賓

林鄭月娥兩度為「政道」站台

林鄭月娥應邀與李慧琼對談，推薦政道課程

　　由於「政道 ——治政理念研習課程」是一個嶄新的課程，如何向外宣傳推廣，吸引優秀人才報讀，是課程能否成功的關鍵。民建聯決定嘗試邀請行政長官林鄭月娥與主席李慧琼對談，拍攝宣傳片，而林鄭月娥爽快地答允支持，令人喜出望外。

　　在宣傳片中，林鄭月娥讚揚民建聯率先為香港培養更多有治港理念的人才，而且「政道」課程的內容和講者都非常有份量，所以她推薦這個課程。

　　她認為，「政道」課程中的「道」非常重要，即是培養治政的理念和個人的品格。管治需要知識、技巧，最好是熟悉政府運作，但這些都不是最重要，最需要研習的是理念，而最需要培養的是誠信。究竟管治香港需要一套怎樣的理念？她為有志從政者提供三個「貼士」，就是堅持原則、聆聽市民聲音及平衡各方意見。

林鄭月娥在拍攝宣傳片時更即場接受李慧琼的邀請，為「政道」課程擔任主講嘉賓，分享從事公職40年來的心路歷程。

2021年6月5日，「政道」舉行開學禮，林鄭月娥以「為政之道──從宣誓說起」為題發表演講，罕有地分享她擔任行政長官期間的日常生活。

林鄭月娥說，她自己對「廉潔奉公」十分重視，所以從政以來生活相當簡單，在政府和公務員系統內沒有自己的「班底」、沒有「馬房」、幾乎沒有社交活動，亦甚少與現職同事一起吃午餐。就是不希望給予他人錯覺：「這幾個人經常與特首、政務司司長食飯，他日升職可能會快些」。她搬入禮賓府4年，亦只用這官邸作官式接待，親戚朋友也幾乎沒有到訪。

她在講課中還強調，選舉不是從政的唯一出路，要真正可以在香港行政主導之下發揮到管治效能，需要走進特區政府這個「熱廚房」，這樣才更有機會為香港「烹調出盛宴佳餚」。當日在席聽課的李慧琼主席說，從林鄭特首的親身分享可見到，作為特區首長除了要頂得住「熱廚房」的溫度外，生活細節上也相當嚴謹，真的一點都不易做。

四、規劃治政人才發展

梁振英(中)及李家超(左三)出席結業禮

學員背景多元化

「政道」名額原定50名，有約350人報名，相當踴躍，反映不少有志從政者在香港政治環境穩定下來後，想把握機會一展抱負。經遴選面試後，錄取的學員人數為70人，最後69人完成課程。

學員中逾五成五並非民建聯成員，背景多元化，包括律師、醫生等專業人士，亦有來至工商金融機構的高層管理人員。商湯科技香港公司總經理尚海龍作為學員代表之一在畢業禮上發言中表示，通過「政道」的學習，令學員能夠更加正確、理性地愛國愛港，積極擔當，合力建設更美好香港。東華三院主席譚鎮國、香港公務員總工會主席馮傳宗也是學員。

李慧琼在「政道」畢業禮上重申民建聯舉辦「政道」課程，是希望在黨內外多渠道發掘和培訓有堅定理念、有解決問題能力的從政人才，並助他們一展所長。恰好在畢業禮前不久，學員胡健民獲委任為政制及內地事務局副局長，另有18名學員成功當選選舉委員會委員，部分學員也進一步參與民建聯的「賢路」人才選拔計劃。

「政道」結業禮

賢路參加者就其政策倡議回答提問

賢路參加者進行看圖演說

賢路參加者對辯

人才庫成員參與施政辯論擂台

四、規劃治政人才發展

「賢路」— 選拔人才的開端

在開展「政道」之際，民建聯亦同時制定「賢路」計劃。這是一個選拔人才的開端，透過不同的評核項目，挑選德才兼備的人才進入治政人才庫。第一和第二期「賢路」計劃報名人數共超過100人，民建聯正副主席及大部分立法會議員均有參與，起帶頭作用，還有非民建聯成員、「政道」課程和清華高級公共管理碩士香港政務人才項目學員，其中50人獲選納入人才庫。

報名參加者事前需要提交2,000字的自我介紹及3,000字的政策倡議。其後的考核包括通識問答、看圖演說3分鐘、對論，以及關於政策的問答。甄選標準涵蓋4個方面，包括政治才能，即判斷力、執行力；政治品德，即忠誠、廉潔、有擔當；業務品德，即誠實、盡責、

顧全大局，不以狹隘地區利益為前提參政；過往的貢獻、親和力及團隊精神。

　　整個人才庫大致分作三個級別，分別是已有一定歷練的「大將之才」，嶄露頭角、被視作第二梯隊的「明日之星」，以及具有潛質、仍需繼續培訓的「可造之材」。民建聯打算在第一和第二期之後繼續甄選，不斷擴大人才庫。

「私塾」— 提升政治水平

私塾讀書會進行中

　　人才庫的首個培訓活動「私塾」讀書會接著在8月舉行，邀請陳萬雄、王卓祺及雷競璇三位資深學者各自帶領一個讀書會，指導人才庫成員閱讀指定的書籍或文章，在定期的讀書會中分享、討論。

　　讀書會主題分別是「中國歷史與政治」、「民主的前世今生：理念、制度變更及未來展望」和「歷史與政治之間：古今的對話」。學習

內容除了中國的經典書籍如《論語》、《史記》、《資治通鑑》、《貞觀政要》外，亦包括近代中國百年奮鬥史、「一帶一路」、和平崛起、近代民主思潮及危機等課題。讀書會每周見面一次，每次兩小時，學員事先要閱讀導師指派的文本，然後在會上分享。其中一個讀書會更在第一課要求學員學習禪坐一小時。

王舜義在解釋為何舉辦「私塾」時強調，從政如果不讀書，很難做得好，通過讀書會的交流、有助拓寬人才庫成員的思維方式和提高思考高度。

其後，為提升人才庫成員在公共管治政策的分析思考、組織應變、議政論政的經驗和能力，人才發展委員會於 10 月舉行「施政辯論擂台」，有 42 人參加。辯論題目共有 10 個，均是圍繞特區政府的施政方向及民建聯的政策倡議，為有意從政者提供鍛鍊機會。活動全程直播，並開放予民建聯成員及媒體旁聽。

「善治」—— 從實踐中鍛鍊

除「政道」、「賢路」和「私塾」外，民建聯在治政人才規劃中亦籌備推出「善治」計劃，以鍛鍊人才。

首個「善治」計劃原定在 2022 年推行，獲甄選的年青成員可以前往上海政府單位見習，包括約兩周的學習及約兩個月的實地鍛鍊，體驗管治決策流程，探索及學習國家的地區治理經驗。由於受疫情影響，「善治」計劃尚未開展。

五、密集提出八大政策倡議

跟進政策倡議落實

民建聯提出的2021年第二個行動綱領是要推動實質政策突破，協助特區政府改善施政，實現良政善治。為此，民建聯將成立以來一直設立的政策委員會升格為政策倡議委員會，由立法會議員及多名政策倡議人組成，協助民建聯推動政策研究及爭取落實倡議。

政策倡議委員會從2021年7月起運作，審議委員以個人名義提出的個人政策倡議，以及以民建聯名義提出的倡議報告。在同年12月立法會選舉前，民建聯密集公布八大政策倡議，包括《香港工業4.0——再工業化啟動建議書》、《2030+香港體育政策及發展藍圖》、《新界北建設香港新中心倡議書》、《重塑本港交通運輸承載力》、《優化政府架構及主要官員問責制》、《告別劏房十大倡議》、《安居‧切實可行——變革房屋土地政策倡議》，以及《認識國家發展 講好中國故事》。這些倡議提出的多項建議，其後納入民建聯向特首提交的施政報告期望、立法會選舉參選政綱和對新一屆政府的期望之中，當中不少建議已獲特區政府吸納。

同時，政策倡議委員會委員在提出政策倡議時會主動接觸持份者，諮詢意見，並舉辦專題圓桌會議，廣邀有關人士發表意見。圓桌會議不只加強民建聯與持份者的聯繫，亦帶起社會討論的氛圍，令政府更重視相關政策的檢討。

倡議集中三個重點

李慧琼在 2022 年元旦舉行的 30 周年會慶啟動禮上表示，民建聯要提出切實可行的政策倡議，當中最少有 3 個重點。一是融入國家發展大局，積極參與大灣區建設，為香港社會經濟發展開拓更大空間、更多機遇；二是推動政府架構重組和行政改革，令管治施政更有效回應社會發展需要；三是推動修訂長遠房屋策略，落實公屋 3 年上樓目標，爭取在解決房屋問題上取得突破。

曾擔任政策委員會主席多年的常委呂堅在解釋成立政策倡議委員會的好處時說，過往民建聯做政策研究最大的不足之處在於延續性不強，只有政策發言人，沒有政策倡議人。許多研究報告公布後沒有人跟進，提交給政府參考後就沒下文。民建聯成立以來在安老政策方面做得很好，就是因為譚耀宗先後擔任多屆立法局及立法會議員，既是福利政策發言人，也提出不少倡議，從頭到尾跟進其落實。他認為，民建聯未來的政策倡議要做到廣，需要從香港的整體發展方向進行規劃研究，並進一步開展財經、教育、科技等專項研究，這就需要多吸納具專業背景的人士。

在香港需要進行變革，走向良政善治的時候，民建聯在 2021 年密集提出的政策倡議，能在多大程度上影響新一屆政府的決策，值得關注。

新界北建設香港新中心

民建聯在 2021 年發表的八大政策倡議中，最受傳媒關注的是劉國勳作為政策倡議人在 8 月 9 日發表的《新界北建設香港新中心倡議書》。倡議書提出，期望用 10 年時間建設「港深合作經濟帶」，讓新界北成為

香港新中心。特首林鄭月娥在10月發表任內最後一份施政報告，提出用20年時間構建面積約300平方公里的「北部都會區」，涉及住宅單位總數達92萬個，可容人口250萬。劉國勳的倡議顯然對林鄭月娥的構想有相當大的影響。

劉國勳在2021年8月9日發表《新界北建設香港新中心倡議書》

劉國勳在粉嶺祥華邨長大，自2007年起任北區欣盛選區區議員，2016年循傳統區議會功能界別成為立法會議員。作為北區區議員，他對港深關係體會甚深。從港人北上消費轉變為內地客塞爆上水，到新界東北發展爭議，以至水貨客、跨境學童、學校收生不足等民生議題，他都面對並處理過。他認為，香港過往無論住屋問題，還是經濟轉型問題，其實都不是土地不足，而是規劃不足，因為政府過去的思維就是不打算發展新界北。

劉國勳就任立法會議員後，多次就有關新界北發展議題提出質詢，2021年5月他在立法會提出「以口岸經濟帶動新界北發展」的議案，獲得通過。7月15日，林鄭月娥在立法會答問會上表示，近日對

新界北的發展有新的看法，亦很感謝劉國勳議員提出新界北是否應該用更整全的方法來看，而不是逐個片區去看。

由於熟悉相關議題，加上民建聯過去對開發邊境地區曾發表多項研究報告，劉國勳及其團隊得以獨力完成《新界北建設香港新中心倡議書》，對新界北的規劃藍圖進一步提出詳細的建議，獲得社會各界關注。

《新界北建設香港新中心倡議書》建議政府主動統籌及簡化土地發展程序，由新界北開始，用10年時間建設「港深合作經濟帶」。整個經濟帶主要發展6大核心區域，透過釋放濕地及綠化帶、「舊村」改造建丁廈或社區的試點模式及各口岸實施「一地兩檢」等方式騰出土地，配以鐵路等基建帶動經濟、帶動發展。

當中6個策略性區域包括：將洪水橋發展為西部物流及創新走廊；凹頭／牛潭尾—八鄉發展為提供更多房屋及就業職位的新發展區；文錦渡—羅湖口岸帶引進內地教育資源並於新界北開設分校，發展為商貿、醫療及教育區；沙頭角—鹽田發展為生物及歷史旅遊帶；皇崗—落馬洲—新田變革通關模式，以便利兩地人才往來，發展為港深創新發展樞紐；上水南、古洞南則發展為現代化農業產業園，並增加運動及休閒設施。

優化政府架構及問責制

《優化政府架構及主要官員問責制》倡議於9月23日公布，由李慧琼、張國鈞和陳恒鑌任政策倡議人。倡議指出，香港應大刀闊斧對政府架構和問責制進行優化，讓香港能把握新時代的機遇，再次騰飛。具體改革建議包括：

2021年9月公布《優化政府架構及主要官員問責制》倡議

一、重組及強化政策局職能

- 設立發展和改革政策組
- 新聞統籌專員兼任政府發言人
- 新增文化體育及旅遊局
- 重組發展局、運輸及房屋局，新設房屋及規劃地政局與運輸及工務局
- 政制及內地事務局加強內地事務職能
- 強化商經局推動產業發展角色，駐外辦要說好中國故事
- 創新及科技局兼管工業
- 強化食物及衛生局產業發展角色，推動中醫藥、美容業和漁農業發展
- 民政事務局兼管環境衛生
- 環境局兼管天文台及保育工作

二、擴大問責團隊規模以適應新形勢

- 增設副政務司司長
- 將民政事務專員納入問責制
- 適度擴大問責團隊規模

三、制訂績效考核指標 (KPI)

四、為問責團隊交接提供制度化支援

這些建議部分已被納入 2021 年施政報告之中。

值得注意的是，倡議提出將民政事務專員納入問責制，強化中央與地方之間的連結，形成一個更全面、更貼地的管治團隊；認為良好的地方行政必須做到「地區問題、地區解決，地區機遇、地區掌握」，讓市民安居樂業。

另外，應為問責官員制訂一套嚴格的績效考核指標，客觀評估主要官員的施政表現，以提升施政水平。這套績效考核指標必須具體、可行，和各部門的工作目標緊密連結。而且除了針對犯錯的行為，亦應針對避事不作為等消極表現。

五、密集提出八大政策倡議

變革房屋土地政策告別劏房

《安居 · 切實可行－變革房屋土地政策倡議》於9月26日公布，具體改革倡議包括：

- 在《長遠房屋策略》中確定「實現三年上樓」、「協助青年置業」及「告別劏房蝸居」三大目標
- 檢討及修訂房屋需求推算模式，以「目標為本」推算供應，將公營房屋供應加至4.5萬，以達至公屋累積個案「清零」、恢復「三年上樓」以及協助青年置業
- 重組房屋及規劃地政局，由特首領導「土地供應督導委員會」
- 試行「新居者有期屋計劃」，以5年樓花的形式，提早令讓年輕家庭、邊緣中產鎖定置業機會
- 提升人均居住面積，限制200呎以下的單位供應
- 增加短期供應，實現「三年上樓」目標
- 放寬地積比、增加住宅用地比例、擴大收地以短期內彌補土地缺口

其後，民建聯於10月3日宣布成立「告別劏房行動」，提出十大倡議，推動特區政府制定「告別劏房」路線圖，把「告別劏房」列入長遠房屋策略中。「告別劏房行動」有逾30名成員，包括立法會議員、專業人士、地區代表、地區組織、劏房居民及過渡性房屋居民等，由鄭泳舜任行動召集人。接著更舉行圓桌會議，邀請運輸及房屋局局長陳帆與持份者交流。

「告別劏房行動」的十大倡議包括：

- 制定告別劏房路線圖
- 政府須在10年內大幅增建公營房屋
- 制定全面社會房屋政策，把過渡性房屋納入長遠房屋策略框架內，增加過渡性房屋供應至3萬至5萬個單位
- 要求立法會盡快通過《業主與租客(綜合)修訂條例草案》，規管劏房；
- 政府須定期進行追蹤調查劏房租務市場
- 盡快研究及制定起始租金，以完善對劏房租務市場的規管
- 研究制定劏房單位基本要求
- 持續支援劏房住戶
- 支援舊式大廈的管理
- 加快市區重建步伐增建公屋

多項倡議相繼發表

其他政策倡議則涉及工業、體育、交通和講好中國故事等方面。周浩鼎於7月13日發展《香港工業4.0 —— 再工業化啟動建議書》，建議特區政府採取措施推動香港工業4.0的再工業化，就傳統工業智能化

而言，香港應集中發展高增值產品的自動智能化輕工業，而非勞動密集型低附加值產品。建議包括：

- 政府為本地製造業佔本地生產總值制訂指標百分比，以有效量度政策績效及鞭策政府
- 提供更多工業用地，地點可考慮新界北新田落馬洲以及文錦渡物流走廊等，配以排污及物流配套等設施，形成工業集群有利發展
- 為傳統工業採用智能生產線提供更多稅務優惠
- 加強與職訓局聯合宣傳，改變公眾對工業固有印象，從而吸引青年人才投身工業4.0技術人員行業
- 加大力度為香港產品開拓內地及東盟國家市場

鑑於香港運動員在東京奧運取得佳績，鄭泳舜於8月7日公布《2030+香港體育政策及發展藍圖》，建議從短中長期作出規劃，並配以行動綱領，促使香港體育事業整體發展可更上一層樓。政策倡議重點包括：促進運動員培訓專業化；加強對現役和退役運動員的升學及就業發展支援；申辦2025年全國運動會及2029年亞洲青年運動會；加快推動「普及化」、「精英化」、「盛事化」；訂立「產業化」為政策目標；成立文化體育及旅遊局。

《重塑本港交通運輸承載力》倡議於9月22日由陳恒鑌發表，提出當局應以3個「重塑」，包括「重塑泊車轉乘概念」、「重塑智慧出行藍圖」及「重塑隧道收費結構」，全

盤審視本港運輸系統的現存問題。政策建議包括：擴展泊車轉乘範圍至路面的巴士轉乘樞紐，增加轉乘優惠車位供應，並大幅提升轉乘站的綜合配套。同時，確立隧道費用徵收主要目的是調控車流，並按此方針規劃政策方向，包括引入「時變收費系統」，按隧道的使用需求，於早上及黃昏的特定繁忙時段，按不同時區逐步把隧道收費調升，在需求高峰期後，逐步調低收費。

《認識國家發展 講好中國故事》倡議於10月21日由陳勇、梁熙和朱麗玲公布，倡議重點包括：加強推廣中華文化；要求特區政府駐外地機構講好中國故事；認識歷史，加強國民身份認同；讓更多中央電視台頻道在港免費播放；善用香港優勢；加強對外文化交流；加強於不同的國際舞台為國家發聲；積極推薦人才加入。

顧及整個社會跨階層發展

2020 年 4 月 22 日，國務院根據行政長官林鄭月娥的提名，任免多位局長，其中年僅43歲的許正宇獲任命為財經事務及庫務局局長。他是歷來最年輕的問責局長之一，也是首位直接出任局長的民建聯成員。

許正宇從政之路與其他加入政府的民建聯成員不一樣。他中學畢業後獲得獎學金赴英國牛津大學深造，回港後出任特區政府政務主任，曾被調派到經濟發展科、駐京辦和民政事務總署服務。2003 年，他離開政府後在私人市場跨國企業就職，其後在香港交易所工作超過12年。在出任局長前，他擔任香港金融發展局行政總監。

在香港交易所工作期間，許正宇因自身對香港社會事務的興趣與關注，

財經事務及庫務局局長

許正宇 43歲

● 1999年至2003年，出任特區政府政務主任，曾被調派到經濟發展科，駐京辦和民政事務總署服務

● 2019年至2020年4月，任香港金融發展局行政總監

強化資產管理業務

信香港金融基因未變

當前香港面對一些困難和挑戰，但我深信香港的金融基因未變。在這方面，我們如何可以在香港作為集資中心的基礎上，進一步強化資產管理的業務，同時用好香港聯繫內地及聯繫國際的這個特點，做好例如是創新科技中的金融科技，以及綠色金融的方向。如果要我形容今日的心情，可以用2003年SARS時期一首名為《香港心》的歌，在這一刻，我們需要愛心、決心和堅忍，同一時間，我們要有勇氣和鬥心，眾人同心做事。

2020 年 4 月 23 日《大公報》

著手了解政黨運作。他認為在各政黨中，民建聯的愛國愛港立場最明確。同時，民建聯對人才培養的重視也吸引了他，於是就打電話主動申請加入。時任民建聯灣仔支部主席孫啟昌與他會面時很友善，也很好奇，問他為何要加入民建聯。

許正宇加入時是在2008年，會員號碼3,000多號，如今民建聯已有4萬多會員。11年後，他當選民建聯中委及常委。許正宇表示，他的優勢在於金融專業和政策倡議上，加入民建聯後主要參與政策委員會及專業事務委員會，與大家一同探討議題，例如投資者保護、市場發展等。

他回憶說，民建聯的晚間會議讓他受益匪淺。過去在金融界總是難以兼顧到社會各層面，乃至政策的落地實施。政策委員會成員各有不同的背景和思考方式，有助大家考慮如何將社會大眾的觀點引入政策之中，及如何將政策解讀給受眾，這給許正宇開闢了新的視角，是十分寶貴的學習經驗。哪怕平時工作再忙，他也會在下班後盡量參與。民建聯舉辦的一些活動也給許正宇留下了深刻印象。「曾鈺成前主席那麼忙的人，還肯花時間幫會員搞讀書會，現任李慧琼主席也參與分享從政心得，這是很難得的。」

許正宇寄望，民建聯的未來新一代繼續培養個人政策分析硬實力和溝通表達軟實力。民建聯作為一個跨階層政黨，提出的政策倡議不能局限於某個層面，一定要顧及整個社會的長遠利益。在未來，如何有效收集跨階層民意，反映民意，並將民意落實到政策中，是民建聯需要持續推動的事情。

五、密集提出八大政策倡議

民建聯近 20 年發表的政策研究報告及建議書

年月	主題
2003 年 6 月	香港與珠三角經濟融合中政府的作用
2004 年 12 月	全方面開發港深邊境地區的方案與論證
2005 年 3 月	香港最低工資制度建議方案研究報告
2005 年 10 月	打造香港新政治行政中心政府總部選址研究
2006 年 2 月	香港發展新工業的建議
2006 年 5 月	讓啟德再起飛──東南九龍發展計劃建議書
2006 年 5 月	港珠澳大橋橋頭經濟概念計劃建議書
2006 年 6 月	香港教育產業化建議報告書
2006 年 7 月	建構和諧家庭──民建聯家庭友善建議書
2006 年 8 月	環境保護政策綱領──齊踏環保路共創好家園
2006 年 8 月	大嶼山的可持續發展經濟、環保、 歷史文化和民主的融和
2006 年 8 月	香港在泛珠區域合作中的前景、問題與對策
2006 年 11 月	強化即時轉運　推動物流持續發展
2007 年 1 月	香港國際金融中心發展策略系列作用
2007 年 5 月	培育人才迎接挑戰──提升專上學生受僱能力建議書
2007 年 6 月	讓漁農業再生根──重塑香港可持續漁農業發展政策
2007 年 6 月	從探索走向全面合作──回歸十年香港與內地關係的發 展與前膽
2007 年 7 月	提升香港地位配合國家發展──香港設立石油期貨市場 建議書
2007 年 8 月	打擊青少年跨境濫藥問題建議書
2007 年 10 月	香港發展社會企業的建議──社區為本助貧自助
2007 年 10 月	永不落幕的國際展銷之都建議書
2007 年 11 月	希望之城　活化天水圍工程建議　考察報告
2007 年 12 月	香港六方柱狀節理岩石地質地貌申請──世界自然遺產 研究報告
2008 年 2 月	舊工業區轉型規劃建議書
2009 年 6 月	全方位合作共建大都會　促進港深合作建議書

年月	主題
2009年6月	改善樹木管理建議書
2009年7月	把握機遇經營珠三角　粵港合作先行先試建議書
2009年8月	消費有保障　營商講法度——建立全面消費者保障制度建議書
2010年5月	立足珠三角　拓展港澳合作
2010年5月	學習差異兒童學前教育報告書
2010年7月	十二五時期香港的地位和作用民建聯意見書
2010年7月	搭海西快車　做大「香港服務」
2010年9月	在香港逐步建立自主審查的專利制度建議書
2010年12月	香港拓展內地市場之路
2012年6月	建構香港長者友善城市
2013年4月	將香港建成知識產權貿易中心建議書
2013年6月	應對人口挑戰香港人口政策報告書
2013年10月	設立落馬洲南商貿購物中心建議書
2013年12月	第二層社會安全網　低收入家庭生活補助計劃建議書
2015年2月	粵港合作建議書
2014年4月	香港中藥產業發展建議書
2016年5月	香港中藥產業發展建議書(II)
2017年2月	安老服務計劃方案
2017年8月	把握機遇創新高峰——粵港澳大灣區香港規劃方案建議書
2017年9月	青年政策建議書
2017年10月	香港旅遊業持續發展建議書
2017年10月	培育身心健康新一代——民建聯兒童成長政策
2018年7月	應對共享經濟建議書
2018年1月	先行先試落實國民待遇建議書
2018年8月	少數族裔困難與障礙報告
2018年9月	香港青年創業意向調查及建議書
2019年1月	道通天下　大灣無彊——粵港澳大灣區跨境交通基建規劃建議書
2019年7月	香港雙職家庭精神健康研究

五、密集提出八大政策倡議

年月	主題
2019年9月	香港康復計劃方案建議書
2019年11月	粵港澳大灣區創新科技發展
2019年12月	民建聯香港婦女政策建議書
2020年6月	揭真兇斷黑暴——青少年犯罪年輕化探討及對策
2020年11月	促進中醫藥在粵港澳大灣區發展建議書
2021年3月	推動大灣區文化創意產業發展建議書
2021年7月	香港工業4.0——再工業化啟動建議書
2021年8月	2030+香港體育政策及發展藍圖
2021年9月	重塑本港交通運輸承載力
2021年9月	優化政府架構及主要官員問責制
2021年9月	安居．切實可行——變革房屋土地政策倡議
2021年10月	告別劏房十大倡議
2021年10月	認識國家發展　講好中國故事
2021年11月	新界北建設香港新中心倡議書
2022年5月	藝文香港2027+制訂未來五年文化藝術政策及發展藍圖

六、動員地區網絡抗疫

敦促政府落實好主體責任

　　2020年初，黑暴衝擊法治和社會秩序的陰霾仍未散去，新冠肺炎疫情接踵而來，嚴重衝擊經濟民生。兩年多來，民建聯與全港市民同舟共濟，持續在立法會層面向政府提交多項建議，敦促改善防疫抗疫安排，而在地區層面則提供多項支援市民的服務。

2020年1月會見行政長官促加強應對疫情的工作

　　香港於2020年1月23日出現首宗確診個案，在此之前兩天，民建聯衛生事務發言人蔣麗芸已促請政府防範於未然，以最高級別應對，以免重蹈2003年「沙士」覆轍。其後，民建聯立法會議員去信或約見特首及政府官員，在提高防疫物資供應、加強病毒檢測工作、實施嚴格口岸檢疫、完善疫症時醫療服務安排等提出建議。

同時，民建聯緊密聯繫各行各業的經營者和組織，向特區政府提出保經濟、保就業的建議。除在財委會加快審議各輪防疫抗疫基金撥款申請外，並不斷要求政府為失業人士提供短期財政援助，支援未有受惠於防疫抗疫基金的受影響行業。

在疫情漸退時，民建聯又積極推動政府實施港版健康碼，並多次會見政府官員並去信港澳辦，請求加快與廣東省政府及澳門政府協調，互認健康碼，以恢復三地人員交流，方便營商及兩地家庭往來。

在第五波疫情於2021年12月底爆發後，民建聯持續透過去信特首、約見官員等多渠道向特區政府提交多項建議，要求政府履行好抗疫主體責任。

舉例來說，在增加抗疫人手方面，民建聯建議政府動員社會力量參與前線抗疫工作，以增加檢測站、大廈圍封強檢、竹篙灣檢疫中心的人手；與地區團體合作，組織志願者分擔後勤工作，如包裝檢測包及維持檢測站秩序等；動員私營醫護及中醫參與抗疫，分擔前線醫護的工作量；請求中央政府派遣疫情防控專家，並調派採樣及化驗人員來港。這些建議大部份獲政府採納。

又如，由於大量市民因要接受強制檢測而於短時間內湧到檢測站，加上檢測站安排不周，出現混亂情況，民建聯隨即建議特區政府增設流動檢測站、透過互聯網公布實時輪候狀況、引入派籌機制、設立關愛隊，以及設立特殊檢測外展隊，為特殊群組進行檢測，上述建議亦大部份獲政府採納。

2020年提出要求設立失業援助金

要求支援受疫情影響行業

2022年1月梁熙（右）與周浩鼎約見食物及
衛生局副局長徐德義，反映竹篙灣檢疫中心
混亂問題

2020年3月要求讓中醫協助治療患者

六、動員地區網絡抗疫

　　為支援受疫情影響的企業和員工，政府推出六輪防疫抗疫基金，在每一輪防疫抗疫基金推出前後，民建聯均會聯絡各個行業，了解其經營困難和訴求，並向政府提交建議，補漏拾遺。

協助鑽石公主號港人

　　2020年2月，「鑽石公主號」郵輪爆發疫情，逾700人染疫，停泊在日本橫濱，船上3,700多人被隔離，其中有364名香港居民，包括260名特區護照持有人。

　　鄭泳舜收到港人家屬求助，主要問題是欠缺藥物。在與領導層商討後，鄭泳舜於2月16日與兩名助理飛往日本，支援被隔離港人。他們抵日後第一時間與中國駐日本大使館聯繫，反映求助港人訴求。

　　在逗留日本7天期間，他除了向船上港人送上生活物資及藥物外，亦走訪多間醫院，了解港人患者的治療進度，並向當地醫護人員反映意見。隨後，特區政府回應民建聯訴求，派出三架包機接載港人回港。

　　在滯留港人中，鄭泳舜收到150多人的求助。他表示：「當時有一種血濃於水的感覺，心裏只想著所有香港人要安全回港。」他最難忘的是一位80多歲長者確診，其大兒子主動要求到醫院陪診而不幸也被感染。此事令鄭泳舜見證到親情的偉大，每日跟進他們的情況，亦與大兒子做了朋友，建立友誼。

迅速行動投入抗疫

2020年疫情爆發初期，市民對口罩的需求驟升，以致出現「一罩難求」，漂白水、酒精搓手液及消毒藥水等抗疫物資，亦被搶購一空。民建聯的地區網絡這時發揮重要作用。

民建聯是香港最主要的民間力量之一，辦事處遍布全港18區，並已建立義工團多年，能夠即時動員起來參與抗疫工作。民建聯採用街站、家訪、清潔行動及入信箱等形式，將採購到的及熱心人士捐贈的各類防疫物品免費派發予長者、殘疾人士、基層家庭及有需要的市民，並落區支援確診大廈的居民。截至2020年6月，發放口罩約280萬個、消毒用品約29萬份。

六、動員地區網絡抗疫

以不同方式將各類防疫物品免費派發予有需要市民

同時，疫情初期不少港人滯留內地，民建聯隨即設立專門微信公眾號和熱線電話，協助跟進證件過期、急需用藥送藥等求助個案。民建聯亦積極呼籲市民參與2000年9月政府推出的普及社區檢測計劃，協助有需要人士及長者進行網上登記預約近7萬次。

除此之外，為支援因在疫情期間失業而出現經濟困難的非領取綜援家庭，民建聯行政會議成員及立法會議員捐出薪酬，加上社會募捐款項，在3月推出愛心基金「關懷您」行動，透過地區支部及辦事處共收到逾1,400份申請，按申請快、批核快、簡化程序的原則，最終向逾1,250個申請家庭，提供2,000至5,000港元的即時經濟援助，以濟燃眉之急，希望能起帶頭作用。

毋懼染疫上門送物資

2021年底，第五波疫情爆發，民建聯隨即全面鋪開地區抗疫工作，組織19名立法會議員、180多名地區議員及幹事、數百名職員和逾千義工參與，涵蓋派發抗疫物資、支援檢測站和被圍封大廈、推動接種疫苗及發放抗疫資訊等。在抗疫第一線，有130多位成員染疫而需要隔離。

在檢測站協助市民取籌

立法會議員李世榮在馬鞍山運動場協助疫苗接種活動

選委會界別立法會議員葛珮帆(左)及郭玲麗向露宿者派發防疫物品

　　特別是2022年2月9日單日確診首次突破千宗後，疫情急劇惡化，公立醫院急症室及隔離設施不勝負荷，大量確診或密切接觸者不得不居家隔離。他們大部分求助政府部門無門，很難打通「居安抗疫」熱綫，即使接通電話，亦遲遲未收到物資，食品及藥物都無法補給，感到彷徨及焦慮。

　　民建聯收到的求助電話數以萬計，以新界北團隊為例，開設抗疫專線後短短4天就接獲逾2,000個求助個案。民建聯動員可以動員的力量，支援居家隔離居民，運送日用品、抗疫物資、藥物等上門。這種急市民所急，毋懼染疫送物資上門的做法，受到不少人讚許。

動員可以動員的力量，支援居家隔離居民及組織

支援政府包裝快速檢測套裝

與此同時，民建聯將熱心人士和企業捐贈的抗疫物資，包括快速檢測套裝、連花清瘟膠囊、防疫消毒用品等，透過地區網絡盡快轉贈有需要市民。截至2022年3月底，已派發快速檢測套裝、口罩等抗疫物資超過124萬份。另外，亦組織大批義工，支援政府包裝快速檢測套裝、派發防疫服務包等。

民建聯還與政府部門及團體合作，在屯門、沙田、觀塘、元朗新田等地為學童、市民舉辦多場疫苗接種活動；此外又安排專場方便信奉伊斯蘭教的婦女接種疫苗。截至3月底，共協助超過4.6萬人接種疫苗。

舉辦多場疫苗接種活動

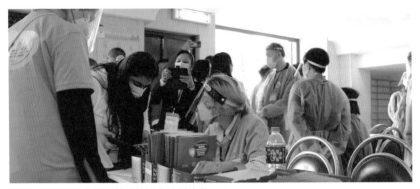

安排專場方便信奉伊斯蘭教的婦女接種疫苗

推動中醫參與前線抗疫

民建聯早在2020年2月已促請政府讓註冊中醫一同加入抗疫陣線。在第三波疫情爆發後,民建聯再度要求政府動員更多中醫參與抗疫工作,包括支援市民預防疾病,為緊密接觸者及復康者調理身體,以及研究讓中醫參與治療確診患者。

由於第五波疫情確診人數大增,當中不少為公營醫護人員,醫護人手不足問題愈見嚴峻;加上大量市民居家確診,未能及時獲得適切治療,民建聯遂與中醫業界聯繫,要求政府擴大中醫參與前線抗疫工作的規模,減輕醫療系統的壓力。4月初,中央政府派出中醫專家組援港抗疫,政府對中醫參與抗疫的態度轉趨積極,民建聯樂見兩年來的建議終獲政府接納。

同時,民建聯亦聯同香港註冊中醫學會等機構,先後在屯門、灣仔、東區、荃灣、葵青、北區、九龍城等地提供中醫視像義診服務,免費施藥和送藥,幫助輕症確診患者避免病情惡化。

七、迎接新時代，燃點新希望

認同李家超施政方向

在完善選舉制度後，行政長官依然由選舉委員會選舉產生，不過候選人提名採用「雙提名」機制，即候選人須獲得不少於188名選委（全體委員的八分之一）的聯合提名，且每個界別參與提名的委員須不少於15名；獲得有效提名的候選人須獲得全體委員過半數支持，才能當選為行政長官候任人，由中央人民政府任命。

第六任行政長官選舉原定於2022年3月27日舉行，其後因新冠疫情的關係，押後至5月8日舉行。這次由1,454名委員組成的選委會選出行政長官。提名期於4月3日開始，次日，林鄭月娥表明不會競逐連任。

民建聯主席李慧琼在接受傳媒採訪時表示，尊重林鄭月娥的決定，相信其決定經深思熟慮，並得到中央的支持和接納。對林鄭5年任期的表現，她認為要留待歷史評說，並指出，近年世界格局風起雲湧，大國博弈及國際大氣候不穩定都影響著香港，林鄭任內工作不容易。李慧琼亦對林鄭全情投入工作，勤力用心，事事親力親為表示讚賞。

政務司司長李家超於4月6日宣布辭職，兩天後獲國務院批准，9日正式宣布參選行政長官。全國人大常委、民建聯會務顧問譚耀宗擔任競選辦公室主任，副主任中有民建聯副主席陳勇和立法會議員黃英豪。李家超在宣布參選時提出三大施政方向，包括以結果為目標解決不同問題、全面提升香港競爭力，以及奠定香港發展的穩固基石，競選口號為「同為香港開新篇」。

李家超走訪民建聯總部

　　4月11日下午，李家超走訪民建聯總部，向民建聯領導層闡述其三大施政方向。民建聯認同李家超的施政方向，亦期望能夠再與他在施政方面多作深入交流，以切實解決香港的深層次矛盾。

　　特首選舉提名期在4月16日結束，李家超取得786張提名票，超過選委半數，成為唯一參選人。

提出對新一屆政府期望

　　4月15日，民建聯以「迎接新時代 燃點新希望」，發表對新一屆特區政府的期望。民建聯期望新一屆特區政府首長及其團隊必須有遠見、變革決心和動力，切實為市民做事，克服疫情，重振經濟，促進社會公平正義，並在對立衝突的世界格局中配合國家發展，推進中華民族的復興大業。

民建聯發表對新一屆政府期望

　　民建聯提出，在未來五年，特區政府須針對抗疫、管治、經濟、民生，推動四大施政變革，其中包括31項建議：

一、抗疫：總結教訓 穩控疫情 推進復常

　　穩控疫情，推動社會經濟復常，是新一屆特區政府的首要任務。疫情長期困擾社會，經濟活動及市民生活受到嚴重影響。市民希望新一屆特區政府總結兩年多防疫工作經驗，尤其要吸取第五波疫情衝擊的教訓，落實科學務實的防疫策略，完善應對疫情反彈的準備，並定下清晰路線圖和時間表，在穩控疫情的基礎上，推進社會經濟復常

二、管治：打破官僚僵化 建立為市民做事的新風

　　回歸後的特區政府基本沿用回歸前的舊有行政體制，但時代在變，國際環境愈趨複雜，同時國家的發展帶來各種機遇，市民對政府施政的期望不斷提高，舊體制漸漸顯現官

僚僵化的弊端，難以配合社會發展需要和市民期望。第五
波疫情進一步暴露了舊體制的預見力、協調力、執行力、
應變力、動員力等多種不足。香港社會期望新一屆特區政
府作出改革，打破官僚僵化，展現有前瞻性、高效問責、
為市民做事的施政新風

三、經濟：鞏固國際都市 推動科技創新 融入國家發展
香港是背靠祖國的國際性大都會和金融中心，吸引全球企
業和人才。這是香港經濟最大優勢所在，亦是香港最能夠助
力國家發展的資本所在。新一屆特區政府必須鞏固這個優
勢，進一步加強香港作為國際都會和金融中心的吸引力，
而策略上則須把握國家十四五規劃和粵港澳大灣區建設的
戰略機遇，融入國家發展大局。在鞏固既有優勢的同時，香
港亦必須乘勢而為，以科技創新推動經濟多元發展。另外，
我們必須掌握國際形勢的複雜性，善處變局，為香港和國
家的利益做好應對風險的準備

四、民生：促進公平正義 改善市民生活
香港社會存在不少長期積累的民生問題，一直未能有效解
決，特別是不少基層市民居住環境差、工作收入低，以及
安老服務捉襟見肘。隨著特區政治制度完善，社會期望政府
能夠急市民所急，聚焦解決房屋及其他民生問題，促進社
會公平正義，讓不同階層市民都能夠分享經濟發展的成果。
因此，我們期望新一屆特區政府充分認識當前民生痛點，
大力作出改善，展現良政善治的新氣象

支持李家超出任特首

　　民建聯執行委員會於5月3日召開會議，認為李家超是擔任新一屆行政長官的理想人選，並一致決定支持李家超出任行政長官。

　　執委會認為，首先，李家超不但有豐富的行政管理經驗，過去幾年當香港處於困難時期，他在各方面工作均能顯露出他的工作能力和決心。此外，李家超的政綱方向正確，能切中香港社會實際和市民關注，亦樂見吸納了不少民建聯的建議。

　　第六任行政長官選舉於5月8日舉行，共有1,428名選委投票，李家超獲得1,416張支持票，得票率高達99.2%。

就首百天工作提建議

　　5月16日，行政長官當選人李家超邀請民建聯會面，民建聯主要負責人、會務顧問、常務委員及立法會議員出席。

　　民建聯主席李慧琼指出，行政長官在上任後的首個百天的工作十分重要，需要讓市民感受到新一屆政府有變革社會、解決問題的決心與能力。為此，民建聯在會議上提出四個方面進一步建議：

一、解決地區「老大難」問題：建議由民政專員統籌和督導，包括主動與立法會議員和地區諮詢或基層團體商討和訂定具體工作計劃，政府在資源和行政等方面予以配合，以實踐「地區問題、地區解決；地區機遇、地區掌握」的理念

二、做好應對第六波的準備：具體建議包括：加強追蹤確診者行蹤；完善分流感染者、實行分類救治的機制；加強衛生署及醫管局的內部協作和行政效率；制定動員公務員參與

2022年5月，行政長官當選人李家超邀請民建聯領導層會面

　　抗疫的方案；檢討私家醫院協助抗疫的安排；確立中西醫合作模式；重點跟進改善院舍環境，以及讓民間團體更系統有效地參與抗疫工作

三、建立新型行政立法關係，加強與立法會及各政黨溝通：要加倍重視政府與立法會和各政黨的溝通合作，讓立法會和政黨可以在制定政策的前期合理參與，將民意及時向政府反映，從而做到在行政主導下，特區政府和立法會互相配合，互補不足

四、強化地區行政架構：民建聯承諾為全力配合政府架構重組方案。民建聯亦期望考慮如何強化民政專員在地區事務的統籌能力及問責性，協助政府做好地區治理，將政策目標轉化為實在的工作成果

　　李家超於2022年7月1日就任第六任行政長官，9天後正是民建聯成立30周年。民建聯會繼續以「是其是，非其非」態度，積極提出建設性的政策倡議，協助政府改善施政，帶領香港迎接新時代，燃點新希望。

譚耀宗眼中的超哥

2022年行政長官選舉時，譚耀宗擔任李家超競選辦公室的主任。譚耀宗眼中的超哥是個十分勤奮，一絲不苟的人。競選期間，不論是落區探訪、與選委的線上會議、接受訪問抑或會見傳

媒，他都會仔細準備，認真思考每個細節，務求做到最好。

撰寫政綱時，他與譚耀宗及其他副主任反覆討論，聆聽大家在各範疇政策的意見。有一次超哥與大家分享他偵查案件的經驗，其中更有轟動一時的大案，大家都聽得津津有味，聽他如何抽絲剝繭，梳理案情，最後偵破案件。譚耀宗表示，聽了他的分享，就知道「以結果為目標」的真正意義：「超哥就是要結果，就是要解決問題，就是要為市民謀福祉。」

另一方面，譚耀宗與其中一位副主任陳勇，代表競選辦公室會見很多團體代表，接收了很多意見書及信件，就好像兼任「收信專員」。他們認為：「市民的積極參與證明了他們對新行政長官有期望，積極響應『同開新篇』的號召。做議員時，通常都是我們遞信，現在轉換一下角色，由遞信變收信，都是不錯的新體會。」

有時，同事工作不太暢順，陳勇就會笑說：「協作需要時間磨合，不暢順也很正常的。別怕，到我們有了默契，待大家互相最了解，配合得最好的時候，選舉也就圓滿成功選完了。」同事聽了他幽默的鼓勵說話，都會會心一笑，緊張的心情頓時放鬆了不少。

在匆匆趕趕的一個月裏，競選辦公室上下齊心開展各項選舉工作，李家超最終以極高票當選第六屆行政長官。

七、迎接新時代，燃點新希望

人間正道是滄桑

1992年7月10日，民建聯成立大會圓滿結束後，創會會員包了一艘船出海，前往長洲食海鮮慶祝。回程時，維港夜色璀璨動人，大家情緒高漲，心潮澎湃，一起高唱《歌唱祖國》、《我的祖國》等歌曲，為愛國愛港的參政組織終於成立而高興，對未來充滿企盼，誓要為香港、為國家幹一番事業。

轉眼之間，30年過去了。民建聯從無到有，從小到大，從弱到強。會員從56人發展到超過4萬人，地區網絡從一無所有發展到扎根全港十八區，議會成員從寥寥可數，發展到擁有19名立法會議員及150多名選舉委員會委員，成為香港一股跨階層的重要建設力量。回顧過去，展望將來，民建聯在壯大發展的征途上有許多經驗值得珍惜。

民建聯高舉愛國愛港旗幟，始終如一。民建聯成立之際，香港的政治環境對愛國力量十分不利；「親中」被認為是「票房毒藥」。民建聯在《成立宣言》裏莊嚴宣告：「我們是愛國愛港的組織」，旗幟鮮明地擁護香港回歸祖國，主張香港與內地加強合作溝通和相互促進，反對隔絕、疏離和對抗。民建聯一貫堅定維護國家民族利益，反對外國勢力干預、阻撓和破壞國家和香港的發展。民建聯致力促進香港社會對祖國的認識，加強香港與內地的交流，推動香港融入國家發展大局。

民建聯堅決擁護《基本法》，捍衛「一國兩制」，從不動搖。在回歸前，民建聯致力實現平穩過渡，確保香港順利回歸祖國，按照《基本法》成立特別行政區，實行「一國兩制」。特區成立後，民建聯積極參與「一國兩制」的實踐，在實踐中不斷加深對「一國兩制」的全面和準確的認識。對於回歸以來出現的歷次政治事件，民建聯都堅決站在擁護《基本法》、捍衛「一國兩制」的立場，同任何挑戰「一國兩制」原則、破壞「一國兩制」實踐的言行作鬥爭。

　　民建聯全心全意為香港市民服務，不忘初心。民建聯一開始便作出「真誠為香港」的承諾，以汗水灌溉社區，決心憑著服務市民的誠意和勤奮，贏取市民的信任和支持。為了適切地服務市民、緊密地聯繫市民，民建聯通過窮年累月的努力，逐漸建成了廣泛的社區網絡和龐大的義工隊伍。在社會環境穩定時，民建聯為基層市民送上關懷、提供援助、組織活動、豐富生活；遇有影響民生的重大事故，民建聯急市民所急，為市民帶來「及時雨」。

　　民建聯以實現優質民主為目標，致力推進特別行政區的民主發展。民建聯成立時，即自我界定為民主參政的組織。回歸前後的歷次選舉，民建聯都積極參與，在實踐中累積經驗，提高水平，擴大成果。民建聯堅定地支持特別行政區的選舉制度依照《基本法》的規定，按實際情況循序漸進發展，最終達致《基本法》規定的「雙普選」目標。特區政府提出的歷次政制發展方案，民建聯在立法會內外都全力支持，爭取民主向前發展。

　　民建聯從維護國家和香港的根本利益出發，以理性務實的態度議政論政，在各個層面積極為國家、為香港建言獻策。在市民的支持和中央及特區政府的信任下，民建聯的成員在全國人大、政協以及香港的議會和諮詢組織裏，發揮積極作用。民建聯重視了解國情，重視理解國家對香港的政策；同時與香港市民維持緊密的聯繫，了解市民訴求，掌握社會脈搏，因此能夠從香港長遠的整體利益出發，以「是其是，非其非」的態度，支持並監督特區政府施政，同時在各個平台上就發展經濟、改善民生提出有建設性的、切實可行的建議。

　　民建聯著力培育政治人才，為特別行政區的管治提供新生力量。民建聯一貫十分重視政治人才的培養，海納百川，團結各方面的力量，利用內外一切可以利用的資源，組織各種不同層次、不同方面的培訓工程，為「愛國者治港」創造人才條件。民建聯培養的人才，不少獲得歷屆特區政府器重，在不同的崗位上參與特區的管治，也輸送到其他社團和企業，為香港社會的發展貢獻力量。

　　「天若有情天亦老，人間正道是滄桑。」30年來，民建聯在各方面不斷力求進步，自我提升。從老到新，從上到下，都能站在時代前列，勇於擔當、迎難以上、百折不撓，在實踐中學習，總結經驗、汲取教訓，不斷提高組織建設、參選助選、議政參政等各方面的能力。在香港進入「愛國者治港」，邁向良政善治的新時代，民建聯從選舉導向轉為多渠道參與管治，這種精神必須堅持下去，發揚光大。